国家古籍整理出版专项经费资助项目

讀古人書

读古人书之

韩非子

邵永海 ◎ 著

北京大学出版社
PEKING UNIVERSITY PRESS

图书在版编目(CIP)数据

读古人书之《韩非子》/邵永海著. —北京:北京大学出版社,2017.10

ISBN 978-7-301-28812-2

Ⅰ.①读… Ⅱ.①邵… Ⅲ.①法家②《韩非子》— 研究 Ⅳ.①B226.55

中国版本图书馆CIP数据核字（2017）第237505号

书　　名	读古人书之《韩非子》 DU GUREN SHU ZHI HANFEIZI
著作责任者	邵永海　著
责任编辑	武　芳
标准书号	ISBN 978-7-301-28812-2
出版发行	北京大学出版社
地　　址	北京市海淀区成府路205号　100871
网　　址	http://www.pup.cn　　新浪微博:@北京大学出版社
电子邮箱	编辑部dj@pup.cn　　总编室zpup@pup.cn
电　　话	邮购部010-62752015　发行部010-62750672 编辑部010-62756449
印刷者	北京中科印刷有限公司
经销者	新华书店
	850毫米×1168毫米　32开本　16.75印张　354千字 2017年10月第1版　2024年7月第5次印刷
定　　价	78.00元

未经许可，不得以任何方式复制或抄袭本书之部分或全部内容。
版权所有，侵权必究
举报电话：010-62752024　电子邮箱：fd@pup.cn
图书如有印装质量问题，请与出版部联系，电话：010-62756370

前　言

　　《韩非子》成书于战国末年。作为中国古代最重要的君主政治学文献，《韩非子》的主要内容是阐述其哲学基础、社会历史观、人性论和政治思想，从不同角度说明其关于君臣关系、法术势的具体内涵及其在现实政治中的运用等问题的认识。自秦帝国以韩非学说作为治国的思想理论基础和指导方针，建立了完善的君主政治制度，其后两千多年，韩非的一整套君主专制主义的理论始终为历代统治者所奉行。可以说，《韩非子》一书是理解和研究中国历史特别是政治思想史的必由门径。

　　关于韩非，目前我们所能依据的文献记载主要是《史记·老子韩非列传》，其中关于韩非身世事迹的记载不足五百字。尽管如此，最关键的线索尚比较清晰。第一，韩非思想的形成与特定的生活背景有直接的关系，他对韩国现实政治的深切关心和深入观察，构成他建立自己学术体系的出发点。第二，他曾师从荀子，也像荀子兼采道、名、法、墨等诸家学说一样，努力吸取前代思想家的全部思想成果，构建适合现实政治需要的一个综合的理论体系。只是荀子立论的基础是儒家思想，把天下治平的希望寄托在儒家以礼义治国的认识上；韩非则把黄老思想作为自己理论的哲学基础。第三，韩非的学说没有被韩国君主所采用，却受到秦国君主的高度重视；秦王吞并六国，一统天下，中国历史由封建政治进入君主政治，并由战国时代进入帝国时代，与《韩非子》这部书提供的君主政治理论与方法有直接的关系。汉代以后，历代统治者均宣称以儒家思想为治理天下之指导思想，实际上韩非的一整套君主专制主义的理论始终是历代君主奉行的策略，从而构成中国政治历史上阴法阳儒的基本政治格局。

由此可见，韩非的历史地位由其立言得以建立，因此，要了解和理解韩非，读其书是最主要的途径；韩非具体的生活经历是次要的方面，但也是不容忽视的方面。春秋时期的政治体制是宗法分封制，官僚系统基本由世卿世禄的贵族组成，君臣是有血缘关系的宗族，可以说，一国即一家，诸国一大家。在这样的统治体系下，社会的利益分配建立在宗族关系之上，贵族有封土，有私人军事力量，通过出任官员掌握议事议制的权力。在田氏代齐、戴氏取宋等历史事件中，篡位者均为公族之后。由此说来，贵族所分享的政治权力很强大，足以对王权形成制约。自春秋至战国的社会变革，在制度上是从宗法分封制转变为郡县制，其本质是由家到国的演化，国政与君王的家政明确区分开来。在这一过程中，贵族的政治权力不断被遏制，其经济利益也受到削弱，很多贵族的食邑被剥夺，改由朝廷分发钱财和粮食，因而政治体制走向中央集权和君主专制。韩非出身于韩国贵族，特定的身份决定了他思考问题的角度和立场。他极力主张绝对的王权，一切以君主利益为重，原因在于他意识到，在当时的历史环境中，想要统一国家力量，更有效率地利用国家资源，实现富国强兵，从而避免韩国覆亡，这是一条必由之路。因此，韩非追求的政治目标是维护宗族的整体利益。

韩非生活在战国末年，当时正是纵横家特别活跃的时期。《韩非子》无疑也受到当时社会风气的影响，这表现在语言风格上多用排比、对偶等修辞手法，也表现在说理的方式上。战国中期以后，士人在向各国君主大夫等宣传自己的政治主张以求取仕途时，说辞逐渐由以前的说理议论为主转向以叙事为主，喜欢用讲故事的方式向君主进言，把自己要向君主阐述的道理形象而委婉地表达出来。这可能是为了让游说的对象更容易接受，同时也可能跟战国时期的社会戾气较重有关。《战国策》里就记述了不少故事说明游说之士可能面临的风险。像赵太后明令全体大臣：谁要再进言劝谏让长安君去齐国做人质，以换取齐军前来解救秦国大军压境的危局，我老太太就朝他脸上吐唾沫。这样放话算是极文明客气的。许多君主更喜欢直接放狠话：谁劝我，我砍谁的头。这种情况下，选择讲故事的方式进言就迂回安全得多。毕竟寓言故事通常都有多义性，讲故事的人可以根据听故事者的反应及时调整故事的指向性。

韩非对于向君主进言的困难和巨大的风险有深入的研究，专门写了《难言》和《说难》。他在收集整理历史故事、民间传说、寓言佚闻等叙事材料方面尤其下了工夫。在《韩非子》一书中，这些内容丰富的叙事材料称为"说"，包括三种类型：甲、未经整理的原始材料，主要集中在《说林》上、下两篇；个别故事后有简单的点评，指明其中包含的道理。乙、经过初步整理的材料，主要集中在《内储说》《外储说》（"储说"就是积聚、存储各种传说故事）六篇。韩非设计了"经""传"的形式，以"经"扼要论述思想观点，相对应的"说"则以数则故事从不同角度加以阐明。丙、将故事运用到说理过程，或由故事推论观点。比较集中的篇目如《喻老》《十过》《难一》《难二》《难三》《难四》等。经过大致统计，韩非讲了近四百则故事，对每一则故事所承载的社会目的，他都悉心揣摩，力图从中提炼出可资君主借鉴的经验教训，并同时表达自己的政治主张和社会理想。由此可见，韩非在叙事材料的采集加工上达到了同时代的最高水平。阅读《韩非子》一书，可以由这些生动形象的故事入手，通过咀嚼故事的内涵，可以更深入细致地窥见韩非思想的触须，这对于理解《韩非子》一书的内容是很有帮助的。

　　《韩非子》的主题是讲政治，讲统治术。韩非关注的核心问题是君臣关系，而君臣关系的主旋律是你死我活的权力斗争。因此，韩非讲述的故事，罕有温情脉脉的心灵鸡汤，大部分故事的指向性都令人不由生出阴气森森、毛骨悚然的恐怖之感。不过，这并不是韩非内心阴暗所导致的，而是专制政治的基调便是如此。不可否认，韩非是一个高度理性的人，说他冷血也毫不过分。初读他的文字，会深受震撼，甚至感到心很累。久读《韩非子》，需要一定的承受力。在韩非看来，人性有善恶，普通人很难完全依靠道德自律抵制人性中的恶，特别是在现实利益的诱惑面前更是如此。韩非表面上把事情看得太透彻，因而放弃一切信任和情怀，在人性绝对恶的基础上设计制度，同时为论证自己的观点把对许多问题的认识推到极端；他的论述有合理之处，也暴露出许多明显的逻辑漏洞。今天，更多的人相信，人类的理性，使人不同于禽兽的一切受本能支配；大多数人内心存在着是非善恶的道德意识；人性向善还是向恶，在很大程度上取决于制度和文化。然而现实中人们一方面不希望活得太累，可很多时候又不得不痛苦地享受着这累，其中的无奈和折磨，非局中人恐怕难以体会。那么，人们（尤其是抱了一腔热血投身官场的人）为什么活得如此累？要破解其中的奥秘和症结，《韩非子》还是一道必经的门径。

本书是《读古人书》系列之一。本丛书计划选取古代对历史文化产生深远影响的典籍，以选本的形式呈现每一种典籍所蕴含的思想智慧。第一批计划收入《韩非子》《孟子》《庄子》《吕氏春秋》和《战国策》五种。丛书以"读古人书"命名，是出于以下考虑：对古代原典的文本细读，首先需要落实在对古代汉语的恰切细致的解释上，真正弄清楚古人遣词造句的含义。为此，需要提供详细注释，以备读者在阅读过程中遇到不能准确理解的字词时可以查检参考；通过符合现代汉语表达习惯的译文，使读者可以比较流畅地感受原文所表达的内容和思想感情；通过对文本的深度解说和延伸分析，使读者进一步了解原文涉及的思想文化、历史政治、社会生活等诸方面的背景，特别是注意将所选段落放在原著全书所建构的整体思想体系中，避免对所选段落的语义指向作孤立的理解所引起的误读，同时引导读者可以更全面系统地把握原典的思想文化内涵，也更清晰地辨识每一部原典所具有的独特的语言风格和思想气质。总而言之，本丛书试图作为实际案例，展示我们对古代原典细读所应遵从的原则和方法的认识。

本书共选取《韩非子》一书中203个相对比较完整、叙事性较强的段落，归纳为十六个主题，每个段落的解读由四部分构成：1. 原文；2. 注释；3. 译文；4. 解说。注释部分力求细密，同时特别注意字词的词典概括义与其在具体语境中的变异之间的处理，杜绝随文释义的弊端。另外，同一字词在不同选篇中出现时，采用不避重复的注释方式，以保持各选篇的独立性,尽量满足读者非连续性阅读的习惯。译文部分根据内容作不同的尝试,尤其是注意把古文留白的内容补充出来,通过译文和原文的对比,呈现古今汉语在表达上的一些不同特点。解说部分引导读者把握故事的语义指向,说明韩非使用故事的角度,将故事置于韩非的思想体系中进行定位;同时注意提供不同的观点,供读者思考。另外,在解析部分我们也试图尝试白话文文义留白的可能性。总之,我们衷心希望,本书的整体设计能够实现两个预期目标,一是通过生动具体的故事和议论性段落的有机结合,将韩非思想的各个侧面深入细致地揭示出来;二是可以帮助不同古文阅读水平的读者更精确细致地理解原文的语言表达,同时也可借以提高古文阅读的水平。

目　　录

一、权力的涵义

1. 谁的江山？　2
2. 权力的快感　7
3. 家国权力格局中的父兄　10
4. 全是套路　12
5. 龙发大水冲龙庙　15
6. 卖国的资格　18
7. 空空荡荡的朝廷　20
8. 难产的太子　23
9. 活在恐惧里的王储　25
10. 止痛药、雄心与远方　28
11. 海里的大鱼　31
12. 神仙斗法　33
13. 沉默是金　36
14. 隔墙有耳　38
15. 卫嗣公的明察　40

二、趋利避害的人性

1. 欲不欲　44

2. 一颗不存在的美珠　46

3. 卫人嫁女的启示　48

4. 富有涯乎？　50

5. 臣民是逐水草的鹿　52

6. 断发与断颈　54

7. 公仪休爱吃鱼　56

8. 禁止厚葬　58

9. 用爱杀人　61

10. 荣誉杀人　63

11. 操其利害之柄以制之　65

12. 报答　68

13. 榜样的力量是无穷的　71

三、君臣关系的大义

1. 君臣论君臣　76

2. 疯狂的石头　79

3. 不为君主所用则死　82

4. 赵简子敢用阳虎的底气　84

5. 君主是怎样成为木偶的？　87

6. 王朝的掘墓人　89

7. 君主怎样才能享受喝酒的快乐？　91

8. 君臣之间无恩谊　94

9. 弥子瑕的贤德和他的罪　96

10. 祸从口出　99

11. 不必玩命　101

12. 驯服动物与驯服臣民　103

13. 国君做戏　105

四、君主的道术

1. 权势不可以借人　108

2. 仁慈是一种权力　109

3. 人主之患在于信人　114

4. 勤政爱民的燕君子哙亡国记　118

5. 韩宣王的叹息　121

6. 吃禾苗的小黄牛　123

7. 韩昭侯的破裤子　126

8. 请不要爱我　128

9. 英明的君主无爱　131

10. 韩昭侯的小把戏　133

11. 无所逃隐的君心　135

12. 不受蒙蔽的权术　137

13. 没有底儿的玉卮　139

14. 南门外的牛粪与权术　142

15. 全知全能的王　144

16. 装神弄鬼　147

五、为臣之道

1. 五壅　152

2. 两头蛇的故事　154

3. 贤能的奸臣　156

4. 同床异梦　159

5. 近臣的影响力　161

6. 借势　163

7. 春申君杀子　165

8. 外市　167

9. 国中饱　169

10. 国有鼠灾　171

11. 男人的嫉妒　173

12. 兼官　175

13. 各司其职　177

14. 可怜的美人　179

15. 警惕投己所好的下属　182

六、信赏必罚

1. 守法之臣　186

2. 咱家的法　189

3. 精美的丝带与被休的妻　192

4. 一个囚犯与一座城市　194

5. 十仞之城与千仞之山　197

6. 怎样处理往街道上扔垃圾的人？　199

7. 乱世用重典　201

8. 法与情的冲突　204

9. 请托　206

10. 孔子救火　209

11. 分谤　211

12. 严酷的法与仁慈的心　213

七、用人原则

1. 薄疑的洞见与困境　218
2. 管仲识人　220
3. 西门豹治邺　223
4. 卖房"治学"的中牟人　226
5. 乐羊食子　229
6. 温柔敦厚秦西巴　231
7. 偏心的伯乐　233
8. 赶走伯乐　235
9. 礼贤下士之祸　238
10. 酒酸的秘密　241
11. 管鲍之交的主流解读　243
12. 孤掌难鸣　246
13. 孔子在宋国求官何以失败？　248
14. 杀乱臣与防巧臣　250
15. 什么是最可靠的用人原则？　252

八、国与国的阴谋与阳谋

1. 内乱　258
2. 根除人才　260
3. 国际政治中的利益计算　262
4. 被坑了　264
5. 远水不救近火　267

    6. 打什么旗号很重要　269
    7. 为民诛之　271
    8. 争于腠理　274

九、政治与诚信

    1. 信任的条件　278
    2. 诚信的力量　280
    3. 诚信教育的范例　283
    4. 为政者信用破产的代价　286
    5. 诚信与战争　288
    6. 吴起表信　290
    7. 忠信和诈伪的选择困境　292
    8. 流言的威力　296
    9. 夔为何只有一只脚？　298
    10. 无中生有的白马　300
    11. 乐正子春的信用　303

十、语言的艺术

    1. 说话之难　308
    2. 说话有风险,开口须谨慎　311
    3. 说话之难,难于上青天　314
    4. 欲练神功,必先自宫(之一)　317
    5. 欲练神功,必先自宫(之二)　319
    6. 欲练神功,必先自宫(之三)　322
    7. 欲练神功,必先自宫(之四)　324

8. 该怎样说话？ 327

9. 官场语言之妙与君臣关系之窍 332

10. 说谎成癖 334

11. 听话的偏见 336

12. 过度包装 338

十一、做人的道理

1. 自胜之谓强 344

2. 做人要低调 347

3. 心不在焉 349

4. 善抱不脱 352

5. 为道义还是为利益？ 354

6. 向老马和蚂蚁学习 356

7. 不与恶贯满盈者同归于尽 358

8. 三虱争地 360

9. 要命的端庄 362

10. 是是非非如何评说？ 364

11. 不可得罪小人 366

12. 狗为什么吠主人？ 369

13. 抱团取暖 371

14. 树人 372

十二、韩非的幽默

1. 吹牛 376

2. 卜太太的故事（之一） 377

3. 卜太太的故事（之二） 379
4. 恬淡恍惚的卖猪人 380
5. 难以理喻的郑县人 382
6. 尽信书不如无书 384
7. 守株待兔 385
8. 怎样识别骗术？ 387
9. 不死之药 390
10. 向东跑的疯子 392
11. 好心办坏事 395
12. 神迹是如何创造出来的？ 397
13. 利益不同者不同心 399
14. 身边人 401

十三、生活的智慧

1. 巧匠无用武之地 404
2. 画鬼容易画马难 406
3. 大蛇、小蛇与主仆 408
4. 郢书燕说与六经注我 411
5. 墨子的木鸢 413
6. 得失之间 416
7. 大鼻子与小眼睛 418
8. 傲慢与自尊 420
9. 毁树容易种树难 422
10. 烈马为什么不踢人？ 424
11. 钓名 427

12. 君子不言人之恶？　429
13. 看清大形势　430

十四、政治的味道

1. 过家家与宏大叙事　434
2. 举国化一者亡　436
3. 韩非的大葫芦　438
4. 纣王的象牙筷子　441
5. 无处可逃　444
6. 名义问题　446
7. 圣君商汤逼死贤士务光　448
8. 自见之谓明　450
9. 厉怜王　453
10. 心里有事　455
11. 娴静如处女的为政者　457
12. 子产听声破案　460
13. 难得糊涂　462

十五、跟韩非读《老子》

1. 上德不德　466
2. 上德无为而无不为　469
3. 上仁为之而无以为　471
4. 仁义与公义　473
5. 六亲不和有孝慈　476
6. 道德仁义礼的关系　479

7. 重积德则无不克 481
8. 礼繁者,实心衰也 485
9. 美丽而愚蠢的前识 489
10. 治大国若烹小鲜 491
11. 大象的形象 494
12. 道可道,非常道 496
13. 祸莫大于不知足 499
14. 伟大的雕刻家与煞风景的列子 501
15. 慈母之勇 504
16. 学不学 507

十六、韩非的心声

1. 许由的尴尬与韩非的痛苦 512
2. 堂谿公给韩非讲做人的道理 514
3. 苟利国家生死以 517

一、权力的涵义

1. 谁的江山？

原文

景公与晏子游于少海,①登柏寝之台而还望其国,②曰:"美哉!泱泱乎,堂堂乎!后世将孰有此?"③晏子对曰:"其田成氏乎?"④景公曰:"寡人有此国也,而曰田成氏有之,何也?"晏子对曰:"夫田成氏甚得齐民。⑤其于民也,⑥上之请爵禄行诸大臣,⑦下之私大斗斛区釜以出贷,小斗斛区釜以收之。⑧杀一牛,取一豆肉,余以食士;⑨终岁,布帛取二制焉,余以衣士。⑩故市木之价,不加贵于山;泽之鱼盐龟鳖蠃蚌,不贵于海。⑪君重敛,而田成氏厚施。⑫齐尝大饥,⑬道旁饿死者不可胜数也,⑭父子相牵而趋田成氏者不闻不生。⑮故秦周之民相与歌之曰:⑯'讴乎,其已乎?⑰苞乎,其往归田成子乎?'⑱《诗》曰:⑲'虽无德与女,⑳式歌且舞。'㉑今田成氏之德而民之歌舞,民德归之矣。㉒故曰:'其田成氏乎?'"公泫然出涕,㉓曰:"不亦悲乎!寡人有国而田成氏有之。今为之奈何?"晏子对曰:"君何患焉?㉔若君欲夺之,则近贤而远不肖,㉕治其烦乱,㉖缓其刑罚,㉗振贫穷而恤孤寡,㉘行恩惠而给不足,㉙民将归君,则虽有十田成氏,其如君何?"㉚(《韩非子·外储说右上》)

注释

①景公:齐景公(约前550—前490),名杵臼,春秋时齐

国君主,是一位既有治国的情怀宏愿,又贪图享乐的君主。在位五十八年。晏子:晏婴,字平仲,齐景公的相。少(shào)海:(清)王先慎《韩非子集解》认为即渤海。②柏寝之台:台是夯土筑造的高台,用于登高观望。据《左传》和《史记》,柏寝又作"路寝",此台在今山东省高青县东北。还望:回望。国:国都,指齐国都城临淄。③泱泱(yāng):气势宏大的样子。堂堂:繁盛的样子。孰:谁。④其:表推测语气的副词,相当于"大概"。田成氏:指田常,春秋末期齐国执政的卿,死后谥号为"成"。按:田氏本为陈国贵族,公子陈完因国内政治动乱逃到齐国,世代为卿。传到田常,弑简公立平公,控制了齐国国政。到田和便列为诸侯;至田午彻底取代姜姓齐国。景公时期,田氏家族先后由田无宇和田乞主持,至悼公四年田乞去世,田常代立。据《左传》和《史记》,景公九年,晏子出访晋国,与晋大夫叔向交谈时说到田氏收买民心的一系列措施;景公三十二年,晏子劝谏景公也有类似内容,可见田氏家族一贯重视争取民心。故〔日〕松皋圆、陈启天等均认为"田成氏"当作"田氏",下文各处"田成氏"均同此。⑤夫(fú):指示代词,相当于"这"或"那"。⑥民:这里相对于"君"而言,包括官吏和百姓。⑦上之:对上,指对朝廷大臣。爵:爵位,古代贵族的等级称号。行诸大臣:行之于大臣,把这些爵禄用到大臣身上。⑧下之:对下,指对普通民众。私:私自。大:增大。斗斛(hú)区(ōu)釜:是齐国四种量器的名称,十升是一斗,十斗是一斛,一斗六升是一区,六斗四升是一釜。贷:借入或借出。此处为借出。小:减小。⑨豆:古代盛肉的器皿,类似后代的高脚盘子。以:用来。食(sì):使吃。⑩终岁:满一年。布帛：麻织成的纺织品总称为"布"，丝织品总称为"帛"。制：丈量布帛的长度单位，一丈八尺为一制。衣（yì）：使穿。⑪加贵于山：比山上更贵。泽：水汇聚的地方。这句是说各种水产品在市场上的价格不比海边贵。《左传·昭公三年》载此事，没有"泽之"二字。蠃（luó）同"螺"。按：这几句是说田氏采取有效措施平抑物价。⑫敛：征敛财物。厚：多，重。⑬尝：曾经。大饥：发生严重的饥荒。⑭胜数（shēng shǔ）：计算清楚。⑮趋：奔赴，投奔。生：活下来。⑯秦周之民：《吕氏春秋·权勋》："达子又帅其余卒以军于秦周。"高诱注："秦周，齐城门名。"这里用"秦周之民"指齐国都城的民众。相与：共同。⑰讴（ōu）：歌唱。已：终止，结束。这里似可理解为齐公室给民众造成的苦难快到尽头了。⑱苞：茂盛。这里似指田氏的德业兴盛。⑲《诗》：此指《诗经·小雅·车舝（xiá）》。⑳女：通"汝"，你。㉑式：用。㉒民德：指民心。㉓法（xuàn）然：眼泪涌流的样子。涕：眼泪。㉔何患：患何，担心什么。㉕远（yuàn）：使远离，疏远。不肖：不类似；指才德不好，不正派。㉖烦乱：指纷繁杂乱的状况。㉗缓：使宽缓。㉘振：救济。后来写作"赈"。恤（xù）：救济。孤：年幼失去父亲。寡：妇人丧夫或男子丧妻。㉙给（jǐ）：使充足，供应。不足：指生活有困难的人。㉚其：表示反问语气的副词。

译文

齐景公和晏子到渤海游玩，登上柏寝台，向南回望都城临淄，景公不禁赞叹道："壮美啊！如此宏大，如此繁盛！后代谁将享有这个国家呢？"晏子回答说："大概是田氏吧？"景公说：

"我拥有这个国家,你却说田氏将享有它,为什么?"晏子回答说:"田氏非常得齐国民众的心。田氏对于官民,对上他向君主请求爵位俸禄,然后赏赐给大臣;对下他私自造了比公量大的斗、斛、区、釜等量器,用这些容量大的量器借给百姓粮食,再用小的公量收回。杀一头牛,自己只取一豆牛肉,其余的都拿来送给士人吃。一年到头,所有的布帛,自己只取用三丈六尺,其余的都用来送给士人穿。所以市场上木材的价格不比山上更贵;(市场上)各种水产的鱼、盐、龟、鳖、螺、蚌,也不比海边更贵。君主对百姓拼命盘剥搜刮,田氏拿出大量的物质利益施舍给百姓。齐国曾经发生严重的饥荒,道路两旁饿死的人都数不清了,百姓扶老携幼投奔田氏的,没听说有死掉的。所以齐国民众共同歌唱:'歌唱啊,快要结束了吧?兴旺啊,还是前去归附田氏吧。'《诗》里说:'虽没有德惠给你们,你们却为他载歌载舞。'如今以田氏的德行和百姓为他载歌载舞的情况看,齐国的民心已经归附田氏了。所以我说:'大概是田氏吧?'"景公听罢,眼泪滚滚而下,说道:"这不也太可悲了吗?我拥有这个国家,田氏却将占有它。现在可怎么办呢?"晏子回答说:"您担心什么呢?假如您想夺回自己的国家,那么就亲近贤明的人,疏远奸邪小人,整治齐国纷繁混乱的局面,放宽刑罚,救济贫穷的人和孤寡的人。施行恩惠,供给生活有困难的人。这样民众将归向君主,那么即使有十个田氏,又能把君主怎样呢?"

解说

登高望远,人们会被壮美的风景激发起各种思绪。诗人感受到造化之神奇，念天地之悠悠，叹民生之艰辛；野心家则纵横古今，驰想帝王之伟业，梦想着将这花花江山据为一己之私。作为君主的齐景公在晏子的陪伴下登台，神思漫游，心潮起伏，大概想到自己身后，子孙后代统治国家的情形，对未来产生了不确定感。他的意识中，自然应该是千秋万代，永享江山。他对自己任内的作为还是充满了自信，对未来有模糊的期许。晏子的话，打破了他的美梦。他无法相信，自家的江山怎么会改变颜色成了别人的？又怎样防止这一点？这大概是每位家天下的拥有者为之忧心焦虑的重大问题。

晏子指出，一直以来，田氏用大斗借出、小斗收回的办法，偷偷向百姓施舍利益。田氏自然不能大张旗鼓地宣传自己的义举，但是，人心是杆秤，百姓心里都明白谁真正对他们好。齐国的公室则是倒行逆施，拼命搜刮盘剥百姓。当百姓对国君失望至极，他们的心就都彻底倒向田氏。这样的情势下，田氏不想取代姜氏拥有齐国政权都不可能了。晏子讨论齐国政权将要发生更替，主要讲田氏如何兴起，在此过程中对比齐公室的作为。晏子抓住了问题的核心，即民心的向背，从而揭示出齐国两股政治势力兴衰的原因。晏子论述的问题在当时具有普遍意义。自春秋开始，周天子作为最高统治者的地位趋于衰落，各诸侯国强大起来；春秋中期以后，各诸侯国的公室也逐渐衰微，而卿大夫家族的势力崛起。距这次谈话半个世纪之后，田恒杀掉齐简公，掌控了齐国政权；然后就是田和位列诸侯，至田午彻底取代姜姓齐国。晏子所作的历史预言成为现实。可见齐景公并没有真正采纳晏子的谏言，而是继续站在人民的对立面，竟然企图用更残暴的刑罚钳民之口，结果在自取灭亡的道路上越走越远。

韩非认为，晏子的谏言在根本上是错误的。景公的祸患不在于未给百姓施舍恩惠，而在于不懂得运用权势，及时诛杀擅自用物质利益笼络百姓、收买民心的田氏。韩非极端轻视民心，在他眼里，民众如同不知好歹的幼儿，只喜欢眼前的好处，却看不到长远的利益。因此，需要用明确的法律规范百姓，为君主出一分力便得一分赏，敢于触犯法禁必定受到严厉惩罚。如此，国家就可以长治久安，君主就可以永享大位。但全面实践韩非思想的秦王朝迅速土崩瓦解，意味着韩非的认识存在严重的误区。

2. 权力的快感

原文

晋平公与群臣饮，饮酣，①乃喟然叹曰：②"莫乐为人君！③惟其言而莫之违。"④师旷侍坐于前，⑤援琴撞之；⑥公披衽而避，⑦琴坏于壁。⑧公曰："太师谁撞？"⑨师旷曰："今者有小人言于侧者，⑩故撞之。"公曰："寡人也。"师旷曰："哑！是非君人者之言也。"⑪左右请除之。⑫公曰："释之，以为寡人戒。"⑬（《韩非子·难一》）

注释

①晋平公：春秋时晋国的君主。饮：喝酒。酣：酒喝得很

畅快。②喟（kuì）然：长叹的样子。③莫：没有什么。④惟：只。莫之违：莫违之，否定句代词宾语前置，即没有谁违背他的话。⑤师旷：古代著名的盲人乐师。侍坐：在尊长近旁陪坐。⑥援：拿起。撞：猛击。⑦披：分开。衽（rèn）：衣襟。⑧坏：破碎。壁：墙。⑨太师：古代乐官之长。谁撞：撞谁。疑问句疑问代词作宾语前置。⑩今者：刚刚。小人：古代"小人"的意义很多，这里用"小人"首先是指臣下，其次指见识浅陋的人。⑪哑（yà）：表示惊讶的叹词。是：代词"这"。非：不是。君人：给人做君主。⑫除：去掉，惩处。⑬释：放下。释之：放下这件事，相当于说"免了"。戒：警戒。

译文

晋平公跟群臣一起饮酒，喝得畅快淋漓，于是平公满足地长叹一声，说："世上没什么比做君主更快乐了！只要是他说的话，就没有谁敢违背。"师旷在跟前陪坐，听到这话，抄起琴来就朝平公猛击过去，平公慌忙闪避之间衣襟都散开了，结果琴打在墙上撞坏了。平公说："太师打谁呢？"师旷说："刚刚有个见识浅陋的小人在旁边说话，所以我打他。"平公说："说话的是我。"师旷说："哎呀！这可不是做君主的人讲的话。"平公身边的人请求惩处师旷。平公说："免了吧，我要拿这事来警戒自己。"

解说

师旷是盲人，可一定不会听不出说话的是晋平公；他使用极谏向平公进言，想让平公猛然醒悟。极谏就是用极端的方式进谏，如兵谏等。平公身边的人义愤填膺地纷纷请求严惩师旷，恐怕表演的成分更多些。平公自然也明白师旷的用心，于是表现出明君应有的姿态。韩非严厉批评这场戏很烂，以为其中体现的道理只会造成臣失臣礼、君失君道的恶果。君主犯了过错，臣子只能用进言的方式善谏，君主不接受的话，臣子就暂时躲到一边去，请辞官职也可以。无论如何不可以用极谏。历史上许多奸臣正是借用极谏的名义弑君篡位。

晋平公一语道破天机：权力给人的快感不正跟酒喝到高潮的酣畅一样吗？那种肆意放纵欲望、个人意志得到充分尊重和实现的满足，世间又有什么快乐能够替代呢？所以他的感慨是发自内心深处的。只是驾驭权力的马车是高风险的工作，如果独断专行、刚愎自用，就可能车毁人亡。所以《论语·子路》记录鲁定公向孔子请教有没有"一言而丧邦"的情形时，孔子回答说："人之言曰：'予无乐乎为君。唯其言而莫予违也。'如其善而莫之违也，不亦善乎？如不善而莫之违也，不几乎一言而丧邦乎！"孔子讲得很委婉，做君主到了说任何话都是金口玉言，一句顶一万句的时候，那也就到了"丧邦"即失去国家的时候了。

汉代刘向《说苑·君道》也收录了这则故事，情节多有出入，如故事的主人公是魏文侯和师经；戏剧性也更强，如文侯当时问左右："做臣子的居然击打君主，该如何定罪？"臣子们说应当烹煮。师经临受刑前请求说句话，得到许可后说："从前尧和舜做君王的时候，只担心自己的话没人提出反对意见。桀和纣做君王的时候，唯恐自己说话有人不赞成。我打的是桀、纣，不是打自己的君主。"文侯听了这话，便下令放过了师经。

3. 家国权力格局中的父兄

原文

何谓父兄？曰：侧室公子，①人主之所亲爱也；大臣廷吏，人主之所与度计也。②此皆尽力毕议，③人主之所必听也。为人臣者事公子侧室以音声子女，收大臣廷吏以辞言。④处约言事，⑤事成则进爵益禄，⑥以劝其心，⑦使犯其主。⑧此之谓父兄。（《韩非子·八奸》）

注释

①侧室公子：古代君主的位置由嫡长子继承，君主嫡长子以外的儿子均为侧室公子。春秋战国时期，诸侯国的高层官僚一般由跟君主血缘最近的亲属担任，"父兄""侧室公子"所指大体相同，是君主父兄辈的同姓重臣。②廷吏：朝廷的官员。度（duó）计：谋划商量。③毕议：竭尽自己的主张，即对国家事务全力参与，提出建议。④事：事奉。音声：音乐。子女：美貌的年轻女子。收：收摄其心，即用利益和恐吓等手段加以笼络和控制。辞言：言辞；这里包括许诺利益和以危害相要挟之类的言辞。⑤处（chǔ）：居于，在。约：关键，这里指事情的关键时刻。言事：指向君主进言。⑥进爵：晋升爵位。益禄：增加俸禄。⑦劝：勉励。⑧犯：侵犯。

译文

什么叫做父兄？宗室公子是君主亲爱的人；朝廷的重要官吏是君主与之谋划国家大事的人。这些人竭尽全力参与谋划商量，是君主必定听从的人。官吏便用音乐女色事奉宗室公子，用言辞笼络和控制朝廷重臣，在事情的关键时刻由这些人向君主进言，事情成功了，宗室公子和朝廷官吏就能进升官爵、增加俸禄，以此来鼓励他们，使他们逐渐侵犯君主的利益。这就叫做父兄。

解说

中国人比较信奉"打虎亲兄弟，上阵父子兵"。这在古代家天下的政治体制下是必然的选择。天下、国家都是君王的私人财产，通过宗法分封，家族成员都可以共享荣华富贵；国家的管理也是家族式的，与君王有血缘关系的贵族构成官僚阶层的主体，他们心里时刻回荡着"天下者，我们的天下"的信念，不仅对国家事务积极热心，而且拥有充分的话语权。这些人德行优劣不同，能力高低不一，其中私欲充斥、贪婪成性的贵族大臣就会成为奸臣拉拢利用的对象。奸臣使用各种诡诈的手段使这些贵族大臣与自己结成利益共同体，从而有机会侵蚀君主的权力，借此获取个人利益。

韩非作为典型的贵族，一方面以维护君主的地位和利益为己任，另一方面他对世卿世禄制度的弊端有深切的体察，并作了中肯的批判。关于父兄大臣的危害，韩非注意到他们会被奸臣利用，从而形成对君权的威胁；另外他在《亡征》篇中又提到"大臣两重,父兄众强,内党外援以争事势者,可亡也"。当一个国家的政治生态中,贵族大臣因争权夺利而形成不同的宗派,各自不惜出卖国家利益争取国外的势力支持,从而使自己在权力斗争中占据上风,这样的国家已经走上了覆亡之路。"父兄大臣禄秩过功,章服侵等,宫室供养大侈,而人主弗禁,则臣心无穷;臣心无穷者,可亡也。"统治阶层的后代可以无功而得享厚禄高位,而且德不配位,可以凭借特殊的身份轻易聚敛起惊人的财富,君主却不加以禁止。于是相当份额的社会资源集中到贵族们手中,从而刺激贵族们的欲望无限膨胀,生出夺权篡位的想法也就不足为怪了。

4. 全是套路

原文

三国兵至韩,①秦王谓楼缓曰:②"三国之兵深矣!寡人欲割河东而讲,③何如?"对曰:"夫割河东,大费也;免国于患,④大功也。此父兄之任也,⑤王何不召公子氾而问焉?"⑥王召公子氾而告之,对曰:"讲亦悔,不讲亦悔。王今割河东而讲,⑦三国归,王必曰:'三国固且去矣,⑧吾特以三城送之。'⑨不讲,三国也入韩,则国必大举矣,⑩王必大悔。王曰:'不献三城也。'臣故曰:'王讲亦悔,不讲亦悔。'"王曰:"为我悔也,⑪宁亡三城而悔,无危乃悔,寡人断讲矣。"⑫(《韩非子·内储说上·七术》)

注释

①三国：指齐、魏、韩三国。至韩：指三国军队在韩国集结。也有学者认为"韩"是"函"的讹误，指函谷关。②秦王：指秦昭襄王。楼缓：战国时赵国人，此时任秦国的相国。③河东：指秦国占有的黄河以东地带。按：黄河流经今山西西部，成南北流向，黄河以东称河东。讲：讲和，和解。④免国于患：使国家免于祸患。指避免三国军队破函谷关入秦，秦国陷入危亡。⑤父兄：指秦王宗族的老臣。任：责任。⑥公子汜（sì）：秦国宗族公子，生平不详。⑦今：连词，表示假设关系，相当于"若""假如"。⑧固：本来。且：将要。去：离开，撤退。⑨特：徒，白白地。⑩大举：指被攻占大量的土地。⑪为：这里是"若"的意思。⑫断：决定。

译文

齐、魏、韩三国大军在韩国集结。秦昭襄王对楼缓说："三国的军队已经深入（要接近函谷关了）。我想割让河东的城邑跟他们讲和，怎么样？"楼缓回答说："割让河东，是很大的损失；使国家免于祸患，是很大的利益。这种大事该由宗族老臣出面承当，大王为何不召见公子汜向他征询意见呢？"秦王就召来公子汜，把情况告诉了他。公子汜回答说："讲和要后悔，不讲和也会后悔。大王假如割让河东讲和，三国撤兵，大王一定会说：'三国的军队本来就要撤退了，我白白地拿三座城邑送给了他们。'如果不讲和，三国军队会继续深入，那么秦国一定被攻占很多地方，大王一定会非常后悔，说：'当初不献出三座城邑

（以至有这样严重的后果）。'所以我说：大王讲和也会后悔，不讲和也会后悔。"秦王说："若我后悔，宁肯失去三座城邑而后悔，也不能等国家陷入危亡时才后悔。我决定讲和了。"

解说

这则故事的情节并不复杂，面对齐、魏、韩三国联军气势汹汹的攻势，当时秦国确实遭遇了很大的危机。国难当头，秦王找来相国楼缓商议，楼缓表明两点意见：一是割让河东将使秦国遭受损失，更会让秦国在诸侯国之中一时颜面扫地；但若不割地求和，可能局势会进一步发展到无法收拾的地步。二是割地求和是非常重大的决策，应该请宗族老臣参与。当宗族重臣公子氾被召问时，公子氾也没有明确表态，而是全然用假设的语气，模拟出秦王在割地讲和与不割地讲和两种情况下可能的想法。最终让秦王自己拍板作出决定。公子氾模拟的两种情况，其实正是大臣在提供意见时的顾虑。君主在患得患失的心态下采纳了大臣的建议，无论结果如何，都可能会将责任推到大臣身上。所以在这种事情上，大臣最好的策略就是帮助君主理清思路，由君主自己取舍。

楼缓和公子氾这种模棱两可的态度，韩非认为是不可取的。作为臣子，对国家事务必须明确表态，然后由君主权衡不同的观点后作出决断。对于君主来说，应该"参听"，即多方面多角度听取意见，而不可偏听偏信；对于臣子来说，"不知而言，不智；知而不言，不忠"，因此应"悉言所闻"，然后由"大王裁其罪"。只是君主的心思不易揣摩，君主也如同普通人一样受情绪的支配，比如会后悔，会在不同的境况下有不同的想法；可君主又不是普通人，掌握着对臣子生死予夺的权力。这样，臣子进言时要冒很大的风险。楼缓和公子氾熟谙这其中的诀窍，也便有相应的套路加以应对。

5. 龙发大水冲龙庙

原文

韩宣王谓樛留曰：①"吾欲两用公仲、公叔，②其可乎？"③对曰："不可。晋用六卿而国分；④简公两用田成、阚止而简公杀；⑤魏两用犀首、张仪，而西河之外亡。⑥今王两用之，其多力者树其党，⑦寡力者借外权。⑧群臣有内树党以骄主，⑨有外为交以削地，⑩则王之国危矣。"（《韩非子·说林上》）

注释

①韩宣王：即韩宣惠王，战国时韩国君主。樛（jiū）留：韩人，事迹不详。②两用：并用，即同时重用。公仲、公叔：都是韩国的贵族。据《史记·韩世家》司马贞索隐，公仲名侈，曾担任韩相。公叔名伯婴。③其：语气副词，表揣测语气。④晋：诸侯国名，范围包括今山西省中南部和河南、河北、陕西等省部分地区。六卿：指晋国的六家贵族范氏、中行（háng）氏、知氏、赵氏、魏氏、韩氏。自晋景公设置六卿分别执掌政权，六家逐渐强大，到春秋后期韩、赵、魏三家吞灭另外三家，最终瓜分晋国。⑤简公：齐简公，名任，春秋末期齐国君主。

田成：即田常，死后谥成子，春秋末期齐国的执政大臣。公元前481年，他发动政变，杀掉齐简公，控制了齐国政权。阚(kàn)止：字子我，齐简公的宠臣，与田成子分任左右相，后被田成子所杀。⑥犀首：即公孙衍，战国时魏国人，曾担任魏国和秦国的相国。张仪：战国时魏国人，是纵横家主张连横的代表人物。西河之外：指黄河以西原属魏国的地区。亡：丧失。⑦树：树立。党：私党。⑧寡：少。借：借助。外权：外国的势力。⑨骄：对……骄横傲慢。⑩为交：从事结交。削地：指裂土分封。按：清代学者王念孙《读书杂志》认为"削"是"列"字形近而误，"列"是"裂"的古字。

译文

韩宣王对樛留说："我想同时重用公仲和公叔两人，应该可以吧？"樛留回答说："不可以。晋国同时重用六卿，晋国被瓜分了；简公同时重用田成和阚止，简公被杀掉了；魏国同时重用犀首和张仪，黄河以西的土地丧失了。如今大王要同时重用公仲和公叔，那么他们势力大的就树立私党，势力小的则借用外国的权势。臣子们有的在国内树立私党并由此对君主也能骄横傲慢，有的对外勾结并借助外力分取土地，那么大王的国家就要危险了。"

解说

樛留指出，君王如果同时重用两个大臣，这两个大臣为了争权夺利展开激烈的角逐，最终会危害到国家利益。权力越大的人，越容易将自己幻化成腾云驾雾的飞龙，高高在上，蔑视众生，丧失了对常识的判断力；龙争虎斗的结果是毁了龙王庙。可见这些当权者醉心于权力，至于对国家和民众所应承担的责任和义务，往往只是他们挂在口头上的说辞而已。

古人很善于从历史的经验中总结治国方略。可是观察历史事件时，倘若不能抓住根本，得出的结论很可能是片面的甚至是错误的。比如樛留对两用大臣的分析，他从史实证明，同时重用两个臣子，必然导致二臣为争夺事权而使用各种政治手腕明争暗斗，相互掣肘，不仅造成严重的内耗，影响国内政治的顺利运转，而且他们不惜勾结国外势力作为政治较量中的筹码，危害国家。樛留的分析表面看来很有道理，可韩非马上举出反面的史实：齐桓公两用管仲和鲍叔牙，商汤两用伊尹和仲虺，结果成就了彪炳千秋的功业；而且由于专用一人造成臣子大权独揽、最终劫杀君王的史实也不鲜见，如齐湣王专用淖齿，却最终被抽筋吊死；赵武灵王专用李兑，结果被围困在沙丘宫活活饿死。可见，樛留为论证自己观点举出的史实是片面的。

权力的分配始终是困扰历代君王的首要难题。君王无法包揽一切权力，只好下放事权。臣子尝到权力的滋味，从此仿佛服食春药成瘾，陷入持续的亢奋和癫狂无力自拔，迷失了自我。于是野心膨胀，拼命谋求更大的权力。为了权力他们可以不择手段，非常喜欢铤而走险。这是韩非对权力的特质与人的本性之间的关系的基本认识。因此，韩非主张权力体系的层级要分明，君王必须绝对掌握核心权力，也就是人事权和财政权，并善于运用权术控制臣下；在这样的前提下，两用或一用，都不是根本性的问题。

6. 卖国的资格

原文

周趮谓宫他曰:①"为我谓齐王曰:'以齐资我于魏,②请以魏事王。'"③宫他曰:"不可,是示之无魏也,④齐王必不资于无魏者而以怨有魏者。⑤公不如曰:'以王之所欲,⑥臣请以魏听王。'齐王必以公为有魏也,必因公。⑦是公有齐也,因齐以有魏矣。"(《韩非子·说林下》)

注释

①周趮(zào):人名。《战国策·魏四》记述此事,作"周肖";《孟子·滕文公下》有周霄与孟子的问答,汉赵岐注:"周霄,魏人。"《战国策·魏二》又记"魏文子、田需、周宵相善"事。按:肖、霄、宵,都与"趮"字通用。宫他:人名。《战国策·西周》:"宫他谓周君。"高诱注:"宫他,周臣也。"《战国策·燕一》有"宫他为燕使魏"章,记燕国子之和燕王哙乱国时,宫他出使魏国,为求一见魏王,不惜把燕国的珍宝土地全部奉献出去,实在称得上丧心病狂。有的学者认为此宫他便是《西周策》里的宫他,乃周人在燕国做官者。又《战国策·东周》记载昌他因罪而从西周逃往东周,把西周的详细情况都出卖给东周。鲍彪本《战国策》改"昌"为"宫",认为就是宫他。由此可见,此宫他与周趮一样,都是一心追逐名利权势而

毫无底线的政客。②资：帮助。③请：请允许我。事：事奉。"以魏事王"意思是用魏国事奉大王，即魏国将以齐王臣属的身份为齐王做事。④是：这。示之：让齐王看到。⑤以：以此，因此。怨：使怨恨。⑥所欲：想要的事情。⑦因公：依赖您。

译文

周㝬对宫他说："请替我对齐王说：'用齐国的力量帮助我在魏国取得权势，我将用魏国来事奉齐国。'"宫他说："不行，这样做就让齐王明白你在魏国没有权势。齐国一定不会帮助在魏国没有权势的人，因而招致魏国有权势的人怨恨。您不如说：'按照大王的要求，我请求拿魏国听命于大王。'齐王一定会认为您在魏国有权势，必然依赖您。这样您就得到齐国的帮助，因而凭借齐国在魏国取得权势。"

解说

这则故事讲两个大臣之间的一次密谋策划。周㝬是魏国的大臣，希望宫他给齐王传话，由齐王给他提供各种资助，帮他在魏国获取权势；他将拿魏国的利益输送给齐王作为回报。宫他分析说：你周㝬在魏国根本没有话语权，又怎么可能取得齐王的资助呢？因此他建议周㝬玩空手套白狼的游戏，先用假话套住齐王，获得齐王的资助，然后辗转腾挪，凭借齐国的力量获得魏国的权势，再用魏国的利益进一步与齐王进行交换。

在这些大臣看来，国家权力不过是获取私利的工具而已。他们的贪婪和无耻是普通人难以想象的。只要能够捞到个人的巨大利益，可以无所不用其极。这正是：任我生前荣华富贵，穷奢极欲，哪管死后洪水滔天？韩非多次提醒君主，如果君主在用人上不建立合理有效的考评机制，通过实际工作和业绩考查是否真正有德行有能力，而是任用别的诸侯国所推重的人，或者听信左右亲信的请求建议，那么，"吏偷官而外交，弃事而亲财。是以贤者懈怠而不劝，有功者隳而简其业，此亡国之风也。"（《韩非子·八奸》）大意是说，官员们的心思就都不会放在本职工作上，而是一心与外国结交，拼命聚敛个人财富；他们可以使用大量的钱财买通君主身边的亲信，并在国外建立遥相呼应支持的关系网，不断谋求更高的位置和更大的权势。在这样的社会风气下，真正有德行有能力的人心灰意冷不愿出来做事，有功劳的人看不到任何希望和前途从而选择彻底放弃的态度。这是一个国家走向穷途末路的表现。

7. 空空荡荡的朝廷

原文

亡国之廷无人焉。廷无人者，非朝廷之衰也。家务相益，不务厚国；①大臣务相尊，②而不务尊君；小臣奉禄养交，不以官为事。③此其所以然者，由主之不上断于法，④而信下为之也。故明主使法择人，不自举也；⑤使法量功，⑥不自度也。⑦能者不可弊，⑧败者不可饰，⑨誉者不能进，⑩非者弗能退，⑪则君臣之间明辩而易治。⑫故主雠法则可也。⑬（《韩非子·有度》）

注释

①家：私家，指卿大夫的封邑。务：致力于。相益：互相得到利益，互相帮忙共谋私利。厚国：使国家富强。国：指诸侯国。②相尊：互相尊崇，指互相吹捧提携而抬高身份地位。③小臣：春秋以后指地位卑微的官吏。奉：两手捧着，这里是"用"的意思。交：私交，朋党。官：官职。④上断于法：在上面依据法律裁断事务。⑤使：使用。自举：自己举荐。⑥量：衡量。⑦度（duó）：揣度，衡量。⑧弊：通"蔽"，隐藏，使埋没。⑨败者：坏人。饰：掩饰。⑩誉者：徒有虚名的人。进：指到朝廷做官。⑪非：责难，诋毁。退：废黜，罢免官职。⑫明辩：明白地区别。⑬雠（chóu）：相应，应验。

译文

将要灭亡的国家，朝廷上是没有人的。说朝廷上没有人，并不是说朝廷里的官员数量减少了。卿大夫们都专心一意地互相帮忙谋私利，却没人致力于使国家富强；位高权重的朝廷大臣拼命互相吹捧提携，而不致力于尊奉国君；普通官吏则是拿着国君给的俸禄供养私交，以图结成朋党谋取个人的权力和利益，没有人真正把自己的工作当回事。造成这种状况的原因，就是由于君主不能在上面依据法律裁断事务，而是完全听信下面的官吏为所欲为。所以英明的君主用法度来选拔人才，而不凭自己的意愿来举用；使用法度来衡量功绩，而不凭自己内心的揣度加以衡量。有才能的人不允许被埋没，做坏事的人不能被掩饰，徒有虚名的人不能进用，而受到诋毁的人也不会被免职。这样，君主和臣子之间的关系就可以明白地区分而且容易治理。所以君主使法令应验就可以了。

解说

朝堂上官员济济，然而各怀鬼胎，阳奉阴违，欺上瞒下，人浮于事；各打自己的算盘，一门心思巩固已有的地位和既得利益，并寻求一切可能的机会投机钻营往上爬，或者拼命为自己捞取更多的实惠。没有人真心实意地为国家的现实问题和长远利益考虑。韩非认为，在这样的政治氛围下，满朝文武竟找不到为国为君之臣，岂不等于无臣？如此说来，一眼望去，人满为患的朝堂，实质上竟是空空荡荡！因此国政徒有其表，实际上已经陷入深重的危机。一旦有风吹草动，无论是内忧还是外患，都足以导致君主身亡政息。

人治的最大弊端是凭借主政者的好恶和意愿选择任用官员，考核官员的政绩也没有客观标准，赏罚往往随意性很大。所以韩非主张君主首要的工作是通过法律制度，建立一套选拔和考评官员的机制。这样，才能有效地操控官僚机器为自己服务。否则，官员们有层出不穷的招数迷惑君主，从而利用君主实现其个人目的。

8. 难产的太子

原文

郑君问郑昭曰:"太子亦何如?"对曰:"太子未生也。"君曰:"太子已置而曰'未生',①何也?"对曰:"太子虽置,然而君之好色不已;②所爱有子,③君必爱之;爱之则必欲以为后,臣故曰'太子未生'也。"(《韩非子·内储说下·六微》)

注释

①置:设立。②不已:不休,没完没了。③所爱:爱的人,指喜爱的姬妾。

译文

郑国的国君问大夫郑昭说:"太子怎么样呢?"郑昭回答说:"太子还没生下来呢。"国君奇怪地说:"太子已经确立了呀,你却说还没生下来,是什么道理?"郑昭回答说:"太子虽然立了,可是您贪好女色兴趣不减,您的新欢生了儿子,您一定特别喜爱他;喜爱他就想把他作为继承人。所以我说太子还没生下来呢。"

解说

古代君王拥有社稷江山的全部所有权,这么庞大的一份产业选接班人很是麻烦。对一般家庭来说，财产继承按父业子承的原则即可，若是不止一个儿子，平均分配一下也简单。可是，权贵阶层除了财产还有权力，王位、爵位这些东西无法分割，只能由一个儿子继承；而权贵阶层的一妻多妾制，造成儿子众多，像战国时齐相田婴有四十多个儿子。所以自西周就确立了嫡长子继承制，即法律规定正妻所生的长子享有继承优先权。在这套制度下，嫡长子虽然获得了继承大位的名分，但同时也就成为众矢之的，兄弟之中那些才能更杰出或者功业更出色的难免心中不服，总要寻找各种机会将嫡长子从继承人的位置上挤下去，或者干脆设法除掉。纵观历史，这种惨烈的宫廷争斗贯穿了历代王朝几乎每次皇位的更替。

韩非重视君主权力交接的问题，多次举出历史和现实中由于权位更替而造成君主被杀，甚至整个国家陷入血腥内乱的事实，分析各种不同的情况。在《亡征》篇里，他指出："轻其嫡正，庶子称衡，太子未定而主即世者，可亡也。"君主不看重嫡长子，导致其他的儿子可以与之平起平坐，而且在嫡长子确立太子的名分之前君主就去世了，这样的政治乱局将造成亡国的后果。"太子已置，而娶于强敌以为后妻，则太子危，如是则群臣易虑；群臣易虑者，可亡也。"君主跟大国联姻，娶大国君主之女为妻，大国自然希望自家的骨肉能够继承君位，由于这样的背景，群臣就不一定再拥戴太子，从而形成乱局，并走向亡国。韩非另外举出"质太子未反而君易子"（太子在外国做人质而君主另立太子）、"太子轻而庶子伉"（太子的势力弱小而其他儿子的势力强盛）、"太子卑而庶子尊"等诸般情形，都足以酿成亡国之祸。

管仲曾劝谏齐桓公"君老而晚置太子"将生祸端,这是基于历史的经验教训得出的结论。可是,太子之位早定,也将生出许多难题:太子不成器,胡作非为、不思长进,怎么办?太子懦弱无能,严重缺乏从政能力,怎么办?假如君主又特别长寿,而且贪好女色,男欢女爱之下也难保不想更立太子;太子成年后政治眼光和才干超群,势力壮大之后恐怕也会有及早上位的想法。诸如此类,都使我们体会到做君主的苦衷:接班人的问题,为什么如此难?

9. 活在恐惧里的王储

原文

楚成王以商臣为太子,既欲置公子职。① 商臣闻之,未察也,② 乃为其傅潘崇曰:③ "奈何察之也?"潘崇曰:"飨江芈而勿敬也。"④ 太子听之。江芈曰:"呼,役夫!⑤ 宜君王之欲废女而立职也。"⑥ 商臣曰:"信矣。"潘崇曰:"能事之乎?"⑦ 曰:"不能。""能为之诸侯乎?"⑧ 曰:"不能。""能举大事乎?"⑨ 曰:"能。"于是乃起宿营之甲而攻成王。⑩ 成王请食熊蹯而死,⑪ 不许,遂自杀。(《韩非子·内储说下·六微》)

注释

①既:不久。置:立。公子职:商臣的庶弟,即成王的姬妾所生的儿子。②察:仔细看清楚,搞清楚。贾谊《新书·道

术》:"纤微皆审谓之察。""察"是指为了了解真相而对已知但知之不详的事物进行深入的查证核实。③为:通"谓"。傅:此指辅佐和教导太子的官员。④飨(xiǎng):用酒食款待。江芈(mǐ):《史记》以为成王宠妾;《左传》杜预注以为成王之妹,姓芈,嫁到江国。⑤呼:怒斥声。役夫:供使役的人。此处为詈词,是当时对人的贱称。⑥宜君王之欲废女而立职也:"君王之欲废女而立职,宜也"的倒装,这种倒装句表达比较激烈的情感。⑦事之:事奉他,指公子职做君主后,商臣作为臣子为其做事。⑧能为之诸侯乎:字面义是"能做他的诸侯吗",即接受公子职的分封。不过,《左传·文公元年》记载该事件时,此句是"能行乎",则此句或应为"能之诸侯乎",即能逃到别的诸侯国去吗?⑨举:发动,做。举大事:做大事。指杀掉成王自立。⑩起:调动。宿营:宿卫,护卫王宫。甲,指穿铠甲的士兵。⑪熊蹯(fán):熊掌。熊掌煮熟需要比较长的时间,成王想以此拖延时间等待救援。

译文

楚成王把嫡长子商臣立为太子,过了不久又想改立公子职。商臣听到了风声,但没能确证是否属实,于是对他的师傅潘崇说:"怎样能搞清楚这件事呢?"潘崇说:"你出面宴请江芈,在酒席上对她不恭敬。"商臣听从潘崇的建议去实施,江芈对他的无礼非常愤怒,骂道:"呸,你这个下贱的东西!难怪君王要废黜你而改立公子职做太子。"商臣对潘崇说:"废立的消息是确实的。"潘崇问他:"你能事奉公子职做君主吗?"商臣说:"不能。"潘崇又问:"你能逃到别的诸侯国去吗?"商臣说:"不能。"潘崇说:"你能发动大事吗?"商臣说:"能。"于是调动守卫王宫的军队围攻成王。成王请求吃过熊掌再死,商臣不答应,成王就上吊自杀了。

解说

在上一则的故事里,郑昭向郑君揭示了因君主的纵情将导致太子的地位不稳,由此可知惶惶不可终日是太子生活的常态。故事并没有交代后来发生的事情。同在《内储说下·六微》篇的《说五》中,韩非收录了这样一则故事:"郑君已立太子矣,而有所爱美女欲以其子为后,夫人恐,因用毒药贼君杀之。"有学者推断,这则故事大概是郑昭劝谏郑君故事的后续。郑昭的劝谏并非无的放矢,可惜郑君没能听进去,结果又上演了一出宫廷常见的骨肉相残的悲剧。

本文这个故事又见于《左传·文公元年》,其中说到成王在立商臣为太子之前,曾向令尹(相当于相国)子上征求意见,子上说:"您正当壮年,宠妾众多,如果立了商臣再废掉,会生出祸乱。商臣这个人,眼睛像马蜂,声音像豺狼,是个残忍的人。还是不要立他做太子。"成王没有听从。整个事件的走向竟然完全如子上所料。

韩非讲了不少同类的故事,目的是要警示君主:"丈夫年五十而好色未解也,妇人年三十而美色衰矣。以衰美之妇人事好色之丈夫,则身见疏贱,而子疑不为后,此后妃、夫人之所以冀其君之死者也。唯母为后而子为主,则令无不行,禁无不止,男女之乐不减于先君,而擅万乘不疑,此鸩毒扼昧之所以用也。"(《韩非子·备内》)君主的后妃和已确立为继承人的太子在内心里都在盼着君主早死,因为男人到了五十岁,好色之心并未减退,但女性到了三十岁就青春不再,"以衰美之妇人事好色之丈夫"的结果必然是妇人逐渐被疏远,地位越来越低贱;即使自己的儿子已被确立为继承人,也无法保证君主不被新欢蛊惑而改立太子,这样"衰美之妇人"的处境就相当悲惨了。如果君主早死,自己的儿子继承了君位,从此彻底解除了被废的威胁,而且拥有"令无不行,禁无不止"的权势;同时形势倒转,"衰美之妇人"可以肆意享受男宠簇拥,从而"男女之乐不减于先君"。对于太子而言也存在相同的情形。后妃、太子都时刻生活在恐惧的煎熬里,杀夫弑父便成为最有利的选项。

10. 止痛药、雄心与远方

原文

白公胜虑乱,①罢朝,②倒杖策而锐贯颐,③血流至于地而不知。郑人闻之,曰:"颐之忘,将何不忘哉?"故曰:"其出弥远者,其智弥少。"④此言智周乎远,⑤则所遗在近也。⑥(《韩非子·喻老》)

注释

①白公胜:春秋时楚国太子建的儿子。伍子胥和太子建逃亡到郑国,太子建因谋乱被郑人杀掉,伍子胥和胜逃到吴国。后楚惠王把胜召回楚国,让他居住在白邑(今河南息县东北),

号为白公。后来作乱兵败而自杀。虑乱：谋虑作乱的事情。《说文》："虑，谋思也。"②罢朝（cháo）：结束早朝。按：古代一般在早晨举行早朝仪式，大臣到朝廷上拜见君主，请示安排一天的工作。《左传》孔颖达疏："旦见君谓之朝。"③倒（dào）：倒转。杖：持拿。策：马箠（chuí）。《淮南子·道应训》："白公胜虑乱，罢朝而立，倒杖策，錣上贯颐，血流至地而弗知也。"高诱注："策，马捶，端有针以刺马，谓之錣（zhuì）。倒仗策，故錣贯颐也。"按：秦始皇陵出土的铜车马伴有铜策，竿形有节，下端粗末端细，通长约75厘米，前端有短刺，长0.9厘米，直径0.25厘米。锐：尖利，这里指策上的针刺，也就是錣。贯：穿透，穿进。頤（yí）："颐"的异体字，是人的面部自下巴到面颊的部分。按：倒杖策，则马箠顶端的针刺朝上，所以会刺入下巴。④弥：越。此两句出自《老子》四十七章，原文是："其出弥远，其知弥近。"⑤周：周密。⑥遗：丢失。

译文

白公胜一直谋虑作乱的事情，有一次结束早朝后，手里倒拿着马箠，马箠上的尖针穿进了下巴，血流出来一直淌到地上，他浑然不知。郑国人听到这件事，说："连自己的下巴都忘记了，还有什么不能忘记呢？"所以《老子》上说："走得越远，智慧就会越少。"这是说当一个人的智虑集中于远处的事物，那么他就会丢失身边的事物。

解说

白公胜是韩非笔下出现较多的一个人物。按照当时的制度，他父亲太子建若是顺利继承君位,那么接下来他就是楚国君主的不二人选。可是,因为爷爷楚平王的昏庸荒唐,太子建被迫逃往郑国避难,他随父亲流亡异国;后来太子建被郑人所杀,他又跟着伍子胥逃往吴国。令尹子西把他召回楚国,任命为巢大夫,让他住在白邑,从此便有了"白公"的称号。失去君位接班人的高贵地位,并经历了颠沛流离的生活,这对白公胜的影响很深。他内心充满委屈和怨恨,也时时涌动着夺回本该属于自己的君位的野心和欲望。他专好勇力,私下供养死士。他曾向楚国的令尹子西请兵伐郑,替父亲报仇,未获同意;恰在此时,晋国攻打郑国,子西率军救郑,这便更令白公胜愤怒异常。公元前479年,白公胜带着死士石乞等袭杀子西等大臣,废楚惠王,自立为楚王。不久,那位好龙的叶公率军勤王,白公胜兵败后逃往山中,最终自缢而亡。

　　白公胜生下来便自然具备承袭王位的血统,可是始终没能名正言顺地登上王位,最终又为权力而死。在专制制度下,权力意味着一个人生命价值的最高体现,因此对权力的向往可以使人如痴如醉,如癫如狂,这本无可厚非。可在《老子》看来,权力并非一个人本体的属性,而是外在的东西;当人的心灵完全被对权力的渴望所攫取和奴役,这样一颗焦虑不安、无时安宁的心,无法清澈地认识自身,更不可能领悟大道。

11. 海里的大鱼

原文

靖郭君将城薛,①客多以谏者。②靖郭君谓谒者曰:"毋为客通。"③齐人有请见者,曰:"臣请三言而已,④过三言,臣请烹。"⑤靖郭君因见之。客趋进,⑥曰:"海大渔。"因反走。⑦靖郭君曰:"请闻其说。"⑧客曰:"臣不敢以死为戏。"靖郭君曰:"愿为寡人言之。"⑨答曰:"君闻大鱼乎?网不能止,⑩缴不能絓也,⑪荡而失水,蝼蚁得意焉。⑫今夫齐亦君之海也。君长有齐,奚以薛为?⑬君失齐,虽隆薛城至于天,犹无益也。"⑭靖郭君曰:"善。"乃辍,⑮不城薛。(《韩非子·说林下》)

注释

①靖郭君:齐国贵族田婴的封号。田婴是齐威王的小儿子,孟尝君的父亲。曾担任齐国的相国。城:修筑城墙。薛:田婴的封邑,在今山东省滕州市东南。②客:门客。春秋战国时期,各国的君主和大臣都竭力网罗人才,养在家中供自己驱使,这些人称为客,也叫门客或食客。谏:下对上的劝说。③谒(yè)者:负责传达的官吏。毋(wú):不要。为(wèi):替,给。④臣:对自己的谦称。三言:三个字。⑤烹:把人放在开水里煮死的酷刑。⑥趋:低头弯腰、小步快走,是古代表示恭敬的一种行走姿势。进:向前,指走到靖郭君面前。⑦反走:掉头

就跑。⑧请:请对方允许自己。说:说辞。⑨愿:愿意,希望。⑩止:使止,即捕获。⑪缴(zhuó):本指系在箭上的生丝绳,箭射出后可以收回。这里指系着生丝绳的箭。絓(guà):通"挂",钩取,即射中以后也无法拉动。⑫荡:游荡。得意焉:在大鱼身上做想做的事。⑬长:长久。有齐:指掌握齐国的权力。奚以薛为:以薛为奚,拿薛地做什么呢? ⑭隆:使高。城:城墙。犹:还是。⑮辍(chuò):停止。

译文

靖郭君将在薛地筑造城池,很多门客为此而劝谏,靖郭君吩咐传达官说:"不要替门客通报。"有一位齐国人请求进见,说:"我只请求说三个字,超过三个字,就请把我煮死。"靖郭君于是接见他。客人低头弯腰快步走上前,说:"海大鱼。"说罢转身就跑。靖郭君说:"你这话是什么意思?"门客说:"我可不敢拿死当儿戏。"靖郭君说:"希望你为我说明一下。"门客回答说:"您听说过海里的大鱼吗?用网不能捕获,用带生丝的箭也不能钩取;可当大鱼游荡而离开了水,蝼蛄和蚂蚁都可以在它身上为所欲为了。如今这齐国也就是您的海,您若长久掌握齐国政权,那还用薛地干什么呢?您若失去了齐国的权力,即使把薛地的城墙筑造得高到天上,依然没有什么好处。"靖郭君说:"说得好!"于是就罢手,不再在薛地建筑城池。

解说

靖郭君要在自己的封地修建城池,应该是出于留后路的考虑。当时各诸侯国的贵族往往倾尽全力营造封邑,作为自己的大本营;一旦在政治上失势,就退回封邑自保。这些贵族大臣也会充分利用在朝廷担任要职的机会,极力中饱私囊,把大量财富输送到个人的封邑。如春秋时期鲁国的季康子把持鲁国朝政时,利用鲁君的军队和财力,攻打鲁国境内的小国颛臾,原因之一就是颛臾在地理位置上接近季康子的封邑费,灭掉颛臾后季康子就可以趁机扩大封邑。到了战国时期,随着各诸侯国内国君与贵族大臣争夺权力的矛盾加剧,这类现象就更是层出不穷。韩非多次提到,秦昭襄王的舅舅魏冉做相国,"穰侯越韩、魏而东攻齐,五年而秦不益尺土之地,乃城其陶邑之封。"穰侯是魏冉的封号,他的封邑是陶。秦军越过韩国和魏国向东攻打齐国,夺取的土地都被纳入魏冉封邑。韩非把这种情况叫做"用一国之兵而欲以成两国之功"。所谓"用一国之兵",是说打仗用的是秦国的军队;所谓"成两国之功",则是指魏冉的封邑实际上是国中之国。结果虽然秦国"兵终身暴露于外,士民疲病于内",却对秦国的霸王大业没有任何贡献。韩非痛切地指出,在这样的情形下,"战胜,则大臣尊;益地,则私封立",原因就在于"主无术以知奸也"。

12. 神仙斗法

原文

费无极,荆令尹之近者也。①郤宛新事令尹,②令尹甚爱之。无极因谓令尹曰:③"君爱宛甚,何不一为酒其家?"④令尹曰:

"善。"因令之为具于郤宛之家。⑤无极教宛曰:⑥"令尹甚傲而好兵,⑦子必谨敬,⑧先亟陈兵堂下及门庭。"⑨宛因为之。⑩令尹往而大惊,曰:"此何也?"无极曰:"君殆,⑪去之!⑫事未可知也。"令尹大怒,举兵而诛郤宛,⑬遂杀之。(《韩非子·内储说下·六微》)

注释

①费无极:春秋时楚国的大夫费无忌。是楚平王宠信的臣子,进谗言迫害太子建,并杀掉伍奢、伍尚父子。后被令尹囊瓦所杀。令尹:楚国的相国称令尹。这时楚国的令尹是囊瓦,字子常。近者:亲近的人。②郤(xì)宛:字子恶,春秋时楚国的左尹,为人正直平和,被费无极陷害而死。新:新近,刚刚。事:为……做事。③因:于是。谓:对……说。④何:为什么。为酒:置酒,饮宴。⑤具:宴席。⑥教(jiào):教导,这里有教唆的意思。⑦傲:傲慢,盛气凌人。好(hào):喜欢。兵:指兵器。好兵:相当于说"好武"。⑧谨:小心慎重。敬:指敬畏,不敢稍有马虎、懈怠。⑨亟(jí):赶紧。陈:陈列,摆出来。堂下:指厅堂的阶下。及:到,达及。门庭:门指庭院的大门,庭指进入院门后到堂前的空地。⑩因:于是。为之:指按照费无极所说的去做。⑪殆(dài):危险。⑫去之:离开这儿。⑬举兵:率领军队。诛:讨伐。

译文

费无极是楚国令尹子常最亲近的人。郤宛刚刚开始为令尹子常做事,令尹非常喜欢他。费无极于是对令尹说:"您这么喜欢郤宛，为什么不在他家里举办一次酒宴呢？"令尹说："好啊。"就派无极到郤宛家预备宴席。费无极授意郤宛说："令尹非常傲慢，喜好兵器。您一定要小心认真地对待这事，预先赶紧把你的武备都陈列在厅堂的阶下直到庭院门口。"郤宛于是就照费无极说的办理。令尹到了郤宛家，看到眼前的阵仗，大惊失色，说："这是怎么回事？"费无极（假装紧张万分，马上）说："您现在非常危险，赶紧离开这儿！事情难以预料啊。"令尹勃然大怒，率领军队讨伐郤宛，于是杀掉了他。

解说

这则故事的情节并不复杂，费无极因为主子令尹子常宠爱郤宛，于是设计除掉政治上的竞争对手郤宛。他先建议令尹子常在郤宛家里搞一次宴饮活动，然后假装为郤宛着想，撺掇郤宛投令尹所好，把全部武备陈列出来，以此表示郑重和对令尹的尊敬。可是，当令尹光临郤家，看到从门口直到堂前那武备森严的阵仗，场面很不寻常，马上紧张起来。这时费无极两句含混而极有深意的话，就让事情的性质完全改变了，郤宛根本没有机会为自己辩解，莫名其妙地送了性命。

费无极受令尹宠信，就可以依仗这样的身份地位在楚国权力场中获取一定的利益。现在加入了一位新人，就必然分掉原本属于自己的一部分权力，他心有不甘，策划导演了一场除掉对手的戏。在权力场中，这种神仙斗法通常都是起因于权力斗争。之所以称为神仙斗法，是因为层出不穷的权力斗争，与人间凡事毫不相干。权力角逐场上刀光剑影、你死我活，在身处其中的那些老谋深算、出招狠辣的政客们心目中，民间疾苦、国家前途一类的事情都不是他们考虑的核心问题。韩非曾引用过据说是出自黄帝之口的一句话："上下一日百战。"上下之间一日百战，却不是为了让老百姓过上富裕、平安、幸福的生活，而是为了争权夺利。由此也就不难理解，在这样的权力体系中，一个显而易见的事实是：想做官的人如过江之鲫，想做事的人屈指可数；会做官的人多如牛毛，会做事的人却是凤毛麟角。

13. 沉默是金

原文

隰斯弥见田成子，①田成子与登台四望，三面皆畅，②南望，隰子家之树蔽之。③田成子亦不言。隰子归，使人伐之。斧离数创，④隰子止之。其相室曰："何变之数也？"⑤隰子曰："古者有谚曰：'知渊中之鱼者不祥。'⑥夫田子将有大事，而我示之知微，⑦我必危矣。不伐树，未有罪也；知人之所不言，其罪大矣。"乃不伐也。(《韩非子·说林上》)

注释

①隰（xí）斯弥：人名，齐国大夫。②畅：通畅，没有遮蔽。③蔽：遮挡。④离：使分离，即砍伐。数（shù）：几个。创（chuāng）：口子。⑤相（xiàng）室：家臣，为卿大夫管理家务的管家。变之数（shuò）：改变很迅速。⑥渊：深水。祥：吉利。《列子·说符》："周谚有言：察见渊鱼者不祥，智料隐匿

者有殃。"⑦大事：指准备夺取齐公室政权的事。知微：即有预见，能够通过隐微征兆看出事情的性质和发展的方向。

译文

隰斯弥去拜见田成子，田成子跟他一起登上高台向四面眺望，三面都很空阔通畅，只有向南远望时，被隰子家的树木遮挡住了。田成子也没说什么。隰子回家后，派人把树砍掉。斧子刚在树上砍了几个口子，隰子又不让再砍了。他的管家说："怎么变得如此之快呢？"隰子说："古时候有句谚语道：'知道深渊里的鱼不吉利。'田成子将要干大事，我却让他看出我能通过隐约细微的苗头判断出事情的真相，那我必然要遭遇灾难了。不砍掉树木并没有罪过；了解别人不说出来的心事，那罪过就大了。"于是不再砍伐树木。

解说

这则故事仅有112字，但写得一波三折。尤其是隰斯弥的心理变化，迂曲回旋，显示出其心机深邃，阴鸷诡谲，真乃政坛老油条的典型形象。田成子在这故事中只有"登台"和"不言"两处描写，但那种权倾朝野的霸气和睿智凌厉的个性都透过字里行间流露出来。在专制政体下，官场中人无不"战战兢兢，如临深渊，如履薄冰"，跟危机四伏、刀头舐血的江湖生涯并无二致。

韩非在《说难》中讨论了向君主进言时的种种困难和危险，其中谈到："夫事以密成，语以泄败。未必其身泄之也，而语及所匿之事，如此者身危。彼显有所出事，而乃以成他故，说者不徒知所出而已矣,又知其所以为,如此者身危。规异事而当,知者揣之外而得之,事泄于外,必以为己也,如此者身危。"专制政治的一大特征就是充满机密和阴谋。拥有权力者做事和谋划都要绝对保密,因此任何参与政治的人物只要涉及机密,也就意味着他的生命失去了保障。韩非举出的情形,如有的事情未必是进言的人自己泄露了机密,可是在跟君主谈话中纯属无意地触及君主内心的隐秘之事,那么君主就有可能除之以绝后患。有时君主公开做一件事,实际是要借此成就另外的事,有的臣子太过精明,马上就能推断出君主的真实意图,这样的臣子大概也就命不久矣。有时臣子替君主筹划大事很合君主的心意,可是被局外的聪明人猜到并泄露出去,而君主则会以为是主持筹划的臣子所为,从而起了杀心。伴君如伴虎,通往权力的道路荆棘密布,风诡云谲,假如不具备隐忍诡诈、冷酷无情的个性,是不适宜在这样的道路上行走的。

14. 隔墙有耳

原文

甘茂相秦惠王。①惠王爱公孙衍,②与之间有所言,③曰:"寡人将相子。"甘茂之吏道穴闻之,④以告甘茂。甘茂入见王,曰:"王得贤相,臣敢再拜贺。"⑤王曰:"寡人托国于子,安更得贤相?"⑥对曰:"将相犀首。"王曰:"子安闻之?"对曰:"犀首告臣。"王怒犀首之泄,乃逐之。(《韩非子·外储说右上》)

注释

①甘茂:战国时楚国下蔡(今安徽省凤台县)人,事秦惠文王和武王。武王时曾担任左相。②公孙衍:又称犀首,战国时魏国人,是纵横家中合纵派的代表人物之一。曾在魏国任相,后到秦国,得到秦王赏识。③间(jiàn):秘密地。④道:经由。⑤再拜贺:行再拜之礼以示庆贺。再拜即连续行两次拜礼,是比较郑重的礼节。古人的拜是先跪下,两手拱合与心平,后低头至手。⑥安:怎么,哪里。更(gèng):另外。

译文

甘茂做秦惠王的相。惠王很喜爱公孙衍,有一天悄悄地跟公孙衍说:"我打算任用你做相。"甘茂的手下从墙上的孔洞听到这话,赶紧报告了甘茂。甘茂便进宫谒见惠王,说:"大王找到一位贤明的相,我谨向您行礼祝贺。"惠王说:"我已把秦国托付给你,怎能另外得到什么贤明的相呢?"甘茂就说:"您打算任用犀首担任相。"惠王问:"你从哪里听到这样的事情?"甘茂回答说:"是犀首告诉我的。"惠王对犀首泄露机密的举动非常恼怒,于是把他驱逐出境。

解说

臣下的权力来自君主,因此臣下之间的争权夺利,通常围绕君主展开。花样翻新的政治手腕层出不穷,直教人叹为观止。这则故事中甘茂阻击公孙衍的斗争就很有代表性。韩非在这个故事的后面收录了这个政坛传闻的另外一种版本,其中讲到公孙衍刚一入秦，秦国大将樗里疾就担心他会取代自己的位置，因而积极布置防备措施，专门在秦王经常与人密谈的宫室墙上凿了个洞，派人随时监视偷听。在得到秦王想让公孙衍为将攻打韩国的确切消息后，樗里疾知道秦王视此事为机密，于是将这件事散布出去，很快便全国皆知，把公孙衍推到泄密者的角色上去，从而成功地断绝了公孙衍在秦国的政治前途。

韩非认为，君主是一国全部政治利益的核心和枢纽，所有的臣子的聪明智慧都集中指向君主。所以，如果君主的个人好恶表现出来，就给臣下玩弄手段提供了凭借。在众多臣子的手段面前，君主很难有防范的能力。这则故事中首先是惠王流露对公孙衍有所喜爱，从而引发了臣子之间的权力战争；然后当甘茂以祝贺名义当面指出惠王要任公孙衍为相时，惠王居然被迫用说谎来应对；当他听说是公孙衍泄露了消息，顿时将自己的尴尬转化为一腔怒火。可见君主的好恶情感被臣下所知悉，君主在某种程度上就可能被臣下玩弄于股掌之中了。

15. 卫嗣公的明察

原文

卫嗣公使人为客过关市，① 关市苛难之；② 因事关市以金，③ 关市乃舍之。④ 嗣公为关市曰：⑤ "某时有客过而所，⑥ 与汝金，而汝因遣之。"⑦ 关市乃大恐，⑧ 而以嗣公为明察。⑨（《韩非子·外储说左上》）

注释

①卫嗣公：即卫嗣君，战国时卫国国君。为客：作为客商，装扮成客商。关市：指位于交通要道的集市。②关市：指管理关市的官吏，即关吏。苛（hē）：通"呵"，大声呵斥。按：《意林》作"关吏乃呵之"。难（nàn）：为难，刁难。③事：事奉，此指贿赂。金：钱财。④舍之：放过他。⑤为：通"谓"，对……说，告诉。⑥而：尔，你。所：地方。⑦遣：放走。《说文》："遣，纵也。"⑧乃：于是。恐：害怕。⑨以：觉得，认为。明察：观察入微，不受蒙蔽。

译文

卫嗣公派人装扮成客商经过位于交通要道的集市。管理关市的官吏呵斥为难他，于是他就用钱财贿赂关吏，关吏就放过了他。卫嗣公对关吏说："某一天有客人经过你管理的地方，送给你钱财，你于是放他通行了。"关吏于是非常害怕，觉得嗣公能明察秋毫。

解说

在金字塔形的权力架构中，处在最底层的官吏直接跟普通百姓打交道，他们利用手中掌握的大小不等的权力刁难百姓，彰显权力的威力从而获得个人的存在感。但是，正如俗话所描述的：官大一级压死人。依赖手里的权力来获得心理满足的人，在拥有比自己更高权力的人那里却丝毫没有做人的尊严，只有拼命逢迎巴结，得到上面的赏识，自己的位子才能有保障，也才有可能爬到更高的位置上去。而上一级的官员在下级官员那里威风凛凛，面子十足，可上面还有有同样心理需求的官员，于是对上又只好彻底放弃尊严。民间把这种场景比作一群猴子爬树，朝下看都是笑脸，抬头却是满眼的红屁股；每只猴子都在努力不被别的猴子挤下去，也都在用尽洪荒之力不停地向上爬，只有爬得越高，方能多看笑脸少看屁股。

位于塔尖的君王又如何呢？他确实不必再向上看屁股了，可是，朝下看密密麻麻一片灿烂的笑脸，他能否看到这笑脸背后的危险呢？如果不能识破，他在这塔顶又能待多久呢？毕竟对不受制衡的权力的热爱是人性恶之大者，塔尖的位置是多少人梦寐以求的人生目标啊！因此权力角逐场中，口蜜腹剑，万岁不离口、背后下毒手者比比皆是。卫嗣公明白这一点，因此用尽手腕来树立自己有未卜先知、通天彻地之能的高大形象。只是他所玩弄的把戏实属小儿科，起码在那位被派去过关的使者眼里，嗣公就是个低级骗子而已。当然嗣公为了保密可以及时把那位使者除掉，反正为求富贵而争取机会供君主驱使的人多如牛毛。事实上历代君主在神化自己的过程中杀掉的奴才是一个相当惊人的数字。

二、趨利避害的人性

1. 欲不欲

原文

宋之鄙人得璞玉而献之子罕,①子罕不受。鄙人曰:"此宝也,宜为君子器,不宜为细人用。"②子罕曰:"尔以玉为宝,我以不受子玉为宝。"是鄙人欲玉,而子罕不欲玉。故曰:"欲不欲,而不贵难得之货。"③(《韩非子·喻老》)

注释

①鄙人:居住在郊野的人,类似今言乡下人。璞玉:尚未经过琢磨加工的玉石。子罕:春秋时宋国的大夫,当时担任司城,是掌管工程的官员。②宜:适合,应当。细人:地位卑微的人,小民。③欲不欲:即想得到"不欲"。贵:以为贵,看重。

译文

宋国有个乡下人得到一块璞玉,奉献给子罕,子罕不接受。那位乡下人说:"这可是块非常珍贵的宝物呀,适合给您这样的官员作器物,不应当给小民作器物。"子罕说:"你把玉石当做宝物,我把不接受你的玉石当做宝物。"这样说来,乡下人贪爱玉石,而子罕不贪爱玉石。所以老子说:"把没有欲望当做欲望,而不看重难以获得的财物。"

解说

"欲"是个形声字,意符是"欠"。《说文》:"欲,贪欲也。"段玉裁注说:"欲从欠者,取慕液之意。"所谓慕液,即现代汉语的口水,俗语称哈喇子。幼儿看到好吃的东西,会不由自主地流出口水,这种心理欲望和生理反应的同步效应是很自然的,属于人之天性。只是随着年龄的增长,有人能够慢慢明白,欲望需要节制,否则人将成为欲望的奴隶。即便如此,对于稀有珍宝,人通常还是会存有艳羡之心,希望据为己有。能够修炼到子罕以不接受珍宝为珍宝的境界,确非易事。子罕的境界,正是老子"欲不欲"的真实写照。

鄙夫以珍宝为珍宝,子罕以不接受珍宝为珍宝,这是两种不同的价值观。韩非认为,普通人都还处在受贪欲本能驱使的阶段。比如夏桀坐在天子的位置上,却总还对自己的尊贵有不满足,恨不得要将自己的权威扩张到宇宙;他拥有了四海之内的全部财富,却总有缺憾的感觉。夏桀的心理可以代表普通人贪欲的基本特征。因此,为政者在制定政策时就应该正视人的实际情况,而不应该让浪漫的理想主义主导大政方针的制定。他引述老子的话:"知足不辱,知止不殆。"一个人懂得该满足的时候就满足,就不会招致羞辱;懂得在恰当的时候停止,就不会遭遇危险。老子确实明白满足的界限,从而止步于羞辱和危险之外。但是,社会上能够达到老子境界的人,实在少之又少。因此,对于儒家学派极力主张的为政首先应当"足民"(使人民富足)的观点,韩非完全不赞同,他认为足民不可以作为施政的中心思想,因为民心永不知足。

2. 一颗不存在的美珠

原文

子胥出走,①边候得之。②子胥曰:"上索我者,③以我有美珠也。今我已亡之矣。④我且曰:子取吞之。"候因释之。⑤(《韩非子·说林上》)

注释

①子胥:姓伍名员,春秋时楚国人,其父伍奢遭谗害,与子胥之兄伍尚同被楚平王处死,子胥被迫出逃。②候:候人,是在边境关卡负责守望察看敌情的官吏。③索:求取,追捕。④亡:丢失。⑤释:放走。

译文

伍子胥从楚国出逃,边境上的候人捉住了他。子胥说:"国君追捕我,是因为我有一颗美丽的珍珠。如今我已经把珍珠弄丢了。(你要把我交给国君,)我将对国君说:你把珍珠拿去吞进肚子里了。"候人于是马上把子胥放跑了。

解说

这则故事,初读起来趣味盎然,使人深为子胥的机智所折服;仔细品味之下,方知其内涵并不轻松。子胥深谙人的内心世界，明白人的趋利避害本性。边候要抓捕他，是为了得到国君的赏赐；不过，他再蠢也能推断出，君主为了拿到美珠，一定会毫不犹豫地剖腹取珠；与性命相比，捉到子胥的赏赐显然就微不足道了。子胥抓住了事情的关键，所以能借着一颗并不存在的美珠轻巧脱身。

韩非由人的趋利本性解释人一切行为的动机。他说，传说中最善于驾驭马车的王良非常爱马，不过是为了让车子跑得更快；越王勾践爱民敬贤无所不至，不过是为了让他们为自己出力卖命，从而能够向吴国复仇；医生尽心竭力救死扶伤，是因为他将从中获利；制造车子的工匠总希望人们能升官发财，是因为人们不升官发财就买不起车子；制造棺材的工匠却总在盼着人们多多地夭死，只是因为没有死人他的棺材就卖不出去。在韩非看来，上述人们的种种心理活动都是正常的，无可厚非。天下熙熙，皆为利来；天下攘攘，皆为利往。由此也可以知道，君主身边的人，包括妻妾、子女、近侍、臣僚等，凡是可以因君主之死获利者，都在对君主之死翘首以盼。比如君主的妻子会担心君主有了新宠而取代自己的位置；太子一日不登基，便随时有被废的危险。如此，他们期待君主早死，也就不足为怪了。

人有趋利避害的本性，但是，为政者利用人性的弱点是不是应该呢？韩非主张利用人性的弱点进行统治，却没有考虑这样做实际是在整个社会无限张扬人性趋利的弱点。如此一来，生活在一个利益至上的社会的人们会有幸福感吗？

3. 卫人嫁女的启示

原文

卫人嫁其子而教之曰:①"必私积聚。②为人妇而出,常也;③其成居,幸也。"④其子因私积聚,其姑以为多私而出之。⑤其子所以反者倍其所以嫁。⑥其父不自罪于教子非也,⑦而自知其益富。⑧今人臣之处官者,⑨皆是类也。⑩(《韩非子·说林上》)

注释

①卫:诸侯国名,是周武王的弟弟康叔的封国,范围包括今河南省东北部和河北、山东部分地区。子:女儿。古代统称子女为"子"。②私:私下。积聚:指积累聚集钱财。③出:(被)逐出,特指丈夫与妻子断绝夫妻关系,并把妻子赶回娘家。常:常道,指经常发生的情况。④成居:终居,共同生活到老。幸:《说文》:"吉而免凶也。"因不可知的神秘力量(古人认为是上天)而逢凶化吉,这是"幸";同样,由于不可知的神秘因素导致形势逆转恶化,这是"不幸"。天不可测,因而人的祸福得失充满各种变数,得之为幸,失之为不幸。⑤姑:丈夫的母亲。⑥所以反:指带回来的财物。反:后来写成"返"。倍:加倍,是……的一倍。所以嫁:用来出嫁的财物,即嫁妆。⑦自罪:认为自己有错。教子非:教给女儿错误的想法。⑧知:通"智"。自智:以为自己有智慧。益:更加。⑨处官者:处在

官位上的。⑩是：代词。是类：卫人嫁女的同类。

译文

有一个卫国人，女儿要出嫁了，他谆谆教导女儿说："（到了婆家）一定要尽量多私下攒私房钱。给人家当媳妇，被休回家，那是经常的；能够跟丈夫白头到老，那倒是很幸运的事。"女儿（嫁到婆家后）果真就拼命地偷偷攒私房钱。婆婆觉得这儿媳妇私欲太重，于是就休掉了她。卫人女儿带回娘家的钱财竟然比当初所带的嫁妆多出一倍。她父亲并不觉得自己教导女儿的方式有问题，反而因为通过嫁女儿让自家更富有，认为自己很有智慧。如今的官员，差不多都跟这位做父亲的是同一类人。

解说

嫁女的卫人有的方面很糊涂，比如，身为父亲却目光短浅，不为女儿的终生幸福做长远考虑，从积极的角度教育女儿怎样处理好婚姻家庭的各种关系；有的方面这人又太精明，女儿还没出门呢，就先从止损的角度，琢磨着万一婚姻失败怎么办。殊不知，女儿之所以婚姻失败，恰恰就是因为遵从父亲的教导在婆家偷偷聚敛钱财。女儿被休了，卫人倒沾沾自喜，自以为头脑灵活，很有远见，特别是女儿带回来的钱财使自家富足。他考虑问题的角度完全立足于现实利益，却不考虑女儿今后的人生，可见其自私。

作者由这个故事联想到，处在官位上的人的思路其实跟那位嫁女的卫人属于同一类。许多官员认为，自己为官只是一时的,早晚要离任,于是便利用当权的机会拼命聚敛,不会顾及自己的行为对整个社会和民众造成的祸害。即使因此而被免官,他们也不会反省自己的所作所为有何错误,只为自己捞到了实际的利益而庆幸。

4. 富有涯乎?

原文

桓公问管仲:①"富有涯乎?"②答曰:"水之以涯,③其无水者也;富之以涯,其富已足者也。④人不能自止于足而亡,其富之涯乎?"⑤(《韩非子·说林下》)

注释

①管仲:名夷吾,字仲,谥敬,史书又称作管敬仲。春秋时担任齐桓公的相,使齐国富强,称霸天下。②涯:本义是水边,引申指事物的边际。③以:及,达到。④足:以为足,觉得满足。⑤亡:死亡。王先慎认为"亡"通"忘","亡其富之涯"即忘掉其富的边际。

译文

齐桓公问管仲:"富有边缘吗?"管仲回答说:"一片水面到了没有水的地方也就到达边缘了;富呢,要到已经觉得满足的时候就达到了边缘。可一个人若在觉得满足的时候还无法停下来，那就要到死亡，大概才是富的边缘了吧？"

解说

许多概念，比如"富"，并无客观标准可以衡量，只是人的一种主观感受与评价。桓公提出的问题颇为奇妙，所谓"富有涯乎"也就是人对财富的追求有无尽头；管仲用以回答这个问题的比喻更有味道，他指出对于不知足的人来说，"富"的边际只能是生命的终结，而人死去，积聚的财富也从此与己无关了。关于贪欲与知足，老子有极深刻的阐述，他说："知足者富。""祸莫大于不知足，咎莫大于欲得。故知足之足，常足矣。"韩非接受了老子的这一观念，同时把人追求财富的欲望视为人的本能，并充分意识到这种欲望具有无限扩张的属性，所以他以此作为思考其政治哲学的出发点。

韩非关于财富的思想有以下要点：第一，君主拥有一国全部的财富，必须善于利用财富为自己的统治服务。第二，国家财富的主要来源是农业生产，"富国以农"，必须在政策上给予充分重视。第三，经济发展、国家富强，是军队强大的基础和保证，只有国富兵强，才能最终成就霸王之业。第四，君主必须牢牢掌握国家财富，严防大臣过度富有，因为大臣的财富达到一定程度之后，其政治野心就必然受到刺激而不断膨胀，同时巨大的财富也为实现其政治企图提供了保障，从历史的经验教训看，"晋之分也，齐之夺也，皆以群臣之太富也"。第五，民众的财富一定是凭借在耕战方面的功劳受到君主赏赐的结果，君主须杜绝工商末作之民攫取占有大量财富的现象。第六，君主掌握社会财富的分配权，坚决实行"利出一空"的制度，即社会成员获得利益都必须来自君主的赏赐，严禁利出多空，同时君主也要注意不能随意"征敛于富人以布施于贫家"，更不能任由"苦民以富贵人"的现象发生。

5. 臣民是逐水草的鹿

原文

齐王问于文子曰：①"治国何如？"对曰："夫赏罚之为道，②利器也。君固握之，③不可以示人。若如臣者，犹兽鹿也，④唯荐草而就。"⑤（《韩非子·内储说上·七术》）

注释

①文子：鲍文子，名国，谥文子。春秋时齐国大夫。②为道：作为方法，作为治国的方法。③固：牢固。④若如：至于，像。王先慎《韩非子集解》认为"如"字是衍文。兽鹿：鹿。"兽"是通名，"鹿"是专名，同样的构词如"鸟乌""鱼鲔"等。⑤荐草：肥美的草。《说文》："荐，兽之所食草。"就：趋向。

译文

齐王问文子："治理国家该怎样做？"文子回答："赏罚作为治国的方法，是非常有力的。君主必须牢牢掌握，不能跟人分享。至于那些做臣下的，就好比鹿一类的兽，只要是肥美的草，就会马上跑过去。"

解说

在韩非看来,无论是官员还是民众,都同动物一样受本能驱使;而且人类在自然界处在劣势,不像鸟兽那样有毛羽可以御寒,不能像飞禽那样可以翱翔天空,不能像走兽那样奔驰隐伏于丛林旷野,因而在获取食物的能力方面受到很多局限。人类以衣食为生存的条件,一切社会的和政治的现象与问题都与此相关。比如传说中尧、舜、禹禅让帝位,其实并不如儒家所说的那般高尚,只不过是当时经济水平低下,帝王不仅没有什么特殊的物质待遇,还要吃苦在前给民众做榜样,一副苦行僧的模样。到后代就不同了,连县令这样的官位都抢破头,这跟人们的道德水准没关系,只是因为做官能够支配更多的资源,不仅自己锦衣玉食、香车宝马,而且连子孙家族都跟着享受不尽的荣华富贵。

人是群居动物,每个人都关注自己在族群里的身份地位和名声,在本质上这些东西会决定自己获得物资份额的大小。既然臣民唯名利是求,所以只要君主赏赐足够丰厚,处罚足够严厉,控制臣民就不会有任何困难了。由此出发,韩非反对君主要礼贤下士的说法,他说,真正的贤能之士都具有"忧世急"的情怀,会不惜一切代价地争取机会来施展自己的政治才干以实现自己的社会理想,而一般人也都如飞蛾扑火般地抢占各种有利可图的位置,因此根本无须君主去招贤纳士。既然如此,君主只要把持好赏、罚两种权柄,就可以轻松地治理好国家了。

6. 断发与断颈

原文

公孙弘断发而为越王骑,①公孙喜使人绝之曰:②"吾不与子为昆弟矣。"③公孙弘曰:"我断发,子断颈而为人用兵,④我将谓子何?"周南之战,公孙喜死焉。⑤(《韩非子·说林下》)

注释

①公孙弘:人名,事迹不详。断发:剪短头发。按:当时中原各诸侯国男子留发不剪,越国的风俗是剪短发。骑(jì):骑马的随从。②公孙喜:公孙弘的兄弟,当时在魏国做将军。使:派遣。绝:断绝关系。③昆:兄。④断颈:等于说提着脑袋,比喻卖命。用兵:带兵打仗。⑤周南:指周王室之王城的南面,即伊阙,在今河南省洛阳市南。周南之战:公元前293年,韩釐(xī)王派公孙喜率领韩魏军队在伊阙与秦将白起交战,结果大败,韩魏军被杀二十四万人,公孙喜也被擒而死。

译文

公孙弘剪短头发给越王做骑马的随从。公孙喜派人去跟他断绝关系,说:"我不再和您做兄弟了。"公孙弘说:"我剪断了头发,您割断脖子给人带兵打仗,我要说您什么呢?"周南之战,公孙喜被擒而丧命。

解说

春秋战国时期，中原地区文明发达，位于长江流域的越国被视为蛮夷之地。本来，不同的生活方式和习俗并无高下优劣之分，正如《礼记·王制》所言："中国夷狄、五方之民皆有性也，不可推移。……中国、夷、蛮、戎、狄皆有安居、和味、宜服、利用、备器，五方之民，言语不通，嗜欲不同。"不同的民族各有自己感觉舒适的居所，自己觉得可口的饮食，自己感到合适的服饰，自以为方便的用具和完备的器物。然而，这些物质形式又具有极强的符号意义，表征不同的群体和文化。所以，孔子评价管仲时说："微管仲，吾其被（pī）发左衽矣。"孔子用披散头发、衣襟向左这种具体的生活细节的改变，说明其他民族对华夏民族的征服，可见对生活方式的文化价值的重视。因此，公孙弘为越国君主做事，依照当地的习俗，改束发为断发，在他的同胞兄弟看来，这是对本族文化的背叛，是家族的耻辱，于是毅然同他断绝关系。

在公孙弘的观念中，两个人都是为了利益而替君主卖命，其本质并无不同，只是一个"断发"、一个"断颈"而已。公孙弘先断发，这是对本族文化的尊重让位于对现实利益的追求；公孙喜后战死，则是以生命博取功名富贵的必然结局。

7. 公仪休爱吃鱼

原文

公仪休相鲁而嗜鱼,①一国尽争买鱼而献之,②公仪子不受。其弟谏曰:"夫子嗜鱼而不受者,何也?"③对曰:"夫唯嗜鱼,④故不受也。夫即受鱼,⑤必有下人之色;⑥有下人之色,将枉于法;⑦枉于法,则免于相。⑧虽嗜鱼,此不必能致我鱼,我又不能自给鱼。⑨即无受鱼而不免于相,虽嗜鱼,我能长自给鱼。"此明夫恃人不如自恃也,明于人之为己者不如己之自为也。⑩(《韩非子·外储说右下》)

注释

①公仪休:复姓公仪,名休,春秋时期鲁国人,官至宰相。②尽:全都。③夫……者,何也:……的原因是什么?④唯:语气副词,相当于"正"。⑤即:如果。⑥下人:对人卑下,迁就别人。色:面部表情。这里指由于内心自觉卑下而表露出的神情举止。⑦枉:邪曲。"枉于法"指歪曲法令,审判不公。⑧有的版本有两句"免于相",译文按照该版本处理。⑨致:送给。给(jǐ):供应。⑩为(wèi):帮助。

译文

公仪休担任鲁国的相国,极爱吃鱼。全国的人都抢着买鱼奉献给他，公仪休一概不接受。他弟弟劝道："您酷爱吃鱼，别人送你鱼你又不接受，这是为啥呀？"公仪休回答说："正因为我酷爱吃鱼，所以才不能接受别人送鱼。假如我接受了别人奉献的鱼，那就必然会有迁就别人的心理和表现；有了迁就别人的想法和表现，就难免做些损害法度的事情出来；损害了法度，就会被罢免相位。失去了相位，我虽然爱吃鱼，可别人就不会再给我送鱼了；我（没有相国的俸禄，）也就没有能力自己买鱼。我现在不接受别人送的鱼，就不至于被罢免相位，虽然爱吃鱼，我还是有能力长久地给自己买条鱼吃的。"这是明白靠别人不如靠自己，明白别人帮助自己不如自己帮助自己的道理。

解说

这则故事中，公仪休的一番话，合乎情、达乎理，令人信服。只是读过故事的官员能真正认同其中的道理并将其作为自己行为指南者，实在太少了。毕竟，欲望是人与生俱来的本能；放纵欲望易，节制欲望难；畏难喜易，同样是人的本性。可见清醒如公仪休者，不仅洞察人性，且有强大的意志力约束自己，方能达到如此境界。

其实，民间俗语如"吃人嘴软，拿人手短""拿人钱财，替人消灾"之类，都用通俗易懂的话说明为官者应当警惕"有下人之色"的逻辑后果。孔子说"无欲则刚"，从正面揭示了要维持自己做人的原则和节操，须首先做到"无欲"。"无欲"或许不那么符合人性，像公仪休那样能够有意识地把无限膨胀的欲望控制在合理的范围之内，也可以称得上圣人了。

韩非在这故事里读出的不是廉政，不是节欲，而是君御臣的要领:"君通于不仁,臣通于不忠,则可以王矣。"君主懂得不讲仁爱的道理,臣下明白不讲私忠的道理,就可以在天下称王称霸了。公仪休为什么心甘情愿地牺牲自己酷爱吃的鱼?还不是害怕丢掉相位!公仪休不肯接受别人送的鱼,主要不是因其修养高,而是不敢;有伸手必被捉的法度在,权衡利弊之下,正常的选择自然是不肯铤而走险。因此,治理国家而依赖官员的道德品性超过一般人,希望他们自觉地节制欲望、廉洁自律,在韩非看来是愚蠢可笑的;真正有效力的是法律,有了完备的制度,官员都将高风亮节如公仪休。所以君主只要做到"正赏罚",就可以高枕无忧了。

8. 禁止厚葬

原文

齐国好厚葬,布帛尽于衣衾,①材木尽于棺椁。②桓公患之,以告管仲,曰:"布帛尽则无以为蔽,③材木尽则无以为守备,④而人厚葬之不休,禁之奈何?"管仲对曰:"凡人之有为也,非名之,则利之也。"于是乃下令曰:"棺椁过度者戮其尸,⑤罪夫当丧者。"⑥夫戮死,无名;罪当丧者,无利,人何故为之也?(《韩非子·内储说上·七术》)

注释

①衾(qīn):被子;此指覆盖尸体的单被。②椁(guǒ):

外棺，古代棺外的套棺。③蔽：用来遮挡的东西，指衣被、帘帷等类生活用品。④守备：指武器、车船等军用装备和栅栏等防御设施。⑤度：尺度，法度。戮（lù）：陈尸示众。⑥夫（fú）：那。当：当值，主持。当丧（sāng）者：主持丧事的人。古代丧礼以死者嫡长子为丧主。

译文

齐国人举行葬礼喜好大操大办，结果布帛都拿去做了死者的衣服和被子，木材都用去做了棺材。齐桓公为此很伤脑筋，就把这个问题告诉了管仲，说："布帛都用光了，就会没有拿来做常人用的衣被、帘帷等的东西了；木材都用完了，就没有拿来制造武器、车船、栅栏等的材料了。人们无休止地大操大办丧事，要禁止这种陋俗该怎么办呢？"管仲回答说："大凡人们做事，不是用来求名，就是用来求利。"于是就发布命令说："棺材（衣被）超过规定的标准，就把死者的尸体当街示众，并对丧主治罪。"把死者的尸体拿来当街示众，让他颜面扫地；将丧主治罪，使其无利可图。这样，人们为什么还要去做呢？

解说

丧葬制度本是子女对亲人去世表达哀痛的形式，合理的丧礼是必需的。但是有时丧礼成为一些人向社会显示自己孝敬亲人以博取名誉的手段，甚至变成彰显自己身份地位和财富等的表演，这样的厚葬就属于陋俗。不过，只要演化为一种全社会的风气习俗，要加以改变就不容易。管仲从人趋利避害的本性出发，制定相应的法律条文。死者被暴尸示众，不仅羞辱了死者，对整个家族都是很没脸面的事情；丧主受处罚，恐怕要损失钱财。韩非由此总结出其中的治国原则有二：一是要针对人性制定相应的法律措施；二是既然要禁止某种行为，就必须严刑重罚，而且做到违法必究。如管仲仅为移风易俗，措施足够狠辣，其效果也是可以想见的。

　　将人的本性定义为趋利避害，并以此作为处理经济和政治问题的出发点，其发明权属于管仲。现在《管子》一书大部分篇幅研究经济问题，其基本观点便是人类的自利心理是其行为的根本动力。管仲以人的自利本性为依据提出并论证他的经济思想，同时并不否认仁义，所以他说："仓廪实则知礼节，衣食足则知荣辱。"管仲非常善于采用经济手段解决各种社会问题，从经济角度解释历史现象。例如，当时桓公见周王室财政很困窘，想让天下诸侯给周王室缴纳贡赋，又不想得罪天下诸侯，管仲就献计说："江淮一带盛产三脊茅叫菁茅。请天子派专职官员把产菁茅的地方都围起来看守。然后周天子举办封禅泰山的大典，并号令天下，诸侯要参加盛典，必须抱一捆菁茅来才有资格。"结果，诸侯们闻令都赶紧派人带黄金跑到江淮购买菁茅，菁茅的价格一路狂飙，一捆居然卖到百斤黄金。凭借着管仲的菁茅之谋，周天子在长达七年的时间里不求诸侯朝贺贡献。

9. 用爱杀人

原文

吴起为魏将而攻中山,①军人有病疽者,②吴起跪而自吮其脓。③伤者之母立泣,④人问曰:"将军于若子如是,⑤尚何为而泣?"⑥对曰:"吴起吮其父之创而父死,⑦今是子又将死也,⑧今吾是以泣。"⑨(《韩非子·外储说左上》)

注释

①吴起:战功初期法家、兵家的代表人物。中山:原为鲜虞族建立的国家,位于今河北省定州市一带。后魏文侯派乐羊灭中山,中山成为文侯小儿子挚的封国,挚被称为中山武公。②病:生病,上古动词"病"后可以加具体疾病名称。疽(jū):一种毒疮。③吮(shǔn):用嘴吸。④伤者:指生毒疮的军人。立:立刻。有的学者认为"立"不应当有。⑤于:对。若子:你的儿子。如是:像这样。⑥尚:还。何为:为何,为什么。⑦创(chuāng):脓疮。⑧是子:这个儿子。⑨今:这句中的"今",清人王先慎《韩非子集解》认为不应当有。是以:因此。

译文

吴起担任魏国的大将,率领大军攻打中山,有一名军人身上生了毒疮，吴起跪着亲自用嘴替他把脓吸出来。这名军人的母亲看到这场景，马上痛哭失声，别人问她："将军对你的儿子这样好，你为什么倒哭起来了？"军人的母亲回答说："吴起曾替我儿子的父亲吸脓疮，结果他父亲战死；如今这个儿子又将要战死，我因此而伤心哭泣。"

解说

吴起的所作所为，堪称爱兵如子的楷模。《孙子兵法·地形篇》："视卒如爱子，故可与之俱死。"将军对待士卒像对待自己的儿子，就可以使士卒跟自己同生共死。吴起在那位父亲身上实践这一思想，那位父亲便奋力作战而死。如今又轮到儿子头上了，那位母亲已经失去了丈夫，看到这熟悉的一幕，便已预料到儿子将义无反顾地走上战场，为他衷心爱戴的将军勇猛冲杀，肝脑涂地也在所不惜。那位母亲很可能不懂什么兵法，但她凭自己的直觉，明白了其中的奥妙，并现身说法，揭去了爱兵如子的美丽面纱：爱兵如子的实质，不过是将军要通过这样的行为来收买士卒之心，使之为自己效死命而已。汉代刘向《说苑·复恩》讲述这则故事时，说："吴子吮此子父之创而杀之于泾水之战，战不旋踵而死；今又吮之，安知是子何战而死？是以哭之矣。"用一个动词"杀"，虽然不是吴起亲手杀之，但正是吴起让他"死不旋踵"。

韩非在《备内》篇指出："故王良爱马，越王勾践爱人，为战与驰。医善吮人之伤，含人之血，非骨肉之亲也，利所加也。"在韩非看来，世上没有无缘无故的爱，人们的情感与现实利益经常紧紧地捆绑在一起。对于将军而言，他关心爱护士兵，并非在内心里喜欢士兵;他明白,必须让士兵心甘情愿地拼死作战,才能获得战争的胜利,而自己的功名利禄也便跟着到手了。吴起跪着用嘴给士兵吸脓,跟医生给病人吸脓血治病一样,心里想的是利,不是对士兵的爱;将军要求士兵回报的,是士兵对自己的感恩戴德,是将军马鞭一挥之下,士兵勇往直前、无可阻挡的死志。韩非认为,这才是合乎人性的解释。

10. 荣誉杀人

原文

越王虑伐吴,①欲人之轻死也,②出见怒蛙,③乃为之式。④从者曰:⑤"奚敬于此?"王曰:"为其有气故也。"⑥明年之请以头献王者岁十余人。由此观之,誉之足以杀人矣。(《韩非子·内储说上·七术》)

注释

①虑:思考,谋划。《说文》:"虑,谋思也。"②轻:以为轻,轻视。③怒蛙:鼓足气的青蛙。④式:通"轼",本是指车厢前部用作扶手的横木(参见附图)。古人站立乘车,表示礼敬时,凭轼俯身,故"轼"引申为动词,指凭轼表示敬意。⑤从者:随从的人。⑥气:因激愤不平等感情而导致的精神状态。此指勇猛之气。

译文

越王勾践谋划攻打吴国的事情,他想让国人乐于卖命。有一天出行时,看到一只鼓足气的青蛙,便扶着车前的横木俯身行礼。随行的人说:"为什么要向它表示礼敬?"越王说:"是为了它有勇猛之气的缘故。"第二年,请求把头颅奉献给越王的,一年有十多个人。由此看来,赞誉足以杀人。

解说

人最可宝贵的是生命。爱惜生命、畏惧死亡是人的本能。怎样才能让人不惧死亡、心甘情愿地卖命?越王勾践的回答是:用荣誉。今天的人读来会觉得奇怪:仅仅是国王的礼敬,就足以让人舍生忘死吗?当然不是,有国王的礼敬,同时也意味着物质上超出一般人的待遇,所以在韩非的话语体系里,"赏"和"誉"经常连用。那么,历史上也有为了理想、信仰而奋不顾身的人,对他们应该怎样看?韩非的回答是:如果是为君主、为国家视死如归,那是应当肯定的;如果是为私誉而献身,甚至这私誉伤害到君主利益,君主就不可容忍这样的私誉存在。"明主之道,赏必出乎公利,名必在乎为上。"(《韩非子·八经》)大意是说,英明的君主要使奖赏一定因为国出力,要使名誉一定是为君主效忠。

韩非强调"赏誉同轨,非诛俱行",即奖赏应该与名誉一体,贬毁应当与诛罚一致。他有感于当时存在的奇怪的社会现象:"赏者有诽焉""罚者有誉焉"(对受君主奖赏的人加以非议,对受法律处罚的人加以赞扬),导致奖赏没有起到激励民众的作用,而处罚也失去了禁阻犯上作乱的作用;结果"名赏在乎私恶当罪之民,而毁害在乎公善宜赏之士"(称誉和奖赏的是自私作恶应当治罪的人,而贬毁和处罚的呢,是为君主做好事应当奖赏的人)。对此韩非痛切地指出,这样的情况下不可能使国家富强起来。因此,他极力主张:"民无荣于赏之内。有重罚者必有恶名,故民畏。"当臣民的心目中以受到君主赏赐为最高荣耀,当那些受到君主重罚的人同时也就在全社会声名狼藉、无法立足,臣民就会真正畏惧处罚。只有做到社会评价标准彻底操控在君主手里,国家才能真正治理好。

附 古代车轼位置图:

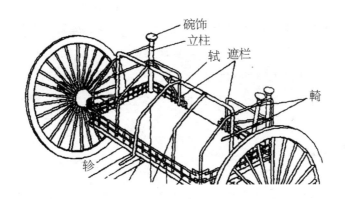

11. 操其利害之柄以制之

原文

中山之相乐池以车百乘使赵,①选其客之有智能者以为将行,②中道而乱。③乐池曰:"吾以公为有智,而使公为将行,今中道而乱,何也?"客因辞而去,④曰:"公不知治。有威足以服人,而利足以劝之,故能治之。今臣,君之少客也。⑤夫从少正长,从贱治贵,而不得操其利害之柄以制之,⑥此所以乱也。尝试使臣:⑦彼之善者我能以为卿相,彼不善者我得以斩其首,何故而不治!"(《韩非子·内储说上·七术》)

注释

①相(xiàng):辅佐君主的执政大臣。乐(yuè)池:人名。乐羊灭中山后,被封在中山所属的灵寿;乐池可能是乐羊的后代。乘(shèng):车辆的单位。使:出使。②将(jiàng)行:负责统率随行人马的人。③中道:中途。④辞:告辞。去:离开。⑤少(shào)客:年轻且地位低的门客。⑥从:由。正:使正,纠正。长(zhǎng):指年长之人。贱:指地位低贱之人。贵:指地位尊贵之人。操:把持,掌握。⑦尝:也是"试"的意思。

译文

中山国相乐池带着一百辆车子出使赵国,他选拔手下门客里一位最聪明能干的担任统率随行人马的总管。走到半路,出使的团队变得混乱无序。乐池把那位总管叫来责问:"我以为你聪明能干,所以让你做总管;如今半路上乱成这个样子,你是怎么搞的?"那位门客当即提出要告辞离开,说:"您不懂管理人的道理。有威权足以使人服从,有利益足以使人卖力,这样才能够管理好。如今,我只是您属下一个既年轻地位又低下的门客。由年轻的来管理年长的,由卑贱的来管理尊贵的,却又没有操控给人以利益或惩罚的权柄,这才是队伍混乱无序的原因。试试让我有这样的权力,随从人员中表现好的人我能够用他担任卿相,而表现不好的人我可以杀他的头,哪有管理不好的道理!"

解说

管理任何一个团队,关键都在于"操其利害之柄以制之",这是韩非管理思想的核心理念。对于一个数百人的使团来说,一名被临时指定的负责人虽然既年轻且身份卑微,但只要掌握了赏罚大权,向团队成员申明赏罚的规定,然后严格按照规定执行,就可以将这个团队管理得井井有条。同样,对于一个国家来说,通过完备的法律严格规定赏善罚恶的具体条文,那么以赏利为诱饵,以罚害为威慑,人们自然会竭力为统治者效力以趋利,不敢犯上作乱以避害。在这样的前提下,即使是平庸的君主也可以治理好国家。

不过,管理一个国家,与管理一个数百人的团队毕竟不同,这不仅是体量的大小有别,更在于社会的复杂程度恐怕是法律难以覆盖的。法家之法的基本精神是君主意志在全社会的体现,韩非将其高度概括为"(君)设利害之道以示天下"。这其中没有情感,因为"爱多者,则法不立";只有威权,因为"威寡者,则下侵上";任何人触犯了君主的法禁(君主本人除外)都必须严惩不贷,因为"刑法不必,则禁令不行"。总之,韩非的政治理想是通过法令的形式建立一套崭新的社会秩序,用刑法严格控制全体臣民的思想与行为,以此维护君主的专制统治。

看起来简明实用,但是韩非没有考虑到:在这样的立法精神下,无论将法网编织得多么细密,总不能完全达到密不透风的程度;更何况法是需要具体的人来执行的。对这种法治思想的局限性,孔子曾经提出他的思考:"道之以政,齐之以刑,民免而无耻;道之以德,齐之以礼,有耻且格。"(《论语·为政》)大意是说,用法制、禁令来引导老百姓,用刑罚来规范老百姓,那么百姓将畏惧而不敢犯法,但却没有耻辱感;如果用德行来引导百姓,用礼统一人们的思想行为,百姓就会有耻辱感,而且归于正道。

12. 报答

原文

管仲束缚,①自鲁之齐,道而饥渴,过绮乌封人而乞食。②乌封人跪而食之,甚敬。封人因窃谓仲曰:③"适幸及齐不死而用齐,④将何报我?"⑤曰:"如子之言,⑥我且贤之用,⑦能之使,⑧劳之论。⑨我何以报子?"⑩封人怨之。(《韩非子·外储说左下》)

注释

①束缚:捆绑。管仲帮助公子纠争夺齐国君位,曾射中公子小白的带钩。后来小白做了国君,要求鲁国杀掉躲在那里的公子纠,把管仲和召忽送到齐国;于是召忽自杀,管仲被捆绑着送回齐国。②绮(qǐ)乌:大概是齐鲁边境的地名。封人:管理边界事务的官吏。③因:于是,趁机。窃:偷偷

地。④适：偶然。幸：侥幸。及：到达。用齐：在齐国执政。⑤何报我：报答我什么，即用什么报答我。⑥如：像。⑦且：将。贤之用：使用贤德的人。"贤"指贤德的人，作"用"的宾语，为了强调而提到前面，用"之"复指。⑧能：指有才能的人。⑨劳：功劳。论：衡量，评定。⑩何以：以何，用什么。

译文

管仲被捆绑着，从鲁国到齐国去，路上又渴又饿，经过绮乌时，向那里管边界的官吏讨要食物。那位官吏跪着把食物进献给管仲，特别恭敬。那位官吏于是偷偷地对管仲说："您到了齐国偶然侥幸而免于一死，并且在齐国当政，将怎样报答我呢？"管仲说："果真如您所说，我将任用贤德之人，提拔有才能的，选取有功劳的。我凭什么来报答您呢？"那位官吏因此怨恨管仲。

解说

封人是个机灵人，知道管仲的来历，大概也听说过他的才能，于是想在管仲身上押上一宝，恭恭敬敬地接待了饥渴交加的管仲，并且很直白地提出自己的诉求。管仲非常明白，他若能够上位，需要凭借自己的政治才能和政治人品；识人用人、公正行使君主赋予的权力，将是自己在政坛上立足的根本。所以他果断地拒绝了封人想借自己上位的企图。封人的赌博游戏刚开始就连本输掉了，便马上由敬到怨，转变得相当迅速。

人与人之间的关系非常复杂,古人用一个"报"字描述人际交往的基本准则。"投我以木瓜,报之以琼琚。匪报也,永以为好也。"(《诗经·卫风·木瓜》)青年男女的相爱有付出,有回报。"父兮生我,母兮鞠我。拊我畜我,长我育我,顾我复我,出入腹我。欲报之德,昊天罔极。"(《诗经·小雅·蓼莪》,鞠,抚养。腹,怀抱。)父母的养育之恩应报答。孔子主张"以直报怨,以德报德。"(《论语·宪问》)根据《说文》,"报"的本义是"当罪人",即人犯罪要受到相应的处罚,《韩非子·五蠹》:"闻死刑之报,君为之流涕。"属下领令办事,事情结束后需要向上汇报:"魏攻中山,乐羊将。已得中山,还反报文侯。"(《吕氏春秋·东成》)可见"报"在语义上强调的有来有往,在这个意义上,"报"与"复"是同源词,《周易·泰卦》:"无平不陂,无往不复。"后来同义词连用,构成重复合词"报复"。

人们给别人施与好处的时候,经常期待着是有来有往的过程,自己的付出会有相应的报答,这似乎是人情社会的普遍特点。不过加入权力的要素,性质便不同。任何跟权力沾边的人都有可能成为普通人巴结的对象;人们竭力向权力者输送利益,动机很单纯,就是要觊觎更大的利益。所以韩非说:"私行胜,则少公功。"当私人之间的情谊超过公义,就势必损害到公室的利益。这一规律适用于社会各阶层。

13. 榜样的力量是无穷的

原文

宋崇门之巷人服丧而毁,①甚瘠,②上以为慈爱于亲,③举以为官师。④明年,人之所以毁死者岁十余人。⑤子之服亲丧者,为爱之也;而尚可以赏劝也,⑥况君上之于民乎?(《韩非子·内储说上·七术》)

注释

①崇门:宋国都城商丘的东门。巷人:指住在里巷的平民。服丧(sāng):戴孝守丧。按古代礼制,父母去世须守丧数年以示哀痛。毁:哀毁,居丧时因悲哀过度而损害健康。②瘠(jí):瘦弱。③亲:父母。④举:提拔。官师:按照《礼记·祭法》孔颖达正义的说法,官师属于中士和下士,与上士都是大夫以下的官员。⑤以毁:因为哀毁。岁:指全年。⑥以赏劝:用赏赐的方式加以鼓励。劝:鼓励,勉励。

译文

宋国都城商丘东门附近的一条里巷里,有一户居民,因为居丧时哀痛过度而伤了身体,非常瘦弱。国君认为他对父母爱戴孝敬,就提拔他做了官员。第二年,宋国人居丧时因哀伤过度以至于死去的,全年有十多个人。儿子为父母服丧,是出于对父母的爱；对此君主尚且能够用奖赏的方式来加以鼓励，何况君主对于民众呢？

解说

韩非认为，权势的核心要素无非就是两个：一是赏，对合乎君主要求的不惜重赏；二是罚，对违背自己意愿的必须严厉责罚。韩非称之为"二柄"，即两种最重要的权力。君主牢牢把握住这两个权柄，就能够安然无恙；失去其中任何一柄，都可能造成无穷的后患；如果二柄俱失，君主即使不被除掉，也已经成了名副其实的傀儡。

在论述赏劝的作用时，韩非强调三条原则。一是信赏原则，即言明要奖赏的必须落实，绝不可以口惠而实不至；更不可以变来变去，把奖赏政令弄得在百姓心目中没有任何信用；甚至根据与自己的亲疏远近搞同功不同赏。二是厚赏原则，既然要奖赏，那么力度应该足以打动人心，否则就没有实质性的意义。三是名利契合的奖赏原则，即奖赏应该跟社会声誉相一致，不能让人受到君主奖赏却遭到社会的非毁。韩非举例说，靠勤劳耕作谋生而不愿意投机取巧，这是实实在在地为社会创造财富的人，应该奖赏；但是人们都觉得这样的人无能，这就是社会评价标准出了问题。韩非说："赏誉薄而谩者下不用也，赏誉厚而信者下轻死。"意思是说，奖赏和赞誉太轻薄又不兑现，臣民就不肯为君主卖命；奖赏和赞誉厚重又信守承诺，臣民就拼死为君主效力。

厚赏之下必有勇夫，同时榜样的力量是无穷的。为政者明白这其中的关窍，所以宋君以官位赏一孝子，民众就可以为博孝子的名声不惜自虐至死；后世的贞节牌坊激励了无数的年轻妇女守寡甚至殉夫。前者以利，后者用名，效果是一样的。

三、君臣关系的大义

1. 君臣论君臣

原文

晋平公问叔向曰：①"昔者齐桓公九合诸侯，②一匡天下，③不识臣之力也，④君之力也？"叔向对曰："管仲善制割，⑤宾胥无善削缝，⑥隰朋善纯缘；⑦衣成，君举而服之。亦臣之力也，⑧君何力之有？"师旷伏琴而笑之。⑨公曰："太师奚笑也？"⑩师旷对曰："臣笑叔向之对君也。凡为人臣者，犹炮宰和五味而进之君，⑪君弗食，孰敢强之也？⑫臣请譬之：君者，壤地也；⑬臣者，草木也。必壤地美，然后草木硕大。⑭亦君之力也，臣何力之有？"（《韩非子·难二》）

注释

①叔向：春秋时晋国的大夫羊舌肸（xī），字叔向。②九：指多次。合：会合；"合诸侯"指召集诸侯会盟。③一：全部。匡：使正，纠正。④识：知道。⑤制割：剪裁。《说文》："制，裁也。"⑥宾胥（xū）无：春秋时齐桓公的大臣。削缝：缝合。"削"也是缝的意思。⑦纯（zhǔn）缘：给衣服加上边饰，镶边。⑧亦：不过，只是。⑨伏琴：指以手加于琴弦（不再弹奏），像凭据于琴。⑩奚笑：笑什么，因为什么而发笑。⑪炮宰：厨师。炮（páo）：通"庖"。五味：指酸、甜、苦、辣、咸五种味道。和五味：指调和各种味道烹制成美味的食物。进：

奉献。⑫孰：谁。强（qiǎng）：勉强，强迫。⑬壤地：土地。⑭硕（shuò）：大。

译文

晋平公问叔向："从前齐桓公多次召集诸侯会盟，使天下完全走上正道，不知是臣子的力量呢？还是君主的力量？"叔向回答说："管仲善于剪裁，宾胥无善于缝缀，隰朋善于给衣服加上边饰；衣服做好了，君主拿起来穿上。只是臣子的力量罢了，君主出了什么力呢？"师旷把手放在琴弦上笑起来。平公说："太师因为什么而发笑呀？"师旷说："我笑叔向回答君主的话。凡是做臣子的，好比是厨师，调和各种味道烹制出美味的食物，然后进献给君主；君主不吃，谁敢强迫他呢？请允许我打个比喻：君主就像土地，臣子就像草木；一定是土地肥沃，然后草木才能茂盛。只是君主的力量罢了，臣子出了什么力呢？"

解说

韩非思想的核心是君臣关系。在这则故事里，他讨论了君臣关系中一个重要问题：君主和臣子，谁对治理国家的作用更为重要？叔向和师旷都用形象的比喻说明自己的观点，似乎都很有道理；不过仔细推敲之下，他们所用比喻的层次都太过简单，难以说明复杂的政治问题。叔向以臣制衣而君享用来比喻具体的社会治理工作由臣下承担，君主的作用似乎只是享受臣下工作的成果，这显然是很幼稚的认识。师旷用君为土地而臣为草木的比喻指明了君养臣的关系，然而怎么算是"壤地美"呢？齐桓公算不算壤地美呢？作为草木的臣子怎么算是"硕大"

呢？若说功绩卓著是臣子的"硕大"，似乎不少彪炳史册的臣子所辅佐的对象实在称不上贤明之君。

在韩非看来，叔向和师旷的观点都有失偏颇。他认为，君臣之间相互对立又相互制衡，任何一方出了问题都将影响到国家政治的治乱。所以历史上建立非凡功业的君主，一定都是"君臣俱有力焉"。他举出一系列历史事实证明自己的看法，如蹇叔在虞国为臣时虞国被灭亡，到了秦国能使秦国称霸，原因在于虞国君主有贤臣而没有正确使用。齐桓公凭借管仲能够成为春秋五霸之首；可是在管仲去世后由于任用竖刁等奸邪之臣，桓公被活活饿死，尸体上生的蛆虫都爬到了宫殿的门外。如果说君有力则霸王之业足以成功，那么桓公就不必依靠管仲而称霸；如果说君有力国家就能治理好，那么桓公就不至于落得如此下场。因此，君主圣明，臣下贤能，这是齐桓公称霸天下的两个前提，缺一不可。

这里需要再交代一下韩非对"圣君明主"和理想的臣子的看法。韩非有个强大的信念：怀奸谋私是臣下的本质，因此君主必须掌握好法术以控制群臣，使臣子不敢为奸，这才是君臣关系的关键。明主就是懂得运用法术的君主，而贤臣就是能做事又不敢行奸邪以营私的臣子。所以，桓公虽然纵欲无度，"宫中二市，妇闾二百，被发而御妇人"，但因其能正确使用管仲，仍应归入明君。晚年桓公昏聩，不再用术驾驭臣下，于是使臣下的奸邪之心得逞。

2. 疯狂的石头

原文

楚人和氏得玉璞楚山中,①奉而献之厉王。②厉王使玉人相之。③玉人曰:"石也。"王以和为诳,④而刖其左足。⑤及厉王薨,⑥武王即位,和又奉其璞而献之武王。武王使玉人相之。又曰:"石也。"王又以和为诳,而刖其右足。武王薨,文王即位。和乃抱其璞而哭于楚山之下,三日三夜,泣尽而继之以血。⑦王闻之,使人问其故,曰:"天下之刖者多矣,子奚哭之悲也?"⑧和曰:"吾非悲刖也,悲夫宝玉而题之以石,⑨贞士而名之以诳,⑩此吾所以悲也。"⑪王乃使玉人理其璞而得宝焉,⑫遂命曰"和氏之璧。"⑬(《韩非子·和氏》)

注释

①和氏:《史记·邹阳传》记载其姓名为卞和。玉璞:包在石块里没有经过加工雕琢的玉。楚山:即荆山,在今湖北省南漳县西北。②奉:恭敬地捧着。厉王:《史记·楚世家》没有"厉王","蚡(fén)冒十七年卒,蚡冒弟熊通弑蚡冒子而代立,是为楚武王。"或许蚡冒追谥为"厉王"。有的文献记和氏三次献璞的对象分别是武王、文王、成王。③玉人:加工雕琢玉石的工匠。相(xiàng):察看,鉴别。④诳(kuāng):欺骗。⑤刖(yuè):古代一种断足的酷刑。⑥及:等到。薨(hōng):

古代称君主死亡为薨。《礼记·曲礼》："天子死曰崩，诸侯曰薨，大夫曰卒。"⑦泣：眼泪。⑧奚：为什么。⑨题：标识，标明。⑩贞士：忠贞诚信的人。名：指称。⑪所以：……的原因。⑫理：对璞玉进行加工。⑬命：命名。璧：中心有孔的圆形玉器。这里泛指美玉。

译文

楚国人和氏在楚山上发现了一块璞玉，恭敬地捧着去献给楚厉王。厉王让玉匠鉴定，玉匠说："是一块石头。"厉王以为和氏是在欺骗自己，就让人砍掉了他的左脚。等到厉王死去，武王继承王位，和氏又恭敬地捧着那块璞玉献给武王，武王让玉匠鉴定，玉匠还是说："是一块石头。"武王也认为和氏是在欺骗自己，于是砍掉了他的右脚。武王死后，楚文王继承了王位。和氏就抱着那块璞玉在楚山下号哭，哭了三天三夜，眼泪流干了，接着往外流血。楚文王听说了这事，便派人去询问原因，说："天下受过刖刑的人太多了，你为什么哭得这样悲伤呢？"和氏说："我不是因为遭受刖刑而悲伤，而是因为本是宝玉却被标识为石头、本是忠贞诚信之人却被加上欺骗的名声，这才是我悲伤的原因啊。"文王于是让玉匠对那块石头进行剖割加工，从中发现了一块宝玉，就把这块宝玉命名为"和氏之璧"。

解说

这块传奇的和氏璧后来又经历过许多故事，但说到惊心动魄，还是以这块宝玉血淋淋的问世过程为最。和氏三次献宝，两次被砍脚；面对厉王和武王的暴虐，他毫不退缩。文王得到消息，派人去问，只是出于好奇；而他回答楚文王使者的话，真正得"哀而不怨"之精髓。最终楚文王给他平反了，他也因他的和氏璧和玩命献宝的事迹而扬名后世了，然后呢？没有然后。

和氏执著地献宝，是想借宝玉得到君王的赏识吗？或者想从而得到机会跻身上层？或者天生的奴性使他认定此宝只配让君王享用？我们不去分析他深层的心理。或许他只有一个执念：这明明是宝玉，为什么被当成石头？！他对个人惨痛的遭遇毫不挂怀，没有委屈，没有怨恨，只伤心他的宝不被敬爱的王承认。这样的臣民真是达到了令人瞠目结舌的境界，难怪韩非要给予极高的评价。

韩非更关心这则故事表达出的忠贞之臣献宝的勇气和决心，他说世上有许多跟和氏一样的人物，希望将自己的智慧才华和学问谋略奉献给君主，但是"论宝"即识别评定"宝"太困难了，所以这些人的命运大多类似于和氏，甚至比和氏更悲惨，因为比起人的智慧谋略，珠宝美玉是君主更迫切想得到的东西，而璞玉无论优劣对君主来说并没有任何妨害，可法术之士努力推行的治国理念和措施，一定会让权贵们自私邪恶的行为受到限制，从而对整体的政治格局和现行秩序造成冲击。和氏付出了两只脚的代价才终于献出了他的宝，法术之士的结局也就可想而知了。

3. 不为君主所用则死

原文

太公望东封于齐。①海上有贤者狂矞,②太公望闻之,往请焉,③三却马于门而狂矞不报见也,④太公望诛之。当是时也,周公旦在鲁,⑤驰往止之;比至,⑥已诛之矣。周公旦曰:"狂矞,天下贤者也,夫子何为诛之?"太公望曰:"狂矞也议不臣天子,不友诸侯,⑦吾恐其乱法易教也,故以为首诛。⑧今有马于此,形容似骥也,然驱之不往,引之不前,⑨虽臧获不托足于其轸也。"⑩(《韩非子·外储说右上》)

注释

①太公望:即吕望,又名姜尚。辅佐周武王灭商,受封于齐。太公是对他的尊称。②海上:海边。狂矞(yù):贤士的名字。③往请:指前往拜访。④却:停止。报见:答应相见。⑤周公旦:周武王的弟弟,辅佐武王灭商,受封于鲁。⑥驰:赶马奔跑。止:使停止,阻止。比:等到。⑦臣:给……做臣子,即事奉。友:与……为友,即交往。⑧易教:改变教化。即改变君主建立的社会道德规范和评价标准。首诛:第一个诛戮的人。⑨形容:样子,外观。引:牵拉。⑩臧获:古代对奴仆的贱称。托足:寄托脚力。轸(zhěn):本指车箱底部的四根木框,代指车子。其轸:样子很像骥的马所拉的车子。

译文

太公望被封在东方的齐国。齐国海边有一位贤士叫狂矞。太公望听说了他的贤名,就前往拜访,连续去了三趟,每次太公的车马都停在他的门口了,他却不答应出来会面。于是太公就把他杀掉了。当时周公旦在鲁国,听说后就快马加鞭地赶去齐国阻止这件事,可等他赶到齐国,太公已经把狂矞处死了。周公旦说:"狂矞可是天下有名的贤士呀,您为何要杀掉他呢?"太公望说:"狂矞主张不事奉天子,不与诸侯交往,我担心他会扰乱法制,并且带坏整个社会的风气,所以首先把他杀掉。现在这里有一匹马,样子很像千里马,可是驱策它,它不肯动;拉它,它不前进。这样的话,即使是奴仆也不愿用它驾车赶路啊。"

解说

这则故事韩非收录了两个版本。在另一版本里,隐居海边的贤士是兄弟俩,他们的思想主张是:对官方采取不合作态度以保持健全高洁的人格;不在意官方以功名利禄为主要内容建立起来的社会评价机制;追求自给自足的田园生活。太公望到达封地后二话不说,就先拿兄弟俩开刀问斩,并对周公旦详细论述了他的治国理念,要点有三:第一,君主的权力来自赏劝罚禁,如果有人既不求名又不求利,赏罚对他就失去了效用,君主也就无法控制和驾驭这样的人。第二,如果有人在社会上享有贤达的名声,却不为君主所掌控,就将破坏整个社会的评价体系,构成对统治权的危害。第三,君主之所以是君主,是因为可以统治臣民；民不愿为官则无臣，民又游离于君主的权力之外，无臣无民，君主就做得没意思了。

在专制统治下，社会的一切资源归君主拥有。君主利用财富、地位、名声控制臣民；臣民要获得自己的份额，就必须无条件地供君主役使。无论什么样的人，在君主那里只是工具而已，与马牛并无二致。在君主看来，臣民能否成为自己驯服的工具，这是问题的全部，他并不关心人品、能力之类的事情；如果有人不能为君主所用，无论他具有何种品德、何等才华，也无论他对社会有益或者有害，君主宁肯杀之以警示臣民，他们只能乖乖遵守君主制定的社会秩序。这就是专制统治的逻辑。

4. 赵简子敢用阳虎的底气

原文

阳虎议曰：①"主贤明，则悉心以事之；②不肖，则饰奸而试之。"③逐于鲁，④疑于齐，⑤走而之赵，⑥赵简主迎而相之。⑦左右曰："虎善窃人国政，⑧何故相也？"简主曰："阳虎务取之，⑨我务守之。"遂执术而御之。⑩阳虎不敢为非，以善事简主，兴主之强，⑪几至于霸也。⑫（《韩非子·外储说左下》）

注释

①阳虎：春秋时鲁国季孙氏的家臣，名虎，字货，曾掌握季孙氏的大权，公元前502年起兵攻打孟孙、叔孙、季孙三家，

失败后逃到齐国，又逃到晋国，赵简子用他为相。议：议论，主张。②悉心：尽心。事：事奉。③不肖：德才不好。饰奸：掩饰邪恶。试：试探。④逐：驱逐。⑤疑于齐：在齐国受到疑忌。按：阳虎逃到齐国后，请求齐侯出兵攻打鲁国，大夫鲍文子劝谏齐侯不要收容阳虎，齐侯于是把阳虎抓了起来。阳虎设法藏在装衣物的车子里逃往宋国，从宋国逃到晋国，投奔了赵氏。⑥走：逃跑。之：到。⑦赵简主：即赵鞅，当时是晋国的卿。死后谥简，史称赵简子。相（xiàng）：使担任相室。按：这里"相"是替卿大夫主管各种事务的官员。⑧国政：国家的政事。这里指处理政事的权力。⑨务：致力于。⑩执：持用。御：驾驭，控制。⑪兴：使兴盛。⑫几（jī）：几乎，差不多。

译文

阳虎主张："主上贤明，那么就尽心事奉他；若主上昏庸无能，就掩饰起自身的邪恶来试探他。"阳虎在鲁国被赶跑，在齐国受到疑忌，逃跑到了赵国，赵简主接受了他并用他做了相室。简主的左右说："阳虎很善于窃取别人的政权，您为什么用他做相室呢？"简主说："阳虎致力于获取政权，我致力于守护政权。"于是用权术控制阳虎。阳虎不敢为非作歹，好好地事奉简主，使赵氏兴盛强大，几乎到了要称霸的地步。

解说

韩非虽然认为君臣的矛盾是先天的，不可调和的，而且臣子攫取私利甚至篡夺君位的欲望和冲动是永远存在的；但他认为，君主不能因此就不用臣子，更不能因此寄希望于找到仁德贤良的臣子，而是要用术来控制和使用臣子。他觉得只要君主善于用术，臣子"虽有驳行，必得所利"。所谓"驳行"，就是人品有缺陷，喜欢做些乱七八糟、欺下瞒上的事情；而这样的臣子往往很有能力，君主用术来驾驭他们，就完全可以利用他们达到自己的目的。

在韩非的语汇里，对臣子的分类很细致，如：忠臣、贤臣、良臣、直臣、背臣、奸臣、邪臣、大臣、重臣、贵臣、幸臣、小臣、亲臣、近臣、嬖臣、巧臣、乱臣、壅臣、谋臣、谏臣、才臣、功臣、朝臣、誉臣、禄臣、罪臣、社稷之臣、治国之臣、守法之臣、有道之臣、尊贵之臣、贵重之臣、当途之臣、擅爱之臣、擅主之臣、奸邪之臣、奸私之臣、谄谀之臣、骄侮之臣、侵陵之臣、贤哲之臣、亡国之臣，等等；韩非描述了不同名目的臣的表现，试图让君主明白，对不同的臣要有不同的态度和原则。可是，人是非常复杂的综合体，要正确认识一个人是很不容易的。比如阳虎，在鲁国是重臣、幸臣，也是擅主之臣、奸邪之臣和侵陵之臣；到了齐国，他表现出的是背臣、邪臣的特质；而到了晋国，他在赵简子手下的所作所为，谁又能说他不是良臣、才臣、治国之臣呢？韩非煞费苦心地替君主考虑用人的细节，后人看起来确实非常周全了，只是具有如此认识能力的君主，翻遍史书，又能有几人呢？在制度设计上始终从人治思想出发，这不能不说是历史的悲哀。

5. 君主是怎样成为木偶的?

原文

鲁丹三说中山之君而不受也,①因散五十金事其左右。②复见,③未语,而君与之食。④鲁丹出,而不反舍,⑤遂去中山。⑥其御曰:⑦"反见,乃始善我。⑧何故去之?"鲁丹曰:"夫以人言善我,必以人言罪我。"⑨未出境,而公子恶之曰:⑩"为赵来间中山。"⑪君因索而罪之。(《韩非子·说林上》)

注释

①说(shuì):游说,进言。②散(sàn):散布,分别送出。金:此处指古代计算货币的单位,一镒(二十两)或一斤为一金,因时而异。事:侍奉,此指贿赂,收买。③复:又,再次。④食:饭食。⑤反:返回,后来写作"返"。舍:客舍。⑥去:离开。⑦御:车夫。⑧善我:对我们变得友善。⑨罪我:加罪于我们,诛罚我们。⑩恶(wù):中伤,诋毁。⑪间(jiàn):侦察,刺探。⑫索:搜捕。

译文

鲁丹三次向中山国的君主进言,都没有被接受;于是他拿出五十金分别送给君主身边的近臣。再去拜见君主时,还没开口说话,中山君就赐给他饭食。(会见结束后,)鲁丹出了宫,没回客舍，立即离开中山。他的车夫说："这回拜见，君主才开始对我们友善起来。为什么要离开呢？"鲁丹说："能凭借别人的话对我们友善，也一定能凭借别人的话就加罪于我们。"他们还没逃出中山国境，就有公子向君主诋毁他们说："鲁丹是为赵国来侦探中山国的。"中山的君主于是下令搜捕鲁丹要治他的罪。

解说

中山君是很典型的糊涂君主，没有主见、定见而让臣下左右自己的想法和行动。鲁丹经过与他的接触应该对他有了深刻的认识，所以才很有预见地离开中山；只是他花五十金见到中山君的实际反应之后，才做出这样的决断，似乎有些多余吧？若是中山君此次仍一如既往地冷遇他，难道就可以证明中山君不是"以人言善我""以人言罪我"的昏君了吗？

韩非认为，君主是国政大计的最终决策者，但以君主一人之力，无法对一个国家实施有效治理，因此，他需要代理人，即官僚阶层，并要让渡出治理权给官僚阶层。这样，君主的主要职责就是监督官僚阶层忠实地履行自己的职责。守虚静、合形名、正赏罚都是君主监管官吏的道术。这些道术说起来并不特别困难，但在具体实施中会遭遇诸多变数。合形名、正赏罚的前提是君主要掌握全面、真实的信息，需要始终保持信息渠道的畅通；而奸邪之臣最善于在这一点上大做手脚，尽量干扰君主接收的信息，用虚假信息欺骗、蒙蔽君主，或利用各种手段让君主听信自己，如买通君主最亲近的人为自己向君主传递信息等；而君主呢，又恰恰"固壅其言谈，希于听论议，易移以辩说",意思是说,君主本来很少和外界接触,不常听到各种议论,容易被动听的话打动而改变主意。当君主与外界的信息沟通完全受制于臣子时,君主差不多就成为木偶,臣下操弄着信息这条提线可以任意摆布君主。到了这种地步,国便不再是君主的国了。

6. 王朝的掘墓人

原文

周有玉版,①纣令胶鬲索之,②文王不予;费仲来求,③因予之。是胶鬲贤而费仲无道也。④周恶贤者之得志也,⑤故予费仲。文王举太公于渭滨者,贵之也;⑥而资费仲玉版者,⑦是爱之也。故曰:"不贵其师,不爱其资,⑧虽知大迷,⑨是谓要妙。"⑩(《韩非子·喻老》)

注释

①周:商朝后期,古公亶父自邠迁至岐,以周为国号。传到武王,攻灭商朝,周朝一统天下。玉版:刻有文字的玉片。②纣:商朝最后一位帝王,荒淫无道,被周诛灭。胶鬲(gé):商纣王的贤臣。③费仲:商纣王宠信的大臣,善于阿谀逢迎。④是:这。无道:指不行正道,胡作非为。⑤恶(wù):憎恨,不喜欢。得志:指志向、抱负得以实现,即受到信任有机会施展自己的才华。⑥太公:指太公望,即姜尚,辅佐周武王讨灭

商纣。渭滨：渭水边上。贵之：以之为贵，即尊重他。⑦资：资助，送给。⑧爱其资：爱惜可以利用的条件。"资"在这里指可以借助的条件，如周文王把玉版给费仲，是要借助于费仲的作用先从商朝内部搞垮对方。⑨知：通"智"，有智慧。⑩谓：叫做。要妙：奥妙，指极为微妙的道理。

译文

周国有一块玉版，商纣王派胶鬲来索要，周文王不给；纣王又派费仲来索要，文王就给了他。这是因为胶鬲贤明，费仲不行正道。周国不希望贤明的大臣在商纣王那里得志，所以把玉版交给费仲。周文王在渭水边上起用太公，那是因为尊重他；把玉版交给费仲，那是因为喜欢费仲。所以老子说："不尊重他的老师，不爱惜可以利用的条件，虽然聪明，却是大的迷惑，这就叫做奥妙。"

解说

老子的话出自《老子》第二十七章，意思是说，假如对自己的老师不懂得尊重，对可以利用的条件不知道抓住机会加以利用，那么即便头脑够聪明，实际上在大的方面糊涂昏昧。这其中包含的道理堪称奥妙。周文王正是最明白这种微妙的道理的人。他尊事太公，这是"贵其师"；他用各种手段帮助对方阵营里那些类似费仲的权力人物，这是"爱其资"。同样受纣王委派去向文王索要宝贵的玉版，胶鬲空跑一趟，费仲则顺利完成使命。经此一事，纣王自然更宠信费仲而无视胶鬲，这对于意图取商王朝而代之的周文王来说，是殷切期待的好事。

费仲私欲熏心,毫无底线,只懂得逢迎上司获取权力和财富;这样的奸佞之臣得道,正是一个王朝的悲哀,他们会像蠹虫一样把王朝的根基蛀空。表面上,他们又是最爱君王、最爱王朝的人,永远在歌功颂德,永远充满正能量,任何时候不会忤逆君王的心意,更不会指出并批评王朝出现的各种问题。敌对的国家最欢迎这样的大臣把持朝政。贤明的胶鬲正直敢言,既是文王的隐忧,也是纣王厌恶透顶的人。历史的经验表明,当一个王朝钟爱费仲们,厌弃胶鬲们,这个王朝通常便走向了穷途末路,那些春风得意的费仲们,正是为王朝敲响丧钟的人。

7. 君主怎样才能享受喝酒的快乐?

原文

子产相郑,① 简公谓子产曰:② "饮酒不乐也。俎豆不大,③ 钟鼓竽瑟不鸣,④ 寡人之事不一,⑤ 国家不定,百姓不治,耕战不辑睦,⑥ 亦子之罪。⑦ 子有职,⑧ 寡人亦有职,各守其职。"子产退而为政五年,国无盗贼,⑨ 道不拾遗,⑩ 桃枣荫于街者莫有援也,⑪ 锥刀遗道三日可反。⑫ 三年不变,民无饥也。(《韩非子·外储说左上》)

注释

①子产:春秋时郑国大夫公孙侨,字子产,辅佐郑简公、

定公四十余年，是春秋时期优秀的政治家。相（xiàng）：担任相国。②简公：春秋时郑国君主，名嘉，在位三十六年。③俎（zǔ）豆：古代祭祀时盛放祭品的两种礼器。俎的形制似几，用来摆牲（专供祭祀用的全牛）。豆：高脚盘。俎豆不大：摆放祭品的礼器不大，这是说祭品不丰盛。"俎豆不大"大概是因为财政拮据。④钟鼓竽瑟：四种乐器。不鸣：不响，这是说礼乐不兴盛。⑤不一：繁多。⑥耕战：指从事农耕和作战的人，即农夫和士兵。辑睦：和睦，指同心同德。⑦亦子之罪：也是您的罪过。按：简公的意思是说，上述乱象自己作为君主自然有责任，而子产作为相国也同样有责任。⑧职：职守，即分工负责的工作。⑨盗：小偷。贼：抢劫财货的强盗。⑩遗：指丢失的东西。⑪荫（yìn）：遮蔽。莫有：没有人。援：伸手去摘取。⑫锥刀：小刀。遗道：丢失在道路上。反：使返，即找回来。

译文

子产担任郑国的相国。简公对子产说："饮酒不觉得快乐呀。祭品不够丰盛，钟、鼓、竽、瑟不能鸣响，我要处理的事务太繁杂；国家不能安定，百姓没有秩序，从事农耕和作战的人不能谐调和睦，（造成这样的局面，）也是您的罪过啊。您有您的职守，我也有我的职守，咱们各自忠于自己的职守。"子产听罢退出，主政五年，国内盗贼绝迹，路上没人去捡拾别人遗失的东西，桃树和枣树等果树的枝条伸展到街道上没人伸手去摘取，小刀丢失在道路上，过了三五天还能找回来。这种状况持续了三年，百姓没有饿肚子的。

解说

郑简公饮酒不乐，是因为他心里被各种苦恼所缠绕，比如想到经济衰敝以至于祭祀祖先神灵时都不能摆出丰盛的祭品；想到象征礼乐兴盛的钟、鼓、竽、瑟不能经常奏响。可是要处理的事务太多，自己疲于奔命，结果却是什么都没做好。再想到国家内外交困，百姓越来越不愿意听从君主的召唤役使，无论是从事农耕的农夫，还是为君主打仗的士兵，都无法谐调和睦。想到这些事情，简公又怎么可能轻松惬意地饮酒呢？当简公明确了他跟子产的职责分工，放手让子产去承担相国应该承担的事务，结果，郑国经济振兴，整个社会呈现出文明有序、欣欣向荣的新气象。

韩非认为，君主如果"不明分，不责诚"，事必躬亲，那么一定是政治混乱，国家衰败。不过，子产能够按照自己的政治理念把郑国治理得如此繁荣有序，关键还在于简公信任他，放手由他去做。简公在当时算是非常有责任心的君主，也是有政治眼光和政治智慧的君主。那时多数的君主"以乐慆（tāo）忧"，用娱乐掩盖忧患，抱着击鼓传花的心态，醉生梦死，得过且过。对这样的君主来说，根本没心思考虑国家的长远未来，即便手下有子产这样的贤能之臣，也会百般猜忌，处处掣肘，子产又如何能充分发挥自己的才干呢？

8. 君臣之间无恩谊

原文

田子方从齐之魏,①望翟黄乘轩骑驾出。②方以为文侯也,移车异路而避之,③则徒翟黄也。④方问曰:"子奚乘是车也?"曰:"君谋欲伐中山,臣荐翟角而谋得果;且伐之,臣荐乐羊而中山拔;⑤得中山,忧欲治之,臣荐李克而中山治,是以君赐此车。"方曰:"宠之称功尚薄。"⑥(《韩非子·外储说左下》)

注释

①田子方:战国时魏国人,曾为魏文侯之师。之:动词,到。②翟黄:战国初期魏文侯的大臣。轩骑(jì):有骑兵护卫的轩车。轩是一种前顶较高、四周有帷幕的车子,供大夫以上的官员乘坐。③异路:另一条路。④徒:仅仅,不过。⑤拔:攻下,占领。⑥称(chèn):相适应,符合。

译文

田子方从齐国到了魏国,远远地看到翟黄乘坐着有骑兵队护卫的轩车出行。田子方以为是魏文侯的车队呢,就把车子转到另一条路上避让;轩车来到近前才知不过是翟黄。田子方上前问道:"您怎么乘坐这样的车子呢?"翟黄说:"国君谋划要攻打中山国,我向国君推荐了翟角,于是作战计划准备得当;真的要去攻打中山了,我又向国君推荐了乐羊,于是中山顺利地被攻下了;占领中山国以后,国君忧虑怎样治理那儿,我就推荐了李克,于是中山被治理得很好。所以国君赏赐给我这辆车子。"田子方听了以后,说:"你得到的荣宠,比起你的功劳还是薄了一些。"

解说

这则故事中,翟黄出行时的阵仗堪比国君,自是风光无限。当他向田子方述说了自己为魏文侯所做的业绩后,田子方却认为,若从赏赐与功劳应该对等来说,翟黄所享受到的荣宠还配不上他的功劳,因此魏文侯做得还不到位。

韩非认为,君臣之间存在直接的利益冲突,因此讲感情就是最不可靠的东西。君主对臣下的宠爱必须在法制的约束下,根据臣下建立的功劳,以爵禄的形式进行赏赐;同样,臣下获得任何利益都必须通过为君主尽心竭力地做事建功,从而得到相应的物质奖赏和社会声誉。君臣之间最理想的状态是:君主拿出爵禄,标明事功与对应的赏罚;臣子依据自己的能力选择职事和任务,圆满地完成了所承担的工作,就理直气壮地领取相应的报酬;如果所负责的职位出了差错,或者没有完成所领取的任务,就无怨无悔地接受处罚。这样,臣下有功得赏,心安理得,完全不必对君主感恩戴德;要是把事情搞砸了,或者犯了罪,那么接受处罚也不会对君主怀恨在心。总之一句话,君臣之间无恩谊可言,对君主来说,最重要的是严格遵循法律办事,做到赏罚得当;对臣下来说,根据赏罚原则衡量自己的功过,就不会对君主有私怨和私恩。

9. 弥子瑕的贤德和他的罪

原文

昔者弥子瑕有宠于卫君。①卫国之法,窃驾君车者罪刖。②弥子瑕母病,人间往夜告弥子,③弥子矫驾君车以出。④君闻而贤之,⑤曰:"孝哉!为母之故,⑥忘其刖罪。"异日,⑦与君游于果园,食桃而甘,⑧不尽,以其半啖君。⑨君曰:"爱我哉!忘其口味以啖寡人。"⑩及弥子色衰爱弛,⑪得罪于君。君曰:"是固尝矫驾吾车,⑫又尝啖我以余桃。"故弥子之行未变于初也,⑬而以前之所以见贤而后获罪者,⑭爱憎之变也。故有爱于主,则智当而加亲;⑮有憎于主,则智不当见罪而加疏。故谏说谈论之士,不可不察爱憎之主而后说焉。(《韩非子·说难》)

注释

①弥子瑕:春秋时卫灵公宠幸的臣子。②窃:私下。罪:判罪,惩处。刖(yuè):古代断足的酷刑。③间(jiàn):私自。此人连夜入宫见弥子瑕,违反宫禁,故称"间往"。④矫:诈称,假托。以:连词,相当于"而"。⑤贤:以为贤,认为德行好。⑥故:原因,缘故。⑦异日:他日,另一天。⑧食:吃。甘:觉得甜美。⑨啖(dàn):使吃,给吃。⑩口味:美味,喜欢吃的东西。⑪及:等到。色:美色。弛:本指放松弓弦,引申为减弱。⑫是:代词,这个人。指代弥子瑕。固:本来。尝:

曾经。⑬未变于初：与当初相比并没有变化。⑭所以见贤：被认为是德行好的原因、事情。⑮当（dàng）：适合，这里指合乎君主的心意。加：更加。

译文

从前弥子瑕在卫灵公手下很受宠幸。按照卫国的法律，私自驾乘国君的车子要判砍脚的刑罚。有一次弥子瑕的母亲生病，有人私自前往连夜给弥子瑕报信儿。弥子瑕接到消息，马上假托国君的命令，驾上国君的车子出城回家了。灵公听到这件事情，连声称赞弥子瑕德行好，说："这人真是个孝子呀！一听说母亲生病，连砍脚的刑罚都忘得一干二净了。"又有一天，弥子瑕陪着灵公在果园里游玩，弥子顺手摘了个桃子吃，觉得这桃特别甜，于是没有都吃完，把剩下的一半给灵公吃。灵公边吃边动情地说："弥子瑕太爱我了！吃到美味就先想到我，拿来给我吃。"等到弥子瑕年纪渐老，容貌衰退，卫灵公对他的爱意也就越来越淡了。有件事上弥子瑕得罪了卫灵公，灵公忿忿地说："这个人原来就曾经谎称我的命令私用了我的车子，还拿自己吃剩的桃子给我吃！"所以弥子瑕做的事情前后并无变化，可是前面被灵公看做是弥子贤德的表现，后来却成为灵公怪罪他的理由，这其实只是因为灵公对弥子瑕的爱憎感情发生了变化。这样看来，如果君主喜爱一个人，那么这个人无论做什么都会让君主觉得他才智不凡，因而更加亲近他；反过来，如果君主对一个人产生了憎恶之情，那么，这个人就会陷入动辄得咎的境地，越来越被疏远。所以，对于通过言谈进谏在君主那里寻求发达机会的人，首先就要搞清楚君主究竟是喜爱自己呢，还是憎恶自己，然后再选择是否进言、进言的内容以及如何进言等等。

解说

在《说难》篇，韩非从各种不同的情形说明臣子向君主进言的困难，指出进言的困难主要在于难以准确把握君主的思想和心理活动；因此，进言成功的首要条件是要不择手段地迎合君主的心理和要求，从而获得君主的欢心和信任。在讨得君主的宠爱之后，无论怎样的进言都将畅通无阻地被采纳。否则，进言不但不容易成功，而且会冒丢掉性命的危险。应该说，韩非对人情世故的洞察力相当深刻。在现实生活中，人们之间的交往何尝不是如此呢？跟自己感情深厚的人，说什么都动听，怎么说都正确；而听自己所憎恶的人说话，则别扭、反感、挑刺的情绪经常充斥心头。普通人要真正清楚地把理智和情感分开，确实不是一件容易的事情。而情感支配认识是相当不稳定、不可靠的。卫灵公对弥子瑕的宠爱，会随着时间的流逝而消退，他对弥子瑕的看法也就同时随着情感的淡化而发生变化，甚至对相同的一件事作出截然相反的评判。所以韩非反复强调，作为一国君主，一定要彻底去除感情和情绪对处理政务的影响，要在无情无欲的状态下看待下属的言行。

但是，明知君主的爱憎和认识是复杂多变的，韩非却天真地认为，凭借对君主的心理活动深入透辟的分析研究，自己应该有能力通过把握君主的爱憎情感，赢得君主的欢心和信任，从而为获得施展才华和抱负的机会打通道路，这就未免不够明智了。韩非恰恰是因秦王嬴政的爱憎之变而落得个身死异国的结局，对此司马迁为他深深地惋惜，《史记·韩非列传》特意全文收录了《说难》全文，感慨道："余独悲韩子为《说难》而不能自脱耳。"

10. 祸从口出

原文

宋太宰贵而主断。①季子将见宋君，梁子闻之，曰："语必可与太宰三坐乎，②不然，将不免。"③季子因说以贵主而轻国。④（《韩非子·说林下》）

注释

①太宰：宋国官名，和相的职位相同。主断：专断，专权。②与太宰三坐：季子拜见宋君，两人在一起谈话，却要像太宰同时在场一样，所以称"三坐"。梁子的意思是，太宰虽然不在场，但季子若说了对太宰不利的话，同样会有灾祸。③不免：不免于灾祸。④贵主：清代顾广圻《韩非子识误》认为应当是"贵生"，即注重保养生命。轻国：不要太把国事放在心上。

译文

宋国的太宰地位尊贵而且专权。季子将要拜见宋君，梁子听到这消息，对季子说："你说话一定要可以让太宰在座，否则的话，你将免不了要遭殃。"季子于是就劝宋君注重养生，不要太看重国事。

解说

季子与宋君的谈话，大概一定会有人汇报给太宰；宋君无论是否听从季子的劝说，季子在太宰那里应该都会得到加分。宋君重生而轻国，符合太宰的政治利益，但是君主的权势恐怕就将进一步被削弱。韩非通过这则故事表明，大臣专权必将阻断言路；言路阻塞，符合专权大臣的利益，而必将伤害国家的整体政治利益和长远发展。

各种政治势力之间构成极其复杂的相互制衡的关系，这是一国政治生态的基本格局。在纷乱复杂的表象下，其实所有的一切都是围绕利益展开的。韩非正是抓住这一关键问题展开观察和分析。君臣对立，其实质是利益的博弈；臣子之间的相互撕咬，同样是围绕利益发生。在他看来，真正有见识的臣子都不敢或不屑跟那些奸邪之臣结成同党，因此奸臣能够利用的都是些品行卑劣之徒；而这些人没有底线，为了利益无所不为，因而能量异常强大。他们迷惑君主，破坏法律，搞乱政治秩序、社会秩序和正常的价值观念，从而造成全社会认识的混乱。其结果必然是使国家实力逐步衰退，走上危险的不归路。"欺主""惑主"的手法无非就是阻塞君主的信息通道，使之变成聋子、瞎子，从此君主的思维模式便由他们来塑造，君主对外部世界的认识由他们来决定。如此，他们便可确保自己的利益不受损害，而且能够无限扩张。可以设想，当宋国的言论环境到了太宰不在场如同在场的地步，宋国还有未来吗？

这则故事总计四十余字，但蕴含了丰富的内容。梁子语意曲折，季子心领神会；此二人复杂的心理活动，太宰的跋扈残忍，宋君的昏庸懦弱，都跃然纸上，堪称一篇绝佳的微小说。

11. 不必玩命

原文

宋石，魏将也；卫君，荆将也。两国构难，①二子皆将。②宋石遗卫君书，③曰："二军相当，④两旗相望，唯毋一战，⑤战必不两存。⑥此乃两主之事也，与子无有私怨，善者相避也。"⑦（《韩非子·内储说下·六微》）

注释

①构难（nàn）：指发生军事冲突。②将（jiàng）：做主将。③遗（wèi）：送给。书：书信。④当：两两相对。⑤唯：表示希望的语气词。毋（wú）：不要。⑥两存：同时存在。⑦善者：指妥善的办法。

译文

宋石是魏国的将领，卫君是楚国的将领。魏楚两国交战，这两个人都被任命为主将。宋石给卫君送去一封书信，信上写道："两军对敌，双方的旌旗彼此看得见；最好不要真的动起手来，要是打起来，一定不能两全。这本是两国君主的事，我跟您并没有任何私怨。所以妥善的办法是咱们相互回避。"

解说

两国交兵的原因,无非是某一国的君主想拓展自己统治的地盘,增加人口以给自己带来更广阔的财源。通过战争取得对其他诸侯国的支配权,大体上也是出于君主的利益。被攻击的一方为了维护自己的利益,是不惜与对方拼个你死我活的。在这个意义上,确如孟子所言:"春秋无义战。"宋石想明白了这一点,不想给君主当炮灰送命,所以给对方的主将写信,指出双方作战是毫无意义的。

韩非有一个核心观点:"君臣之利异,故人臣莫忠。故臣利立而主利灭。"君主和臣子的利益是完全对立的,臣子贪图个人利益是为"私",全心全意地服务于君主的利益是为"公";公私无法兼顾,追求私利必定伤害公利,为了公利则必须牺牲私利。既然公私的矛盾无法调解,因此君主需要把臣下的私利建立在一心为公上,即臣下只要真正忠诚于公利并且工作卓有业绩,那么君主就应通过赏赐使臣下获得利益。这是在韩非的设想中万无一失的最佳方案。韩非也意识到,臣子不一定满足于此,特别是能量巨大的臣子,总会想方设法谋取更大的利益。同样,也有臣子能够对自己奉命做的事情作出价值判断,特别是关乎个人生死的战争,仅仅靠丰厚的奖赏或许足以激发普通士兵拼死效命的勇气,但对宋石这样的将领就不一定能起作用。如此说来,重赏并不是在任何情况下对任何人都有效力的统治手段,君主同时也需要采取严酷的刑罚,来对付那些有野心或有独立思考能力的臣子。

12. 驯服动物与驯服臣民

原文

夫驯乌者断其下翎焉。①断其下翎,则必恃人而食,②焉得不驯乎?③夫明主畜臣亦然,④令臣不得不利君之禄,⑤不得无服上之名。⑥夫利君之禄,服上之名,焉得不服?(《韩非子·外储说右上》)

注释

①驯:使鸟兽顺服。断:剪断。翎:鸟类翅膀和尾部长而硬的羽毛。②恃:依靠。③焉得:怎么能。④畜:养。⑤利:认为有利,贪图。⑥服上之名:为君主给予的名位而做事。

译文

驯养乌鸦,要把乌鸦翅膀和尾部羽毛的末端剪掉。剪掉了乌鸦翅膀和尾部羽毛的末端,(乌鸦不能飞翔觅食,)就必须靠人给它东西吃,那它怎能不顺服呢?英明的君主畜养臣子也是同样的道理,用物质手段使臣子不得不贪图君主给他的俸禄,用社会地位使臣子不得不服役于君主给予的名位。贪图君主给他的俸禄,服役于君主给予的名位,他们怎能不顺服呢?

解说

当年唐太宗李世民推行科举取士,在看到新科进士们鱼贯而出时,他得意地说:"天下英雄尽入吾彀中矣。""彀(gòu)中"指弓箭可以射及的范围之内。只用名利,便使天下英才尽可为己所驱使,无所逃遁,这就是李世民的高明。当整个社会围绕皇权运行,皇权垄断了全部的社会资源,那么有才学之人如果不进入体制,就没有其他出路。故事中"不得不"意味着臣子没有别的选择。

韩非反复强调,驯服人才最好的工具有二:一是利禄,二是名声。名声能够驯服人才,需要社会的评价机制完全被皇家所掌控;如此,每个人在定义自己的人生意义和价值时,都自觉或不自觉地以皇家标准为标准。利禄发挥作用则需要堵塞社会其他的获利渠道,由此可以理解历朝历代贱商贾传统的缘由。对于商贾虽无法取消其存在,但可以充分调动社会的评价机制,使商贾虽然富有,却没有社会地位。

韩非在论述君臣关系时,习惯使用君"畜(xù)"臣,或者君"牧"臣。"畜"的本义是圈(juàn)养禽兽;"牧"的本义是放养牲畜。由此可知官员们在皇权心目中的角色定位。驯乌的故事告诉我们,维持皇权的要点在于:君主要像马戏团的驯兽师一样,用鞭子和食物使臣民顺服于自己。要使臣民只有仰赖君主给予的身份和社会地位才能生存,而且要让臣民在内心深处认同,他们是在端君主的饭碗,并因此而感恩戴德。

13. 国君做戏

原文

昔者郑武公欲伐胡,①故先以其女妻胡君以娱其意。②因问于群臣:③"吾欲用兵,谁可伐者?"大夫关其思对曰:"胡可伐。"武公怒而戮之,④曰:"胡,兄弟之国也。⑤子言伐之,何也?"胡君闻之,以郑为亲己,⑥遂不备郑。⑦郑人袭胡,取之。⑧(《韩非子·说难》)

注释

①昔者:从前。郑武公:名掘突,春秋初期郑国君主。胡:诸侯国名,归姓,在今河南郾城县。公元前495年为楚所灭。②故:故意,有意。按:"故"字,藏本《韩非子》无。妻(qì):嫁给。娱:使欢乐。③因:于是。④戮(lù):杀掉。⑤兄弟之国:这里指有姻亲关系的国家。⑥以:认为。亲:亲近。⑦遂:于是。备:防备。⑧取:攻取,占领。

译文

从前郑武公打算攻打胡国,有意先把自己的女儿嫁给胡国国君,以此让他内心愉悦。这件事办好后,武公又装模作样地向众位臣子征求意见:"我打算对外开战,大家看哪个国家可以攻打?"大夫关其思抢先回答说:"胡国可以攻打。"武公勃然大怒，立即下令处死关其思，说："胡是我们的兄弟国家，你却说要攻打胡，是何居心？"胡君听说这事，确信郑国跟自己相亲相爱，于是也就不对郑国设防。郑国突然对胡发动袭击，一举吞并了胡国。

解说

郑武公做戏的功夫实在深厚，不惜让自己的女儿、大臣当政治陪葬品，只为对胡一战，将其吞并。做国君的女儿固然可怜，大臣关其思则更是死得莫名其妙。国君向大臣征求意见，自己义不容辞地发表意见，似乎并无过错；事实也证明自己的判断是完全正确的。他不明白，他的问题就在于太聪明、太敏锐了。武公已经把女儿嫁给胡君，攻打胡国等于是将女儿送上绝路，然后吞并女婿的封国，这无论如何在道义上都是令人不齿的，至少是无法在朝廷上公开讨论的。关其思的智虑足以把握武公的内心所思所想，但是他不明白怎样正确用好自己的智虑，怎样在适当的场合说适当的话，更忽略了自己跟武公的关系只是一般的君臣关系。武公处死关其思，有一箭双雕的妙用，一则有效地蒙蔽了胡国国君，二则可戒示群臣在朝廷上讲话要懂规矩。

在韩非看来，臣下向君主提供自己的看法，首先需要认识清楚自己跟君主的关系。如果跟君主在感情上很亲近，君主对自己高度赏识和信任，那么就不妨尽情陈述自己的观点；否则，就要真正摸清君主的心理活动，明白他问话的真实意图，然后再决定是否进言、如何进言。否则，不仅不会有好的结果，甚至连自己的性命也没法保障。

四、君主的道术

1. 权势不可以借人

原文

靖郭君相齐，与故人久语，①则故人富；怀左右刷，②则左右重。③久语怀刷，小资也，④犹以成富，⑤况于吏势乎？⑥（《韩非子·内储说下·六微》）

注释

①靖郭君：战国时齐威王少子田婴的封号，任齐相二十余年，封于薛。相：担任相国。故人：老熟人，旧相识。②怀：佩带。刷：此指布巾。按："刷"本作"刷"，从又持巾会意，尸声；作动词意思是拭除污垢；作名词是巾帨一类的东西。③重：指被人看重。④资：凭借的条件。⑤犹：尚且。⑥况：何况。于：通"与"。于吏势：给官吏权势。

译文

靖郭君担任齐国的相国，跟老熟人谈话，如果时间比较长，那么老熟人就能很快发达起来；佩带身边的人送的布巾，这身边人也会身价陡升。谈话时间长一些，佩带布巾，这些都是很微小的凭借，而手下人尚且可以用来使自己富有或提升地位，何况使官员可以借助权势呢？

解说

处在权力顶层的人,一言一行都可能产生意想不到的结果。比如靖郭君身为齐国的相,位高权重,见到老熟人多说会儿话,这老熟人就会成为万众瞩目的焦点,从而获得许多一般人难以企及的资源,迅速致富。社会上的各色人等只要能与靖郭君这样的人物沾上一星半点的关系,他们会竭尽所能把这丁点关系放大渲染无数倍,拼命卖弄炫耀以提升自己的身份,从各种角度反复加以利用。因此,如靖郭君这般特殊身份的人须谨言慎行,否则就将在无意中被作为利用的对象。

韩非讲这个故事,是感慨于现实中臣子们时刻在窥伺着君主手中的权力资源,即使不能直接获取,也要千方百计地借用,并且能够将借用到的点滴资源拓展到最大限度,以致"上失其一,臣以为百"。在上位者被利用来帮人发财致富,也还不算非常严重的事情;更需要警觉的是臣下会采取这种"润物细无声"的手法侵蚀君主的资源,积聚自己的力量,一旦时机成熟,就将制造弑君甚至篡位的重大事件。

2. 仁慈是一种权力

原文

季孙相鲁,[①]子路为郈令。[②]鲁以五月起众为长沟。[③]当此之为,[④]子路以其私秩粟为浆饭,[⑤]要作沟者于五父之衢而飡之。[⑥]

孔子闻之，使子贡往覆其饭，⑦击毁其器，曰："鲁君有民，子奚为乃飡之？"⑧子路怫然怒，攘肱而入，请曰：⑨"夫子疾由之为仁义乎？⑩所学于夫子者，仁义也；仁义者，与天下共其所有而同其利者也。⑪今以由之秩粟而飡民，不可何也？"孔子曰："由之野也！⑫吾以女知之，⑬女徒未及也。⑭女故如是之不知礼也！⑮女之飡之，为爱之也。夫礼，天子爱天下，诸侯爱境内，大夫爱官职，⑯士爱其家。过其所爱曰侵。今鲁君有民而子擅爱之，⑰是子侵也，不亦诬乎？"⑱言未卒，⑲而季孙使者至，让曰：⑳"肥也起民而使之，㉑先生使弟子令徒役而飡之，㉒将夺肥之民耶？"孔子驾而去鲁。㉓以孔子之贤，而季孙非鲁君也，以人臣之资，假人主之术，蚤禁于未形。㉔而子路不得行其私惠，㉕而害不得生，㉖况人主乎？（《韩非子·外储说右上》）

注释

①季孙：指季康子，名肥，春秋末期鲁国执政的卿。②子路：仲由，孔子的弟子。郈（hòu）：春秋时鲁国的城邑，在今山东省东平县境。令：县邑的长官。春秋时鲁国县邑长官称宰，此处用战国时的名称。③以：在。起众：发动民众。为长沟：挖掘一条很长的沟渠。④此：指代开挖沟渠的事。当此之为：即"当为此"，在从事这项工程的时候。⑤秩：俸禄。秩粟：即作为俸禄的粮食。浆饭：稀饭，粥。⑥要（yāo）：邀约。五父之衢：道路名称，在鲁国都城曲阜东南。飡（cān）：同"餐"，使吃。⑦子贡：姓端木，名赐，孔子弟子。覆：倾覆，倒掉。⑧子：您。奚为：为奚，为什么。⑨怫（fú）：忿怒的样子。攘（rǎng）：除去。肱（gōng）：胳膊从肩到肘的部分。攘肱：捋起

袖子，露出胳膊。请：询问。⑩夫子：对孔子的尊称。疾：痛恨，厌憎。由：子路的名。按：在尊长面前自称名，是当时的礼俗。⑪共：一起拥有。⑫野：粗鲁。⑬以：认为。女（rǔ）：通"汝"，你。⑭徒：乃，却。及：达到。⑮故：通"固"，本来。如是：像这样。礼：指规范人与人之间各种关系和行为的一切制度和法则。⑯夫（fú）：那。爱天下：关爱天下的人和物。《诗经·小雅·北山》："溥天之下，莫非王土；率土之滨，莫非王臣。"天下的土地、人等，都是天子的私有财产。境内：指封疆之内的人和物，这些都是诸侯的私有财产。官职：指职位规定的责任和义务，包括由职位获得的俸禄等。⑰擅：擅自，任意。⑱是：这。诬：妄为。⑲卒：结束。⑳让：责备。㉑肥：季康子自称。使：使用。㉒令：指邀集。徒役：服劳役的人。㉓驾：指驾车。去：离开。㉔资：资本，凭借的条件。假：借。按：季康子是臣子，使用君主的权术，所以称为"假"。蚤：通"早"。未形：没有显露。"禁于未形"即在萌芽状态便加以禁绝。㉕私惠：指个人的恩惠。㉖害不得生：危害不能发生。即子路施行个人恩惠，将获得民心，从而威胁到执政的季康子的权威。

译文

季孙做鲁国的相国，子路担任郈邑的长官。鲁国在五月发动民众开挖一条很长的沟渠。在进行这项工程的过程中，子路用自己作为俸禄领到的粮食煮了稀饭，邀集挖沟的人到五父道上食用。孔子听说这件事，派子贡前去把稀饭倒掉，还把盛饭的器具都打烂了，告诉子路："这些民众都是属于鲁国君主的子民，您为什么却给他们饭吃？"子路勃然大怒，把袖子一下捋上去露出整条胳膊，冲进孔子的屋子里，质问道："老师不喜欢我施行仁义吗？我从老师这儿学到的，是仁义；仁义，就是把自己所有的东西与天下人共有，一同分享它的好处。如今我用自己俸禄领到的粮食给民众吃，为什么不可以呢？"孔子说："仲由这般粗野啊！我以为你懂得了其中的道理，你却还没明白。你原来如此不懂得礼！你拿出食物给他们吃，是为爱护他们。按照礼制，天子爱护天下，诸侯爱护自己的封疆之内，大夫关爱自己职位，士关爱自己的家庭。超越自己关爱的范围叫做侵权。现在鲁国君主统治下的民众，你却擅自关爱他们，这是你侵犯君主的权力，不是胡来吗？"话没说完，季孙派来的人就到了，指责道："我发动民众使用他们，您却让弟子去邀集挖沟的人给他们吃饭，是想要跟我争夺民众吗？"孔子赶紧驾车离开了鲁国。以孔子的贤明，而季孙并不是鲁国的君主，只是凭借臣子的身份，却能借用君主的权术，在事态尚未显露就及早予以禁绝。使子路不能施行个人的恩惠，因此危害也就不会发生，何况君主呢？

解说

孔门弟子都是有情怀的人，他们在孔子仁义之学的熏陶下，以爱人济世为人生追求。此次鲁国征用民众开挖长沟，大概是为了防备夏季到来的水患。子路当时担任郈邑令，看到参加工程的人劳作很辛苦，于是满怀一腔爱护民众的热忱，拿出自己的俸禄煮了稀饭，搞了一场很有声势的义粥施舍。在五父道上，大锅一字排开，络绎不绝的民众领了热气腾腾的稀饭，在路边或蹲或站地吃着，感激之情溢于言表；子路一边张罗，一边心满意足地为自己的仁义之举自豪着。正在这时，子贡同学赶来，把一锅锅稀饭掀翻在地，又棍棒横飞，打锅砸碗，同时转达老师的训示：你子路有何资格去慰劳国君的百姓呢？子路一下子惊呆了，不解、委屈、愤怒充塞心头，马上跑到老师家去兴师问罪：我遵从您的教诲，实践您的仁义之道，何错之有？仁义是个啥？不就是不私有自己的财产，而是慷慨地拿出来跟大家分享吗？那么，面对弟子的质疑，孔子如何回答？温文尔雅的孔子为什么派子贡做出如此不近情理的乖张之举？子路究竟错在哪里呢？

孔子首先告诉子路，礼制规定了天下财产的归属，也就意味着相应的权力都有特定的范围和界限。百姓是官家的财产，各有归属，因此不是谁都可以向他们施舍恩惠的。给百姓恩惠，让百姓感恩戴德，这是用物质手段来收买民心，是统治权的核心要素之一，在任何时候都属于君主。假如让臣子有机会给民众恩惠，民心的天平发生倾斜，君主的地位就将受到威胁。如果某国君主暴虐无道，对本国百姓敲骨吸髓，致使百姓挣扎在艰难困苦之中，而别国君主向该国百姓表现出关爱和优恤，民心便向别国君主倾斜。孔子明白这一点，他提出修文德以来远人的政治主张，建议君主努力将本国建设成王道乐土，则别国百姓自然都会愿意前来定居生活，无须动用军力发动战争去争夺人口资源。孔子正因非常清楚民心的特质和对统治者的重要性，所以得知子路的作为后急忙让子贡加以制止。当时孔子及其弟子在鲁国已经形成了一股不容忽视的政治势力，引起了鲁国的权臣季康子的警觉。此次子路向民众施予恩惠的行为更让季康子如坐针毡,马上派人问罪,明确斥责子路之举乃是"夺肥之民"。孔子预料到事态的演变将进一步恶化,只好带领弟子离开鲁国。

3. 人主之患在于信人

原文

叔孙相鲁,贵而主断。① 其所爱者曰竖牛,亦擅用叔孙之令。② 叔孙有子曰壬,竖牛妒而欲杀之,③ 因与壬游于鲁君所,④ 鲁君赐之玉环,⑤ 壬拜受之而不敢佩,使竖牛请之叔孙。⑥ 竖牛欺之曰:⑦ "吾已为尔请之矣,⑧ 使尔佩之。"壬因佩之。竖牛因谓叔孙:"何不见壬于君乎?"⑨ 叔孙曰:"孺子何足见也?"⑩ 竖牛曰:"壬固已数见于君矣,⑪ 君赐之玉环,壬已佩之矣。"叔孙召壬见之,而果佩之,叔孙怒而杀壬。壬兄曰丙,竖牛又妒而欲杀之。叔孙为丙铸钟,⑫ 钟成,丙不敢击,使竖牛请之叔孙。竖牛不为请,又欺之曰:"吾已为尔请之矣,使尔击之。"丙因击之。叔孙闻之,曰:"丙不请而擅击钟。"怒而逐之。丙出走齐。⑬ 居一年,竖牛为谢叔孙,⑭ 叔孙使竖牛召之,又不召而报之曰:⑮ "吾已召之矣,丙怒甚,不肯来。"叔孙大怒,使人杀之。二子已死,叔孙有病,竖牛因独养之而去左右,不内人,⑯ 曰:"叔孙不欲闻人声。"不食而饿杀。⑰ 叔孙已死,竖牛因不发丧也,徙其府库重宝,空之而奔齐。⑱ 夫听所信之言而子父为人僇,⑲ 此不参之患也。⑳ (《韩非子·内储说上·七术》)

注释

①叔孙：指叔孙豹，春秋后期鲁国大夫。当时孟孙、叔孙和季孙三大贵族把持了鲁国的朝政。贵：地位尊贵。主断：执掌国事的决断。②竖牛：叔孙的家政总管。按：叔孙豹之兄叔孙侨如与鲁成公的母亲私通，打算除掉叔孙氏和孟孙氏，叔孙在逃往齐国避难的途中与一妇人发生关系，生一子，即竖牛。擅：擅自，任意。③壬（rèn）：仲壬。按：叔孙豹在齐国娶贵族国氏的女儿为妻，生孟丙和仲壬。④所：处所。此指鲁国国君的宫里。⑤环：扁圆有孔的玉器，中心的孔直径与边宽相等。⑥佩：佩带，通常玉环佩于腰间大带上作为饰物，同时有明德示信的功能。请之叔孙：向叔孙请示这件事。⑦欺：欺骗。⑧为（wèi）：替。尔：你。⑨见（xiàn）壬于君：使壬见君。⑩孺子：小孩子。足：值得，够得上。⑪固：本来。数（shuò）：屡次。⑫钟：乐器，一般供祭祀或宴飨时用。⑬逐：赶走。走：逃跑。⑭谢：道歉。⑮报之：回来报告这事。之，指代奉命召回丙一事。⑯养：养护，照顾。去：使离开，赶走。内（nà）：使进入。后来写成"纳"。⑰食（sì）：给东西吃。饿杀：使之饥饿而死去。⑱发丧（sāng）：人死讣告亲友。徙：搬迁。府库：贮藏财物、兵甲的库房。重宝：贵重的财宝。空：使空。⑲所信：相信的人。为：被。僇：通"戮"，杀死。⑳参：从多方面考察验证。

译文

叔孙豹做鲁国的相，地位显赫，执掌国事的决断。他最宠爱的人叫竖牛，也借着他的威势擅自行事。叔孙有个儿子叫壬，竖牛非常妒忌，想把壬杀掉。于是，竖牛就约仲壬一起到鲁君的宫里去拜访国君，国君赏赐给仲壬一只玉环，仲壬拜谢接受了，可是不敢擅自佩带，就让竖牛帮忙向父亲叔孙请示。竖牛骗他说："我已经替你请示过这事了，你父亲让你尽管佩带好了。"仲壬便高兴地把玉环佩带起来。竖牛于是对叔孙说："何不让仲壬去拜见国君呢？"叔孙说："他还是个小孩子，怎么可以拜见君主呀。"竖牛说："仲壬早就多次拜见过国君啦。国君赏赐给他玉环，仲壬已佩带上了。"叔孙一听，赶紧派人把仲壬叫来，果然看到他佩带着玉环。叔孙大怒，二话不说就把仲壬杀了。仲壬的哥哥叫丙，竖牛又忌妒上了，琢磨着要除掉他。正好叔孙为丙铸造了一口钟，钟铸好后，丙不敢擅自使用，让竖牛向叔孙请示。竖牛故技重施，没有替他请示，骗他说："我已经替你请示过了，让你使用。"于是丙就击钟宴饮。叔孙听到钟声，说："丙不请示就擅自击钟。"一怒之下把丙赶出家门。丙逃往齐国。过了一年，竖牛假装替丙向叔孙谢罪说情，叔孙就派竖牛前往齐国召回丙。竖牛没有去召回丙，却向叔孙报告说："我去召丙了，可他很气愤，不肯回来。"叔孙怒气攻心，马上派人到齐国杀掉了孟丙。两个儿子死后，叔孙生病，竖牛于是独自照料他，把他身边的近侍仆妾统统赶走，不准任何人进入叔孙的屋子，声称："叔孙病中不愿听到人的声音。"不给叔孙东西吃，结果把叔孙活活饿死了。叔孙死后，竖牛也不发丧，把叔孙家库房里的珍宝一件不落全部搬走，带着逃往齐国。叔孙听信自己宠信的人的话，以至父子三人都被害死，这就是不能多方面听取意见并加以验证而造成的祸患。

解说

叔孙豹是春秋时鲁国主政的大夫,提出过人生以立德、立功、立言三不朽的著名论断。他所宠爱的竖牛跟壬和丙同父异母,身份地位却完全不平等。竖牛因自己私生子的身份而自卑,对两个兄弟充满妒忌,怨恨那个虽宠爱自己却给不了自己身份的父亲。这一切应该是这场家庭惨剧发生的根本原因。竖牛使用的手段也不是特别高明,他故意引仲壬去见国君,造成仲壬未经父亲允许私自见君主并接受赏赐的事实,这在当时属于越礼的行为,可怜的仲壬糊里糊涂地被糊里糊涂的父亲杀死了。第二幕剧情稍复杂,大概长子孟丙当时也有些社会地位了,叔孙便替他铸造了钟,让他享受击钟而食的富贵气象。这本是父子相亲的好事,可当时的礼法实在繁复,钟铸好后,需要杀牲把血涂在钟上进行祭祀,需要向父亲请示使用的日期。孟丙也是个小心的人,让竖牛代为请示。竖牛便利用了这一机会。当孟丙被逐出走齐国后,竖牛又导演了说情、用谎言挑拨的一幕,结果,长子又糊里糊涂地被糊里糊涂的父亲杀死了。第三幕便是糊里糊涂的叔孙豹被自己心爱的私生子竖牛给活活饿死了。

韩非对这故事的解说着重在最后一句,君主对任何人的话都不可偏听偏信,需要"众端参观",也就是从各个方面听取不同的意见并加以考察;如果"听有门户",也就是听取意见时专由一人传达,就像住宅的门户一样,那么负责传达的人就拥有了巨大的权力和空间利用这样的机会来实现自己的意图,他可以不传达,也可以传达虚假信息,这样就必然造成君主信息不通畅的弊病。而且韩非反复强调,臣下会利用一切机会谋取自己的私利,这是铁律。所以,他在《备内》篇指出:"人主之患在于信人。信人,则制于人。"君主只要相信别人,就会生出祸患,就会被臣下所利用,自己反而受制于臣下。韩非谆谆告诫为君主者,对任何人都坚决不能相信,包括妻子儿女;因为过分相信妻子儿子,奸臣就会想方设法通过君主的妻子儿女来实现自己的私欲。

"信"字由"人""言"两部分组成。古人相信"人言则无不信者,故从人、言",寄寓了古人多么美好的愿景啊。只是面对权力、财富、欲望、仇恨等等,残酷的现实便演变成"人之患在于信人",这实在是莫大的悲哀。

4. 勤政爱民的燕君子哙亡国记

原文

燕君子哙,①邵公奭之后也;②地方数千里,③持戟数十万;④不安子女之乐,⑤不听钟石之声;⑥内不堙汙池台榭,⑦外不罼弋田猎;⑧又亲操耒耨以修畎亩。⑨子哙之苦身以忧民如此其甚也,⑩虽古之所谓圣王明君者,其勤身而忧世不甚于此矣。⑪然而子哙身死国亡,夺于子之,而天下笑之。此其何故也?不明乎所以任臣也。(《韩非子·说疑》)

注释

①燕君子哙(kuài):即燕王哙,战国时燕国君主。他听信

苏代和潘寿的建议,把国君之位让给大臣子之,引发太子平和将军市被叛乱,齐宣王出兵伐燕,燕王哙、子之被杀,燕人共立太子平,即燕昭王。②邵公奭(shì):周文王庶子,原本的食邑在召(在今陕西省岐山西南);武王伐灭商纣后,封于燕。成王时为三公之一,去世后谥号为康。③方数千里:是数千里见方的意思,即每边的长是数千里。按:战国时燕国的范围包括今河北省北部和山西省、内蒙古自治区、辽宁省部分地区。④戟(jǐ):一种长柄兵器,合戈、矛为一体,可以直刺和横击。持戟:指战士。⑤安:以为安乐,觉得舒适。子女:年轻的美女。⑥石:指磬(qìng),石或玉制成的乐器。钟石:指乐器。⑦堙(yān):堵塞;在此句中可能是衍文。汙:不流动的水。汙(wū)池:人工开挖的池塘。台:高台。按:古代的宫殿建筑一般都建造在夯土台基上;夯土高台亦用于登高观望。榭(xiè):在高台上构筑的敞屋,多用于游观。⑧罼(bì):字本作"毕(畢)",是一种带长柄的网,用以捕捉鸟兔等禽兽。弋(yì):射鸟用的带丝绳的箭。罼弋:捕捉禽兽。田猎:打猎。按:"田"主要指大规模的围猎,在这个意义上后来写作"畋"。⑨耒(lěi):用于耕地的农具。耨(nòu):用来锄草的农具。畎(quǎn):农田里的小沟。亩:田垄。畎亩:农田。⑩苦:使劳苦。忧民:关心民众疾苦。⑪勤身:劳苦其身,指致力于工作以致身体劳苦。忧世:为时世而忧虑。

译文

燕国的君主子哙是邵公奭的后代,统治的国土达数千里见方,拥有几十万的军队。他不沉溺于美女和音乐带来的感官享乐，不在宫里建造池塘楼台，也不到郊外跑马狩猎；并且亲自拿着耒耨等农具到农田里劳作。子哙如此亲身操劳吃苦，真诚地关心民众疾苦，即使是古代那些公认的圣贤英明的君王，在勤政爱民、心系社稷方面，也不会比他做得更到位了。然而子哙自己死于非命，燕国被齐国攻破，国君的大位被子之夺走，天下人都把他视为笑柄。这究竟是什么缘故呢？就是不懂得任用和驾驭臣子的方法。

解说

单就燕王哙的所作所为来说，必须承认他是一位勤政爱民的好君主。他以古代的圣王贤君作为自己仿效的榜样，努力向他们看齐。比如，圣明的君王都重用贤才，他便放心地把国政交给他认为贤能的子之；潘寿告诉他，尧之所以能成为古代的圣王，不过是虚意要把天子之位让给许由，尧也明知许由不会接受，于是就有了皆大欢喜的结局：尧得了让位的美名，又没失去天子之位。在潘寿和苏代等人的导演下，燕王哙居然真的就搞了一幕让位的闹剧，而子之也不客气地把燕国的政权收入囊中。几个宵小之徒把燕王哙忽悠成了贤名远扬的傀儡君主。

在韩非心目中，究竟怎样算是合格的君主？或者说，韩非认为理想的君主应该具备怎样的素质呢？在《韩非子》一书中，"君""王""主"等词语前面出现的修饰语不多，其中最常用的是"明"；明，就是明白，明白的人不一定特别聪明，但是头脑应该清楚，善于观察和分析，考虑问题有条理，合乎逻辑。所谓明君、明主，就是对做君主的道理和原则、对天下大势、对本国政局，都非常清楚，"明于圣人之术"；能够"明法令""明公道",做到"诛赏明(赏刑明)";对臣下特别是身边的人,都能"明察",做到"知下明";一定要"明于公私之分",做到"公私明"。关于明君之道,韩非还有许多具体的论述,由他的论述可以确定,韩非认为君主最重要的条件是明白。倘若君主"失明",成为"不明之君""乱君""昏乱之君""暴君乱主",最终的结局可能就是"劫杀死亡之君"。

5. 韩宣王的叹息

原文

客有说韩宣王,①宣王说而太息。②左右引王之说之以先告客以为德。③(《韩非子·外储说右上》)

注释

①说(shuì):游说,向人陈述自己的主张并使对方听从。韩宣王:即韩宣惠王,战国时韩国的君主。②说(yuè):喜悦。这个意义后来写作"悦"。太息:大声长叹,这里表示愉悦和赞叹。③引:拿。说之:喜欢宾客的言论。德:恩惠。

译文

有一位宾客游说韩宣王,(宾客走后)宣王(回味他的言论)满心欢喜,赞叹不已。宣王身边的臣子见到宣王如此喜欢宾客的言论,便抢先拿这件事去告诉那位宾客,以此作为对他的恩惠。

解说

韩宣王内心的喜悦通过一声长叹表露出来，却没有想到近臣会拿这声长叹去市恩。君主所处的特定位置，决定了他是一个社会全部利害关系的核心，他的任何一种表现都是很有价值的信息，会被人充分利用。比如宣王身边的人把宣王欣赏的态度透露给宾客，宾客一方面要感恩通报信息的人，日后一旦得到重用必然有所回报；另一方面他由此明白下一步如何针对宣王的心理展开游说活动，最终达成自己的目标。所以韩非感慨道："好恶见则下有因，而人主惑矣。"（《韩非子·外储说右上》）君主只要将自己内心的活动表露出来，臣下就把握了揣摩和迎合君主心理的依据，君主便可能受到迷惑。

在人与人的交往中，善于察言观色的一方因为能够把握对方的心理活动，于是可以掌握主动，使对方愉快地接受自己的观点。这种通过细微的信号敏锐地识别他人情绪、感受他人的需求和欲望的能力，是处理好人际关系的重要条件。君主身边的人在这方面通常都是高手，他们凭借这一技能获得君主的欢心，同时也以此为自己谋取私利。韩非告诫君主必须非常在意自己的言行，务必做到"明主之言隔塞而不通，周密而不见"（君主的任何言语都要绝对保密，一举一动都要严密到不流露内心的想法）；否则就不免"喜见则德偿，怒见则威分"（君主的喜悦被人捕捉到，就一定有人窃取君主的恩德；君主的怒恨表现出来，就一定有人加以利用从而分散君主的威权。以上见《韩非子·八经》）。既然如此，君主最标准的表情应该是无情无欲的面瘫形象。

6. 吃禾苗的小黄牛

原文

韩昭侯使骑于县。①使者报,②昭侯问曰:"何见也?"③对曰:"无所见也。"昭侯曰:"虽然,④何见?"曰:"南门之外,有黄犊食苗道左者。"⑤昭侯谓使者:"毋敢泄吾所问于女。"⑥乃下令曰:"当苗时,禁牛马入人田中固有令。⑦而吏不以为事,⑧牛马甚多入人田中。亟举其数上之;⑨不得,将重其罪。"⑩于是三乡举而上之。⑪昭侯曰:"未尽也。"复往审之,⑫乃得南门之外黄犊。吏以昭侯为明察,皆悚惧其所而不敢为非。⑬(《韩非子·内储说上·七术》)

注释

①韩昭侯:战国时韩国的君主,约公元前359年至前333年在位。他用申不害为相,实行法术,国势强盛。使:派遣。骑(jì):指骑马出行的人。县:战国时期有的诸侯国灭掉别的国家后,经常直接改置为县;也有卿大夫被废,其封邑改置为县的情况。县本是悬的意思,用来表示郡县是因为县远离国都,并且由国君直接管理,仿佛悬吊的物品。②报:回来报告,回复。③何见:见何,看到什么。④虽然:虽然这样。然:这样,指代"无所见"的情形。被派出的人说没看到特别的事情,昭

侯的意思则是让他随便说说所见所闻。⑤犊：小牛。道左：道路左边。南门外道左是指路东。⑥毋（wú）：不要，表示禁止。敢：加强禁戒的语气。女（rǔ）：通"汝"，你。⑦苗：谷类作物还在青苗期，尚未抽穗开花。固：本来。⑧吏：官员。⑨亟（jí）：立即，赶快。举：全部统计。上：上报。⑩重：使重，加重。⑪乡（鄉，xiàng）：方向。这个意义也可写作"向（嚮）"。三乡：三个方向，这里指城外东、西、北三门外的田地。⑫审：细查。⑬明察：看问题细致明白，不受蒙蔽。悚（sǒng）惧：恐惧。所：处所，位置。这里指所居的官位。非：指违法的事情。

译文

韩昭侯派人骑马到下面的县里巡视。派出的人回来复命，昭侯问道："你都看到些什么呀？"那人说："没看到什么。"昭侯说："虽然这样，看到了什么？"使者说："南门外有小黄牛在大路左边吃庄稼苗。"昭侯对被派出的人说："不准把我问你的话泄露出去。"于是下令说："当禾苗生长的时候，严禁牛马进入别人的田里，本有法令，可官员们不把这当回事，结果牛马有很多跑到别人的田中。赶快把牛马进入农田的数目调查统计好报上来，要是找不到，我将加重你们的罪过。"于是都城外东、西、北三个方向的调查结果都呈报上来了。昭侯说："还有没查到的。"于是官员们又去仔细寻查，这才发现了南门外的小黄牛。官员们都觉得昭侯能明察秋毫，所以都胆战心惊、小心翼翼地对待自己的职责，不敢为非作歹。

解说

专制统治下君王坐稳位置有两大法宝，一是在民众心目中的造神运动，二是在群臣心目中要有足够的威慑力。这两方面都需要技巧。比如，通过舆论工具，在民众中散布一些似是而非的传说，让民众形成普遍的认知：君王确实不是一般人，目光如炬，铁嘴铜牙，神机妙算，过目不忘，无所不能，无所不精，甚至手格猛虎、入海屠龙也不在话下。老百姓通常对这样的神话传说有兴趣，茶余饭后作为谈资，说多了也就信以为真了。至于群臣，跟君主有密切的接触，对这样的神话就很难轻易相信，所以需要采用别的手法，比如这则故事中，官员们不一定相信君主长了千里眼、顺风耳，但是他们会由这件具体的事情联想到，君主可能有眼线安插在自己身边，所以内心自然多了几分警惕戒备。

由于韩非把君主摆在跟整个官僚集团和普通民众对立的位置上思考问题，所以需要为君主设计出防止被蒙蔽的各种策略。他也知道君主就是普通人，不具备神功异能，所以说："人主者，非目若离娄乃为明也，非耳若师旷乃为聪也。"在这样的前提下，要想"不弊"（不被蒙蔽）、"不欺"（不被欺骗），就必须"使天下不得不为己视，天下不得不为己听"。只是要掌握神鬼莫测的"道术"，并不是一件容易的事情；韩非心目中的用术大师韩昭侯用的手法，在真正的奸臣眼里也太小儿科了，因为奸臣也有大把的机会在君主身边安排眼线。君主以"孤寡"之身，应付一个庞大的集团，又哪里有什么万全之策呢？由于整个体制建立在利益基础上，谁得到位置谁就可以享受权力带来的无上富贵，君主的位置谁都可以取而代之，这样的体制下，又怎能避免相互残杀、血雨腥风的循环呢？

7. 韩昭侯的破裤子

原文

韩昭侯使人藏弊袴。①侍者曰："君亦不仁矣，②弊袴不以赐左右而藏之。"昭侯曰："非子之所知也。吾闻明主之爱一颦一笑，③颦有为颦，④而笑有为笑。今夫袴，岂特颦笑哉？⑤袴之与颦笑相去远矣，⑥吾必待有功者，故收藏之未有予也。"（《韩非子·内储说上·七术》）

注释

①弊：破，破败。袴：同"裤"，也写作"绔"，《说文》："绔，胫衣也。"战国时人上着衣、下穿裳（下半身穿的裙装，长度一般及膝），或穿长服；为御寒和跪坐护膝之需，就在双腿上分别套上套裤，套裤的上端长至膝盖以上，再用带子系在腰部。到汉代以后，满裆的裤子逐渐流行开。②不仁：不仁厚。〔日〕太田方《韩非子翼毳（cuì）》以为不仁是吝于财。仁者博施济众，所以吝于财为不仁。③爱：吝惜，这里指不轻易做某事。颦（pín）：通"颦"，皱眉，是忧虑、不悦的表情。④为（wèi）：为了，表示目的。⑤夫（fú）：那。岂：表反问语气的副词，相当于"哪里"。特：只是，仅仅。⑥相去：相距，

相差。

译文

韩昭侯让人把自己不穿的破套裤收藏起来,他身边的随从说:"君主也太不仁厚了,穿破了的套裤不拿来赏赐给身边的人,却要收藏起来。"昭侯说:"这不是你能明白的道理。我听说,英明的君主连皱一下眉头、笑一笑都不会轻易表露出来,皱眉有皱眉的目的,笑有笑的目的。如今那条破套裤,何止是皱一下眉、笑一笑那样的事呢?套裤跟皱一下眉、笑一笑的作用相差太大了,我一定要等有功的人(才把它赏出去),所以把它收藏起来,而没有给人。"

解说

一条破套裤,假如韩昭王随手送给手下人,对得到套裤的人来说,绝不仅仅意味着可以废物利用,他或许因此对君主感恩戴德,从此更加忠诚卖力;更有可能会把这条破套裤作为君主对他有特殊恩宠的凭证,向所有认识的人炫耀;他在众人心目中的地位也可能发生微妙的变化,众人因此会以仰视的眼光看待他。这就是在专制体制下,至高无上的权力所具有的魔性和威力。韩昭侯参悟了这其中的奥妙,于是把破套裤收藏起来。韩非用这个故事说明"赏誉薄而谩者下不用也,赏誉厚而信者下轻死"的道理(如果奖赏和表彰微薄而且不能兑现,臣民就不肯卖力;奖赏和表彰厚重,又能守信用,臣民就会轻视死亡,愿意为君主献出生命)。由君主手里送出的东西都带有赏赐的性质,依照法律,有功才能得赏,君主不经意中送人东西，等同于无功而赏，也就对规矩造成了事实上的破坏。

这则故事中还有更令人深思的地方。由于君主的一举一动、一句话一个表情有如此神奇的效用，所以韩非谆谆告诫君主，务必抓住一个要点：用神秘的面纱将自己笼罩起来。君主越是神秘莫测，臣民就越战战兢兢。这样说来，做君主并不意味着可以为所欲为，而是需要高度克制和自律，连皱一下眉、笑一笑都须非常注意。可在谈到用人问题时，韩非又很喜欢举齐桓公的例子，说桓公用对了管仲，因而可以纵情声色犬马，照样称霸诸侯。由此可以看出韩非苦心积虑地为君主设计出的各种人治方案，不仅会让君主痛苦不堪，人格分裂，韩非自己在论证过程中也存在难以克服的逻辑障碍。

8. 请不要爱我

原文

秦昭王有病，①百姓里买牛而家为王祷。②公孙述出见之，③入贺王，曰："百姓乃皆里买牛为王祷。"④王使人问之，果有之。王曰："訾之人二甲。⑤夫非令而擅祷，⑥是爱寡人也。夫爱寡人，寡人亦且改法而心与之相循者，⑦是法不立；⑧法不立，乱亡之道也。不如人罚二甲而复与为治。"（《韩非子·外储说右下》）

注释

①秦昭王：战国时秦国君主，用范雎为相，白起为将，国势强盛。在位五十六年，卒谥昭襄。②里：聚居区。古代又作为居民组织单位，时地不同，户数多少不一。大致说来，以二十五家或五十家为一里。买牛：指买牛宰杀作为祭品用以祭神。祷：祭祀神灵求福消灾，这里指求神保佑昭襄王痊愈。③公孙述：昭襄王的近侍。④乃：竟然。⑤訾：通"赀"（zī），较轻微地处罚，被罚者可以用财物赎罪。甲：战甲，用金属或皮革制成，作战时用以护身。⑥非令：不是出于上面的命令。⑦且：将。改法：改变法令。徇：顺着。按："改"是舍弃原有的、一切重新开始。"改法"是废掉原有的法令，另行制定新的法令。既然百姓爱戴昭襄王，因此不忍对他们再用现有法令，于是需要改变法令，从而在情感上和百姓之间建立起互爱相依的关系。⑧法不立：法制不能确立。即无法正常实施法令，因而导致法令形同虚设。

译文

秦昭襄王生病，百姓们每一里都凑钱买牛祭神，各家都为昭襄王祈祷。公孙述出宫看到这种情形，入宫向昭襄王表示庆贺，说："百姓竟然每个乡里都买了牛替大王祭神祈祷。"昭襄王派人去调查，果然有这种事情。昭襄王说："罚他们每人出两套战甲。没有命令就擅自为我祈祷，这是爱戴我。他们爱戴我，我也将改变法令，心里和他们相互爱怜依顺，这样法令就无法确立。法令无法确立，是国家混乱灭亡的做法。不如罚他们每人两套战甲,重新跟他们搞好国家的治理。"

解说

韩非从这个故事得到的启示是:"治强生于法,弱乱生于阿。君明于此,则正赏罚而非仁下也。爵禄生于功,诛罚生于罪。臣明于此,则尽死力而非忠君也。"意思是说,国家的安定和强大是由于守法,衰弱和动乱是由于偏私;君主明白这个道理,就要严格依照法律办事,而不能对臣民讲仁爱。臣民的爵位和俸禄是来自为国家所立的功劳,而受到惩罚是由于犯罪;臣民明白这个道理,就要竭尽死力去立功,而不是对君主个人效忠心。秦昭襄王正是这样一位重视并厉行法治的君主,他担心跟百姓之间有了相互亲近爱怜的感情,将影响到法令的实施,所以做出了让当时的臣民们大惑不解的举措。

秦昭襄王的做法不近人情、不合常理,却完全符合韩非殚精竭虑地为君主设计的形象。韩非反复论述的主题是,君主应该如何做才能保全自己,在此前提下治理好国家,进而实现雄霸天下的目标。在他的理念中,君主必须以神秘莫测的鬼神形象存在,因此其行为模式需深居简出,灭绝七情六欲,与任何人接触都要面沉如水,不动声色;必要的时候要动雷霆之怒,一定令臣民惊恐震怖。这让人想起宋学倡导的"存天理,灭人欲"。然而,掌握了权力的人拥有了人世间最强大的力量,可以生杀予夺,肆意胡作非为,放纵和满足个人的各种欲望。不受制约的权力使人疯狂,这同样是正常的人性。

韩非看到了权力的威力和复杂性,明白权力为最大限度地释放人性中全部的恶提供了一切保障,君主如果没有力量掌控好自己,将如脱缰的野马一般,不仅将自己置于险境,更可能拖着整个国家奔向万丈悬崖。他希望能够汲取历史上如夏桀、商纣等身死国亡的教训,苦口婆心地劝君主要正确使用手里的资源,不能随心所欲地挥霍;应该用财富厚赏,用权力严罚,从而长久保持自己的地位和权力。他又从老子思想中借鉴"道"的特质和形象,作为君主地位合法性的理论依据;同时清静无欲也是君主维护自己权力的重要的法术。韩非的思路在某种程度上也是对君主无限权力的一种约束,只是这种约束仅仅是理论上的,需要基于君主深刻的反省能力和强大的自制力。君主面对现实中享受权力快感的诱惑,去考虑家族的长远利益,那是一种何等巨大的纠结和煎熬啊!通览史书,历朝历代的皇帝心理正常的似乎很稀少,不少皇帝的言行举止令人怀疑其精神是否正常,恐怕跟上面所说的内心的纠结和煎熬不无关系吧?

9. 英明的君主无爱

原文

魏惠王谓卜皮曰:"子闻寡人之声闻亦何如焉?"① 对曰:"臣闻王之慈惠也。"② 王欣然喜曰:"然则功且安至?"③ 对曰:"王之功至于亡。"王曰:"慈惠,行善也。行之而亡,何也?"卜皮对曰:"夫慈者不忍,④ 而惠者好与也。不忍则不诛有过,好予则不待有功而赏。有过不罪,无功受赏,虽亡,不亦可乎?"(《韩非子·内储说上·七术》)

注释

①魏惠王,即梁惠王。名䓨。战国时魏国君。魏武侯之子。声闻:名声,声誉。②慈惠:慈是内心充满仁爱;惠是因爱怜而予以关怀照顾。《孟子·滕文公上》:"分人以财谓之惠。"③且:将。安至:达到什么地步。④忍:狠心。汉代贾谊《新书·道术》:"恻隐怜人谓之慈,反慈谓之忍。"

译文

魏惠王对卜皮说:"你听到我的声誉是怎样的?"卜皮回答说:"我听到大家都说大王慈爱仁惠。"惠王喜不自禁地说:"这样啊,那我的功业会达到怎样的高度呢?"卜皮回答说:"大王的功业将达到灭亡的地步。"惠王困惑地说:"慈爱仁惠是做好事呀,做好事却要灭亡,这是什么道理?"卜皮回答说:"慈爱意味着狠不下心,仁惠意味着喜欢随意施舍。狠不下心就不愿诛戮有罪的人;喜欢施舍就会不等有功就赏赐。有过失而不加罪,没有功劳而受到赏赐,即使灭亡,不也是应当的吗?"

解说

魏惠王就是梁惠王,孟子曾多次向他阐述仁政思想。他虽然最终没有接受孟子的主张,全面实行仁政,不过可能多少还是受到孟子的熏陶,因而有了慈惠之名。他死后的谥号"惠",按照《逸周书·谥法解》:"柔质慈民曰惠;爱民好与曰惠。"可以看出这位惠王的性格特点和施政风格。卜皮一针见血地指出:惠王作为君主,心肠太软是致命的缺陷;没有残忍的性格和手腕，不仅无法成就伟大的功业，而且极有可能在残酷的权力斗争中被篡位，甚至性命不保。在臣民没有献出事功之前就行赏，无论是哀怜贫困、体恤老弱、救济灾民，还是赐予喜爱的臣下，都是破坏法制的行为，必将导致国家秩序的混乱。

　　韩非主张，英明的君主须"绝爱道"。他的逻辑是：父母对于子女，生男孩就欢天喜地地庆贺，生女孩就弄死，同样是亲生的孩子却有如此不同的反应，完全是出于经济利益的考虑。既然骨肉之间都是"用计算之心以相待"，怎能要求君臣关系建立在感情基础上呢？如此说来，那些要求君主"去求利之心，出相爱之道"，实际上是要求"人主之过父母之亲"，简直就是不通事理的假话空话。所以，治国的关键在于君主能做到赏罚严明无私，那么不必要求臣民的忠心，只要官吏尽心守职，民众尽心效力，国家就会富强，霸王大业就有希望成就。因此，"君不仁，臣不忠"，就完全可以实现国家的长治久安。

10. 韩昭侯的小把戏

原文

　　韩昭侯握爪，①而佯亡一爪，②求之甚急。左右因割其爪而效之。③昭侯以此察左右之诚不。④（《韩非子·内储说上·七术》）

注释

　　①握：紧攥起来。爪（zhǎo）：手指甲。②佯（yáng）：假

装。亡：丢失。③割：用刀割。效：奉献。④以此：因此。察：考察。不（fǒu）：否。

译文

韩昭侯把自己的手指甲紧攥起来，假装丢失了一个手指甲，非常急切地要找到那个手指甲。昭侯身边的近臣就把自己的手指甲割下来奉献给昭侯。昭侯以此考察身边的近臣是否诚实。

解说

韩昭侯任用法术大师申不害为相，在申不害的指导下，昭侯成长为历史上擅长用术的一代明君。这次昭侯为考察近臣哪些诚实哪些奸诈，导演了一出戏。他身边的臣子多数人明明知道君主在演戏，可是还都要揣着明白装糊涂，一起配合演戏。说起来，这场戏里臣下的戏份实在是有难度的：首先，不能当面拆穿把戏（除非是全无官场历练的人，可能会请昭侯伸出手来给大家看究竟哪个手指丢了指甲）；其次，要揣度清楚君主作这场戏的真实目的，是考察自己的办事能力，还是考验自己是否忠心？猜不透君主的真实想法，有人会表面假装替君主着急却采取静观的策略，有人会假意四下寻找。当然，也有人会相信君主确实丢了指甲，就贸然割下自己的手指甲，当做君主丢失的指甲献上去，结果可能有不止一个指甲被奉献出来。只有实心眼儿的人既相信君主丢了指甲，又奇怪君主要找这丢失的指甲干什么呢？难不成还能再装到手指上吗？于是茫然无措不知该怎么办。面对臣下形形色色的表现，昭侯心里在想什么？他会如何评价和处置这些臣子？

11. 无所逃隐的君心

原文

薛公相齐,①齐威王夫人死,②中有十孺子皆贵于王,③薛公欲知王所欲立,而请置一人以为夫人,④王听之,则是说行于王,⑤而重于置夫人也;王不听,是说不行,而轻于置夫人也。⑥欲先知王之所欲置以劝王置之,于是为十玉珥而美其一而献之。⑦王以赋十孺子。⑧明日坐,视美珥之所在而劝王以为夫人。(《韩非子·外储说右上》)

注释

①薛公:靖郭君田婴的封地是薛,故称薛公。②齐威王:战国时齐国君。田氏,名因齐,一作婴齐。夫人:诸侯的正妻称夫人。③孺子:姬妾。贵:以为贵,宠爱。④置:设立。⑤听:听从,采纳。说:言论,主张。⑥轻:轻视。⑦玉珥:用珠玉做的耳饰。美:使精美。⑧赋:给与。

译文

薛公田婴担任齐国的相国。齐威王的夫人去世,宫中有十名姬妾都比较受威王宠爱。薛公很想知道威王想立其中哪位继位做夫人。他谋划着主动向威王请求立一位姬妾为夫人,(可是这要担一定的风险,因为)如果威王采纳了他的提议,那么他就将因立夫人一事而使自己的地位更重要；反之，假如威王不听从他的建议，那么他就将因此事而被威王看轻。他想要预先了解威王最想立的人选再去劝威王立她做夫人，于是就准备好了十副玉耳饰，并把其中的一副制作得特别精美，然后奉献给威王。威王把这十副玉耳饰分别赏赐给十位姬妾。第二天，薛公前往王宫陪侍威王时，观察那副精美的耳饰戴在哪位姬妾的耳上，便劝说威王立她为夫人。

解说

政客通常具有超常的洞悉人性的能力，田婴便是一名典型的政客。他要利用立夫人的机会加重自己在威王心目中的砝码，同时也可以在群臣中展示自己的权势地位；从长远看，被立为夫人的那位姬妾从此也会在情感上倾向于田婴，或许就将是他在政治上有力的佐助。对于如此重大的图谋，他自然作了相当周密的算计，包括失败的可能性以及由此带来的后果。最终他的方案竟然是十副小小的玉制耳饰！他认定这十位姬妾虽然表面上都受威王宠爱，但是其中必有一位最得威王欢心；因而要测试这十位姬妾在威王内心深处的分量，用十副耳饰中那副特别精美的耳饰就足够了。可怜的齐威王也曾是"不飞则已，一飞冲天；不鸣则已，一鸣惊人"的一代雄主呢，可他全部的心理活动，在田婴的算计里竟然无处逃隐。

如此新奇而轻巧的手段，实际是田婴结合他对人性深刻透辟的把握和对局势全面的分析而设计出来的。本来，君主不过是活生生的人，有普通人通常会有的优点和缺点；因其特定的身份地位，君主可以在民众那里神秘而尊崇，享有高高在上的威严;但在朝夕相处的群臣眼里,他不过就是有七情六欲的肉身凡胎。群臣口中称颂圣明高呼万岁的时候,或许心里视君主如猴戏中的角色而已。

12. 不受蒙蔽的权术

原文

卫嗣君重如耳,①爱世姬,而恐其皆因其爱重以壅己也。②乃贵薄疑以敌如耳,③尊魏姬以耦世姬,④曰:"以是相参也。"⑤嗣君知欲无壅,⑥而未得其术也。夫不使贱议贵,⑦下必坐上,⑧而必待势重之钧也,⑨而后敢相议,则是益树壅塞之臣也。⑩嗣君之壅乃始。⑪(《韩非子·内储说上·七术》)

注释

①重:以为重,器重,看重。如耳:战国时魏国人,在卫国做官。②因:凭借。壅(yōng):壅塞,蒙蔽。③贵:使贵,提高其身份。敌:使匹敌,使相当。④尊:使尊贵,提高其地位。耦(ǒu):配对,并列。⑤以是:用这种方法,用这种措施。参(cān):对事物进行比较分析,交互验证。相参:指通过对薄疑和如耳、魏姬与世姬的话比较验证,获得真实的信息,从而不被蒙蔽。⑥无:不要。⑦夫(fú):那。贱:指地位低贱的人。议:非议,指对事情的是非得失作出分析批评。贵:指地位高贵的人。不使贱议贵:指国君不能做到使上下互相监督。

⑧坐：治罪，受处罚。下必坐上：下属一定与上级同罪连坐，指上级犯罪，下级知情不报，则以与上级相同的罪行加以处罚。⑨势重：权力地位。钧：均匀，均等。⑩益：副词，更加。树：树立。壅塞之臣：蒙蔽君主的臣子。⑪乃：然后，才。

译文

卫嗣君非常器重如耳，特别宠爱世姬，担心他们凭借受到宠爱、器重来蒙蔽自己，于是提高薄疑的地位，从而使他跟如耳相匹敌；尊宠魏姬，使她与世姬地位相当，并说："用这种方法来比较验证。"嗣君知道不要受到蒙蔽，可没有掌握不受蒙蔽的方法。不允许地位低贱的人议论地位高贵的人，不使下属一定与上级同罪连坐，而一定要等双方权势均等，然后才敢互相议论，那么这等于是在培植更多的蒙蔽君主的臣子。嗣君被蒙蔽从此开始了。

解说

参，在《韩非子》一书中通常表示考察验证的意思。韩非也用"参伍""参验""参观"等术语，都是表示用事实多方面地比较分析、交互检验。在听言方面，韩非告诫君主必须防止"听有门户"的现象，即不能专听一人，偏听偏信，而应该在听取多方面意见的前提下，对各种信息综合分析，参照比较，从而去伪存真，得到真实的信息。这是君主运用权术的重要内容。卫嗣君似乎懂得用术，所以对他器重的大臣和宠爱的妻妾，都要设置一名地位和权势相匹敌的人；他以为如此便可以听到不同的意见，自己就可以不受蒙蔽。韩非否定了这种用术的思路。

他指出，用术的前提是在法律上保障"使贱得议贵""下必坐上"；这样君主能够最广泛地听到各种不同的声音，才能形成正确的判断。若是做不到这一点，而预先设定议政需要的资格，否则便是妄议，那么实质上依然是听有门户。

嗣公的问题在于没有抓住用术的要害，错误地认为所谓君主不能偏听一人，仅仅是指不能偏听某位自己所宠信重用的大臣，因此设定如果有两位宠信重用的大臣，就可以避免偏听的发生。他没想到假如这两位大臣相互勾结，共同蒙蔽君主，他又该如何呢？由此可见，嗣公的主要问题是小，小聪明、小手段层出不穷，却缺乏大的政治智慧，结果又重法、又用术，使劲儿折腾半天，还是找不到及时、准确地了解信息的办法，卫国在他的折腾下也是日益衰败了。看来嗣公颇有些东施效颦的可笑。可实际上在人治的体系中，靠权术解决君主不被下属蒙蔽的难题，需要高难度的技术，历代君主能比嗣公做得更好的，又有几人呢？

13. 没有底儿的玉卮

原文

堂溪公谓昭侯曰："今有千金之玉卮，[①] 通而无当，[②] 可以盛水乎？"昭侯曰："不可。""有瓦器而不漏，[③] 可以盛酒乎？"昭侯曰："可。"对曰："夫瓦器，至贱也，不漏，可以盛酒。虽有千金之玉卮，至贵而无当，漏，不可盛水，则人孰注浆哉？[④] 今为人之主而漏其群臣之语,是犹无当之玉卮也。⑤虽有圣智,莫尽其术,为其漏也。"昭侯曰:"然。"昭侯闻堂溪公之言,自此之后,欲发天下之大事,⑥未尝不独寝,⑦恐梦言而使人知其谋也。⑧(《韩非子·外储说右上》)

注释

①卮(zhī):一种圆形酒器。②通:贯通。当(dàng):器皿的底部。③瓦:泥土烧制的器皿。《说文》:"瓦,土器已烧之总名。"④孰:谁,哪一个。注:灌注,倒入。浆:一种带酸味的饮品。⑤犹:犹如,好比。⑥发:发动。⑦未尝:没有不是。独寝:单独一人睡觉。⑧梦言:梦里说话,即说梦话。

译文

堂溪公对韩昭侯说:"现在有一只价值千金的玉杯,没有底儿,上下贯通,可以用来盛水吗?"昭侯说:"不能。"堂溪公又问:"有一只陶制的器皿,有底不会漏水,可以用来盛酒吗?"昭侯说:"可以。"堂溪公说:"陶制的器皿极便宜,有底不会漏水的话就可以用来盛酒。玉杯虽然价值千金,极贵重,可是没有底儿,不能盛水,人们谁会往里面倒饮品呢?现在作为君主而泄漏群臣的言论,这就像没有底儿的玉杯。即使有聪明睿智的人,也不会把自己的道术全部贡献出来,就是因为会被泄漏出去。"昭侯说:"太对了。"昭侯听了堂溪公的这番话后,从此每当要对天下采取重大的行动,都是自己单独睡觉,唯恐说梦话而让人知道了他的谋划。

解说

这则故事说的是作为君主,首先在为人上要矜持,不能随意把臣子的进言泄漏出去,否则臣子就不敢轻易把自己的所见所闻、所思所想告诉君主。这是韩非关于"术"的理论的重要内容。在"经"的部分韩非解说道:"辞言通则臣难言,而主不神矣。""堂溪公知术,故问玉卮;昭侯能术,故以听独寝。"

君主要监管庞大的官僚体系,一对耳朵一双眼睛,无论如何是不够用的,所以韩非强调一定要建立起"使天下不得不为己视,天下不得不为己听"的制度,从而达到"身在深宫之中而明照四海之内,而天下弗能蔽弗能欺"的效果。要实现这样的目标,说白了,就要让官员之间相互监督、相互告发;让官员之间形成有效的制衡关系,从而无法朋党勾结,这对君主来说是最为有利的,君主只需要高高在上地做好仲裁者的角色就足够了。不过,假如君主居然是个喜欢传话的大嘴巴,那么上面的一切设想就都将失去效用。韩非认为这样的君主只配当个亡国之君:"浅薄而易见,漏泄而无藏,不能周密,而通群臣之语者,可亡也。"

韩昭侯是战国时期韩国比较有作为的一代明君,他任用申不害为相,国内大治,诸侯不敢侵伐。循名责实以驾驭臣下的一套"术"正是申不害提出的。按理说,昭侯应该精通治术;可他对堂溪公的谈话没有从驭臣之术来理解,而只是抓住保密这一点;他执行起来也有些过度:担心自己日有所思、夜有所梦,梦里呓语也有泄漏机密的风险,以至夜里睡眠都要把妻妾都赶走。昭侯可能以为这样做就不会成为"无当"之玉卮了,但这似乎并非堂溪公比喻的本意。

14. 南门外的牛粪与权术

原文

商太宰使少庶子之市,①顾反而问之曰:②"何见于市?"③对曰:"无见也。"太宰曰:"虽然,④何见也?"对曰:"市南门之外甚众牛车,仅可以行耳。"⑤太宰因诫使者:⑥"无敢告人吾所问于女。"⑦因召市吏而诮之曰:⑧"市门之外何多牛屎?"市吏甚怪太宰知之疾也,⑨乃悚惧其所也。⑩(《韩非子·内储说上·七术》)

注释

①商太宰:宋国太宰。宋国是商纣王的庶兄微子启的封国,所以宋又称商。太宰:宋国官名,相当于别国的相。少(shào)庶子:年轻的家臣。之:往。②顾:返回。反:后来写作"返"。③何见:见何,看见什么。④虽然:尽管如此。⑤仅:只,不过。⑥诫:告诫。使者:派出的那人,即少庶子。⑦无:通"毋",表禁止的否定词。"无敢"相当于"不许"。女(rǔ):通"汝",你。⑧市吏:管理市场的官吏。诮(qiào):责备。⑨怪:对……感到奇怪。疾:快,迅速。⑩悚(sǒng)惧:戒惧,即又害怕又小心。所:地方,这里指职守。

译文

宋国的太宰派一位年轻的家臣到市场上去办事。家臣回来后,太宰问他:"你在市场上看到些什么事情?"家臣说:"没看见什么呀。"太宰说:"尽管如此,看到什么了?(都可以说说。)"家臣回答说:"市场南门外有很多牛车,勉强可以通行。"太宰就叮嘱家臣:"我问你的话不许告诉别人!"于是太宰把管理市场的官吏叫来,责备他说:"市场大门外面为什么有那么多牛粪?"市吏非常奇怪太宰怎么会知道得如此迅速,因而惶恐小心地对待自己的职守。

解说

君主怎样才能有效地防止臣下营私舞弊、偷奸耍滑之类的行为呢?韩非认为必须用术。"术"字的繁体是"術",从行,术声,《说文》解释作"邑中道也",即城邑里的道路;引申为做事情的方式、手段。韩非用"术"指运用权力来驾驭臣下的手段、技巧,在《内储说上·七术》中,他列出了七种手法;宋太宰所运用的是"疑诏诡使"中的"诡使",意思是君主要善于使用诡诈的措施。具体来说,先探听有关的情报,然后利用这些信息追责相关的当事官员;这样,官员就会误以为君主无所不知、无所不晓,也就不敢轻易作奸犯科了。从宋国太宰的实践看来,这一手段似乎效果非常明显,太宰玩了一次,市吏就小心翼翼、规规矩矩地做人做事了。

太宰是宋国的行政首脑,市吏仅是管理市场事务的小吏,两者地位悬殊。太宰将术用到市吏身上,使他"悚惧其所"究竟有何意义呢？太宰总不至于对于宋国所有的官员如此用术吧？推测或许这是太宰在研究术的过程中想在现实中实践一下吧？市吏在极偶然的条件下碰巧被当做实验品了。无论如何，由这则故事看出，"术"讲究的是权变欺诈，让臣下莫名所以；"疑"也罢，"诡"也罢，总之要坚决杜绝诚信。韩非一再强调君主用法的原则是诚信，所谓"信赏必罚"，这时君主必须在全民面前树立诚信的正面形象。他又反复告诫君主须诡诈用"术"，即用术的前提是不可相信任何人，包括家人和臣子；在运用"术"的时候最好虚虚实实、变化无方，这时君主要在臣下面前表现出神鬼莫测的面目。想一想，做君主太分裂、太危险、太不容易了。

15. 全知全能的王

原文

田婴相齐，人有说王者，①曰："终岁之计，②王不一以数日之间自听之，③则无以知吏之奸邪得失也。"④王曰："善。"田婴闻之，即遽请于王而听其计；⑤王将听之矣，田婴令官具押券斗石参升之计，⑥王自听计；计不胜听，⑦罢食后，复坐，⑧不复暮食矣。⑨田婴复谓曰："群臣所终岁日夜不敢偷怠之事也，⑩王以一夕听之，则群臣有为劝勉矣。"⑪王曰："诺。"俄而王已睡矣，⑫吏尽揄刀削其押券升石之计。王自听之，乱乃始生。（《韩非子·外储说右下》）

注释

①说（shuì）：劝告。②终岁：全年。计：财政收支的情况。③一：全部。听：治，此指审核。④无以：没有办法来，无从。奸邪：此指官吏营私舞弊的行为。得失：指官员行政的好坏优劣。⑤遽（jù）：立即。⑥具：准备好。押（xiá）：通"柙"，木制的匣子。券：古代经济活动中的契据，分为两半，双方各执一半作为凭证。押券：用匣子封装的契据。斗石参升：十斗为石，十升为斗。"参"为古代重量单位，或以为是"区"或"累"字的讹误。这里用四种容量、重量单位描述"计"的详细程度。⑦胜（shēng）：尽。不胜听：审核不完。⑧罢食：结束吃饭，吃完饭。复：重新，又。⑨暮食：晚饭；这里是吃晚饭的意思。⑩偷息：苟且懈怠。⑪为劝勉：为之劝勉，因此受到鼓励。⑫俄而：一会儿。睡：坐着打瞌睡。后来指睡觉。⑬尽：全部；是总括"押券升石之计"。揄（yú）：抽出。古代的契据和账簿都写在竹简或木片上，可以用刀削去上面的内容再加以改动。

译文

田婴担任齐国的相国。有人劝告齐王说："全年的财政收支，大王若不用几天时间全部审核一遍，就无法知道官吏的奸邪得失。"齐王说："好。"田婴听说了这件事，就马上请求齐王审核财政收支，齐王答复将要审核。田婴让官吏准备好全年财政详细收支的凭据和账目，齐王亲自审核，要审核的凭据和账目太多了，根本审核不完。吃完饭，又坐下来审核，连晚饭也没时间吃。田婴又对齐王说:"这就是官吏们一年到头昼夜不敢马虎和懈怠的事务。大王再用一个晚上审核一下,这对官吏们来说是极大的鼓励。"齐王说:"好吧。"不一会儿,齐王就打起瞌睡来。官吏们趁机拿起刀来把凭据和账目全都更改了。齐王亲自审核凭据和账目,就是国家混乱的开始。

解说

齐国全年财政详细收支的账目和凭据,用竹简记录下来,估计用"堆积如山"来形容毫不为过。设想一下齐王坐在这些账目和凭据前面一册一册地审核的场景,是相当有趣的。齐王刚开始"自听计",大概是一副兴致勃勃、跃跃欲试的劲头;"罢食后,复坐",就已经有倦怠厌烦之意了;等到晚饭也吃不上,还要加班做如此琐屑烦细的事务,齐王便彻底失去了耐心,终于昏昏然瞌睡起来。整个过程中齐王神态情绪的变化,形象鲜活如在眼前。

再说田婴。有人向齐王进谏时,田婴并没有在场,却能马上得知详情,可见他对齐王的一举一动了如指掌。他主动出击,请齐王审核财政收支状况,这是绝妙的一步棋;他熟知齐王的秉性习惯,很清楚齐王完全没有可能去详细审核财政收支的账目,于是做好了充分准备,将堆积如山的账簿凭据摆出来,首先在视觉上冲击齐王的心理,使之一开始就产生了"计不胜听"的感觉;当齐王已经有了厌倦之意,他却欲擒故纵,殷勤鼓动齐王晚上继续工作,以此给官吏们做表率。最终如熬鹰一般将齐王熬得昏头涨脑。他相信,经过这样一次体验,齐王应该从此不会再有兴趣搞什么财务审核了。最后一句是传神之笔:"吏尽揄刀削其押券升石之计。"呈送的账簿凭据是否真实已不可知，此时官吏们见齐王昏睡的样子，竟然当面就更改账目，可见在他们心目中，这账目要怎样做便怎样做。

韩非认为，君王不可能全知全能；君王既然不是全知全能，就不要介入具体的事务，对什么工作都不懂装懂地指手画脚；君王的主要工作应该是治吏："圣人治吏不治民。"韩非打了个比方，就如同摇动一棵树，要是一一地掀动每片叶子，累死也难以把叶子全部翻遍；如果左右敲打树干，所有的叶子都会晃动起来。"君人者合符犹不亲，而况于力乎？"君主对合符这类容易做的事尚且不亲自去做，何况劳力的事呢？当君主事无巨细都以内行的心理和姿态亲自参与的时候，"乱乃始生"。

16. 装神弄鬼

原文

庞敬，县令也。① 遣市者行，② 而召公大夫而还之。③ 立有间，④ 无以诏之，⑤ 卒遣行。⑥ 市者以为令与公大夫有言，⑦ 不相信，以至无奸。⑧（《韩非子·内储说上·七术》）

注释

① 县令：一县的行政长官。② 市者：管理市场的小吏，相当于今天的市场管理员。③ 公大夫：负责统管市场管理员的官员。还：使回来，召回。④ 有间：一会儿。⑤ 诏：告诉。⑥ 卒：

最后。⑦令：县令。⑧无奸：没有奸邪的行为。写作"姦"，是各种邪恶行为的总称，凡是为个人私利而做不正当的事情，如徇私枉法、背法作恶等，都属于"姦"；声不正是"姦声"，色不正是"姦色"，来源不正的财产是"姦财"。"姦"和"奸"古代的读音和意义都不相同，"奸"是指违背、抵触、干求，所以"奸王命"是指违背王命；"奸周西伯"是向周西伯请求。

译文

庞敬是一位县令。有一次他派管理市场的小吏们出去办事，（小吏们刚出门）他又招呼小吏们的长官叫他回来；那位长官站了一会儿，庞敬并没有什么话吩咐，然后就让那位长官走了。小吏们以为县令对他们的长官说了什么话，便跟长官互相提防，因此不敢胡作非为。

解说

这则故事阐发的是"七术"里的"疑诏"，从字面上说，就是利用召见臣下的形式，造成臣子之间的相互猜疑。韩非解释说，君主常常召见某人，让他多在自己身边待会儿，并不用他做什么事，也不必跟他说什么，下面的臣子们就会认为这人与君主之间的关系不同一般，因此便规规矩矩而不敢违法乱纪。比如那位公大夫被县令叫去站了一下，市场管理员就认为县令对他们有所怀疑，特意嘱咐公大夫监督他们，于是收敛起营私舞弊的念头。韩非用了很有趣的词"鹿散"，说臣下原本会结党为奸，当君主用上"疑诏"的手腕，臣子就会如同性喜聚散的鹿群一样四散而去。

韩非认为，臣子们眼里只有利益，攫取利益的冲动始终困扰着他们，因而他们总是心怀鬼胎，结成大大小小的团伙，寻找一切可能的机会。君主需要想办法使他们处于"不相信""鹿散"的状态，疑诏就是比较有效的手段之一。这种装神弄鬼的手法看起来颇小儿科，可是在人心险恶、你死我活的官场，本来人与人就既相互利用又相互提防，见面三分笑，背后下黑手；如今其中有人跟君主有单独接触，这岂不等于肉里扎刺？每人的小算盘打起来就只能更加小心翼翼了。在那样一个时代，在当时的文化背景下，韩非没有考虑如何从制度建设的层面上限制官员的私欲和规范官员的行为，而是绞尽脑汁针对人性中丑恶的一面设计出种种的"术"；不知他有没有想到运用这些术会导致官场的生态更加恶化呢？他建议君主要把术"藏之于胸中"，秘不示人，可能是明白这些"术"同样丑陋吧？

五、为臣之道

1. 五壅

原文

人主有五壅:①臣闭其主曰壅,②臣制财利曰壅,③臣擅行令曰壅,④臣得行义曰壅,⑤臣得树人曰壅。⑥臣闭其主,则主失位;⑦臣制财利,则主失德;⑧臣擅行令,则主失制;⑨臣得行义,则主失名;⑩臣得树人,则主失党。⑪此人主之所以独擅也,非人臣之所以得操也。⑫(《韩非子·主道》)

注释

①壅(yōng):障蔽,蒙蔽。②闭其主:指封塞君主对外界的了解。③制:控制。"制财利"指控制财政大权。④擅:擅自。行令:指决策、发布和推行政令。《左传·宣公十二年》:"晋之从政者新,未能行令。"⑤得:能够。行义:指施与恩惠。⑥树人:指任命官职从而树立党羽。⑦失位:指君主不通下情而致使君位虚设。按:迁评本、凌本《韩非子》作"失明",也是致使君主不通下情的意思。⑧德:恩惠。⑨失制:失去驾驭,丧失统治力。⑩失名:丧失声誉。指由于臣下通过向官僚和民众输送和施舍丰厚的物质利益,导致民心归属臣下,整个社会舆论都将为权臣歌功颂德;这样,君主便失去了民意支持。⑪失党:丧失支持自己的同党,即在官僚集团中失去追随自己的人。⑫此:指代上述"制财利""行令""行义""树人"等权

力。擅：专有。操：把持。按：此处两个"所以"的用法都超出常规，按照惯常的用法，应该用"所"。

译文

君主有五种壅塞：臣子堵塞了君主了解外界的渠道是第一种壅塞，臣下控制了国家的财政大权是第二种壅塞，臣下擅自决策、推行政令是第三种壅塞，臣下能够任意施舍恩义是第四种壅塞，臣下能够扶植和安排私党是第五种壅塞。如果臣子堵塞了君主了解外界的渠道，那么君主就丧失了明察真实情况的能力；如果臣下控制了国家的财政大权，那么君主就丧失了树立恩德的可能；如果臣下擅自决策、推行政令，那么君主就会丧失统治力；如果臣下能够任意施舍恩义，那么君主就丧失声誉；如果臣下能够扶植和安排私党，那么君主就会丧失支持自己的追随者。这些都应该是由君主独断专行的，不是臣子可以把持的。

解说

官僚阶层蒙蔽君主的方法有五种，韩非把阻断君主正常的信息渠道摆在首位，一则这是最普遍也最容易实现的手法，二则君主往往对此难以察觉，因为君主并不是缺少信息，而是时刻充盈于耳的都是官员们精心筛选、过滤的虚假信息，君主信以为真。作为君主，不了解吏情民风，不了解真实的社会状况，他的一切思考、决策都建立在虚假信息之上，只能误国害民，在此过程中，权臣就有机会捞取惊人的私利和足够的政治资本。在很大程度上，后面四种手法都是在第一种手法成功实现的前提下得以施展的。财政大权掌控在权臣的手里,赏赐便不出于君主而出于权臣,官吏追随的便是权臣而不是君主,民众感恩戴德的是权臣而不是君主。行政权、人事权把持在权臣手里而不是君主手里,那一定是君主被完全架空的结果。至于说到臣下能够使用物质手段收买民心,首先是由于社会财富过度集中到权臣手里,其次是权臣拥有了极充分的权力空间,使君主无力禁止权臣的独断专行;而权臣收买民心以后,能使社会舆论按照自己的意图塑造自己的政治形象,君主有可能为自己有如此贤能的臣子而满足和自豪,他又怎能意识到这几乎具备了人类所有美德的臣下,正在微笑着准备将君主送入坟墓呢?

2. 两头蛇的故事

原文

虫有虺者,①一身两口;争食相龁也,②遂相杀,因自杀。人臣之争事而亡其国者,③皆虺类也。(《韩非子·说林下》)

注释

①虺(huǐ):蛇类的一种,蛇尾圆钝,有黄色斑纹,极似头部,并有与头部相同的行动习性,故称两头蛇。古人视为不祥之物。②龁(hé):撕咬。③争事:相互争斗,争权夺利。

译文

有一种虫叫虺,一个身子上长了两张嘴;为了争抢食物而相互撕咬，于是这两张嘴就相互残杀，因而把自己杀死了。臣子之间争权夺利，从而导致国家灭亡，这类事情都跟虺争食自杀的行为性质相同。

解说

在动物世界，物竞天择，适者生存。动物为了自身生存，同类之间相互残杀是自然法则在起作用。人类努力证明自己比其他动物更高级。比如孟子曾经用日常生活细节论证人都有不忍人之心，他说："所以谓人皆有不忍人之心者，今人乍见孺子将入于井，皆有怵惕恻隐之心；非所以内交于孺子之父母也，非所以要誉于乡党朋友也，非恶其声而然也。由是观之，无恻隐之心，非人也。"（《孟子·公孙丑上》）一个还只会咿咿呀呀在地上爬行的幼儿，在一刹那间要掉到井里了，这样一幅场景，大概让看到的人不由自主地生出惊恐痛苦的感情。这并非要跟幼儿的父母建立交情，也不是为了要在乡党朋友中博取名誉，更不是因为受到幼儿尖叫声的刺激而然。孟子的结论是：因为是人，所以才有这样的情感；没有这样的情感，就不能算是人了。孟子论证的逻辑显然是不够严密的，不过他将人类超然于众生之上的观念影响深远。文献中每每用禽兽指称蛮夷之族和残暴之人，可见人类是不屑于与禽兽为伍的。

韩非用虺争食自杀的行为说明，低等动物的竞争哲学便是互害，互害模式的结果必然是害己。由此他联想到官员之间为争权夺利而相互撕咬残杀的事实，这在官场上司空见惯。对官员们来说，只要能获得巨大的现实利益，他们甚至不惜出卖国家利益以致造成亡国，韩非讲述了许多这样的历史故事。唯利是图,相互撕咬,不顾后果,这与动物界又有什么区别呢?这样的人类,也不过是虺的同类吧?官场的撕咬还是局部范围的互害,而且最终会形成相互制衡的形势;可是如果一个社会进入互害状态又如何呢?

3. 贤能的奸臣

原文

乱主则不然,①不知其臣之意行,②而任之以国,故小之名卑地削,大之国亡身死,③不明于用臣也。无数以度其臣者,必以其众人之口断之。④众之所誉,从而悦之;众之所非,从而憎之。⑤故为人臣者破家残赇,⑥内构党与,⑦外接巷族以为誉,⑧从阴约结以相固也,⑨虚相与爵禄以相劝也。⑩曰:"与我者将利之,⑪不与我者将害之。"众贪其利,劫其威:⑫"彼诚喜,⑬则能利己;忌怒,⑭则能害己。"众归而民留之,⑮以誉盈于国,发闻于主。⑯主不能理其情,⑰因以为贤。(《韩非子·说疑》)

注释

①乱主:思维混乱、做事没有条理和章法的君主。然:这样,指代上文所论圣王明君的用人原则和方法。②意行:想法和行为。③小之:指程度轻一些的情况。大之:指严重的情况。④数:指做事情的原则和方法。度(duó):衡量。断:判断,决断。⑤从:跟在后面。悦:喜欢。非:责难,

诋毁。⑥破家：使家破，指用尽家产。残：损害。瘁（suì）：财物。⑦党与：同党，团伙。⑧接：结交。巷族：指乡里宗族。为誉：制造声誉。⑨约结：结盟。相固：使各自的心意更坚定。⑩虚：空，指口头许诺。与：给予。劝：勉励。⑪与：跟随，亲附。利：使获得利益。⑫劫：威胁。劫其威：被他的威势所胁迫。⑬彼：指结私党的大臣。诚：确实。⑭忌：猜忌。⑮众：指众官吏。留：滞留。⑯发闻（wén）：传扬名声，闻名。⑰理：搞清楚。

译文

　　昏庸无道的君主却不是这样的，他们根本不了解自己的臣下在想什么、做什么，却把国事交由臣下承担。其结果呢，危害轻些的，声名卑微，国土被侵削；严重的则自己丧命，国家灭亡。这都是因为不明白任用臣下的方法。如果没有一定的原则和方法来衡量臣下，就必然根据众人的口碑来加以判断。若是众人交口称赞的人，也跟着就喜爱他；若是众人一起非议的人，君主就跟着憎恶他。所以做臣子的不惜用尽家产拿出财物，在朝廷内部组织同党，在朝廷外勾结乡里宗族，利用这些力量为自己制造声誉，同时暗中结盟以使各自的心意更坚定，口头上封官许愿以相互勉励。他们散布舆论说："追随我的，我将使他获得利益；不追随我的，我将祸害他。"大家贪图他的利益，又被他的威势所胁迫。（当人们意识到：）如果他确实喜欢谁，就一定能让谁获得好处；反之，他要是猜忌谁、生谁的气，那就一定能祸害谁。于是众人都归附他，百姓拥戴他，因此对他的称颂盈满全国，名声传到君主那里，君主没有能力弄明白他的实情，便认定他是贤能的人。

解说

奸邪之臣的奸邪在骨子里，而外表上通常有能力把自己装扮成最忠诚善良的人。他们擅长表演且演技一流，会动用各种各样的手法以攫取地位和权力，比如经营名声。既然是经营，就需要投入资本，在这方面奸邪之臣拥有普通人不具备的胆识，他们可以像赌徒一样把全部身家押上去，运用钱财收买官场同道结成私党，收买乡里宗族建立自己的根基，然后利用这些人展开宣传攻势，大肆进行炒作，如此可在短时间内形成品牌效应，一个前无古人、后无来者的圣贤形象就诞生了。在这个造神过程中，围绕被造的神而形成的利益团伙也如滚雪球似的不断壮大，其中威胁加利诱的舆论氛围起到了很大的作用。

为什么要造神？只因君主不懂用人之道。君主崇尚唯贤是用，似乎是完全正确的选择；可是贤的标准却是模糊的，如果君主没有判断、衡量臣下的原则和方法，便只能借助于众人的口碑。韩非指出，社会口碑是可以人为操纵和营造的。他描述的奸邪之臣的种种举措，或许并非出于他的设想，而是对当时现实的真实观察吧？

4. 同床异梦

原文

何谓同床?曰:贵夫人,爱孺子,①便僻好色,②此人主之所惑也。③托于燕处之虞,④乘醉饱之时,⑤而求其所欲,此必听之术也。为人臣者内事之以金玉,⑥使惑其主。此之谓同床。(《韩非子·八奸》)

注释

①贵夫人:尊贵的夫人。爱孺子:受宠爱的嫔妃。②便僻(pián pì):谄媚逢迎。好(hǎo)色:美丽的容貌。③所惑:迷惑的人。④托:依靠,凭借。燕:通"宴",安乐,安闲。燕处(chǔ):闲处。这里指君主过安乐闲适的后宫生活。虞:通"娱",快乐。⑤乘:趁,借着。⑥内:在内部,这里指通过宫内的关系。事:侍奉,服事。

译文

什么叫同床呢?回答说:尊贵的夫人,受宠爱的嫔妃,她们善于逢迎谄媚,又有美色,这是能令君主迷惑的人。利用君主在后宫闲处的快乐,趁着酒足饭饱的时候,请求她们想要得到的东西,这是必定能使君主言听计从的方式。做臣子的通过宫内的关系用金玉等财宝来贿赂她们,让她们迷惑君主。这就叫做同床。

解说

　　臣子时刻想要侵夺君主的权力、实现个人野心，在这一过程中，他们会使用各种令人眼花缭乱的政治手法。韩非根据自己的观察和研究，把臣子篡夺君权的阴谋手段概括为八种，叫做八奸，其中第一种便是"同床"。君主通常会好色，后宫佳丽成群，旧宠新欢形如走马灯一般。男人的人性弱点在进入政治领域之后，便成为君主最致命的软肋之一。当男欢女爱之时，酒酣耳热之际，君主身边的美姬艳妾无论提出何种要求，处在心满意足、畅快淋漓的情绪状态之中的君主自然是有求必应。因此，臣子通过大量的利益输送掌控住那些正备受君主宠爱的女子，让她们成为自己的代言人，那么这种夫人路线一定能够成为借用君主权力满足个人私欲的捷径，而且相对来说这种手法风险小、见效快。

　　韩非最厌憎的政治现象就是"同床"。他反复告诫君主，夫妻之间并无骨肉之亲，纯粹是建立在利益和利害关系上的联系，因此任何时候不可以相信妻妾。他针对当时常见的同床现象，提出了明确的防范措施："明君之于内也，娱其色而不行其谒，不使私请。"英明的君主对于内宫的夫人嫔妃等，享受她们的美色，但不接受她们的请求，绝不允许她们私下请托。大概韩非也清醒地意识到，能做到他提出的这一点，实非凡人，所以说只有"明主"方有如此定力。明主难遇，昏君辈出，这是常态；即便曾经的明主，到老年也往往蜕变为昏庸不堪，齐桓公就是典型的代表。

5. 近臣的影响力

原文

何谓在旁?曰:优笑侏儒,左右近习,① 此人主未命而唯唯,未使而诺诺,② 先意承旨,观貌察色以先主心者也。③ 此皆俱进俱退,皆应皆对,一辞同轨以移主心者也。④ 为人臣者内事之以金玉玩好,外为之行不法,使之化其主。⑤ 此之谓在旁。(《韩非子·八奸》)

注释

①优笑:用才艺逗乐服事君主的人。侏儒:身材异常矮小的人,古代宫廷经常用为杂耍搞笑的艺人。左右:君主身边侍奉的亲信。近习:亲近宠幸的人,如侍从等。②唯(wěi)唯、诺诺:都是应承的声音,这里表示顺服。使:使令。③观貌察色:观察君主的容色、脸色。先主心:抢先奉迎君主的心意。④俱进俱退:一起进退,指一致行动。皆应皆对:同应同对,指按照相同的宗旨说话。一辞:使言辞说法统一。同轨:步调一致。移:改变。⑤玩好:珍贵的玩物,珍宝。化:使变化,改变。按:"化"与"变"不同,"变"一般指事物外在的位置、数量、形式、状态等方面的变化,通常是突然的、迅速的;而"化"则重点指事物性质的改变,通常有日积月累逐渐转化的过程。

译文

什么叫在旁?用才艺逗乐服事君主的倡优和侏儒,在君主身边做事并受到宠幸的亲信,这些人都是君主还没有发出指令就唯唯诺诺地表示顺从,君主的心意尚未表达出来,便已经心领神会,随时按君主的意图说话办事,观察君主的脸色而抢先奉迎君主的心意。这些人都是同进同退,遇到事情统一口径,步调一致予以应对,从而改变君主的思想。做人臣的在内用金玉珍宝贿赂他们,在外替他们做违法的事情,使他们改变君主的想法。这就叫做在旁。

解说

俗话说:别拿村官不当干部,别拿秘书不当人物。在专制体制下,只要与权力沾边,便会成为权力网络上的一个节点;这张大网笼罩着整个社会,控制着社会的每个细胞。君主是这张网的核心,围绕在君主身边的人组成一个庞大的班子,比如宦官、侍从之类,他们的主要职责包括照顾君主的生活起居,帮助君主处理日常杂务,贴身保护君主的安全,陪伴君主解除其寂寞无聊,等等。从职责上看,君主身边供役使的近臣原本没有机会参与朝政,只是君主在这架权力机器中的地位实在太特殊了,因而与君主朝夕相处的宦官、侍从们得以用旁敲侧击、逐渐渗透等手法影响和改变君主的想法,从而便足以起到影响整个权力机器的运行的作用。

韩非针对宦官、侍卫乃至倡优借用君权的问题,提出的应对措施是:"其于左右也,使其身必责其言,不使益辞。"英明的君主对于身边的亲信,使用他们,但一定对他们的言谈有所要求,不让他们多嘴多舌。韩非的建议似乎是要建立明确的章程,对亲信的言行有所规范;不过人是感情动物,君主与身边的亲信相处日久,情感渐深,在这种情况下,亲信一句看似不经意的话就很有可能对君主的心理产生影响。更何况,被一般官员视为小臣的亲信们在官僚阶层中的地位低下,他们以奉承顺从作为生存的基本技能,是比较缺少人格尊严的一个群体,其中很大一部分甚至发展到寡廉鲜耻的地步;然而这个群体又恰恰处在权力中枢的身边,他们在得到可观的现实利益回报的前提下,很容易与掌握朝政大权的官员们内外勾结,无所不为。因此,几千年来,宦官、近臣用各种手法在无形中干扰、改变君主的想法和决断,以至发展到专权、篡权,造成政治混乱,影响历史的走向,类似的问题成为专制权力运行中的痼疾。

6. 借势

原文

陈需,魏王之臣也,善于荆王,①而令荆攻魏。荆攻魏,陈需因请为魏王行解之,②因以荆势相魏。③(《韩非子·内储说下·六微》)

注释

①善:好,友好。荆:楚国的别名。楚始立国于荆山,故又

称荆。②为:替。行解:调解,和解。③相(xiàng):做相国。

译文

陈需是魏王的臣子,又跟楚王交好,私下让楚国攻打魏国。楚国出兵攻打魏国,陈需就请求替魏王出面和解,于是利用楚国的势力做了魏国的相国。

解说

战国时期各国诸侯加意延揽各种人才为自己出力,视人才为至宝,以得人为己任,唯才是举,"得一良将才,胜百连城璧",如在国破君死、风雨飘摇中即位的燕昭王,用千金买马骨来显示自己求贤若渴的意愿,大开国门,广纳贤才,结果各国才士争先恐后地奔赴燕国,燕昭王大胆重用客卿担任重要官职,最终实现了兴燕破齐的目标。

但韩非从另外一个角度,揭示出君臣之间的根本利益是对立的,因此臣子为了满足自己的私欲,会毫不犹豫地出卖君主的利益。《韩非子》一书中讲了不少类似的故事,讲述臣子脚踏两只船,借助两国之间的矛盾从中谋利。如陈需为了爬到相国的高位,可以使用政治手段让楚国攻打魏国,可谓无所不用其极了。所以《韩非子·亡征》中说:"贵臣相妒,大臣隆盛,外藉敌国,内困百姓,以攻怨雠,而人主弗诛者,可亡也。"权贵互相嫉妒,大臣势力强大,对外结交并借助有影响力的大国,对内盘剥、困苦百姓,以攻击跟自己有怨仇的人,对这样的局面,君主却不加禁止,这样的国家,可能走向灭亡。

7. 春申君杀子

原文

楚庄王之弟春申君有爱妾曰余,①春申君之正妻子曰甲。②余欲君之弃其妻也,因自伤其身以视君而泣,③曰:"得为君之妾,④甚幸。虽然,适夫人非所以事君也,⑤适君非所以事夫人也。身故不肖,⑥力不足以适二主,其势不俱适,与其死夫人所者,不若赐死君前。妾以赐死,⑦若复幸于左右,愿君必察之,无为人笑。"⑧君因信妾余之诈,为弃正妻。余又欲杀甲而以其子为后,⑨因自裂其亲身衣之里,⑩以示君而泣,⑪曰:"余之得幸君之日久矣,甲非弗知也,今乃欲强戏余。⑫余与争之,至裂余之衣,而此子之不孝,莫大于此矣。"君怒,而杀甲也。故妻以妾余之诈弃,而子以之死。从是观之,父之爱子也,犹可以毁而害也。⑬君臣之相与也,⑭非有父子之亲也,而群臣之毁言,非特一妾之口也,⑮何怪夫贤圣之戮死哉!(《韩非子·奸劫弑臣》)

注释

①楚庄王:又称荆庄王,名侣,春秋时楚国君主,任用孙叔敖为令尹,励精图治,击败晋国,成为春秋五霸之一。春申君:即黄歇,战国时楚国贵族,曾任楚相。与魏信陵君、赵平原君、齐孟尝君并称"战国四公子"。②正妻:指正夫人,对"妾"而言。③视:使看,给……看。④得:能够。⑤适:使适

合，满足。非所以事君：不是用来侍奉您的办法，即无法侍奉好您。⑥故：本来。不肖：不贤，没有能力。⑦以：通"已"。以赐死：指赐死以后。⑧无：通"毋"，不要。⑨为后：作为继承人。⑩亲身：贴身。里：衣服的衬里。⑪示：给……看。⑫强（qiǎng）：极力，用强。⑬以毁：用毁谤的办法。⑭相与：相处，交往。⑮非特：不仅仅。

译文

楚庄王的弟弟春申君有一个爱妾叫余，春申君的正妻生的儿子叫甲。余想使春申君抛弃正妻，于是自己把自己的身子弄出伤痕，然后给春申君看，哭哭啼啼地说："能做您的妾，我太幸运了。可是我要满足夫人的心意，就不能侍奉您；顺从您呢，我就难以侍奉夫人。我本来就很笨，能力无法同时让两个主子都满意，照这情势我不能把您二位都侍奉好，与其死在夫人手里，还不如请您让我死在您跟前。我死了以后，若是您身边再有得宠的，希望您一定要明察这种情势，别被外人笑话。"春申君相信了爱妾余的话，为此把正妻抛弃了。余又想杀掉甲，让自己生的儿子做继承人，于是就自己把贴身内衣的衬里撕破了，拿给春申君看，又哭哭啼啼地说："我得到您的宠幸，日子很久了，甲不是不知道；现在竟然拼命调戏我。我跟他争执，以至撕破了我的衣服。这个儿子对您不孝顺，没有比这更严重的了。"春申君怒不可遏，杀掉了甲。所以正妻由于爱妾余的欺诈而被抛弃，儿子也因此丧命。由此看来，父亲对儿子的爱，尚且可以用毁谤的手法来损害。君臣之间的交往，没有父子之间的亲密关系，而群臣毁谤的言论，又不仅仅是像春申君的妾只有一张嘴，那些圣贤之人遭受杀害又有什么奇怪呢！

解说

这则故事所述大概是古代宫廷戏的基本情节和套路。春申君宠爱余，于是完全成为自己情欲的奴隶，也便成为爱妾的奴隶，可以被爱妾小小的把戏所蒙骗，做出抛妻杀子的事。对正妻和儿子来说，他们无法掌控君主的好色之心，会随时想法子除掉爱妾；如果这一目标无法实现，他们会想法子一了百了，让君主先走一步。这就是韩非谆谆教导君主的现实：正妻靠不住，儿子靠不住，爱妾同样靠不住。难怪君主要称孤道寡了！

韩非通过这个故事是要说明，真正想为君主尽力的圣贤之士，人格高洁，不贪私利，又通晓法术，因此会被自私贪婪、奸诈邪恶的满朝大臣视为眼中钉，必欲除之，而后他们才能当道弄权、中饱私囊；如果君主不能明察，那么圣贤之士的下场将跟春申君的正妻和儿子一样，或者被弃逐，或者被杀害，根本没有机会为君主奉献忠诚与才干。

8. 外市

原文

赵令人因申子于韩请兵，①将以攻魏。申子欲言之君，而恐君之疑己外市也；②不则恐恶于赵。③乃令赵绍、韩沓尝试君之动貌而后言之。④内则知昭侯之意，外则有得赵之功。⑤（《韩非

子·内储说上·七术》）

注释

①申子：申不害，韩昭侯的相国。他的学问以道家为本源，特别注重法术。②外市：跟外国有交易，即通过帮助外国来获取利益。③不（fǒu）：不（这样做），不向国君报告。恶（wù）：憎恨。④赵绍、韩沓（tà）：大概是韩国的两名官吏。尝试：试探。动貌：指国君对一些话作出的反应以及由此流露出的意向。⑤得赵：指使赵国感念自己的恩谊。功：功效。

译文

赵国派人通过申子向韩国请求借兵，将要用来攻打魏国。申子想把这事报告给国君，又担心国君怀疑自己跟外国勾结以谋取利益；要是不向国君报告呢，就担心因此被赵国怀恨。于是他命令赵绍和韩沓分别去试探国君的反应，然后自己再进言。对内了解了昭侯的意向，对外则有使赵国感激自己的功效。

解说

臣子遇到任何事情，都需要从各种角度反复盘算，把利害关系权衡清楚，然后才会确定行动的方案。比如赵国找到韩相申不害，要通过他向韩国借兵攻打魏国。作为相国，申不害如果从韩国的利益出发，应该考虑借兵给赵国的利弊，以及向昭侯提供怎样的意见。可他思考的焦点是：第一，是否应当向昭侯报告；第二，昭侯在这件事情上可能的倾向性态度。这一思考过程始终围绕个人的利益，既要使自己不会因此事而受损，又要尽量从中获取利益。他派两名手下官员去试探昭侯，大概会设计好相关的话题，观察昭侯的反应，并由此推测昭侯的内心活动；在获得可靠的信息之后，再去向昭侯报告，就可以非常从容地顺着昭侯的思路谈话，从而不着痕迹地把这件事情可能给自己带来的负面影响消解掉。

"外市"是韩非提出的一个概念，指一国的大臣利用外国的势力谋取私利。韩非讲过一个故事，说楚王想派公子们到四邻各国去做官，觉得各国都会重用楚国公子。他的大臣戴歇劝谏说："诸位公子在所在诸侯国有了地位，就会站在所在国的立场上。这等于是让公子'外市'。"前文曾经提到，在《亡征》里，韩非历数各种可能导致国家破亡的因素，其中说道："贵臣相妒，大臣隆盛，外藉敌国，内困百姓，以攻怨雠，而人主弗诛者，可亡也。""外藉敌国"即对外结交并借助有影响力的大国，也就是所谓的"外市"。韩非总结历史和现实的经验，发现每当一国内部大臣之间的矛盾激化时，他们往往会借助外国的力量使自己在权斗中拥有更大的优势。为此出卖、损害国家利益也在所不惜。

9. 国中饱

原文

薄疑谓赵简主曰：① "君之国中饱。"② 简主欣然而喜，曰："何如焉？"对曰："府库空虚于上，③ 百姓贫饿于下，然而奸吏

富矣。"(《韩非子·外储说右下》)

注释

①按：薄疑生活的时代在赵简子之后百余年，学者怀疑"赵简主"是"卫嗣君"或"赵肃侯"之误。《吕氏春秋·务本》记载薄疑劝卫嗣君不要收重税。②中：指处在君主和民众之间的官吏。饱：本义是吃足。引申为足，充足。③府：国家储藏财物的仓库。库：本指藏甲兵战车的仓库，引申指藏财物的库房。

译文

薄疑对赵简主说："您的国家是中饱的。"简主听了，喜不自胜，说："怎么中饱呀？"薄疑回答："上面国库空虚，下面百姓贫穷挨饿，可是贪官污吏们都富起来了。"

解说

赵简子误解了薄疑的话，以为薄疑说的"中饱"是说国内富足，所以想让薄疑描述一下本国繁荣富庶的盛世景象。可薄疑说"中饱"，是说上面的国库空虚，下面的百姓贫穷困苦，连饭都吃不上，而中间的贪官污吏们都富得流油。薄疑用上空下贫概括国家经济的真实状态，那么社会财富到哪儿去了呢？原来集中到奸吏阶层了。

韩非非常重视社会财富分配的问题，他总结历史的经验教训，认为官僚阶层攫取社会财富达到一定程度之后，政治野心也必将随之膨胀，指出："群臣之太富，君主之败也。"因此，

"有道之君，不贵其臣；贵之富之，彼将代之。"但是在当时现实社会中，奸邪之臣具有异常强大的生存能力，最善于利用制度的一切漏洞和缝隙谋取私利，"为奸利以弊人主，行财货以事贵重之臣者，身尊家富，父子被其泽。"与之形成鲜明对比的是，安分守己、尽职尽责的官员却陷入困境，"为臣尽力以致功，竭智以陈忠者，其身困而家贫，父子罹其害。"官员阶层如此，平民阶层也是如此。无疑，这是体制问题。

10. 国有鼠灾

原文

桓公问管仲曰："治国何患？"① 对曰："最苦社鼠。② 夫社，木而涂之，③ 鼠因自托也。④ 熏之则木焚，灌之则涂阤，⑤ 此所以苦于社鼠也。今人君左右，出则为势重以收利于民，⑥ 入则比周谩侮蔽恶以欺于君；⑦ 不诛则乱法，诛之则人主危；据而有之，⑧ 此亦社鼠也。"（《韩非子·外储说右上》）

注释

①何患：患何，害怕什么。②苦：苦于，怕。社：本指土地神，此指土地神的神主。土地神的神主是用一根木材，上面涂上色彩，代表土地神。社鼠：指寄居在土地神神主里的老鼠。③木：立木材。④托：寄托，此指藏身。⑤阤（zhì）：崩，剥落。⑥势重：权势。⑦谩（màn）：通"慢"，怠慢。侮：轻慢，

不敬重。谩侮：指君主身边的亲信在内心里对君主根本没有敬重之意。蔽恶：掩饰邪恶。⑧据而有之：指君主的亲信盘踞在君主身边，与君主如同一体。

译文

桓公问管仲："治理国家最害怕什么呢？"管仲回答说："最怕社鼠。立社要树立一根木材，在上面涂上色彩，老鼠就在木材上打洞住进去。若要用火来熏老鼠，就担心木材被烧了；若要用水来灌老鼠，又怕上面的色彩剥落。这就是社鼠最令人痛恨又无可奈何的原因。如今君主左右的亲信，在外面借用君主的权势向民众收取各种好处；在宫里就互相勾结、沆瀣一气，内心对君主毫无敬重，掩饰邪恶，对君主肆意欺骗。对君主的这些亲信，不诛戮就使得法律混乱不堪；要是诛戮他们，君主就有可能遭遇危险。他们盘踞在君主身边，与君主如同一体。这也是社鼠啊。"

解说

君主地位虽然尊贵无比，但也是普通人，有正常人的七情六欲，会像正常人一样吃喝拉撒。俗话说："仆人眼里无伟人。"在左右的亲信眼里，君主最无法装神弄鬼；亲信了解君主的一切隐秘，因而就有力量影响甚至裹挟君主来谋取私利。韩非将这些人比喻为藏身土地神主里的老鼠，要清除他们确实是一件很棘手的事情。更何况这些人长期生活在君主身边，非常善于揣摩君主的心理活动，有各种手段和机会取悦君主。试想，对于得到君主宠爱的亲信，又有什么力量能够对他们下手呢？因此这些人胆大妄为、无法无天，法律规矩在他们那里形同虚设。要想实行法治，建立法律的尊严，首先需要考虑如何解决好这些人的问题。

贵族出身的韩非殚精竭虑考虑的都是如何维护君主的利益，因此他对一切伤害君主利益的力量都无比痛恨，对类似社鼠一般的君主亲信自然也是如此。他给君主设计了种种的御下之术来操控手握朝廷大权的大臣，但对君主身边的亲信就颇有无可奈何之感，原因在于这些人跟君主的关系太密切了。他只能寄希望于"一朝天子一朝臣"的历史法则起作用，因为他观察到，对君主的亲信来说，"主变势而得固宠者，十无二三。"只是要等到君主换届才能看到这些作恶多端的奸邪小人的悲惨下场，这实在是专制制度的莫大悲哀。何况新一届君主上台，也意味着新一窝社鼠的成长壮大。

11. 男人的嫉妒

原文

有欲以御见荆王者，① 众驺妒之。② 因曰："臣能撽鹿。"③ 见王。王为御，④ 不及鹿；⑤ 自御，及之。王善其御也，⑥ 乃言众驺妒之。⑦（《韩非子·说林下》）

注释

① 以：凭借。御：驾车，这里指驾车的技术。荆：楚国的旧称。② 驺（zōu）：主管养马及驾车的人。③ 撽（qiào）：旁

击,从一侧击打。④为(wèi):替。⑤及:赶上。⑥善:认为善。⑦乃:然后,才。

译文

有个人想要凭借驾驭车马的技能求见楚王,那些替楚王主管养马及驾车的人都非常妒忌这人。这人于是说:"我能击打奔跑的鹿。"于是这人终于有机会见到了楚王,楚王亲自替他驾车(去追击奔鹿),却追不上;这人就自己驾车,很快追上了奔鹿。楚王认为这人的驾驭技能非常出色,这人就说出了那帮替楚王主管养马及驾车的人都妒忌他的实情。

解说

替楚王主管养马及驾车的事情,因为有很多机会与楚王亲密接触,因此这个班子的成员应该属于近臣。这班人马中谁的驾驭技能高超,谁就更有可能得到楚王的赏识,从此可以飞黄腾达。给楚王养马驾车的那班人大概了解到新人的技能非同凡响,于是妒火中烧,想方设法阻断这人跟楚王见面的门路。既然正常门路走不通,这人就想出另外的渠道得到与楚王接触的机会,从而成功地达到跻身楚王近臣的目的。

按照韩非心目中的权力架构,整个官僚体系应当如一张巨大的网,笼罩在社会之上,有效地掌控全体百姓;君主则是牵引总纲、操纵大网的人。对于社会而言,君主应当是绝对的核心,就如同车轮中心的轮毂,一个国家的荣华富贵都集中在这儿,在君主的严密控制之下,由中心向四面八方辐射;而人们追求利益的欲望像辐条一样投向君主,正像所有的辐条由四面八方向中心聚合，形成辐辏的格局。权力和利益自上而下的授予体制，决定了上面有深厚的背景和得力的靠山，是获得升迁的前提。如果能接近权力核心，那就等于踏上了一条最快速、最可靠的权力捷径。虽然说伴君如伴虎，但机会与凶险并存。所以，君主的马夫、车夫们也都精心算计，勾心斗角，只为求得自己有机会进入君王的视野之中。

12. 兼官

原文

秦武王令甘茂择所欲为于仆与行事。①孟卯曰：②"公不如为仆。③公所长者，④使也。⑤公虽为仆，⑥王犹使之于公也。⑦公佩仆玺而为行事，⑧是兼官也。"⑨（《韩非子·说林上》）

注释

①秦武王：名荡，战国时秦国的君主。仆：战国时君主的近臣，负责掌管君主的车马。行事：即行人，负责出使别国的官员。"事"或为衍文。②孟卯：又作芒卯、昭卯，战国时齐国人，有智谋，善言辩。后来做了魏安釐（xī）王的将。③公：古人对贵族的尊称。④长：擅长。⑤使：出使。⑥虽：即使。⑦犹：还，仍然。使之于公：把出使的事情交给您。⑧玺：官印。秦朝之前，诸侯、卿、大夫的印信都称玺。⑨是：这。兼：同时拥有。官：官职。

译文

秦武王让甘茂在太仆和行人两个官职中选一个自己想做的。孟卯对甘茂说:"您不如做仆。您所擅长的是做使臣。您虽然做了仆,大王还是会把使臣的事交给您。您佩带仆的印信,还做行人的事,这是兼任两个官职啊。"

解说

这则故事记述了战国时秦武王的两个臣子甘茂和孟卯之间的一场对话。从中可以看出,作为臣子,总是想方设法攫取权力。甘茂的特长是做使者,孟卯给他出主意选择做仆,应该是甘茂所不擅长的方面;占据自己不擅长的官位,行使自己专长的职事,这样的如意算盘,全然不把做好事情置于考虑的范围内,而这正是臣下考虑问题时最真实的角度。

因此,韩非坚决主张君主绝对不能允许臣子有兼官的现象。他在《用人》篇和《饬令》篇都指出:"人臣皆宜其能,胜其官,轻其任,而莫怀余力于心,莫负兼官之责于君。"意思是说,作为人臣,都能够担任适合自己能力的职守,从而可以胜任自己的官位,对自己的工作能比较容易地做好,都不会保留余力,对君主不承担兼官的责任。在韩非看来,这样的君臣关系是最理想的,也是效率最高的。

13. 各司其职

原文

昔者韩昭侯醉而寝,①典冠者见君之寒也,②故加衣于君之上。觉寝而说,③问左右曰:"谁加衣者?"左右对曰:"典冠。"君因兼罪典衣与典冠。④其罪典衣,以为失其事也;⑤其罪典冠,以为越其职也。⑥非不恶寒也,⑦以为侵官之害甚于寒。⑧故明主之畜臣,⑨臣不得越官而有功,不得陈言而不当。⑩越官则死,不当则罪。守业其官,⑪所言者贞也,⑫则群臣不得朋党相为矣。⑬(《韩非子·二柄》)

注释

①昔者:从前。寝:睡觉。②典:主管。典冠、典衣:是君主的近侍官,典冠掌管君主的帽子,典衣掌管君主的衣服。③觉:睡醒。觉寝:指从沉睡中醒来。④兼:同时。罪:治罪,责罚。⑤失:本义是东西从手中脱逸,其核心义是因不小心或客观条件不允许、自己无法掌控等因素,造成了不好的结果;总之属于非主观愿望所致。"失其事"就是无意中没有去做自己该做的事。事:职事。⑥越:逾越,超出规定或范围。职:职责,主管的事务。⑦恶(wù):不喜欢。⑧侵:越境进犯别国为侵;超越自己的职权界限进入别的事务范围也是侵。官:职位。⑨畜(xù):养。君主提供职位让臣下为自己做事,称为

"畜"。⑩陈言：陈述自己的言论，发表意见。当（dàng）：恰当，指言与实相符合。⑪业：动词，治理。⑫贞：正，指与事实符合。⑬朋党：指为共同利益和目标而结成的团伙。这里指结成朋党。相为：互相利用。

译文

从前，韩昭侯喝醉了酒睡着了。给他掌管冠帽的官员怕他着凉，就给他拿了件衣服盖在身上。昭侯醒来以后看到身上的衣服很高兴，问身边的侍从说："谁给我盖了衣服呀？"侍从回答说："是典冠。"昭侯于是同时处罚了典衣和典冠。之所以处罚为君主掌管衣物的典衣，是认为他失职；而责罚典冠，是认为他超越了自己的职权。昭侯并非不怕受寒，而是认为超越职权的害处大于自己受寒。所以英明的君主拿官位豢养臣下，臣下不得超越职权去立功，不得发表言论而不适当。超越职权的就要处死，言论不适当的就要治罪。臣下恪守自己的职责，所说的话都很真实，群臣就不能朋党勾结、狼狈为奸了。

解说

韩昭侯是战国时期韩国很有作为的一位君主，任用申不害担任相治理国家。申不害是著名的法术家，韩非接受了他关于术的思想，《韩非子》书里就多次称引申子的话，如"治不踰官，虽知不言"（《难三》《定法》），意思是说，官员应该做好本职工作，不要超越自己的职责；职权以外的事情，即使知道也不能多说话。韩昭侯认真奉行申不害的主张，在处罚失职的典衣的同时，也处罚好意给他盖衣服的典冠，以此表明，越权是个原则问题。一旦官吏越权成风,结成朋党,势必威胁到君主的统治。

君主掌控臣下,应该做到职责明确,这样才能有效地核查官吏的业绩,同时可以防止臣下揽权、推卸责任等问题的发生。这是韩非权术理论的重要内容。因此,韩非主张:"明主之道:一人不兼官,一官不兼事。"(《难一》)他多次强调应该"官有一人""官置一人",每个职位有一位负责的官员,责权清晰,然后君主就可以"循名责实";"使士不兼官,故技长",官员承担合乎自身能力的职位,也能更好地发挥自己的才干。站在臣下的角度,则通常希望责权混乱,以方便出了问题时可以推诿蒙混过去;而且由于权限不明,相互牵连,更容易结成一荣俱荣、一损俱损的利益共同体。

14. 可怜的美人

原文

魏王遗荆王美人,①荆王甚悦之。②夫人郑袖知王悦爱之也,亦悦爱之,甚于王;衣服玩好,择其所欲为之。③王曰:"夫人知我爱新人也,其悦爱之甚于寡人。此孝子所以养亲,忠臣之所以事君也。"夫人知王之不以己为妒也,④因为新人曰:⑤"王甚悦爱子,然恶子之鼻,⑥子见王,常掩鼻,则王长幸子矣。"⑦于是新人从之,每见王,常掩鼻。王谓夫人曰:"新人见寡人常掩鼻,何也?"对曰:"不知也。"王强问之,⑧对曰:"顷尝言恶闻王臭。"⑨王怒曰:"劓之!"⑩夫人先诫御者曰:⑪"王适有言,⑫必可从命。"⑬御者因揄刀而劓美人。(《韩非子·内储说下·六微》)

注释

①遗(wèi):赠送。荆王:楚王,这里指楚怀王,战国时楚国的君主。②悦:喜欢。③玩好:供玩赏的奇珍异宝。为:这里是送给的意思。④以己为妒:认为自己嫉妒。⑤因:于是。为:通"谓"。⑥恶(wù):讨厌。⑦幸:宠幸。⑧强(qiǎng):强迫。⑨顷:不久前。尝:曾经。臭(xiù):气味。这里特指难闻的气味。⑩劓(yì):割掉鼻子的刑罚。⑪诫:嘱咐。⑫适:只要。⑬必可:依照清人王先慎《韩非子集解》的意见,当作"必亟"。陈奇猷《韩非子集释》认为"可"是"亟"的坏字。亟(jí):快速、急切。⑭揄(yú):抽出。

译文

魏王送给楚怀王一个美女,楚怀王非常喜欢她。他的夫人郑袖知道怀王喜爱这美女,也表现出很喜爱这美女的样子,喜爱的程度甚至超过了怀王,经常选些美女喜好的衣服和装饰珍玩送给她。怀王(看在眼里,)说:"夫人知道我喜爱新来的美人,于是就比我更喜爱她。这是孝子奉养父母、忠臣事奉君主的做法呀。"夫人确定怀王觉得自己毫不嫉妒新来的美人之后,就对美女说:"大王非常喜爱你,不过有些讨厌你的鼻子。你跟大王见面的时候,要常用手遮着点儿你的鼻子,那样的话,大王就会长久地宠幸你了。"美人听信郑袖的话,每当跟怀王见面时，总是用手遮着鼻子。怀王奇怪地问夫人："新来的美女见到我总是用手捂住鼻子，这是什么缘故呢？"郑袖说："不知道。"怀王硬是追问她，她便回答说："不久前，这位美人曾说到，讨厌闻到大王的气味。"怀王一听，勃然大怒，说："把她的鼻子割了！"郑袖事先叮嘱侍从说："大王只要发话，必须立刻照办！"这会儿侍从听到怀王的命令，就马上抽出刀来把美人的鼻子割掉了。

解说

这个故事讲述的是宫廷内斗的典型场景。郑袖也算历史名人，当时的纵横家张仪骗楚怀王跟齐国断交，气得怀王宁可不要秦国作为讲和条件的汉中一半土地，也必欲杀张仪而后快；而张仪到楚国自投罗网，然后利用郑袖使自己全身而退。在张仪这样的人物面前，郑袖显得善妒且愚蠢。但是在宫廷内斗中，她又显示出狡黠阴险、工于心计的一面。可怜的美女在她面前简直不堪一击，完全按照她设计好的陷阱亦步亦趋，最终丢掉了鼻子；缺少鼻子的美女自然就被抛弃了。

怀王从悦爱美人到怒割美人鼻，他的心理活动毫无掩饰地暴露给郑袖；郑袖以低姿态获取怀王的信任，再以退为进让怀王"强问之"，最后抓住怀王的情绪爆发点，制造机会让怀王在盛怒之下失去理智，圆满地达成了借刀杀人的目的，保全了自身的地位。

韩非通过这个故事说明，君主的臣子包括身边所有的人都是不可信的，他们会千方百计地施放形形色色的烟幕弹，诱导君主作出错误的判断，从而实现个人的私利。

15. 警惕投己所好的下属

原文

晋中行文子出亡，①过于县邑。②从者曰：③"此啬夫，公之故人。④公奚不休舍，且待后车？"⑤文子曰："吾尝好音，⑥此人遗我鸣琴；⑦吾好佩，⑧此人遗我玉环，⑨是振我过者也，⑩以求容于我者；⑪吾恐其以我求容于人也。"乃去之。⑫果收文子后车二乘而献之其君矣。⑬（《韩非子·说林下》）

注释

①中行（háng）：春秋时主要用战车作战，晋文公时在晋国上、中、下三军之外增设三支步兵，称三行，即中行、右行、左行，以配合原三军战车作战，两者合称六军。晋卿荀林父曾担任中行主帅，后来就用官职名作为自己家族的姓氏。文子是荀林父的曾孙，名荀寅，谥文，所以称中行文子。出亡：出逃。按：晋定公时，中行文子因为和范吉射一起攻打赵鞅失败，逃往齐国。②县邑：县城。晋国的制度，县比郡大。③从者：随从的人。④啬（sè）夫：县令。故人：旧人，指文子过去的属下。⑤奚：为什么。休舍：停下来过夜。且：而且。⑥尝：曾经。好（hào）：喜爱。音：音乐。⑦遗（wèi）：赠送。鸣琴：琴。⑧佩：古代衣带上佩带的玉饰。⑨玉环：玉制的环。⑩是：这。振：举起来。这里是张扬、扩大的意思。⑪求容：讨好别

人以求自己安身。⑫乃：于是。去之：离开了那里。⑬收：拘捕。

译文

晋国执政的六卿之一中行文子出逃，途中经过一个县邑，随从的人说："这里的县令是您的旧属。您何不停下来在县令家住一夜？也正好等等后面的车辆。"文子说："我从前喜好音乐，这人就送我一把琴；我喜欢玉饰，这人便送我玉环。可见这是个扩大我的过失的人。他想以此求得我对他的好感。我怕他会用我去求得别人的好感。"于是就赶快离开那个县邑。那位县令果然截留了后面随从的两辆车子，献给他的上司。

解说

中行文子善于透过日常表现来识别身边的人。他认为，那种精于观察和把握上司的性格喜好，并且拼命投其所好来讨得上司欢心的人，是为求上位而不择手段的人。对这样的人平时可以利用；但是，真正到了危难时刻，却必须加意防范。因为这样的人可以为了利益而讨好自己，也同样可以为了利益而出卖自己。

韩非特别强调，对于在上位的人来说，首先要做到"去好去恶"，在任何时候都不可以表现出自己的好恶。因为"为人臣者窥觇其君心也无须臾之休"，即臣下无时无刻不在暗中窥探君主的心理活动，并利用君主的喜好以攫取私利。在韩非看来，一个充满表现欲的君主是可笑的，更是危险的，"主上不神，下将有因"，君主作为常人的七情六欲给臣下看得清清楚楚，那么臣下就可以随心所欲地利用这些来达成自己的目的了。所以，韩非认为，当君主的任何心理活动都被彻底隐藏起来，达到"寂乎其无位而处，漻乎莫得其所"的境界，如此君主身上笼罩了一层神秘莫测的光环，臣下失去了利用君主的心理作奸犯科的凭借，君主就可以安全有效地保有君权且实施统治了。

六、信赏必罚

1. 守法之臣

原文

楚王急召太子。楚国之法,车不得至于茆门。①天雨,廷中有潦,②太子遂驱车至于茆门。廷理曰:③"车不得至茆门。至茆门,非法也。"④太子曰:"王召急,不得须无潦。"⑤遂驱之。⑥廷理举殳而击其马,⑦败其驾。⑧太子入,为王泣,⑨曰:"廷中多潦,驱车至茆门,廷理曰'非法也',举殳击臣马,败臣驾。王必诛之。"⑩王曰:"前有老主而不踰,⑪后有储主而不属。⑫矜矣,是真吾守法之臣也。"⑬乃益爵二级,⑭而开后门出太子:"勿复过。"⑮(《韩非子·外储说右上》)

注释

①茆(máo):通"茅"。茆门:雉门。诸侯的王宫有三道大门,即库门、雉(zhì)门和路门,雉门是第二道门,雉门以外为外朝区域。据(清)孙诒让《札迻》考证,"雉"古文作"鵄",或省作"弟",因"弟"与"茅"形近,故误作"茅"。②雨:下雨。廷:朝堂前的院子。(元)戴侗《六书故》:"古者廷不屋,诸侯相朝,雨沾衣失容则废,后世始屋之,故加广。廷、庭实一字也。"古代宫殿容不下群臣,故群臣上朝是在朝堂前的院子里。潦(lǎo):雨后的积水。③廷理:楚国官名,掌管刑狱。(汉)刘向《说苑·至公》:"子文召廷理而责之曰:

'凡立廷理者,将以司犯王令而察触国法也。'"④非法:不合乎法令。⑤须:等待。⑥驱之:驾车到茆门。⑦殳(shū):古代的一种兵器,以竹木制成长柄,顶部或装金属套头,常用于仪仗先导,或作为司法官员的配备。⑧败:使毁坏。驾:指车乘。⑨为(wèi):对,向。泣:无声哭泣。⑩诛:处罚。⑪踰:越过,这里指越过法律,即违背法令。⑫储主:储君,即将来继承王位的太子。属(zhǔ):依附。⑬矜:持重,严谨。是:这。⑭益爵:增高爵位。⑮出:使出。复过:再犯过错。

译文

楚王紧急召见太子。楚国的法律,(大臣和贵族的)车子不能行驶到茆门。那天下了雨,朝堂前的院子里有积水,太子便径直驾车穿过院子往茆门驶去,廷理(拦下车子)说:"车驾不能到茆门。车子驶到茆门是不合乎法令的。"太子说:"君王紧急召见我,不能等到没有积水。"就赶着马车直奔茆门。廷理举起兵杖击向太子的马,结果马被打倒,车子也翻倒了。太子跑进去流着泪对父王说:"院子里有好多积水,我就驾车到茆门,可廷理说这样不合乎法令,举起兵杖打倒了我的马,把我的车子都弄翻了。父王一定要重重处罚他。"楚王说:"上面有年老的君主,他不肯越过法令放过太子;后面有将来要继承王位的太子,他也不去攀附。真是太严谨了,这真是能为我守护法律的大臣!"于是给廷理提高两级爵位,并打开王宫的后门让太子出去,(叮嘱说)"别再犯这样的过错。"

解说

太子不愿在有积水的院子里行走,就驾车穿过院子,这完全符合人之常情。他或许一时忘记了相关法律规定,或许他内心里根本就不认为自己也应该受法令的约束,以他的身份地位,他认为这是理应属于他的特权。当廷理拦下车子向他告知有关的法律条文时,他还是耐心地作了解释,可见这位太子平素的修养有一定的水平。廷理无情地打翻太子的马车后,太子的反应居然是跑进王宫向父王哭诉,请求父王处罚廷理,这就足以表明楚国的法律制度的实施相当严格,即便是国家的储君也必须依法行事。楚王的反应可谓深明大义,他称赞廷理在执法的过程中,既不考虑现任君王的面子,也不去讨好未来的君王,心里只有神圣的法律,楚王认为这才是法律的守护神。能有如此见识的君王自然不会是普通的君王,他正是那位不鸣则已、一鸣惊人的一代霸主楚庄王。

骄横而傲慢地把自己摆在法律之上,是权力的必然品格。能够使权力服从法律的约束,是政治从野蛮走向文明的重要标志。可惜类似楚庄王这样的君王在历史上凤毛麟角,在绝大多数君王的观念中,法是王法,是自家拿来管束民众的工具。于是不仅君王超然于法律之上,君王的家族和宠信的大臣都是可以肆意践踏法律的特权阶层。

2. 咱家的法

原文

荆庄王有茅门之法,①曰:"群臣、大夫、诸公子入朝,马蹄践霤者,②廷理斩其辀,戮其御。"③于是太子入朝,马蹄践霤,廷理斩其辀,戮其御。太子怒,入为王泣曰:"为我诛戮廷理。"王曰:"法者,所以敬宗庙,尊社稷。④故能立法从令尊敬社稷者,社稷之臣也,焉可诛也?⑤夫犯法废令不尊敬社稷者,是臣乘君而下尚校也。⑥臣乘君,则主失威;⑦下尚校,则上位危。威失位危,社稷不守,吾将何以遗子孙?"⑧于是太子乃还走,⑨避舍露宿三日,⑩北面再拜请死罪。⑪(《韩非子·外储说右上》)

注释

①荆:楚国的旧称。荆庄王:即楚庄王。②诸公子:与"太子"相对,国君的儿子中继承君位的称太子,不继承君位的其他儿子称诸公子。入朝(cháo):进见君主。践:踩踏。霤(liù):屋檐下滴水的地方。按:霤的本义是屋檐的流水,引申指屋檐,又引申指屋檐下滴水的地方。远古先民的房屋顶部有天窗以采光,房内与天窗相对应的地方叫中霤,中霤是家中土地神的位置,古人看得很神圣,祭祀住宅内外五种神灵的"五祀"中便有中霤。后来房屋形制改变,这种关于中霤的崇拜和有关的禁忌习俗便相应地改为屋檐下滴水的地方。③辀

(zhōu):先秦的马车一般是单辕,称为辀。御:驾驶马车的车夫。④敬:使受到敬重。宗庙:古代帝王、诸侯祭祀祖先的庙宇。敬宗庙:指使宗庙永远受到敬重,不会被别国毁坏。尊:恭敬奉持。社:土地神。稷(jì):谷神。古代建国,须立坛庙祭祀社稷;国家被灭亡,宗庙和社稷都要被毁掉,于是社稷成为国家的代称。⑤从令:指严格按照法令办事。社稷之臣:指关系国家安危的大臣。焉:怎么。⑥是:这。乘:陵驾。尚:通"上"。校(jiào):较量,对抗。⑦威:威势,权势。⑧何以:以何,拿什么。遗:遗留,传给。⑨还走:返身跑开。⑩避舍(shè):离开居住的房舍。⑪北面:面朝北。按:古代君主面南而坐,臣下面朝北拜见君主。再拜:古代的一种礼节,行两次拜礼,表示恭敬。请死罪:请求给予死罪,这是描述太子痛心疾首地表示认罪。

译文

楚庄王有关于茅门的法律规定:"大臣、百官以及众公子进见君主,如果有马蹄践踏到屋檐下滴水的地方,廷理要砍断他的车辕,杀死他的车夫。"有一次太子进见君主,马蹄踏到了屋檐下滴水的地方,廷理就把他的车辕砍断,杀掉了他的车夫。太子怒气冲冲地跑进去,流着泪对楚王说:"赶快替我杀掉廷理。"庄王说:"法律是用来保障宗庙受到敬重、奉持社稷不失的工具。所以能够建立法律并严格按照法令办事、恭敬地维护社稷的臣子,是关系国家安危的大臣,怎么能被杀掉呢?触犯法律,废弃法令,不恭敬地维护社稷,这都是臣子凌驾于君主、下属对抗上级。如果臣子凌驾于君主,那么君主就会丧失权势;

如果下属对抗上级，那么在上位者的地位就岌岌可危了。假如权势丧失、地位危殆，那么国家就很难守住了，我将拿什么传给子孙呢？"于是太子转身跑开，连住处也不回在野外住了三天，（回到王宫）面朝北（向父王）行再拜之礼，请求治自己的死罪。

解说

　　这是《守法之臣》故事的另一个版本。两个版本之间，除情节上的不同之外，最有趣的是楚庄王教育太子时的侧重点不同。《守法之臣》中，庄王表彰廷理忠于法律，既不考虑现任君王的面子，也不去讨好未来的君王，指出这是守法之臣最重要的素质。在这个版本里，庄王对儿子讲述了法律的重要性：有了法律，才能保障江山永固，世代享有；如果法律受到破坏，政治就可能陷入混乱，国家就可能因此而衰弱，在当时弱肉强食的国际环境中，楚国就可能无法免于亡国的悲剧。这样，太子虽然可以逞一时之快，但可能将面临国破家亡的结局，也就没有机会得登大位。庄王的教诲使太子幡然悔悟，痛改前非。

　　在传统的家国政治模式下，法的功能是维护家国的统治和权威不受侵犯；其中虽有协调社会关系的条款，但究其真实意图，还是要在社会稳定的前提下，保障自家的江山不被他人染指。庄王的太子明白了这其中的道理，也就知道自己应该是维护法律权威性的表率。

3. 精美的丝带与被休的妻

原文

吴起示其妻以组曰：①"子为我织组，令之如是。"组已就而效之，②其组异善。③起曰："使子为组，令之如是，而今也异善，何也？"其妻曰："用财若一也，④加务善之。"⑤吴起曰："非语也。"⑥使之衣归。⑦其父往请之，吴起曰："起家无虚言。"（《韩非子·外储说右上》）

注释

①吴起：战国初期法家的代表人物。示：给……看。组：丝织的带子。②就：完成。效：呈给。③异：特别，不一般。④财：通"材"，材料。⑤务：用功夫做。善之：使之善，使丝带精美。⑥非语：不是我吩咐的话。⑦衣：穿衣服。

译文

吴起拿一条丝织的带子给妻子看，说道："你给我织一条丝带，一定要跟这条一样。"丝带织好后，妻子呈送给吴起看，那条丝带特别精美。吴起严肃地问妻子："我让你织丝带，交代你一定要跟这条一样，可如今你所织的特别精美，是什么道理？"他妻子说："用的材料和原来的一样，只是特别用了功夫，所以织得更精美。"吴起说："这跟我的吩咐不一致。"于是让她穿戴好衣服回娘家。妻子的父亲前往吴家为女儿求情，吴起说："我吴起家从没有空话。"

解说

传统社会是人情社会。在人情的作用下，一切事情都可以变通。吴起是法家前期的代表人物，他在楚国实施的变法措施，非常重要的一项是"塞私门之请"，改造社会风俗，从而在全社会树立起法在人们心目中的尊严。吴起关于法治的思想，不仅落实在治国理政上，也践行于家庭生活里。妻子织丝带不合乎他设定的标准，于是便被休掉。在另一版本中，妻兄知道吴起是要借妻子炒作自己，使天下都知道吴起精通法治，从而引起大国君主的关注，由此获得迅速上位的捷径，因此根本不理会妹妹的请求；妻弟当时在卫国国君那里得势，直接让国君出面向吴起求情，吴起干脆离开祖国跑到楚国去了。

"法度""法律"经常连用。《说文解字》："律，均布也。"段玉裁注："律者所以范天下之不一而归于一，故曰均布也。""律"有齐整、一律的意思，由此而引申出规范、标准的意思。"度"本指计量长短的标准。因此，法是标准，必须严明才有意义，不可以变通。在法家学派的话语体系里，经常用以作喻的语汇是"绳""中""称"等。绳，即木工的墨线，不允许有一丝一毫的偏差，韩非就说："斫削于绳之内"和"断割于法之外"，都将导致法律失去效用，是造成国家危亡的做法。中（zhòng），是射箭正中靶心，这是执法的关键，即法律条文与处罚的事实应当完全吻合。称，是衡量物体轻重，跟"中"一样，用以说明执法的严明。这些语汇反映出法家对法的基本态度：法既然是标准，就不允许变通；一旦变通，法就没有意义了。韩非指出："先令者杀，后令者斩，则古者先贵如令矣。"战场上抢在命令发出之前就奋勇冲上去要被杀头，生活中如吴起的妻子用同样的材料织出更精美的丝带也要受到处罚。这都表明一个道理：如果不合标准，无论是不足还是超过，都是违法。

4. 一个囚犯与一座城市

原文

卫嗣君之时，有胥靡逃之魏，①因为襄王之后治病。②卫嗣君闻之，使人请以五十金买之，③五反而魏王不予，④乃以左氏易之。⑤群臣左右谏曰："夫以一都买胥靡，⑥可乎？"王曰："非子之所知也。夫治无小而乱无大。法不立而诛不必，⑦虽有十左氏无益也；⑧法立而诛必，虽失十左氏无害也。"魏王闻之曰："主欲治而不听之，不祥。"因载而往，⑨徒献之。⑩（《韩非子·内储说上·七术》）

注释

①胥靡：服劳役的囚犯。逃之：逃到。②因：于是。为(wèi)：替，给。襄王：魏襄王，名嗣，战国时魏国的君主。后：帝王之妻。③使：派出。金：古代称金一镒为一金，一镒是二十两或二十四两。④五反：往返五次。反：后来写作

"返"。⑤乃：于是。左氏：卫国的城邑名。易：交换。⑥夫(fú)：那。都：大的城邑。⑦诛：惩罚。必：一定做到。⑧虽：即使。益：好处。⑨载：用车子运送。⑩徒：白白地，无代价。

译文

卫嗣君在位的时候，有一名服劳役的囚犯逃走，跑到了魏国，于是给魏襄王的王后治病。卫嗣君听到这件事，就派人去请求用五十镒黄金赎买那名囚犯，可派去的人往返跑了五趟，魏襄王执意不肯给人，卫嗣君就提出用左氏邑跟魏国交换那名囚犯。朝廷群臣和左右亲信都劝谏道："用一个大城邑去赎买一名囚犯，那怎么可以呢？"卫嗣君说："这不是你们所能明白的。治理一个国家能做到没有什么是小事，也就不会有大的祸乱发生。假如法度不能确立，惩罚不能严明，即使有十个左氏邑也没有什么好处；而法度确立，惩罚严明，即使失去十个左氏邑也没有什么妨害。"魏襄王听说了这事，说："卫君想治理好国家，我却不听从他的请求，这不吉祥。"就把囚犯用车子送去，白白地献给卫嗣君。

解说

这则故事中，卫嗣君认定以法治国是使弱小的卫国得以生存的首要条件。他所说的"治无小而乱无大"，大意是说，对于治理一个国家而言，没有任何事情是小事，特别是涉及法律制度，都是从小事开始违反法度，逐渐发展下去，结果法度就成为装样子的摆设；法度混乱的国家，迟早会发生大的祸乱。反之，对任何违法的事情，无论大小都能坚决杜绝，从而做到法治严明，就能保障国家的长治久安。因此，为了表现自己捍卫法律的决心，他不惜拿一座城邑换取一名囚犯。

那名逃到魏国的囚犯大概医术水平颇高，利用替魏国王后治病的机会，获得王后的欢心，因此，卫国方面虽然提出相当丰厚的赎买条件，可魏国方面坚持不肯放人。当卫嗣君要拿一座城池交换囚犯的时候，大臣们都觉得不可思议，卫嗣君于是阐明了自己的治国理念。正是他的理念和决心打动了魏襄王，襄王不要任何代价，而向卫国"献"出囚犯，表明对卫嗣君的理念和决心的认同和尊重。

不过，这位魏襄王在孟子笔下的形象却没有如此充满道义的光辉。《孟子·梁惠王上》："孟子见梁襄王。出，语人曰：'望之不似人君，就之而不见所畏焉。卒然问曰："天下恶乎定？"吾对曰："定于一。""孰能一之？"对曰："不嗜杀人者能一之。"……'"在孟子眼里，魏襄王首先缺少作为君主的形象气质，跟他近距离接触也感受不到君主的威严；在与人谈话的过程中，总是没头没脑、出人意外。从襄王发问的话题看，他有远大抱负，幻想自己能成为一统天下的千古雄主，因此他能做出"徒献"囚犯的举动，也算在情理之中。只是这位魏襄王属于那种胸中一团火、脑中一团麻的领导人，在他任内并未做出富民强国的政绩。而那位卫嗣君呢，韩非讲述了他的七则重法用术的故事，可看看他为君的成绩单，就更是惨淡得令人不忍数说，他上任时卫国国君还称"侯"，可四年后他自行贬号称君；卫国的国土不断被大国侵削，到后来仅存濮阳一地。没有别的原因，只因嗣公满脑子小聪明，却缺乏大智慧。

5. 十仞之城与千仞之山

原文

董阏于为赵上地守。①行石邑山中,②涧深,③峭如墙,深百仞,④因问其旁乡左右曰:⑤"人尝有入此者乎?"⑥对曰:"无有。"曰:"婴儿、痴聋、狂悖之人尝有入此者乎?"⑦对曰:"无有。""牛马犬彘尝有入此者乎?"⑧对曰:"无有。"董阏于喟然太息曰:⑨"吾能治矣。使吾治之无赦,⑩犹入涧之必死也,则人莫之敢犯也,何为不治?"(《韩非子·内储说上·七术》)

注释

①董阏(yān)于:春秋末期晋国人,赵简子的家臣,富有才干。上地:指上党地区,在今山西省东南部。当时晋国在此设郡。守:郡的长官。按:赵简子时,韩、赵、魏三家尚未分晋,这里称"赵上地守",大概是以赵代称晋。②行:巡行。石邑:地名,在今河北省石家庄鹿泉市。③涧:山谷。④仞(rèn):古代计算高度的单位,八尺为一仞。⑤旁乡:指居住在深涧附近的人。左右:随行的人员。⑥尝:曾经。⑦痴聋:又呆又聋,指痴呆之人。狂悖(bèi):疯子。⑧彘(zhì):猪。⑨喟(kuì)然:感慨的样子。太息:长叹。⑩使:假如。

译文

董阏于担任赵氏上地的长官。有一次巡视到石邑的山区,看到两侧是高山，异常陡峭，如同墙壁一样直上直下，深度达到百仞。董阏于就问附近的住户和随行的人员："有人曾摔进这山谷里吗？"大家回答说："没有。"董阏于又问："小孩子、痴呆和疯子之类的人曾经有跌进去的吗？"大家回答说："没有。"董阏于又问："牛马狗猪之类的牲畜曾经有跌进去的吗？"大家回答说："没有。"董阏于非常感慨地长叹一声，说道："我能治理好了。假如我的治理（能做到触犯法律必受严惩）绝不宽赦，就如同跌进这个山谷必死无疑，那么就没有人敢触犯法律了，哪里会治理不好呢？"

解说

董阏于由陡峭的山涧得到启发，明白严明的刑罚对于治理国家的重要性。当法律的严肃性和权威性深入人心，即使是权贵阶层也做到视法律为红线不敢触碰，社会就可以治理好了。用韩非的说法："故十仞之城，楼季弗能踰者，峭也；千仞之山，跛牂易牧者，夷也。故明王峭其法而严其刑也。"十仞高的城墙，即便是楼季这样的攀援高手也不可能越过，是因为城墙太陡峭了；高达千仞的山，连跛脚的母羊也能到上面吃草，就是因为山的坡度平缓。法律的威严，不仅在于重刑带来的威慑力，更在于违法者必定得到应有的惩罚；这样，逃避法律制裁的侥幸心理不能得逞，更没有法律之上的特权。

6. 怎样处理往街道上扔垃圾的人？

原文

殷之法，刑弃灰于街者。①子贡以为重，②问之仲尼。③仲尼曰："知治之道也。夫弃灰于街必掩人，④掩人，人必怒，怒则斗，斗必三族相残也，⑤此残三族之道也，虽刑之可也。且夫重罚者，人之所恶也；⑥而无弃灰，人之所易也。⑦使人行之所易，⑧而无离所恶，⑨此治之道。"（《韩非子·内储说上·七术》）

注释

①殷：指商王朝。商多次迁都，商王盘庚迁都到殷（在今河南省安阳市西），后人因称商为殷。刑：用刑。灰：灰烬。草木燃烧后的粉末状的东西。街：城市中四通的道路。②子贡：姓端木，名赐，孔子弟子。③问之：指询问有关殷法"刑弃灰于街者"这件事。④掩：遮盖，这里指灰烬飞扬洒到人身上。⑤三族：指整个家族。按：关于"三族"有不同说法，《周礼·春官·小宗伯》郑玄注以为指父、子、孙；《仪礼·士昏礼》郑玄注说指父昆弟、己昆弟、子昆弟，说法不同，所指应一致。《大戴礼记·保傅》卢辩注认为指父族、母族、妻族。总之，这里"三族相残"应是指与当事人有血缘或姻亲关系的人都参与到斗殴之中。残：伤害。⑥夫（fú）：那种。所恶（wù）：厌憎的事情。⑦无：不。所易：觉得容易做到的事情。⑧行：做。

之：这里相当于"其"。⑨无：不。离：通"罹"，遭受。

译文

商朝的法律规定，对那些把灰烬抛弃在大街上的人要处以刑罚。子贡觉得这样的处罚太重了，就向孔子请教这件事。孔子说："这是懂得治国之道的做法。在大街上抛洒灰烬，必然弄到别人身上；灰烬弄别人一身，对方必然生气；气头上一定会争吵打斗；争斗急了就会闹到整个家族都参与进来相互伤害。这样说来抛洒灰烬便成为伤害整个家族的做法了。因此就算对在大街上弃洒灰烬的人用刑，也是合理的。而且重罚是人们都不愿接受的；不在大街上弃洒灰烬，则是人们很容易做到的。让人们做他们觉得容易的事情，而不遭受他们厌憎的事情，这才是治理国家的根本道理。"

解说

在法治思想方面，韩非主要继承了商鞅，极力主张重刑。商鞅关于重刑的许多论述，韩非都采取了拿来主义的态度，直接大段地搬到自己的文章里（也可能是后世传抄过程中混入《韩非子》一书）。例如，《商君书·靳令》："重刑少赏，上爱民，民死赏；重赏轻刑，上不爱民，民不死赏。"（刑罚重，赏赐少，这实际上是君上爱护人民，人民也肯为赏赐而牺牲；如果赏赐重、刑罚轻，这就是君上不爱护人民，人民也不会为赏赐而牺牲。）"行罚，重其轻者，轻者不至，重者不来，此谓以刑去刑，刑去事成。罪重刑轻，刑至事生，此谓以刑致刑，其国必削。"（如果对轻罪施用重刑，那么，轻罪就不会产生，重罪不会出现,这叫做用刑罚来遏止刑罚,刑罚反而派不上用场,而事业可以成功。如果对重罪用轻刑,那么,刑罚就会频繁使用,乱事随着产生,这叫做用刑罚导致更多的刑罚。)这些文字,也都出现在《韩非子·饬令》里。商鞅和韩非都反复表明,重刑不意味着残暴,轻刑不是爱民而是害民,如《商君书·赏刑》所言:"重刑连其罪,则民不敢试。民不敢试,故无刑也。夫先王之禁刺杀,断人之足,黥人之面,非求伤民也,以禁奸止过也。故禁奸止过,莫若重刑。刑重而必得,则民不敢试,故国无刑民。"

这则故事中,韩非又一次让孔子扮演了重刑主义代言人的角色。孔子一向主张仁政德治,对法治至上尤其是重刑则持明确的反对态度,他若地下有知,不知会对韩非给自己安排的角色作何感想呢?把垃圾随意抛洒在街道上,是全无公德的行为,完全不考虑对他人的影响;对此,孔子会依然坚持靠道德教育来解决这样的问题吗?如果整个社会的公德意识非常淡薄,孔子又将提出怎样的对策呢?

7. 乱世用重典

原文

荆南之地,丽水之中生金,①人多窃采金。采金之禁:得而辄辜磔于市。②甚众,壅离其水也,③而人窃金不止。夫罪莫重辜磔于市,犹不止者,不必得也。故今有于此,曰:"予汝天下而杀汝身。"④庸人不为也。⑤夫有天下，大利也；犹不为者，知必死。故不必得也，则虽辜磔，窃金不止；知必死，则有天下不为也。(《韩非子·内储说上·七术》)

注释

①荆南：楚国南部。丽水：古河流名。《千字文》"金生丽水"即典出《韩非子》。或以为即金沙江流入云南丽江的一段称丽水。②辄（zhé）：就。辜磔（zhé）：古代分裂肢体的酷刑。③壅：堵塞。离：通"迾"（liè），遮拦，阻断。④予：送给。汝：你。⑤庸人：平常的人。

译文

楚国南部地方，丽水里出产砂金，很多人偷偷地开采金子。按照楚国有关采金的禁令，私采金子被抓住，就在街市上处以分裂肢体的酷刑。(被处以酷刑的人)很多，尸体被抛到丽水里，把河流都堵塞了，可人们偷采金子的行为还是不停止。罪刑没有比在街市上分裂肢体更重的了，但偷采金子的行为依然不停止，是因为偷采金子不一定被抓到。所以假如现在有人在这儿说："把天下送给你，但要把你杀掉。"平常的人是不会干的。拥有天下，是莫大的利益；人们还是不会做，是因为知道一定丧命。所以不一定被抓住的话，虽然有分裂肢体的酷刑，偷采金子的行为依然不停手；如果知道一定要丢掉性命，那么即使给他整个天下他也不干。

解说

在巨大的利益面前，假如有丢掉性命的危险，也有逃脱处罚的可能性存在，通常会有人甘冒风险赌上一把。人的这种侥幸心理是人的本能意识，尤其是面对非分的利益时，强大的贪欲冲动和侥幸的心理预期会完全支配人的行为，让人铤而走险。基于对人性的这一认识，商鞅提出"重刑"的观点，认为轻罪重罚可以达到"以刑去刑"的目的，"行刑重其轻者，轻者不生，则重者无从至矣。"重刑可以最有效地预防违法行为的发生，是"爱民"的体现。受到商鞅的影响，韩非特别相信重刑的威慑力，同时强调，重刑起到应有的威慑力的前提是必须做到违法必究、执法必严。他打比方说，面对十来丈高的城墙，连最善于攀援的楼季也攀不上去，那是因为陡峭；可千丈高山若山势平缓，那么连跛了腿的羊也能上去吃草。少量的布帛，常人不会丢掉；但如果是大量正在镕化的金子，连盗跖也不会去拾取。所以人们在利益面前的取舍要看是不是一定受损害，由此得出的结论是："明王峭其法而严其刑。"

  关于重刑是不是一定可以有效地防止犯罪，管子也有论述。《管子·正世》："今使人君行逆不修道，诛杀不以理，重赋敛，竭民财，急使令，罢（pí，使疲惫不堪）民力。财竭，则不能毋侵夺；力罢，则不能毋堕倪（怠惰傲慢）。民已侵夺堕倪，因以法随而诛之，则是诛罚重而乱愈起。夫民劳苦困不足，则简禁而轻罪。如此，则失在上；失在上而上不变，则万民无所托其命。今人主轻刑政，宽百姓，薄赋敛，缓使令，然民犹淫躁（放纵浮躁）行私而不从制，饰智任诈，负力（依仗力量）而争，则是过（过错）在下。……故古之所谓明君者，非一君也，其设赏有薄有厚，其立禁有轻有重，迹行（行为）不必同，非故相反也，皆随时而变，因俗而动。夫民淫躁而行僻，则赏不可以不厚，禁不可以不重。故圣人设厚赏，非佚也；立重禁，非戾也。赏薄，则民不利；禁轻，则邪人不畏。"君主胡作非为，横征暴敛，让百姓无以活命，这种社会现实的责任完全在君主，如果君主不改弦易辙，反而企图用加重刑罚的办法控制局势，结果只能使社会更加混乱。所以不能一味强调重刑，需要根据不同的社会情况，作出正确的分析判断，找出社会问题的症结所在，然后制定相应的法律制度。管子对社会政治的认识无疑比韩非更全面深刻。

8. 法与情的冲突

原文

梁车新为邺令，①其姊往看之，②暮而后，③门闭，因踰郭而入。④车遂刖其足。赵成侯以为不慈，⑤夺之玺而免之令。⑥（《韩非子·外储说左下》）

注释

①新：刚。②看：探望。③后：指过了关城门的时间到达。④踰：翻越。郭：外城城墙。⑤赵成侯，名种，赵敬侯之子，战国时赵国君主。慈：仁爱。⑥玺：官印。

译文

梁车刚担任了邺地的行政长官，他姐姐前去看望他，日暮时分，已经过了关城门的时间，（才赶到邺城。）城门已经关了，梁姐就翻越城墙进了城。第二天，梁车依法对姐姐处以断足的刑罚。赵成侯认为梁车没有仁爱之心，于是就让他交出官印，免去他邺令的职位。

解说

梁姐是个猛女，翻墙进城虽属无奈之举，可毕竟触犯了刑律。身为邺城令的梁车于是面临两难选择：照顾亲情，还是维护法律？前者为私，后者为公。梁车够狠，毅然对老姐实施断足之刑。赵成侯听闻此事也陷入矛盾：梁车为自家的臣子，维护的是赵家法律，为赵家利益不惜牺牲骨肉亲情；可这实在称得上人间惨剧，有悖人情伦理，如果自己对梁车之举持肯定态度，传扬出去，则国人不免会认为自己在为此种残暴行为背书。最终，赵成侯作出的决定是，让梁车背上恶名，又革去其官职。

当法律与人情产生对立时，韩非主张法律至上，任何事情都不应当迁就人情而破坏法律，因为"法败则国乱"。韩非创造出"小忠"这样一个概念，用以指对私人的忠爱，指出："若使小忠主法，则必将赦罪以相爱；是与下安矣，然而妨害于治民者也。"（《十过》）意思是说：如果派小忠的人掌管法制，他就一定尽量赦免下面人的罪过来表示相爱。这样他跟他治下的人确实和谐共处了，可是却极大地妨害了治理民众。这则故事里的梁车在韩非观念中是模范的执法官员，但在讲人情的社会氛围里就是个异类，可以想见人们评价他的作为大概就是"禽兽不如"。因此，韩非在《八说》篇里激烈抨击了社会评价体系与法制相对立的现象："为故人行私谓之不弃"，"不弃者，吏有奸也";"枉法曲亲谓之有行","有行者,法制毁也"。一个人利用自己的权位帮老友谋求私利,人们就说他不弃旧;不弃旧就意味着他做官徇私舞弊。一个人为偏袒自己亲爱的人不惜违背法律,人们就说他有义行;他有义行就意味着法制遭到破坏。韩非深刻地意识到社会评价体系与法制之间脱节的问题;面对同样的问题,孔子说:"故旧不遗,则民不偷。"(《论语·泰伯》)在上位的人不遗弃旧交,那老百姓就不会冷淡无情。但是,倘若旧交犯法,在上位者又如何呢?

9. 请托

原文

韩昭侯谓申子曰:①"法度甚不易行也。"申子曰:"法者,见功而与赏,因能而受官。②今君设法度而听左右之请,③此所以难行也。"④昭侯曰:"吾自今以来知行法矣,⑤寡人奚听矣。"⑥一日,申子请仕其从兄官。⑦昭侯曰:"非所学于子也。⑧听子之谒,⑨败子之道乎,亡其用子之谒?"⑩申子辟舍请罪。⑪(《韩非子·外储说左上》)

注释

①申子:申不害,战国时郑国京邑人,韩灭郑后,曾任韩昭侯的丞相,十五年间使韩国强盛。其学本于黄老,特别注重刑名法术。著有《申子》,宋时散佚。清人马国翰《玉函山房辑

佚书》有《申子》辑本,已非原貌。②因:依据。受:同"授",授予。官:官职。③左右:指君主身边的近臣。请:请托,指以私事相嘱托。④所以难行:实行起来很困难的原因。⑤自今以来:相当于自今以后。⑥奚:疑问代词,什么。奚听:听什么。这是说要严格按照法律办事,不再听从任何法外的请托。⑦仕:使做官。从兄:堂兄。⑧所学于子:从您那儿学来的治术。⑨谒(yè):请托。⑩亡:通"忘"。按:《战国策·韩策》:"又亡其行子之术而废子之谒乎?"清人顾广圻据此认为《韩非子》此处有脱文。王引之《经传释词》认为"亡其"犹"抑"字,是表选择的连词,相当于"还是"。⑪辟(bì):躲避,退避。这个意义后来写作"避"。辟舍(shè):指退出君主处理政事的地方。

译文

韩昭侯对申不害说:"法度很不容易实行。"申不害说:"所谓法,就是看到谁有功劳就给予赏赐,依据才能而授予官职。如今君主设立了法度,而又听从左右近臣的请托,这就是法度实行起来很困难的原因。"昭侯说:"我从今以后知道怎样实行法度了。我还听什么请托呢?"有一天,申不害请求任用他的堂兄为官,昭侯说:"这不是我从您那儿学来的道理呀。我是听从您的请托,从而破坏您的治国思想呢?还是忘掉办理您的请托这件事呢?"申不害赶紧退出宫殿并请求治罪。

解说

所谓请托,就是跑关系、走门路、通关节。这是人情社会最常见的现象。在这样的社会里,人际关系具有至高无上的神通,几乎所有的事情都需要找熟人、跑关系。有关系一路畅通,无所不能;没有关系则寸步难行,至少会遭遇冷脸和刁难。关系型社会意味着无序和规则的缺失。即便建立了法度,也只能是一种装饰和摆设,无法真正对社会起到约束和制衡作用。因为法律规定在人情关系面前可能会不堪一击。韩非等先秦法家努力倡导的,便是要使国家走出关系型社会,让完善的法律成为规范整个社会生活的唯一标准,从而实现社会的有序化。

申不害是法家的代表人物之一,他在理论上对于法治的认识和论述非常系统和深刻。他告诫韩昭侯做事严格依照规矩,不在法度之外答应身边亲近的臣子的请托,这样,才能在全社会树立法律的权威和尊严,才能真正使韩国走上法治的轨道。可是,当他向君主请求给自己的堂兄一个官职时,大概并没有想到堂兄是无功受禄,也没有考虑堂兄的能力如何;以他身为相国的显赫位置,给堂兄谋个官职,实在算不上什么大事;以他为韩国的发展强盛做出的杰出贡献,这件事也委实不能说过分。总之,在人情社会的背景下,他的这一作为合情合理。然而,对于努力在韩国建立法治社会的申不害来说,他应该意识到,正是这样一件件具体的特殊事由,合情合理地导致了法律制度的败坏、崩溃。

10. 孔子救火

原文

鲁人烧积泽。①天北风,火南倚,恐烧国。②哀公惧,自将众趣救火。③左右无人,尽逐兽而火不救,④乃召问仲尼。仲尼曰:"夫逐兽者乐而无罚,救火者苦而无赏,此火之所以无救也。"哀公曰:"善。"仲尼曰:"事急,不及以赏;⑤救火者尽赏之,则国不足以赏于人。请徒行罚。"⑥哀公曰:"善。"于是仲尼乃下令曰:"不救火者,比降北之罪;⑦逐兽者,比入禁之罪。"⑧令下未遍而火已救矣。⑨(《韩非子·内储说上·七术》)

注释

①烧:火田,放火焚烧草木而田猎。积泽:草木丛生的沼泽。②倚:偏侧,斜行。南倚:朝着南面而行。国:国都。③将(jiàng):率领。趣:赶往。救:使止。救火:灭火。④尽:全部。逐:追逐。⑤以赏:用赏。⑥徒:只,仅仅。⑦比:比照,依照。降(xiáng)北:投降败逃。北:战败。⑧禁:禁地,如君主的宫苑等,一般人不得擅自进入。⑨遍:周遍,普遍。

译文

鲁国人放火焚烧都城北面一处草木丛生的沼泽而田猎,结果因刮大北风,火势向南延烧,眼看要烧到都城了。鲁哀公非常恐慌,亲自率领众人赶往灭火。可他的身边没人跟随他灭火,人们全都去追逐野兽,所以大火不能扑灭。鲁哀公于是把孔子召来询问,孔子说:"那些追逐野兽的人很欢乐,却不会受到任何处罚;参加灭火的人劳苦却没有赏赐,这就是大火没有扑灭的原因。"鲁哀公说:"说的好。"孔子说:"事情紧急,用赏已经来不及;救火的人全都赏赐,那么鲁国的财富还不够用来赏赐救火的人。请只用刑罚吧。"鲁哀公说:"好。"于是孔子便传下命令:"不参加灭火的人,等同于战败投降的罪;追逐野兽的人,比照擅入禁地之罪。"命令还没有传达到每个人,大火已经扑灭了。

解说

在这则故事中,韩非让孔子来扮演了一位厉行法治的角色,这位孔仲尼的政治思想很清晰:第一,君主手中掌握着赏赐和惩罚两种权柄,凭借这两大利器,君主足以控制和驱使民众;第二,在特定的情况下,只需用好刑罚,也可以达到让臣下和百姓服从的目的;第三,君主的职责是用好赏罚,而不是事必躬亲。

在孔子的话语体系中,"法""刑""赏""罚"都是高度冷僻的词汇,这大概是每位《论语》读者的同感。孔子认为,用政令来引导百姓,用刑罚来规范百姓的行为,百姓确实会因为恐惧而尽力避免惩罚,然而这只是受外力的强迫,并非因内在的感化,所以没有羞耻感。孔子主张德化,主张用礼来统一人们的行为,在百姓的内心建立道德秩序,这样百姓就能够自觉自愿地顺从在上者的引导。可见,在孔子看来,礼和法是不能兼容的两种为政理念,通过思想文化的统一来控制人们的观念与行为,比起用刑法规范整个社会生活,具有更长久的力量。

11. 分谤

原文

靡笄之役,①韩献子将斩人。②郤献子闻之,③驾往救之。④比至,⑤则已斩之矣。郤子因曰:"胡不以徇?"⑥其仆曰:⑦"曩不将救之乎?"⑧郤子曰:"吾敢不分谤乎?"⑨(《韩非子·难一》)

注释

①靡笄(mó jī):山名,在今山东省长清县境内。役:战事。靡笄之役,即著名的齐晋鞌之战,公元前589年晋军为救援受到齐国进犯的鲁、卫两国,在齐国境内的鞌打败齐军。②韩献子:韩厥,春秋时晋国的大夫。靡笄之役,韩厥担任司马,掌管祭祀和赏罚。斩人:指韩厥以军法处决人。这是晋军赴齐国途中发生的事情。③郤(xì)献子:郤克,晋国的大夫,此次晋军讨伐齐国,郤克担任中军主帅。④驾:驾着战车。救:阻止。大概韩厥斩人一事有误判。⑤比:等到。⑥胡:为什么。徇(xùn):巡行示众。⑦仆:指驾车的人。⑧曩(nǎng):从前,刚才。⑨敢:岂敢。表谦敬的副词。谤:非议。分谤:分

担众人对此事的非议,也就是让众人不单单非议韩厥一人。

译文

在靡笄战役中,韩献子将要以军法斩杀有过错的人。郤献子听到这个消息,赶紧驾车前往制止。等他赶到,已经把人杀掉了。郤子于是说:"为什么不把那人的尸体巡行示众呢?"他的车夫说:"刚刚您不是想来救那人的吗?"郤子说:"我怎敢不分担众人的非议呢?"

解说

对这则故事,后世多有见仁见智的不同评价。韩非对郤克的做法提出了严厉的批评。他认为,韩厥依法处决的人如果确有罪过,郤克就不该插手施救,因为这是破坏法度的做法;如果被处死的人确实没有罪过,那么郤克就不该再指示拿死者的尸体巡行示众,因为这等于是在让无辜的死者蒙受双重的冤屈。"重不辜,民所以起怨者也,民怨则国危。"民众内心充满怨恨,国家从此失去存在的根基。韩非进一步分析说,被处死的人若是确有罪过,民众就不会有非议,你郤克又分什么谤呢?如果是彻头彻尾的一桩冤案,郤克居然又错上加错地拿死者的尸体巡行示众,民众非议的就不仅是韩厥的错斩,而且要非议郤克的冤上加冤;而且韩厥也无法意识到自己的过失。韩非说,"且民之望于上也甚矣",民众希望为政者公正、公平地行使权力,当下一级的韩厥制造了冤案,人们便期待着他的上级郤克能及时纠正错误,还死者以清白。如今郤克为维护同僚下属不惜同他沆瀣一气,"则民绝望于上矣",让民众对上面彻底绝望,这不是明智的为政者应当采取的做法。

12. 严酷的法与仁慈的心

原文

孔子相卫,①弟子子皋为狱吏,刖人足,所跀者守门。②人有恶孔子于卫君者,曰:"尼欲作乱。"③卫君欲执孔子,孔子走,④弟子皆逃。子皋后门,⑤跀危引之而逃之门下室中,⑥吏追不得。夜半,子皋问跀危曰:"吾不能亏主之法令而亲跀子之足,⑦是子报仇之时也,⑧而子何故乃肯逃我?⑨我何以得此于子?"跀危曰:"吾断足也,固吾罪当之,⑩不可奈何。然方公之狱治臣也,公倾侧法令,先后臣以言,⑪欲臣之免也甚,而臣知之。及狱决罪定,公憱然不悦,形于颜色,⑫臣见又知之。非私臣而然也,⑬夫天性仁心固然也。⑭此臣之所以悦而德公也。"⑮孔子曰:"善为吏者树德,不能为吏者树怨。⑯概者,平量者也;⑰吏者,平法者也。治国者不可失平也。"(《韩非子·外储说左下》)

注释

①相(xiàng):担任相国。孔子相卫,不见于其他文献。〔日〕松皋圆《定本韩非子纂闻》推断可能是当时卫国的卿孔悝被误传为孔丘。②子皋(gāo):高柴,字子羔,文献中或写作"子皋"。春秋末期卫国人,孔子的弟子。狱吏:古时掌管讼案、

刑狱的官吏。刖（yuè）：古代断足的酷刑。跀：同"刖"。③恶（wù）：中伤。尼：指仲尼，孔丘的字。作乱：发动叛乱。④执：捉拿，逮捕。走：逃跑。⑤后门：后于闭门，在城门关闭之后才到城门，所以无法出门。门：关闭城门。按：各版本"后门"原作"从出门"，依顾广圻、陈启天、陈奇猷等各家意见改。⑥危：通"跪"，脚。跀危：对砍掉脚的人的称呼。引：引导。逃：使逃。之：指代子皋。门下室：城门边的屋子，大概是守门人的住所。⑦亏：损害，破坏。子：您。⑧是：这。⑨何故：什么原因。乃：反倒。肯：愿意。逃我：使我逃。⑩固：本来。当之：与之相当，即其罪本应处以这样的刑罚。⑪方：当。狱治：审理案件。臣：跀危自称。古时通行用"臣"为谦称，表示身份低下，不限于臣对君的自称。倾侧：倾斜，这里指翻来覆去地衡量。先后：辅导，帮助。⑫及：等到。狱决：诉讼被判决。憱（cù）然：不悦的样子。形：表现。颜色：脸色，面色。⑬私：偏私，袒护。然：这样。⑭天性：天生的本性。仁心：仁爱之心。固：本来。⑮德：感恩。⑯树德：树立恩德。树怨：结怨，树立仇恨。⑰概：古代用斗斛称量谷物，斗斛加满后用短木一类的工具刮平，这种工具称为概。平：使平，刮平。量（liàng）：斗斛之类的量器。

译文

孔丘做卫国的相国，他的弟子子皋做狱吏，对一个罪犯实施了刖刑。受了刖刑的人去看守城门。有人在卫国国君面前中伤孔丘，说："仲尼想叛乱。"卫国国君要把孔子抓起来，孔子（听到风声）逃跑了，他的弟子们也都逃走。子皋在城门关闭之后才到城门，砍掉脚的人跀危领着他让他逃进城门边自己的屋子里，官吏没有抓到他。半夜里，子皋问跀危："我不能破坏君主的法令，亲自下令砍断了您的脚，现在正是您报仇的时候，您为什么反倒愿意使我逃脱？我凭什么得到您这样的好处呢？"跀危说："我被砍断脚，本来是我自己罪有应得，没有办法的事。然而当您审理我的案件时，您翻来覆去地衡量法令，拿话来引导和帮助我，很想减免我的刑罚，这我是知道的。等到案件被判决、罪刑被量定，您心里很不高兴，表现在脸色上，我看到并明白这一点。并不是对我有所偏私才这样，而是您那种天生的仁爱之心本来是这样的。这就是我为什么对您充满好感并感恩戴德。"孔子说："善于为官的人树立恩德，不善于为官的人结下怨仇。概这种工具是用来刮平量器的，官吏是用来使法律公平的。治理国家的人不可以失去公平。"

解说

孔子的弟子子皋任卫国狱吏时，依法对一个犯罪的人施用刖刑，而这个人不但不怨恨子皋，反而在子皋有难时给予帮助，原因是子皋在处理这人的案子时，一方面坚守法律，同时并不是尽情发挥刑罚的残暴，而是在判案和行刑的过程中表现出自己天生的仁慈。子皋能以仁爱之心严格执法，这正是孔子所称赞的"善为吏者"。古代的刑罚一般是肉刑，墨、劓、刖、宫、大辟五刑之中，最轻的墨刑（黥刑）也要用刀在受刑者的面额上刻字，然后在所刻之处涂墨。《国语·鲁语》："大刑用甲兵，其次用斧钺，中刑用刀锯，其次用钻笮，薄刑用鞭扑，以威民也。""笮"通"凿"，韦昭注："笮，黥刑也。"仅看施用刑罚的工具，也足以令人毛骨悚然。在执法机构中做事时间长了，性情自然难免趋于暴戾残忍，甚至变得毫无人性，在折磨罪犯肉体的过程中获得快感。这样的执法不仅起不到法律应有的威慑作用，反而制造了人与人之间的仇恨，加重了整个社会的狠戾之气。

  韩非虽然经常强调"仁义爱惠之不足用，而严刑重罚之可以治国"，但是，他更多的是从君主治国的指导思想应重视法律的角度出发，而不是主张抛弃仁义。他认为，大仁大义乃是"忧天下之害，趋一国之患"，为此"不辞卑辱"，"不惮乱主闇上之祸患"，始终坚定地以"必思以齐民萌之资利"为人生目标。他主张"重刑"，同时他反复表明，法律本是要禁止犯罪的，因此只有轻罪重刑，才能充分发挥法律的威慑作用，使人不敢犯罪，从而人们也不用受刑罚的折磨，这是"以刑止刑"。如果用轻刑来表明君主的仁爱，结果导致人们轻易犯罪而接受法律的惩罚，这恰恰是不仁爱的表现。

七、用人原则

1. 薄疑的洞见与困境

原文

卫嗣君谓薄疑曰："子小寡人之国，以为不足仕，①则寡人力能仕子，请进爵以子为上卿。"②乃进田万顷。③薄子曰："疑之母亲疑，以疑为能相万乘所不窕也。④然疑家巫有蔡妪者，⑤疑母甚爱信之，属之家事焉。⑥疑智足以信言家事，疑母尽以听疑也；然已与疑言者，亦必复决之于蔡妪也。故论疑之智能，⑦以疑为能相万乘而不窕也；论其亲，则子母之间也，然犹不免议之于蔡妪也。今疑之于人主也，非子母之亲也，而人主皆有蔡妪。人主之蔡妪，必其重人也。⑧重人者，能行私者也。⑨夫行私者，绳之外也；⑩而疑之所言，法之内也。绳之外与法之内，雠也，⑪不相受也。"（《韩非子·外储说右上》）

注释

①小：认为小，嫌小。不足仕：不值得做官。②仕子：使您做官。进爵：晋升爵位。爵位是代表贵族或功臣身份、地位的称号，受封爵位后通常可得到食邑或相当数量的财富。③进：奉上，送给。顷：百亩为一顷。④相万乘（shèng）：担任拥有万辆兵车的大国的国相。窕（tiǎo）：本义是极深，引申指以为极深；"不窕"即不以为极深，亦即能力可以达到。⑤蔡妪（yù）：姓蔡的年老妇人。⑥属（zhǔ）：委托，托付。⑦论：衡

量。⑧重人：有权势的人。⑨行私：按自己的意图行事。⑩绳：木匠用的墨线，喻指法度。⑪雠（chóu）：对手，仇敌。

译文

卫嗣君对薄疑说："您觉得我的国家太小，以为不值得做官，可是我有权力能满足您做官的要求，请让我给您进升爵位，任用您担任最高一级的卿。"于是封给他万顷田地的俸禄。薄疑说："我的母亲很爱我，认为我做万乘大国的相完全不成问题。可是我家有一位巫婆蔡妈妈，我母亲非常喜爱并信任她，把家里的事务都托付给她处理。我的智慧足以商讨家事，我母亲也完全听信我；可是已经和我谈好的事，她又一定会再去跟蔡妈妈商量决定。所以论到我的智慧能力，认为我能做万乘大国的相完全不成问题；论到关系的亲密，那是儿子和母亲的关系。可是还是不免要跟蔡妈妈商量决定。如今我和君主之间没有母子之间那样亲密的关系，而君主的身边都有蔡妈妈那样的人物。君主身边的蔡妈妈一定是权高势重的人物，这些握有权势的人是有能力按自己的意图行事的。按自己的意图行事，是违背法度的；而我所提供的意见，是遵行法度的。违背法度和遵行法度是相互对立的，是不能相容的。"

解说

薄疑有杰出的政治才干，《淮南子·说山训》记载说他曾以"王术"游说卫嗣君，《吕氏春秋》的《务本》《审应》等篇说到他劝止卫嗣君征收重税的打算。本则故事里，卫嗣君求才心切，出手很任性。但是，薄疑颇理性，冷静地剖析了在家天下的政治体系中，君主的决策受到各方利益集团的制衡，很难依照法度行事。作为一个高度重视法度的官员，他与那些身居高位、手握大权而又以私利为重的政客之间，是水火不相容的关系。因此，如果得不到君主的充分信任，他的处境是非常困难和危险的。

韩非的名篇《孤愤》，主要便是在阐述法术之士在同当权重臣的矛盾和斗争中始终处在势单力孤的地位。法术之士正直无私、力行法治，以维护君权、富国强兵为己任；当权重臣结党营私、专权蔽主，以谋取自己的地位和利益最大化为目标。因此，当权重臣没有任何底线，可以使用各种手段排挤、打压、迫害坚持原则的法术之士，使他们无法得到君主的了解和信任，因而造成"主上卑而大臣重，主失势而臣得国"的局面。这两种政治势力"不可两存"的尖锐对立，是极权政治的必然结果，不唯战国时代如此。

2. 管仲识人

原文

桓公问置吏于管仲，管仲曰："辩察于辞，①清洁于货，②习人情，夷吾不如弦商，请立以为大理。③登降肃让，以明礼待宾，臣不如隰朋，④请立以为大行。⑤垦草仞邑，⑥辟地生粟，臣不如宁武，请以为大田。⑦三军既成陈，⑧使士视死如归，⑨臣不如公子成父，请以为大司马。⑩犯颜极谏，⑪臣不如东郭牙，请立

以为谏臣。⑫治齐,此五子足矣;将欲霸王,⑬夷吾在此。"(《韩非子·外储说左下》)

注释

①辩:通"辨",辨别,辨明。察:清楚,明白。②清洁:清明廉洁。货:财物。③大理:主管司法的官员。④登降:指举行朝聘、会盟等诸侯间的重大国事活动以及日常招待迎送宾客时,登阶、降阶和登堂、下堂等各种礼仪。肃让:宾主相见时端庄谦恭地行礼。明礼:恰切周备的礼数。隰(xí)朋:春秋时齐国的大夫。⑤大行:主管礼仪和接待宾客事务的官员。⑥垦草:指开垦荒地。仞邑:使城邑充实。⑦宁武:应是宁戚,春秋卫人,齐国的大夫。大田:主管农事的官员。⑧三军:春秋时,大国多设上、中、下三军,以中军为统帅。陈(zhèn):阵列,阵势。后来写作"阵"。⑨视:看待。归:归宿。⑩大司马:主管军事的官员。⑪犯:触犯。颜:脸色。犯颜:指不怕让君主变色大怒。极谏:不顾一切地尽全力进言劝谏。⑫谏臣:主管进言规劝的官员。⑬霸王:称霸称王,指成为诸侯之长。

译文

桓公向管仲咨询安排官吏的事宜。管仲回答说:"对于别人说的话,能够分辨清楚(真伪虚实),在财物方面清明廉洁,熟知人情世故,我不如弦商,请任命他担任大理。在各种礼仪场合举止得体、言语合宜,用恰切周备的礼节应接宾客,我不如隰朋,请任命他担任大行。开垦荒地,使城邑充实,开辟田亩,生产粮食,我不如宁戚,请任命他做大田。统帅三军排兵布阵,使士卒奋勇向前视死如归，我不如公子成父，请任命他做大司马。不害怕让君主变色大怒，不顾一切地尽全力劝谏，我不如东郭牙，请任命他做谏臣。治理齐国，有这五个人就足够了；将要成就霸王大业，我管夷吾在这里。"

解说

识人是对一个人的特长有清醒而准确的认识，知道他的能力所及，一定能够做好哪方面的事情。管仲对齐国五位大臣的分析评判，中肯允当，比如弦商不仅具有对别人言辞的分辨力，洞察人情世故的同理心，而且具有廉洁自律的品格，这两个方面是主管司法的官员不可或缺的。如果仅具前项特质，就有可能因贪图财利而徇情枉法；若仅有后项特质，也免不了要被巧言令色所蒙蔽，从而葫芦僧乱判葫芦案。

识人是为了用人，使人尽其才。为政者在用人方面最忌任人唯亲，其次要防止被谄谀奉迎所迷惑；这两种情形都会导致昏官庸吏在位，贻误国政。但是，识人并非易事，需要很高的政治智慧。韩非在《显学》篇里说，孔子曾因澹（tán）台子羽有君子的仪表而看中了他，结果与他相处日久发现他的品行跟仪表完全不相称；又曾因宰予能言善辩且言辞博雅而看中了他，相处时间一长，却发现他的智慧根本配不上他的言辞。所以孔子感叹"以容取人"和"以言取人"都让自己看走了眼。以孔子的智慧在识人方面尚且会有失误，更何况智慧远不及孔子的为政者呢？再加上为政者面对的追名逐利之徒通常能说会道，见人说人话、见鬼说鬼话的忽悠功夫无不臻于炉火纯青的化境，要识破其层层伪装，情商、智商都须在其上。事实上，当时的君主往往因为喜欢一个人的滔滔雄辩就委以重任，从而导致政治、军事方面的惨重损失。如赵孝成王听信赵括的纸上谈兵，派他取代廉颇为将，结果赵军大败，被秦军坑杀四十五万士卒。

所以韩非认为，最可靠的用人之道是"循天顺人而明赏罚"（遵循天道，顺应人情，赏罚明确）；这样使人们"效功于国以履位，见能于官以受职，尽力于权衡以任事"，为国家建立功劳来得到位置，通过在某一方面表现出才能从而接受职务，凭借尽力依法做事来担任职事。总之，根据实际做事的能力来识人、用人，并且建立明确、完备的用人制度，如此方能不出偏差。

3. 西门豹治邺

原文

西门豹为邺令，①清克洁悫，②秋毫之端无私利也，而甚简左右。③左右因相与比周而恶之。④居期年，⑤上计，君收其玺。⑥豹自请曰："臣昔者不知所以治邺，今臣得矣。愿请玺，复以治邺。不当，请伏斧锧之罪。"⑦文侯不忍而复与之。豹因重敛百姓，⑧急事左右。⑨期年，上计，文侯迎而拜之。豹对曰："往年臣为君治邺，而君夺臣玺；今臣为左右治邺，而君拜臣。臣不能治矣。"遂纳玺而去。⑩文侯不受，曰："寡人曩不知子，⑪今知矣。愿子勉为寡人治之。"⑫遂不受。（《韩非子·外储说左下》）

注释

①西门豹：战国时魏国人。魏文侯时担任邺令，破除当时为河伯娶妇的恶俗，兴修水利。邺：今河北省临漳县。②克：克制，自制；指严格约束自己。洁：指洁身自好。悫（què）：诚实。③简：轻视，怠慢；指不去奉迎巴结。左右：指君主身边的人。④比周：勾结；指结成关系亲密的小圈子。恶（wù）：诋毁，诽谤。⑤居期（jī）年：过了一年。指西门豹在任满一年。⑥上计：战国至秦汉时地方官在年终向君主呈送文书，报告所治理地方的户口、赋税、盗贼、狱讼等政治经济情况，作为政绩考核的依据。玺：官印。收玺意味着免职。⑦不当：指不合君主的心意。伏：服，接受。锧（zhì）：执行腰斩时垫在受刑者身下的铁砧。斧锧之罪：即腰斩的罪行。⑧敛：聚敛，搜刮。⑨急事：加紧事奉。指不断拿财物贿赂、奉承。⑩纳：缴纳，交出。去：离开。⑪曩（nǎng）：以前，过去。⑫勉：尽力。

译文

西门豹担任邺县的县令，清廉自制，端洁诚实，丝毫不为个人利益考虑，而对魏文侯身边的人却很轻慢。近侍们于是联起手来毁谤他。这样过了一年，西门豹去向君主报告施政成绩，文侯收回了他的官印。西门豹请求说："我从前不知道怎样治理邺县，现在我明白了。请求君主发还官印，让我重新去治理邺县。如果再治理不好，情愿接受死刑的处分。"文侯听了这话，不忍心拒绝，就又把官印还给了他。西门豹回到任上，就拼命搜刮百姓，极力贿赂、奉承文侯身边的人。一年后，西门豹又去向君主报告施政成绩，文侯亲自迎接，向他拜谢。西门豹说："上年我为您治理邺县，可您收回了我的官印；今年我为您身边的人治理邺县，您向我拜谢。我不能再治理邺县了。"说完就交出官印离开。文侯不接官印，说："我以前不了解你，现在了解了。希望你尽力替我治理邺县。"终于没有接受官印。

解说

西门豹是富有政治智慧的人，治理邺县的功绩彪炳史册。但是开始他坚持原则，拒绝按照官场的潜规则去处理好跟君主身边人的关系，想用勤勤恳恳的工作和出色的业绩得到君主的赏识，结果年终考核时居然不过关。西门豹自然明白这其中的关窍，于是第二年依照官场的游戏规则玩了一把，得到了文侯的高度肯定。只是这样的玩法违背了西门豹的政治理念和做人原则，所以他要辞官而去。魏文侯任用贤能之士，在战国七雄中率先变法图强，开疆拓土，奠定魏国百年强盛的基业。然而如此有作为的一代明君，也无法避免被身边的臣子蒙蔽，险些失去西门豹这样一位才干杰出的大臣。由西门豹的遭遇，也折射出专制政治的无奈：选拔、任用和评价人才，均在官僚系统内部运作，因此，系统内部的各种势力为了自己的利益最大化相互博弈，"大臣之议""左右之讼""私门之请"，大量的暗箱操作不仅为贤能之士进入官场设置了重重阻障，而且即便贤能之士获得机会，在施展其才能做事的时候，如果触犯了各种势力的既得利益，也会遭到无情的排斥和倾轧。

韩非在用人方面的理想是："明主者，推功而爵禄，称能而官事,所举者必有贤,所用者必有能。"他不断提醒君主要当心身边近臣对国家事务的破坏力,呼吁君主不要被身边的臣子所蒙蔽,要像申不害所言:"独视者谓明,独听者谓聪;能独断者,故可以为天下主。"他还苦口婆心地讲其中的道理:君主身边的人不一定有智慧,当有智慧的人向君主建言献策的时候,君主却要跟身边的人讨论可用不可用,这岂不是在跟愚蠢的人讨论有智慧的人吗?君主身边的人不一定有贤德,君主得知某人贤明,想要任用,于是就跟身边的人讨论这人的品行如何,这就成了跟无行的人讨论贤明的人。结果,"智者决策于愚人,贤士程行于不肖"(智者的主张由愚蠢的人来决断,贤者的品行由不肖之人来衡量),在如此荒唐的决策机制下,贤者、智者能够得到机会纯属侥幸;而君主要想不被愚蠢和品行低劣的人所欺骗、蒙蔽,恐怕也不太可能吧?

4. 卖房"治学"的中牟人

原文

王登为中牟令,①上言于襄主曰:②"中牟有士曰中章、胥己者,③其身甚修,④其学甚博,君何不举之?"⑤主曰:"子见之,⑥我将为中大夫。"⑦相室谏曰:⑧"中大夫,晋重列也。⑨今无功而受,非晋臣之意。⑩君其耳而未之目邪?"⑪襄主曰:"我取登,⑫既耳而目之矣;登之所取,又耳而目之,是耳目人终无已也。"⑬王登一日而见二中大夫,予之田宅。⑭中牟之人弃其田耘、

卖宅圃而随文学者,⑮邑之半。(《韩非子·外储说左上》)

注释

①王登：或作"壬登"，春秋时晋国赵襄子的家臣。中牟：晋国的城邑，在今河南省鹤壁市。令：县的行政长官。②上言：向君主进呈言论。襄主：即赵襄子，名无恤，春秋时晋国的卿。当时家臣称卿大夫为"主"。③中章、胥己：人名，事迹不详。④身：指品行。修：善，美好。⑤举：选拔任用。⑥见：使谒见，引见。⑦为：使为。清人王先慎认为"为"字前可能脱漏"以"字。中大夫：春秋时官职名，在卿和上大夫之下。⑧相（xiàng）室：家臣，相当于卿大夫的家务总管。⑨列：行列，指官位。⑩臣：动词，作臣子。⑪其：恐怕。耳而未之目：耳之而未目之，听闻了他们的名声，却没有亲眼观察他们的言行。邪：也写作"耶"，相当于"吧"。⑫取：取用，任用。⑬终：自始至终，指时间长久。已：停止。⑭予：给予。⑮田：耕种。这个意义旧读 diàn，后来写成"佃"。耘：除草。宅圃：住宅和菜园。按："卖宅圃"大概是为了筹集资金去"随文学"。随：追逐。文学：指文章博学，即会写文章，学问广博，对典籍文献掌握得很好。因儒家学派特别重视典籍文献，故在一些特定语境中，"文学"成为儒家学说的代称。中章、胥己二人以修身和博学而闻名，正是研习儒学者的特征。

译文

王登担任晋邑中牟的县令，向赵襄子进言说："中牟有两位士人，叫中章和胥己，他们的品行很完美，学识非常渊博，您为何不任用他们?"赵襄子说:"你给我引见他们,我将任命他们做中大夫。"襄子的家臣劝谏道:"中大夫是晋国的重要官位。如今这两人没有功劳便获得,这不是晋国任用臣子的本意。您恐怕只是听闻了他们的名声,却没有亲眼观察他们的言行吧?"襄子说:"我取用王登,已经听闻其名声又亲眼进行了实际考察;王登所取用的人,我又要耳闻目察,这样耳闻目察选用人就永远没完没了了。"王登在一天之内引见两人担任中大夫,授给他们土地和房宅。中牟人放弃耕耘、卖掉住宅和菜园,而去研习典籍文献的,占了全邑人数的一半。

解说

赵襄子用人不疑的态度似乎并没错。问题在于,他所信任的王登在举荐人才时使用的标准是否适当。王登提出应该任用中章、胥己二人的理由有二:一是他们的人格品行优秀,二是他们的学问渊博。这两条能否作为选拔官员的标准呢?在这一点上,儒家和法家的观点尖锐对立。儒家主张人治,因此特别强调唯贤是举;法家主张法治,无论品行如何,只要能力出众,就可以使用,然后再用法律和权术限制他们,使之不能乱来。这两种用人思维影响都相当深远。韩非倒并非坚决反对任用贤才,而是认为实践是检验人才的唯一标准,因此选用官员应当严格遵循依据功绩逐级提拔的原则,绝不可仅仅根据名声就采取火箭式提拔的做法。

由这则故事也可以证明人的本性是趋利避害的。"天下熙熙,皆为利来;天下攘攘,皆为利往。"当世人看到中章和胥己凭借品行和学问方面的名声,便能一步登天,获得高官厚禄,于是就毫不迟疑，一窝蜂地拥挤到这条成功之路上。政策的导向作用对于整个社会的影响力实在是不容小视的。

5. 乐羊食子

乐羊为魏将而攻中山，①其子在中山，中山之君烹其子而遗之羹。②乐羊坐于幕下而啜之，③尽一杯。④文侯谓堵师赞曰：⑤"乐羊以我故而食其子之肉。"⑥答曰：⑦"其子而食之，且谁不食？"⑧乐羊罢中山，⑨文侯赏其功而疑其心。⑩（《韩非子·说林上》）

注释

①乐（yuè）羊：人名，战国时魏文侯的大将。②烹：煮。遗（wèi）：送给。羹（gēng）：带汁的肉。③幕下：指军帐之中。古代幕相当于帐篷，供野外居处之用。啜（chuò）：吃。④尽：（吃）完。⑤文侯：指魏文侯。堵师赞：人名，姓堵师，名赞。⑥以我故：因为我的缘故。⑦答：回应（别人的言行、看法等）。⑧且：将。⑨罢中山：结束中山战事，指最后攻占了中山国。⑩赏其功：对他的战功进行奖赏。疑其心：对他的为人产生了疑虑。

译文

乐羊做魏国的将军，前去攻打中山国，当时他的儿子在中山国，中山国的国君把他的儿子煮了，然后派人把煮熟的肉给乐羊送去。乐羊坐在军帐里吃儿子的肉,把一杯肉都吃干净了。魏文侯听到这个消息,对堵师赞说:"乐羊因为我的缘故而吃他儿子的肉。"堵师赞回应道:"连自己的儿子都吃,那还有谁他不能吃呢?"乐羊结束了中山战事,文侯奖赏了他的战功,但从此对他的为人产生了疑虑。

解说

乐羊食子之肉,应属无奈之举。明知儿子在中山,可有君命在,不得不去攻打中山。中山君残忍地杀了他的儿子,煮熟后给他送去;他默默地把一整杯儿子的肉吃掉,吃的过程中或许心在流血,或许心里在盘算着如何尽快攻下中山为儿子报仇。对乐羊的这番举动,不同的人会从不同角度进行解读。魏文侯是一种角度,他以为乐羊在用这种方式表明对国君的忠诚;堵师赞是另一种角度,他说乐羊连自己儿子的肉都吃得下,说明其内心的残忍刚硬非同寻常,一旦有机会就有勇气对任何人包括自己的君主做出同样的事情。这两种角度尽管都属于推测,可都合乎情理;而文侯最终一方面赏赐乐羊,一方面"疑其心",说明堵师赞的话对他产生了影响。文侯既疑乐羊之心,那么在使用他的时候就会有与以前不同的考虑。可见君主身边的人实在太重要了,一句轻轻巧巧的话,就足以断送某人的政治前程。

这个故事在流传过程中有些细节更丰富了,如在《淮南子》《说苑》等文献里,记述乐羊率大军抵达中山国都后,中山国曾把乐羊的儿子悬吊在城墙上,逼迫乐羊退兵,乐羊说:"按照君臣之间的道义,我作为臣下不能因为儿子徇私。"加紧攻城,中山这时才煮了他的儿子,把他儿子的肉装了一锅,连同他儿子的首级一并送去。乐羊轻抚儿子的首级大哭道:"是吾子!"(这是我的儿子呀!)三个字,真是痛断肝肠,然后当着中山国使者的面,"跪而啜三杯",跪着食子之肉,吃完一杯不够,竟然又添了两杯。中山国君听到使者汇报当时的情景,立即明白他遇到了怎样的一个对手,于是主动向乐羊投降了。

6. 温柔敦厚秦西巴

孟孙猎得麑,① 使秦西巴载之持归。② 其母随之而啼,③ 秦西巴弗忍而与之。④ 孟孙归,至而求麑。答曰:"余弗忍而与其母。"孟孙大怒,逐之。居三月,复召以为其子傅。⑤ 其御曰:⑥ "曩将罪之,⑦ 今召以为子傅,何也?"孟孙曰:"夫不忍麑,又且忍吾子乎?"⑧ 故曰:巧诈不如拙诚。乐羊以有功见疑,秦西巴以有罪益信。⑨ (《韩非子·说林上》)

注释

① 孟孙:鲁卿孟孙氏。麑(ní):小鹿。② 秦西巴:人名,姓秦西,名巴。持归:带回去。③ 其母:指小鹿的母亲。④ 弗忍:对母鹿的鸣叫感到不忍心。忍:狠心,忍心。⑤ 复:又,重新。召以为:召回并用他(指秦西巴)作。傅:师傅。⑥ 其御:指给孟孙驾车的人。⑦ 曩(nǎng):先前。罪之:惩处他。⑧ 且:将。忍吾子:对我的儿子狠心。⑨ 益信:更加被信任。

译文

孟孙打猎,获得一只小鹿,让秦西巴放在车上带回去。母鹿跟在车子后面悲啼，秦西巴对母鹿的悲啼感到不忍心，就把小鹿还给了母鹿。孟孙回到家向秦西巴要小鹿，秦西巴回答说："（母鹿跟着悲啼，）我不忍心就把小鹿还给母鹿了。"孟孙非常生气，赶走了秦西巴。过了三个月，孟孙又把秦西巴叫回来，让他做儿子的师傅。孟孙的车夫说："以前你要处罚他，现在却召他回来用他做你儿子的师傅，这是为什么呢？"孟孙说："对一只小鹿他都不忍心，又怎么会对我的儿子狠心呢？"所以说：智巧和欺诈不如愚拙和诚实。乐羊凭借有战功而受到怀疑，秦西巴却凭借着有罪过而更加被信任。

解说

孟孙通过一件小事对秦西巴的性格特征有了认识，并根据这种认识来使用秦西巴，让他担任自己儿子的老师。他相信，一个具有不忍之心的人，一定不会对自己的儿子有危害。应该说，孟孙的识人用人完全合乎情理。

这则故事要跟《乐羊食子》放在一起读。乐羊作为一代战将，智谋过人，坚毅刚烈，却受到国君的猜忌和防备；秦西巴并无功业，却仅凭温柔敦厚的性情便获得主君的赏识和信任。可见在臣下与君主的相处中，智巧和欺诈不如愚拙和诚实。这"不如"表达的是人性与君臣关系之间的纠结和扭曲。人与人相处贵在以诚相待，质朴与诚恳的品性更容易令对方觉得放心，无论怎样奸诈残暴之人，也更希望自己结交的人可靠可信。不过君主用人是要做事的，温柔敦厚的人到了刀光剑影、血肉横飞的战场上，其不忍之心恐怕就派不上用处了吧？君主既要重用有能力的人，而有能力的人往往富有个性，经常超越生活的情理，做出常人做不到的事；君主跟普通人一样更容易亲近和信赖秦西巴一类忠厚老实的人，而这样的人又不能满足君主的政治需要。于是当时各诸侯国普遍存在"国平养儒侠，难至用介士，所利非所用，所用非所利"的情形，正如《韩非子·五蠹》中所描述：

> 斩敌者受赏，而高慈惠之行；拔城者受爵禄，而信廉爱之说；坚甲厉兵以备难，而美荐绅之饰；富国以农，距敌恃卒，而贵文学之士；废敬上畏法之民，而养游侠私剑之属。举行如此，治强不可得也。

对斩杀敌人的人要给予赏赐，君主却又推崇慈爱恩惠的行为；对攻下城池的人要给予爵禄，君主却相信兼爱的学说；制作坚固的铠甲和锋利的兵器以防备危难发生，君主却以宽袍大袖的服饰为美；使国家富有要靠农夫，抵御外敌要靠士兵，君主却推重研究经典的儒生；废弃那些敬重官员、畏惧法律的良民，反而供养游侠、刺客一类的人。如此用人行事，是不可能实现社会太平和国家强盛的。通观《韩非子》一书，韩非对这样的现实痛心疾首，但是，他能够改变人性和政治之间的纠结和矛盾吗？

7. 偏心的伯乐

原文

伯乐教其所憎者相千里之马，[①] 教其所爱者相驽马。[②] 千里之

马时一,③其利缓;④驽马日售,其利急。⑤(《韩非子·说林下》)

注释

①伯乐:春秋末期晋国人,擅长鉴别马匹。相(xiàng):观察,鉴别。千里之马:能够日行千里的马。②驽(nú)马:劣马,这里指普通的马。③时:偶然。时一:偶尔见到一匹,即不常见。④其利缓:相千里马获利缓慢,即不容易获利。⑤售:卖出去。急:快速。

译文

伯乐教他憎恶的人鉴别千里马,教他喜欢的人鉴别普通马。千里马偶尔见到一匹,所以鉴别千里马获利比较慢;普通的马天天可以卖出去,因此鉴别普通马获利就很快。

解说

伯乐如今被用作善于发现、推荐、培养和使用人才的人的代名词,可是他实际上仅仅是善于相马,在培养人方面似乎并非看重才华。对待同时跟他学习相马的人,他采取两种不同的态度,对自己喜欢的学生考虑如何让他尽快得利;对自己不喜欢的学生呢,表面上教的内容更高深,似乎很重视对方,内心里想的却是让他不容易获利。韩非认为,伯乐爱马、相马是为了求利,而不是真正爱马。由这则故事看,他在教学生的时候,同样是用利益考量来优待自己喜欢的学生,算计惹自己厌憎的学生。如此的心胸和作为,怎配得上后世的景仰呢?

伯乐教不喜欢的人相千里马,虽然居心不良,但对真心学相马的人而言,能学会相千里马岂非大好事?而且具备了相千里马的本领,大概相普通马也不会是难事吧?反而他的得意门生中若有人抱了相千里马之志,师父却不肯教,不知道学生该感恩戴德还是该心怀怨恨呢?

8. 赶走伯乐

原文

夫视锻锡而察青黄,区冶不能以必剑;①水击鹄雁,陆断驹马,则臧获不疑钝利。②发齿吻形容,③伯乐不能以必马;授车就驾,而观其末涂,则臧获不疑驽良。④观容服,听辞言,仲尼不能以必士;试之官职,课其功伐,则庸人不疑于愚智。⑤故明主之吏,宰相必起于州部,⑥猛将必发于卒伍。⑦夫有功者必赏,则爵禄厚而愈劝;⑧迁官袭级,则官职大而愈治。⑨夫爵禄大而官职治,王之道也。⑩(《韩非子·显学》)

注释

①锻锡:古时冶炼金属时掺锡。青黄:青色和黄色,冶炼时金属的火色。区冶(ōu yě):欧冶子。春秋时越国人,善于铸剑。必:一定做到,确定。②水:名词做状语,在水上。鹄(hú):鸿鹄,指天鹅。陆:名词做状语,在陆地上。断:杀,斩。臧获:古代对奴婢的贱称。③发:打开。齿:指前面的门牙。古代称后边的白齿为"牙"。吻:嘴唇。形容:外貌,模

样。"发齿吻形容"是说掰开马口看牙齿,观察马的外貌。④授:交给,给予。就:走向,到。驾:动词,将车套在牲口身上。"就驾"指将马套上车辕。涂:同"途",道路。末涂:终点。驽(nú):劣马。良:指良马。⑤容服:仪容、服饰。辞言:言谈。试:尝试,任用。课:考核。功伐:功绩。庸人:平常的人,一般的人。⑥吏:官员。宰相:指主持政务的行政长官。起:出现,产生。州部:古代地方基层行政单位。⑦发:兴起,产生。卒伍:古代军队的基层编制,五人为伍,百人为卒。⑧爵禄:爵位和俸禄。按:战国时爵位表示社会地位和身份,也有相应的待遇,但是不一定担任官职。除贵族外,平民有功劳也可以得到爵位和俸禄。劝:受到鼓励。⑨迁:升迁。官:官职。袭:因循。袭级:依循级别逐级提升。治:治理得好,这里是说各官职承担的工作都做得很好。⑩爵禄大:爵位高和俸禄丰厚。王(wàng)之道:称王于天下的方法。

译文

(铸剑的过程中)审视掺锡多少,观察金属的火色,即使区冶也不能凭借这些来确定剑(的好坏);如果用剑到水上去击杀鸿鹄和大雁,在陆地上斩杀大小马匹,那么奴婢也不怀疑(剑的)利钝。掰开马口看牙齿,观察马的外貌,即使伯乐也不能由此而断定马(的优劣);将马套在车上,观察马奔跑的终点,那么奴婢也不怀疑是劣马还是良马。观察仪容服饰,听其言谈,即使孔子也不能由此确定人(的才能);任用他担任官职,考核他的功绩,那么即使一般的人对他是愚蠢还是聪明也能判断出来。所以英明君主的官吏,宰相一定从地方基层单位产生,猛将一定从基层组织中产生。如果有功劳的人一定赏赐，那么就会爵禄丰厚，更加受到鼓励；晋升官职依循级别逐级提升，那么各级官职承担的工作都能做得很好。爵禄丰厚，各级官职都能有效地实行职能，这是称王于天下的途径。

解说

这段文字论述统治者选拔、任用官吏的原则和方法。韩非指出不能依据表面现象选拔人才，不能凭君主的主观看法任用官吏，而应该在各级岗位上考察、锻炼官吏，逐级提拔。他特别强调，如果一个人对社会或对君主有贡献，可以用爵位和厚禄予以赏赐、鼓励，但是不应该使用授予官职的办法，因为担任官职需要专业知识和才能。这就如同医生的职业，没有人会因为特别欣赏一个人，就随意派他去担当医生的职责。韩非认为，官职应该通过明确的选拔标准和合理的用人机制，让真正有能力的人承担。应该说，把社会地位与社会管理权明确分开，是政治体制的一大进步。

如何选拔任用人才，是历朝历代在上位者不断探索的课题，也是始终没有得到很好解决的老大难问题。两千多年的历史过程中，有那么多传颂千古的名篇赞美伯乐，每个时代都有人呼唤伯乐，同时也有无数怀才不遇的人痛诉、哀叹伯乐不常有。在伯乐相马的体制下，需要在上位者明察秋毫，慧眼识珠。可是，真正能有慧眼的伯乐为什么会比千里马更少？韩非看到了伯乐相马体制的弊端，由此提出了选拔和任用官员的具体原则，貌似很客观，也具有可操作性。但是韩非没有充分考虑人性是极复杂的，由人和人组成的社会就更复杂，他的方案所设定的各种条件,其实是主观认定的最理想的状况,比如冷静理性、一心为公的在上位者,简明稳定、合理有效的行政体系,公正明确、流畅运行的赏罚机制,等等;假如上述某个环节存在问题,则伯乐相马的体制在运行中就会产生偏差,最终导致与原定目标不相符合甚至背道而驰的结果。更何况,即便是严明的政绩考核机制按照上面的旨意有效实施了,没有任何造假欺诈的成分,就一定能造就理想的社会效益吗?

9. 礼贤下士之祸

原文

赵主父使李疵视中山可攻不也,①还报曰:②"中山可伐也,君不亟伐,将后齐、燕。"③主父曰:"何故可攻?"李疵对曰:"其君见好岩穴之士,④所倾盖与车以见穷闾隘巷之士以十数,⑤伉礼下布衣之士以百数矣。"⑥君曰:"以子言论,⑦是贤君也,安可攻?"⑧疵曰:"不然。夫好显岩穴之士而朝之,⑨则战士怠于行陈;⑩上尊学者,下士居朝,⑪则农夫惰于田。战士怠于行阵者,则兵弱也;农夫惰于田者,则国贫也。兵弱于敌,国贫于内,而不亡者,未之有也。伐之不亦可乎?"主父曰:"善。"举兵而伐中山,遂灭也。(《韩非子·外储说左上》)

注释

①赵主父:即赵武灵王,战国时赵国的君主,力主胡服骑

射，使赵国成为当时的军事强国。使：派遣。不（fǒu）：否。②还（huán）：回来。报：汇报，禀告。③亟（jí）：急，赶紧。后：落在后面。"后齐、燕"意思是齐国和燕国会抢在赵国前面攻打中山。④见（xiàn）：表现出。好（hào）：喜爱。岩穴之士：住在山洞里的士人，指隐居于山野的士人。⑤盖：车盖，车子上的伞盖，用以遮蔽日光和雨水。倾盖与车：指放倒车盖，人下车步行。《战国策·中山策》鲍彪注："倾者，却不御也。"穷闾（lǚ）：简陋拥挤的居民区。古代户籍编制以二十五家为一闾，引申指聚居区。穷：形容其简陋拥挤。隘（ài）巷：狭窄的巷道。巷指里中的道路。以十数（shǔ）：用十来计算，即达几十人。⑥伉（kàng）礼：用平等的礼节相待。下：谦敬。布衣之士：指平民。古代平民穿麻布衣服，有官职者或老年人可以穿丝织品。⑦论：论断。是：这。⑧安：怎么，哪里。⑨显：使尊显。朝（cháo）：拜访。⑩怠：懈怠。行陈（háng zhèn）：军队的阵列，这里指战事。⑪下士：对士人谦敬。居朝：使在朝廷做官。

译文

赵主父派李疵前往中山看看中山是否可以攻打，李疵回来汇报说："可以攻打中山，您若不赶紧攻打，就会落在齐国和燕国的后面了。"赵主父说："为什么可以攻打呢？"李疵说："中山的君主热衷于表现对隐居的士人的重视，他前往拜见住在简陋拥挤的居民区里的士人，车子到了狭窄的巷道前他便让手下放倒车盖，自己下车步行，这样的士人有几十位；他用平等的礼节谦敬接见的平民达数百位。"主父说："依你的话来论断，这是一位贤明的君主,怎么可以攻打呢?"李疵说:"不对。君主喜欢将隐居之士摆在尊显的地位,亲自前往拜访他们,那么战士打仗时就提不起精神;君主尊崇学者,对士人谦敬并使他们在朝廷做官,那么农夫就懒于农事。如果战士打仗时提不起精神,那么兵力就疲弱;农夫懒于农事,那么国家就贫穷。兵力比敌国疲弱,国内处于贫穷状态,这样还不灭亡的国家,从来没有过。攻打中山不是完全可以的吗?"主父说:"很好。"便出兵攻打中山,于是把中山吞灭了。

解说

中山君在礼贤下士、尊重人才方面做得非常到位,简直称得上楷模。照道理说,谁拥有更多的人才,谁就能在当时激烈的竞争中抢占先机,掌握主动权,套用今天流行的话语,人才是核心竞争力。可中山君一心一意表现自己求贤若渴的姿态,竟然付出了国灭人亡的代价,问题出在哪儿呢?韩非认为,国家安定富强的基石是战士和农夫,可是当时的君主往往仰慕那些有社会影响力的书生和隐士,而这些人既不能为国家冲锋陷阵,又不能从事生产为社会创造实在的物质财富。君主重视和尊崇这样的人,就对整个国家的人才观起到了误导作用。

人才固然是国家富强不可或缺的条件。可什么是人才?这是不容易界定的。在昏庸的君主眼里,善于谄媚逢迎讨自己欢心的人是人才;在嗜好虚名的君主眼里,擅长拍马吹捧、巧言利口、粉饰太平的人是人才;在好大喜功的君主眼里,有能力满足自己各种奢侈欲望的人是人才,比如建立足以标志自己文治武功的业绩之类,宏大建筑和所谓的文治武功等,只是君主欲望的呈现而已。总之，在一定程度上，人才的标准取决于君主的认识和喜好。所谓"楚灵王好细腰而国中多饿人"，正是多数时代人才状况的生动写照。能够着眼于国家的长远利益，通过制度建设营造适合于各种人才蓬勃成长并能脱颖而出的社会环境，使人尽其才、物尽其用，有如此眼光和境界的君主在漫长的历史过程中始终没有问世。

10. 酒酸的秘密

原文

宋人有酤酒者，①升概甚平，②遇客甚谨，为酒甚美，县帜甚高著，③然不售，④酒酸。怪其故，问其所知，⑤问长者杨倩，倩曰："汝狗猛耶？"曰："狗猛，则酒何故而不售？"曰："人畏焉。或令孺子怀钱挈壶瓮而往酤，而狗迓而龁之，⑥此酒所以酸而不售也。"夫国亦有狗，有道之士怀其术而欲以明万乘之主，⑦大臣为猛狗迎而龁之，此人主之所以蔽胁，⑧而有道之士所以不用也。（《韩非子·外储说右上》）

注释

①酤（gū）：买卖（酒）。②升概：古代用升斗斛一类的容器来计量酒和米粟等的多少，概是量米粟时刮平斗斛的器具。这里"升概"连用，大致是指卖酒给的分量。③县（xuán）：悬挂。这个意义后来写作"悬"。帜（zhì）：旗子，此指酒旗。

著：明显。④售：卖出去。⑤所知：熟悉的人。⑥或：有的人。孺子：小孩。挈（qiè）：提，拿。瓮：盛酒的陶器。酤：这里指买。迓（yà）：迎。龁（hé）：咬。⑦有道之士：指懂得治国方略的人，也就是韩非所说的法术之士。明：使明白，使懂得用法术治国的道理。万乘（shèng）之主：拥有一万辆兵车的国家的君主，也就是大国君主。⑧蔽胁：蒙蔽和挟制。

译文

宋国有一家卖酒的，量酒的分量很公道，待客非常周到，酿的酒味道醇美，酒旗挂得也很高很显眼。可是，他家的酒老卖不出去，结果都变酸了。店主觉得很奇怪，就找熟人打听，问到老人杨倩时，杨倩说："你家里的狗很凶猛吧？"店主奇怪地问："家里的狗凶猛，酒为啥就卖不出去呢？"杨倩说："人家害怕呀。有人让小孩带了钱提着酒壶去买酒，狗就迎上去咬他，这就是酒变酸而卖不出去的原因。"一个国家也有猛狗。有道术的人带着他的治国方略想去游说大国君主，大臣却像猛狗一样迎上去撕咬，结果就是君主受蒙蔽、被挟制，有道术的士人得不到提拔使用。

解说

酒店主人有能力酿出优质美酒，并且很善于经营：公平无欺，待客有礼，会做广告；可是业绩惨淡，其中的症结居然是家里养的猛狗导致顾客不敢上门。对酒家来说，"不杀其狗，则酒酸"，最终只能关门倒闭。韩非由此联想到，一个国家何尝不是如此呢？如果奸臣当道，就会竭力将那些真正有政治理想和才干、一心追求国家富强的人排挤掉,而且会想方设法阻止那些人上位。原因很简单,那些人有了施展才华的机会,必将建立健全各项制度,从而彻底堵塞奸人利用公权力谋取私利的通道。所以韩非感慨:法术无法建立实施,正是由于奸臣的存在啊。他打过一个比方:水能胜火,这道理很简单;可是当水在锅里,锅在火上,则火在下面肆意燃烧,而水只能沸腾熬干,却无力胜火。同样的道理,法术可以禁绝奸邪,治理好国家;然而奸邪之臣把持权力,就如同一口锅横隔在法术和混乱的政局之间,乱局愈发不可收拾,而法术却无法发挥作用。

韩非说"有道之士怀其术而欲以明万乘之主",这就意味着,在韩非眼里,君主不一定是英明的,而且君主是否英明也不是治理好国家的必要条件;事实上,君主平庸无能是常道,而有雄才大略的明主、圣主是数百世一见的稀缺资源。那么,治理好国家一定要依赖明君圣主,岂不是只能任由国家长期处于混乱不堪的状态?所以,韩非说,治国的关键不在君主,而在于要有懂得治国方略的人才运用法术做好制度建设。这样的话,即便再平庸的君主也可以轻松治理好国家。

11. 管鲍之交的主流解读

原文

昔者齐桓公九合诸侯,①一匡天下,②为五伯长,③管仲佐之。管仲老,不能用事,④休居于家。桓公从而问之,⑤曰:"仲父家居有病,⁶即不幸而不起此病,政安迁之?"⁷管仲曰:"臣老矣,不可问也。虽然,臣闻之,知臣莫若君,知子莫若父。君其试以心决之。"⁸君曰:"鲍叔牙何如?"管仲曰:"不可。鲍叔牙为人,刚愎而上悍。⁹刚则犯民以暴,⑩愎则不得民心,悍则下不为用。其心不惧,⑪非霸者之佐也。"(《韩非子·十过》)

注释

①合:会合。九合诸侯:指多次召集诸侯会盟。②一:全部。匡:使正,纠正。③五伯长:五霸之首。春秋时期齐桓公最先称霸。④用事:执掌国家事务。⑤问:问候,探视。⑥仲父:桓公对管仲的尊称,"仲"是管仲的字,"父"是尊称。家居:居处家中,指不参与处理政事。⑦即:假如。不起此病:不能从此次病中恢复,相当于今天说"一病不起"。政安迁之:国政迁移于何处,即政事移交给什么人来执掌。之:代词,回指"政"。⑧其:表祈使语气的副词。决:判断。⑨刚:性格刚强。愎(bì):任性固执,不愿接受别人的意见。上:通"尚"。上悍:崇尚强硬蛮横;这是指其办事风格。⑩犯:侵害。⑪不惧:不畏惧;指对任何事情都没有忌惮害怕。

译文

从前齐桓公多次召集诸侯会盟,使天下完全走上正轨,管仲辅佐他完成了这一切。管仲年老,不能再执政,在家中休养。齐桓公前往探视,说:"您在家养病,假如不幸一病不起,那么政事移交给什么人来执掌呢?"管仲说:"我老了,提不出什么建议。不过尽管如此,我听到过这样的说法:没有谁比君主更了解自己的臣下，没有人比父亲更了解自己的儿子。请您尝试着按照自己的想法来决断一下。"桓公说："鲍叔牙怎么样？"管仲说："不可以。鲍叔牙的为人，刚烈固执，崇尚强硬的做事风格。性情刚烈，就容易使用暴力侵害民众；任性固执，就难以获得民众的拥戴；作风强硬，民众就不愿为他效力。他缺少畏惧忌惮之心，不是霸主佐助的人选。"

解说

管仲具有非凡的识人之能，在担任齐国相国之后，向桓公举荐了很多人才；这些人各尽其能，为齐国的兴盛和桓公的霸业作出了卓越的贡献。在《管子》书里，他多次跟桓公谈论过大臣们的品性、能力，比如他认为隰（xí）朋的外交能力超过自己；宁戚管理农业生产的水平远在自己之上；说到军事方面的才能，自己比不上王子城父；而宾胥无在司法领域的才学能力、东郭牙犯颜直谏的忠诚和勇气，自己都甘拜下风。当然，管仲又说，桓公若是仅想达到治国强兵的目标，有这些人才也就足够了；但是"若欲霸王，夷吾在此"（管仲名夷吾），那自信、豪迈的气势令人油然而生歆慕敬仰之心。

管仲与鲍叔牙的友情为后世赞颂不已。管鲍之交，被视为真正的君子之交。鲍叔信守约定，在帮助公子小白做了国君之后，政治前途不可限量；当桓公请他出任相国时，他毫不迟疑地推辞并向桓公举荐管仲；他举荐管仲并非出自兄弟情义，而是认为管仲确实有能力使齐国强盛。管仲平时与桓公谈论到鲍叔牙时，从不因两人的私交而无原则地褒扬，而是从国家利益出发指出其不足；他告诉桓公，鲍叔牙"好直"，这是优点；但是不能为国家大事而屈己,这就是缺点。当管仲年老有病无力执政时,桓公首先想到让鲍叔接掌国政,可管仲认为他并非合适的人选。管仲的评论,同样是出自公心,是为国家的未来考虑,而非顾全老友情谊,报答鲍叔当年的救命和举荐之恩。

12. 孤掌难鸣

原文

管仲、鲍叔相谓曰:① "君乱甚矣,②必失国。齐国之诸公子,其可辅者,非公子纠,则小白也。与子人事一人焉,③先达者相收。"④管仲乃从公子纠,⑤鲍叔从小白。国人果弑君。⑥小白先入为君,⑦鲁人拘管仲而效之,⑧鲍叔言而相之。故谚曰:"巫咸虽善祝,不能自祓也;⑨秦医虽善除,不能自弹也。"⑩以管仲之圣而待鲍叔之助,此鄙谚所谓"虏自卖裘而不售,⑪士自誉辩而不信"者也。(《韩非子·说林下》)

注释

①鲍叔:鲍叔牙,是管仲的好友。②君乱甚矣:当时齐国国君是齐襄公,跟妹妹文姜私通,并让人杀了妹夫鲁桓公,所以说"乱甚"。③事:事奉。④先达:先一步显贵。相收:收录另一人;指帮助另一人。这里"相"表示一方对另一方的动作。⑤从:跟从,追随。⑥国人果弑君:指齐国公孙无知弑齐襄公一事。弑(shì):古代称臣杀君、子杀父为弑。⑦小白先入为

君：指齐人杀掉公孙无知后，小白从莒（jǔ）国出兵平乱，先回到齐国即位的事。⑧效：献纳。⑨巫咸：商朝的一位神巫，名咸。祝：祈祷。祓（fú）：古代为去除灾殃而举行的祭祀。⑩秦医：指古代名医扁鹊，姓秦，名越人。除：治病。弹（tán）：用石针治病。⑪鄙谚：民间俗谚。虏：奴隶。不售：卖不出去。奴隶卖裘，人们会认为是赃物而不买。

译文

管仲和鲍叔在一起商议说："国君太昏乱了，必定要失掉君位。齐国的众公子当中，可以辅佐为君的，不是公子纠，就是小白。咱们每人事奉一位，先发达的要帮助对方。"管仲于是追随公子纠，鲍叔追随公子小白。齐国人果然杀掉齐襄公。小白从莒国先回到齐国做了国君。鲁国人拘捕了管仲，把他献给齐国；鲍叔向小白推荐管仲让他做了相国。所以谚语说："巫咸虽然善于祈祷，却不能为自己祓除灾祸；扁鹊虽然善于治病，却不能用石针替自己治病。"凭借管仲的圣明，却要仰仗鲍叔的帮助，这正是俗话所说的"奴隶自己卖皮衣而卖不掉，士子自己称赞自己能言善辩而没人相信"一类的情况啊。

解说

韩非在他的名作《孤愤》中，强调推行法治正道所遭遇的巨大阻力，同时也表露出深深的孤独感。因此他经常痛斥当时的利益集团为了保住自己的既得利益，坚决抵制法治；而普通人则安于现状，不欢迎社会变革。因此，他期待能有更多的有识之士团结在一起。在《观行》篇里，韩非说："天下有信数三:一曰智有所不能立,二曰力有所不能举,三曰强有所不能胜。故虽有尧之智而无众人之助,大功不立;有乌获之劲而不得人助,不能自举;有贲、育之强而无法术,不得长胜。"信数,就是必然的道理。尧是传说中的圣君,他还是需要众人的助力才能成就伟大的功业;乌获是战国时著名的大力士,可如果没有别人帮忙,他就无法举起自己;孟贲和夏育都是战国时天下闻名的勇士,但假如没有法术,就不能永远获胜。在《功名》篇里,韩非说:"古之能致功名者,众人助之以力,近者结之以成,远者誉之以名,尊者载之以势。"古代能够建立功名的,无不是大家都全力帮助他,周围的人都诚心与他结交,关系远的用赞誉传扬他的名声,地位高的人用权势拥戴他。

但是,韩非以廉直为做人的准则,具有敏锐的洞察力和深刻的批判力,希望用严苛的法律将全部社会生活纳入规范,坚决反对一切有违法律或干扰法律实施的私人恩谊。司马迁在为他作传的时候说"其极惨礉(hé)少恩",认为他的主张发展到了严酷苛刻、缺少恩德的地步。以如此个性和思想,他能够获得他所期待的来自众人、近者、远者、尊者的友谊和帮助吗?

13. 孔子在宋国求官何以失败?

原文

子圉见孔子于商太宰。①孔子出,子圉入,请问客。②太宰曰:"吾已见孔子,则视子犹蚤虱之细者也。吾今见之于君。"③

子圉恐孔子贵于君也，④因谓太宰曰："君已见孔子，亦将视子犹蚤虱也。"太宰因弗复见也。⑤（《韩非子·说林上》）

注释

①子圉（yǔ）：应该是宋国的一名官员。见（xiàn）：引见。商太宰：宋国太宰。宋国是商纣王的庶兄微子启的封国，所以宋又称商。太宰：宋国官名，相当于别国的相。②问客：问对客人即孔子的看法。③见（xiàn）之于君：向国君引见他（指孔子）。④贵于君：被君主看重。⑤弗复见：即"不复见之"，不向国君引见孔子。

译文

子圉将孔子引见给宋国的相。孔子与宋相见面谈话结束离开后，子圉去拜见宋相，问宋相对孔子的看法。宋相说："我跟孔先生见面后，再看到你，就觉得你简直像跳蚤、虱子一样微不足道了。我得赶紧把孔先生引见给国君。"子圉担心孔子在国君那里得了宠信，（影响自己在宋国的地位，）于是就对宋相说："国君要是见了孔子，恐怕也会觉得你像跳蚤、虱子一样微不足道了。"宋相（顿时明白过来，）于是就不再向国君引见孔子。

解说

宋相与孔子见面时谈话的内容文中并没有交代，但是由宋相对子圉的话可以看出，他深为孔子的博学多才所折服，决定引见给君主让孔子在宋国施展其政治抱负。可惜，子圉轻轻巧巧的一句话，就让宋相明白过来，立即改变了主意。

从国家利益来说，人才自然是发展的必要条件；在位者发现人才、引进人才、给人才提供适当的位置和发挥才干的环境，这样，一个国家才能富强起来。但是，权力对一般人来说实在是富有诱惑力的好东西，一旦拥有，轻易不会放手；如果举贤进能会影响到自己的位置和权力，那么在位者会怎么考虑？武大郎开店如今已成为各级单位各级组织的常态，这个故事就把在位者的心理活动非常形象地刻画出来了。

14. 杀乱臣与防巧臣

原文

鲁阳虎欲攻三桓，① 不克而奔齐，② 景公礼之。③ 鲍文子谏曰：④ "不可。阳虎有宠于季氏而欲伐于季孙，贪其富也。今君富于季孙，⑤ 而齐大于鲁，阳虎所以尽诈也。"⑥ 景公乃囚阳虎。（《韩非子·难四》）

注释

①三桓：春秋时对鲁国大夫孟孙、叔孙、季孙的统称，因三家皆出自鲁桓公之后。又称三家。②克：胜，成功。奔：逃亡。③礼：以礼接待。④鲍文子：齐国大夫。⑤富于季孙：比季孙富有。⑥所以：……的原因。尽诈：尽力欺诈。

译文

鲁国的阳虎想要攻灭孟孙、叔孙和季孙三家大夫，没有成功,于是逃往齐国,齐景公按照礼数接待他。鲍文子劝谏说:"不能如此。阳虎在季孙氏那里受到宠信,却想攻灭季孙,这是贪图季孙的财富。如今您比季孙更富有,而齐国比鲁国更广大,这就是阳虎要尽力施展欺诈手段的原因。"景公便把阳虎囚禁起来。

解说

前面的故事介绍了阳虎这个人的特点和经历,其中说到他"疑于齐",这则故事具体讲述阳虎没能在齐国站住脚的原因。对阳虎这个人物的剖析,可以集中反映韩非关于用什么人、怎样用人等问题的观点。他把这则故事放在《难四》中,先假设某人的口吻对这一事件进行评论,认为人与人之间既然只有赤裸裸的利益关系,臣子当然时刻想上位以享受大利。臣子们都有阳虎一样的想法,他们等待的是成熟的机会。阳虎过早地把自己贪图上位的心思弄得天下皆知,这样笨拙的臣子实不足虑。鲍文子应当劝谏景公的,是如何防止那些没有暴露的"巧臣",因为他们更狡猾、更隐秘,也更危险。再进一步说,臣子是忠是诈,关键在君主的作为。如果君主明察而严厉,臣下就不敢犯上作乱;如果君主懦弱而昏庸,臣下自然会兴风作浪。

对上述看法,韩非作了有力的反驳。他说,如果说君主明察而严厉,臣下就会忠心为君,那么按照这样的逻辑,阳虎作为鲁国的乱臣,景公完全应当杀掉他来表明自己的"明而严";景公"礼之",则等于是公然废弃了诛戮乱臣的律令。进而言之,杀掉阳虎是昭告所有臣子,犯上作乱者必受严惩,从而对齐国的臣子起到警示作用。对齐、鲁两国关系而言,杀掉阳虎则可以获得孟孙、叔孙、季孙三家鲁国权臣的友好。从这些方面分析,那位批评鲍文子的人的意见显然是短视的,不切实际的。

15. 什么是最可靠的用人原则?

原文

晋文公出亡,①箕郑挈壶餐而从,②迷而失道,③与公相失,④饥而道泣,⑤寝饿而不敢食。⑥及文公反国,⑦举兵攻原,⑧克而拔之。⑨文公曰:"夫轻忍饥馁之患而必全壶餐,⑩是将不以原叛。"⑪乃举以为原令。⑫大夫浑轩闻而非之,⑬曰:"以不动壶餐之故,怙其不以原叛也,⑭不亦无术乎?故明主者,不恃其不我叛也,⑮恃吾不可叛也;不恃其不我欺也,恃吾不可欺也。"(《韩非子·外储说左下》)

注释

①晋文公:春秋时晋国的君主,名重耳,春秋五霸之一。公元前655年,重耳父亲晋献公宠爱的骊姬为立自己的儿子奚齐为太子,陷害太子申生和公子重耳、夷吾等,申生被逼自杀,重耳出逃,流亡各国十九年。②箕郑:晋文公的大臣,曾任箕邑大夫。据《左传·僖公二十五年》,"挈壶飧餐而从"、馁而弗食的是赵衰。挈(qiè):提着。壶餐:指水和饭。从:跟随。③迷:分辨不清方向,迷路。失道:找不到路。④相失:相互

失散，即互相找不到。⑤道泣：在路上哭泣。⑥寝：通"寖"(jìn)，逐渐，越来越。饿：饥饿到了要死的程度。按："饥"是指饥肠辘辘、想吃东西的生理现象，"饿"包含程度义，指长时间没有进食而濒死的感觉。⑦及：等到。反：返回。这个意义后来写作"返"。反国：公元前636年，秦穆公派军队护送公子重耳回到晋国，登位为君，是为晋文公。⑧举兵：率领军队。原：春秋时诸侯国名，位于今河南省济源县西北。⑨克：战胜。拔：攻克，指攻下对方的城池。⑩轻：看轻，不在乎。馁(něi)：饥饿。全：使全，保全。⑪是：这，这个人。⑫举：任用。原令：原邑的行政长官。晋国攻灭原国，改为自己的县邑，仍称原。⑬浑轩：人名，春秋时晋国大夫。非：批评，责难。闻而非之：即闻之而非之，听说了这件事并对此提出批评。⑭动：触动。这里"不动壶餐"指根本不考虑去吃所携带的壶餐。怙(hù)：依赖。⑮恃：依靠。

译文

晋文公在国外流亡，箕郑提着一壶饭跟随。因迷路找不到道，箕郑和文公走散了。箕郑（独自一人苦苦寻找，）腹中饥饿难耐，最后竟在路边大哭起来，可是他始终强忍着饥饿不敢动壶里的饭。后来文公返回晋国做了国君，出兵攻打原城，在攻占原城后，文公对身边的大臣们说："能够忍受饥饿的痛苦而一定要保全一壶饭，这样的人将不会凭借原城背叛我。"于是就提拔箕郑担任原城的大夫。大夫浑轩听说这事，批评说："因为不动一壶饭的缘故，就信赖他不会凭借原城背叛，这不也太不懂得术了吗？所以英明的君主在用人的时候，不会依赖别人不背叛我，而依赖我不可被背叛；不依赖别人不欺骗我，要依赖我不可被欺骗。"

解说

浑轩所说的"恃吾不可叛""恃吾不可欺"，是指君主使用权势和权术，有效地控制臣下；用丰富的赏赐来使臣下拼死为自己卖命，用严厉的惩罚来禁绝臣下的一切邪恶的念头。这样，臣下就不敢欺骗君主，更不敢背叛君主。因此，韩非说，善于使用权术的君主不会相信、也不看重臣下的道德操守，这种道德操守无论如何是靠不住的，对于大权独揽的君主来说，唯一可靠、可信的就是自己，就是权术。

在用人问题上，韩非在《五蠹》篇有一段奇特的论述，可以与上面的故事相发明："若夫贤贞信之行者，必将贵不欺之士；不欺之士者，亦无不可欺之术也。布衣相与交，无富厚以相利，无威势以相惧也，故求不欺之士。今人主处制人之势，有一国之厚，重赏严诛，得操其柄，以修明术之所烛，虽有田常、子罕之臣，不敢欺也，奚待于不欺之士？"大意是说：君主如果特别看重忠贞、诚实的品行，就必然会尊重那些从来不欺骗的人；其实呢，不欺骗的人，也就意味着他没有防止被人欺骗的办法。平民之间相互交往，因为没有财物来使对方得利，没有权势来使对方害怕，所以只好找那些不骗人的人来交往。君主处在统治者的位置上，拥有全国的财富，完全可以掌控着使用权势和财富按照自己的意愿重赏严罚的权柄，从而建立一整套洞察和操控一切的权术，这样，即使像齐国的田常、宋国的子罕那样的奸邪之臣，也不敢有一点欺骗君主的想法和行动。

那又何必要期待没有欺骗品行的人呢？接着，韩非又推论说，在一个国家，要找到具有忠贞、诚实的品行的人，不能说没有，但数量肯定少得可怜，比起需要任用的官员的数量，是远远不够的，所以，君主必须首先重视制度建设，使用法和术，拒绝道德判断，才能真正治理好国家。

韩非强调对官员要从制度上进行管理，而绝不可以依赖对他的忠贞、诚实的品行的判断和信任。这似乎很有道理。只是，平民无可奈何地使用诚信作为人与人交往的保障；而一旦进入官场，具有诚信品质的人成了大熊猫一般的稀有品种。如此看待人性，如此看待诚信，恐怕一般人会很难接受吧？

八、国与国的阴谋与阳谋

1. 内乱

原文

郑桓公将欲袭郐,①先问郐之豪杰、良臣、辩智、果敢之士,②尽与姓名,③择郐之良田赂之,④为官爵之名而书之,因为设坛场郭门之外而埋之,⑤衅之以鸡豭,⑥若盟状。⑦郐君以为内难也,⑧而尽杀其良臣。桓公袭郐,遂取之。⑨(《韩非子·内储说下》)

注释

①郑桓公(?—前771年),姬姓,名友,周朝诸侯国郑国的第一任君主,前806年—前771年在位。原封地在今陕西华县,后迁至虢、郐两国之间的地方。他的儿子郑武公吞灭虢、郐,建都新郑。郐(kuài):西周诸侯国,在今郑州市南。袭:偷袭,趁对方不注意发起进攻。②豪杰:才能出众的人。辩智:能言善辩多智谋。果敢:果决勇敢。③与(舆):通"举(舉)",提出;这里指写出来。④赂:赠送财物。按:这是说在各人名下写上良田名称,伪造成赠送这些人财产。⑤因:于是。坛场:古代举行祭祀、盟会、继位、拜将等典礼的场所。场是指清理平整的地面,坛是在场中用土夯筑的高台。郭:外城,在城的外围加筑的一道城墙。埋之:指把写有姓名和赠送良田、封赏官爵等内容的文件埋在地下。⑥衅(xìn):血祭,宰杀牲

畜祭祀神灵。豭（jiā）：公猪。⑦盟：古代向神灵宣誓结为盟约。状：样子。⑧内难（nàn）：内乱。⑨取：攻灭并占有。

译文

郑桓公将要袭击邻国，预先问清楚邻国的英雄豪杰、贤良之臣、能言善辩多智谋的人和果决勇敢之士，把这些人的姓名全部抄列出来，并在每人的名下写上邻国某处良田之名，假装是赠送给他们的财产，还在每人名下写上要让他们担任的官爵名称；于是在邻国外城门之外的郊野设置了坛场，然后把那份写有姓名和赠送良田、封赏官爵等内容的文件埋在地下，再在地面洒上鸡和猪的血，好像曾在此祭祀盟誓的样子。邻国的国君以为是国内的这些人要叛乱，就把自己贤良的臣子全部杀掉了。郑桓公派军队袭击邻国，于是吞灭了邻国。

解说

邻国的这场内乱，事实上是由郑国一手策划和导演的。郑桓公很清楚，在国家遭遇危难的时候，能够支撑一国大局、挽狂澜于既倒的人，不外乎是豪杰、良臣、辩智、果敢之士；把这些人统统除去，那么剩下的懦弱、奸邪、昏庸、愚蠢之臣便不足挂齿了。奸邪、昏庸的官员平时逢迎谄谀、投机取巧，一心一意争名夺利，同时最擅长豪言壮语、歌功颂德，显得忠勇无敌；可一旦国难当头，他们一定会见风使舵、叛国降敌。有能力辨识真正的国之栋梁和标榜的国家脊梁，既是君主保国安民的必要条件，也是君主在攻灭别国、衡量和认识对手时，绝不会轻视的方面。

韩非似乎颇留意这类"欲灭其国家，先灭其人才"的历史事件。当时诸侯纷争，弱肉强食，比较贤明的君主一方面非常重视延揽人才为己所用，同时又使用各种阴谋手段，除掉敌对国家的人才。一个诸侯国一旦在人才问题上出现重大失误，往往便走向衰落乃至国亡政息。

2. 根除人才

原文

叔向之谗苌弘也，① 为书曰：②"苌弘谓叔向曰：'子为我谓晋君，③ 所与君期者，④ 时可矣，何不亟以兵来？'"⑤ 因佯遗其书周君之庭而急去行。⑥ 周以苌弘为卖周也，乃诛苌弘而杀之。⑦（《韩非子·外储说左上》）

注释

①谗（chán）：毁谤、陷害别人。苌（cháng）弘：春秋时周王室的大夫。②为（wéi）书：造一封书信。"为"也可通"伪"。③为（wèi）我：替我。④期：约定。所与君期者：跟您约定的事情。⑤亟（jí）：急速，赶快。⑥佯（yáng）：假装。遗：丢失，遗失。周君：指周天子。按：此事发生在春秋后期，当时周王室虽已衰弱，但是天子名义尚存；到战国后期，周室衰微已极，又分为东周和西周，其君主称东周君与西周君，实同两小国而已。此处称"周君"，大概是战国后期讲故事时习用

当时称谓。庭：朝堂前的院子。《说文》："庭，宫中也。"去：离开。⑦诛：处罚。

译文

叔向陷害苌弘，伪造了一封书信，内容是苌弘对叔向说："您替我告诉晋君，跟国君约定的事情，时机已到，怎么还不赶紧派兵来（攻周）呢？"于是假装不小心把信遗失在周天子朝堂前的院子里，急忙离去。周天子（看到这封信）便认为是苌弘出卖周王室，于是处罚苌弘，把他杀掉了。

解说

苌弘是历史上著名的忠良之臣，碧血丹心，一生致力于恢复周王室的政治地位，最终却遭逸害而死。在政治对抗中，反间计的核心是除去敌方阵营中真正有理念、有能力的人物。这本不足为怪。可怕的是君主为了保障一己之私，不惜压制甚至毁灭本国真正的人才，而将善于逢迎谄媚、做人毫无底线的流氓地痞作为治理国政的主导性力量。这样的逆淘汰，断绝了国家长远发展的希望。韩非多次论述优秀人才会受到奸邪之臣、不明之君和敌对国家的联手围剿，经常处于极端困难和危险的境地。其中，君主是否贤明是最为关键的因素。

韩非很清楚，臣子中有一心为公的良臣，有为了公义和一国民众的长远福祉不惜牺牲性命的法术之臣，君臣的矛盾就其根本而言，是君主与私欲膨胀的奸邪之臣之间的矛盾，而不是君臣之间全面的对立和斗争。在《亡征》篇中，他认为君主有两种人才政策会导致国家的衰亡，一是"境内之杰不事，而求封外之士；不以功伐课试，而好以名问举措；羁旅起贵以陵故常者"（国内的人才不用，却寻求国外的人才；不凭借功绩考核任用，却把名气作为提拔使用的标准；外来人士升于高位，凌驾于长期任职的官吏）；二是"亲臣进而故人退，不肖用事而贤良伏，无功贵而劳苦贱，如是则下怨"（任用亲近的臣子而赶走老臣，能力低劣的人掌握大权而德才优良的人被埋没，没有功劳的人显贵而劳苦功高的人居于下位，这样下面的人就会心生怨恨）。

3. 国际政治中的利益计算

原文

晋人伐邢，①齐桓公将救之。鲍叔曰："太蚤。②邢不亡，晋不敝；③晋不敝，齐不重。④且夫持危之功，不如存亡之德大。⑤君不如晚救之以敝晋，⑥齐实利；⑦待邢亡而复存之，⑧其名实美。"桓公乃弗救。（《韩非子·说林上》）

注释

①邢：春秋时诸侯国名，在今河北省邢台市西南，后被卫国所灭。②蚤：通"早"。③敝：本指衣物破旧，引申指军队久战之后人困马乏、将卒伤病一类的状况。④重：看重，此指被看重，即在列国间的地位提高，被其他诸侯国看重。⑤持：扶助。危：局势危急的国家。存：使存，保全。亡：被灭亡的国

家。存亡：保全被灭亡的国家，使被灭亡的国家恢复政权。⑥敝晋：使晋国疲惫。⑦实：副词，表示说话人对事情真实性的主观判断，相当于"真的""一定"。利：获利。⑧复：重新。

译文

晋国攻打邢国，齐桓公准备出兵救援邢国。鲍叔说："这会儿去救邢，太早了。邢国还没被攻破，晋军还没到疲惫的地步；晋军不到筋疲力尽时，齐国就不被看重。再说了，扶助局势危急的国家的功劳，不如恢复被灭亡的国家的功德大。所以呢，您不如晚点儿出兵救援邢国，这样就可以把晋国拖到疲惫的程度，齐国一定可以从中获取更大的利益；等到邢国被灭掉了，再去重新扶植恢复它，那样的名声就称得上震古烁今了。"桓公深以为然，也就不急着派兵救援了。

解说

齐桓公是春秋五霸之首。春秋时期的称霸，大体上是靠实力说话的。齐国本就拥有山东半岛的鱼盐之利，齐桓公重用管仲、鲍叔等一批贤能之士，君明臣贤，政治清明，经济繁荣，国力强盛，能够称霸也就不足为怪了。不容忽视的是，当时管仲等大臣为齐国制定的一系列对内对外的政策起到了非常重要的作用，特别是管仲非常善于使用经济手段处理国内外各种矛盾，堪称经济战争的鼻祖。这则故事中鲍叔提出的策略，便是在处理国际事务时如何着眼于利益最大化的一个典型范例。在鲍叔看来，身为弱小诸侯国的邢国承认齐国的霸主地位，愿意接受齐国的庇护；因此，当邢国受到另外一个大国晋国的攻击时，齐国在道义上自然有出兵救援的责任。不过，选择恰当的时机，使齐国出兵救援的举措可以给齐国带来现实利益和国际名声，则是更需关注的要点。因此，他建议先让邢国拼命抵抗晋国军队的进攻，邢国的抵抗持续时间越长，晋国军队受到的损失就会越大，等到邢国被晋国军队攻破的时候，晋国的军事实力就大打折扣了；此消彼长，齐国军事实力就比晋国占优，在出兵时就拥有更强大的优势。总之，虽然名义上是扶弱救危的正义行动，但是在具体实施中则应以本国利益为核心，为此不惜使交战的晋、邢两国付出更大的代价。

春秋时期各诸侯国之间征战不休，不过比起战国时期，当时还算得上有序，基本上以争霸为主要目的，战争的用语也尚有规范，比如天子对诸侯用"征"；诸侯之间若用"伐"，表明是有道攻无道，所以需向被攻一方下战表，一本正经地指明对方的过错，以此作为挑起战端的借口；出兵过程中有钟鼓伴奏。诸侯之间若用"侵"，则属恃强凌弱了，战表、钟鼓一类的形式也就免了。那时诸侯之间也会采取"袭"的方式，即乘其不备突然进攻，不过，《左传》记载的二百多年的历史中，诸侯相袭者也不过二十来次。

4. 被坑了

原文

齐攻宋，宋使臧孙子南求救于荆。①荆大说，许救之，甚欢。②臧孙子忧而反。③其御曰：④"索救而得,⑤今子有忧色,何也?"⑥臧孙子曰："宋小而齐大。夫救小宋而恶于大齐,⑦此人之所以忧也;⑧而荆王说,必以坚我也。⑨我坚而齐敝,荆之所利也。"⑩臧孙子乃归。齐人拔五城于宋而荆救不至。⑪（《韩非子·说林上》）

注释

①使：派遣。臧孙：复姓。南：向南。荆：楚国的别名。楚始立国于荆山,故又称荆。下文"荆大说"应是指楚王非常高兴。②说（yuè）：喜悦。许：答应。欢：清代顾广圻《韩非子识误》认为当为"劝",积极。③反：返回,这个意义后来写作"返"。④御：驾车的人。⑤索：求。得：指有结果。⑥色：脸色。何也：为什么呢? ⑦恶（wù）：憎恨。恶于大齐：被强大的齐国所憎恨。⑧所以忧：因此忧虑的事情。⑨坚：使坚定。以坚我：指用来坚定我们与齐作战的决心。⑩敝：疲惫。所利：认为有利的事情。⑪拔：攻下。

译文

齐国攻打宋国,宋国派臧孙子南下向楚国求救。楚王（听了臧孙子的陈述）流露出很开心的神色,马上答应出兵救宋,非常积极。臧孙子忧心忡忡地踏上了归途。他的车夫（看到他的面容,不解地）说："前来求救而有了满意的结果,如今您却一脸忧虑的神色,这是为什么呢?"臧孙子说："宋国弱小而齐国强大。为了救援弱小的宋国而被强大的齐国憎恨,这是人们感到忧虑的事情;可是楚王喜形于色,他一定是想用这样的许诺来坚定我们同齐国作战的决心。我们顽强抵抗,齐国将疲惫不堪,这是楚国认为对己有利的结局。"臧孙子于是回到了宋国。齐国军队在宋国境内攻克了五座城池,楚国的救援军队始终没有出现。

解说

臧孙子是成熟的政治家,不会被楚王表面的热情所蒙蔽,而是通过分析宋、齐、楚三国的实力和地位,敏锐地觉察出楚国的真实意图,是想让宋、齐鹬蚌相争,楚国自己当渔翁坐收红利而已。形势的发展也确如臧孙子所预判,弱小的宋国在齐国的攻击下连连失守,而楚国的救援却如同海市蜃楼般尚在虚无缥缈之中。在楚国无法从救宋中获取实际利益的前提下,宋国希望楚国能出于道义而救援自己,于是就只能被坑得欲哭无泪了。这便是韩非所说的:"恃交援而简近邻,怙强大之救而侮所迫之国者,可亡也。""国小而不处卑,力少而不畏强,无礼而侮大邻,贪愎而拙交者,可亡也。"

有人的地方就有利益的计算,大到国与国,小到人与人。西人的外交名言:"没有永远的敌人,也没有永远的朋友,只有永远的利益。"将国与国之间关系的本质赤裸裸地揭示出来。牢不可破的友谊需要源源不断的物质输送的滋养才能鲜花怒放,用热血凝成的同盟常常转眼就兵戎相见。可见用美丽虚幻的语言描述的东西在现实面前脆弱得仿佛肥皂泡。只有认真而诚实地践行平等互利原则,国与国之间才能建立起长久稳定的正常关系。

5. 远水不救近火

原文

鲁穆公使众公子或宦于晋，或宦于荆。①犁鉏曰:②"假人于越而救溺子,③越人虽善游，子必不生矣。④失火而取水于海,⑤海水虽多，火必不灭矣。远水不救近火也。⑥今晋与荆虽强，而齐近，鲁患其不救乎？"⑦（《韩非子·说林上》）

注释

①鲁穆公：名显，战国时鲁国君主。公子：诸侯的儿子，除太子外，其他均称公子。或：有的。宦：做官。荆：楚国的旧称。按：鲁穆公想要结交晋、楚等强国，所以派公子去这些国家做官。②犁鉏（jū）：人名，《韩非子·内储说下》作"犁且"，《史记·齐世家》作"犁鉏"，曾在齐国做官。或许此时在鲁国为官。③假：借。越：春秋时国名，都会稽（今绍兴），范围包括今浙江省大部和江苏、江西省部分地区，因距离中原地区遥远，又地处长江下游地区，所以经常被用以喻指遥远或指善水性者。溺子：落水被淹的孩子。④生：活命。⑤失火：发生火灾。⑥救：阻止。⑦患：祸患。其：语气副词，恐怕，大概。

译文

鲁穆公派公子们有的去晋国做官，有的到楚国做官。犁鉏说:"向越国借人来抢救落水儿童,越国人虽然非常善于游泳,可落水的儿童一定活不下来。发生了火灾而到海里取水来救火,海水虽然多,可火一定扑灭不了,这是因为远方的水解救不了近处的火。现在晋国和楚国虽然强大,可是齐国离鲁国太近,所以鲁国的祸患恐怕阻止不了吧?"

解说

鲁国是周王室姬姓"宗邦",号称"望国",故"周之最亲莫如鲁,而鲁所宜翼戴者莫如周"(清高士奇《左传纪事本末》)。但是战国时期的鲁国军事力量薄弱,在大国环伺的形势下,需要与强国结盟以图自保。鲁穆公为了结交强国,派儿子们到当时的大国晋国和楚国做官;可是对鲁国来说,其最大的威胁来自相邻的齐国,所以犁鉏用"远水不救近火"比喻穆公的措施不妥当。

韩非在《饰邪》中曾痛斥这种把国家的存亡寄于大国的做法:"今者韩国小而恃大国,主慢而听秦、魏,恃齐、荆为用,而小国愈亡。"(如今韩国弱小而倚仗大国,君主不知励精图治,反而怠慢国政,听从秦国和魏国,又仰仗齐国和楚国可以利用,因而弱小的国家灭亡得只有更快。)韩非指出,对于一个国家来说,"恃人不足以广壤"(依赖外国的救助不可能使本国强大起来),假如君主"明于治之数,则国虽小,富;赏罚敬信,民虽寡,强。"可当时的现实情况却是弱小的诸侯国的君主根本不明白这一点,目光短浅,没有长远的政治考虑,结果必然是"不明其法禁以治其国,恃外以灭其社稷",不通过修明法律制度来治理自己的国家,却一味依仗外国,从而毁灭自己的国家。

6. 打什么旗号很重要

原文

蔡女为桓公妻。①桓公与之乘舟,夫人荡舟,桓公大惧,禁之不止,怒而出之。②乃且复召之,因复更嫁之。③桓公大怒,将伐蔡。仲父谏曰:"夫以寝席之戏,不足以伐人之国,功业不可冀也,请无以此为稽。"④桓公不听。仲父曰:"必不得已,楚之菁茅不贡于天子三年矣,⑤君不如举兵为天子伐楚。楚服,因还袭蔡,⑥曰:'余为天子伐楚而蔡不以兵听从。'遂灭之。此义于名而利于实,⑦故必有为天子诛之名,而有报雠之实。"⑧(《韩非子·外储说左上》)

注释

①蔡女:蔡国的女子,指蔡缪侯的妹妹。②荡舟:摇晃船身。出:逐出,与妻子断绝夫妻关系。③且:将要。复:再,重新。更(gēng)嫁:改嫁。④仲父:齐桓公对管仲的尊称。寝席:共寝席的人,指夫妻。冀:希望。稽:计较。⑤不得已:不能停下来。菁(jīng)茅:是楚地出产的一种香草,古人把这种草扎成捆,用以把酒里的渣滓过滤出来。周王室在举行祭祀时需要用菁茅渗酒,因此要求楚国按时缴纳菁茅作为贡赋。⑥还(huán):返回。⑦义于名:在名义上是合乎道义的。利于实:在实际上可以获得利益。⑧报雠:报复仇敌。

译文

蔡国公室女子嫁给齐桓公做妻子。有一天,齐桓公跟夫人乘舟游玩,夫人摇晃小舟,把桓公吓坏了,让夫人赶紧住手,可夫人还不肯住手,桓公一怒之下就把夫人休回了娘家,打算过些日子再接回来,可蔡侯却把她给改嫁了。桓公怒不可遏,马上就要统率大军攻打蔡国。管仲劝谏道:"因为夫妻间的玩闹,不足以攻打人家的国家,不能指望建立什么功业。请不要再计较这事儿了。"桓公不肯听。管仲就又说:"实在一定要伐蔡的话,楚国不向周天子缴纳贡赋菁茅已经三年了,您不如发兵替天子讨伐楚国。楚国顺从以后,返回途中顺便袭取蔡国,就说:'我替周天子讨伐楚国,蔡国却不派兵参加。'于是就把蔡灭掉。这样在名义上是合乎道义的,在实际上可以获得利益。所以一定要有为周天子讨伐的名义,同时有报复仇敌的实效。"

解说

这故事开始的剧情颇富有喜感。夫妻二人乘舟游玩,其乐融融,恩爱无限。蔡女很淘气,故意摇晃船身跟丈夫戏耍;桓公可能有恐水症,吓得半死,大概又是哀求又是吓唬的让夫人停下来。玩得正开心的夫人居然没加理会继续淘气,结果桓公一赌气就直接派人把她休回娘家,但是心里还是极爱这女子,合计着过些日子再接回来。哪想到,蔡侯也是个有性格的君主,马上把这个妹妹改嫁出去了。到此为止,虽说有些戏剧性,仍然在可以理解的正常的家庭生活范围内。但是桓公毕竟是一国之君,又是春秋五霸之首,感觉自己的面子挂不住了,一怒之下便要出兵。因为夫妻感情问题而发生两国战争，也算不上旷古奇闻；可管仲考虑问题比较周全：齐国是堂堂大国，必须照顾国际形象，更要考虑历史和现实的评价，因此就出主意打着为周王室讨公道的旗号伐楚，顺手灭了蔡国。

齐桓公伐楚很有名，在正史中也有记载，但所述伐楚的原因跟韩非所讲很不相同，不知韩非从哪儿听来了如此八卦的剧情。根据《左传·僖公四年》的记载，桓公打着尊王攘夷的旗号伐楚，动用了鲁、宋、陈、卫、郑、许、曹七国兵力，组成"八国联军"，浩浩荡荡南下。在与楚军交锋之前，先把蔡国打垮了。作为小国，在那样一个弱肉强食的时代，蔡国又能向谁讨公道呢？从历史背景分析，楚国作为一个新兴的强大的诸侯国，不仅吞并了江汉流域的各民族部落，还进一步向中原扩张，控制了部分华夏小国，如淮水边上的蔡国就是楚国的盟国。楚国势力逐渐向北方发展，跟齐国的霸业发了冲突，这是齐桓公兴兵南征的原因。楚国以强大的军事力量作后盾，开展外交战，最后双方达成妥协：楚国承认不向周王室纳贡的错误，以齐国为首的诸侯联军退兵。

7. 为民诛之

原文

文公伐宋，乃先宣言曰：① "吾闻宋君无道，蔑侮长老，② 分财不中，③ 教令不信，④ 余来为民诛之。"越伐吴，乃先宣言曰：

"我闻吴王筑如皇之台,掘深池,罢苦百姓,⑤煎靡财货,⑥以尽民力,⑦余来为民诛之。"(《韩非子·外储说左上》)

注释

①文公伐宋:史实不详。按《说苑·指武篇》记载周文王伐崇之前讲过与此颇类似的一番话。宣言:宣扬、传播言论。②蔑侮:轻慢,不尊重。长(zhǎng)老:老年人。③中(zhōng):均平,公平。④教令:教化,命令。⑤罢(pí):通"疲"。罢苦:使疲惫劳苦。⑥煎靡:挥霍,耗费。⑦尽:竭尽。

译文

文公要攻打宋国,就先到处宣扬说:"我听说宋国的君主不行正道,不尊重老年人,分配财物不公平,发布教化命令却又不遵守执行,我来为人民诛讨他。"越国攻打吴国,就先到处宣扬说:"我听说吴王筑造如皇台,开挖很深的池塘,既让老百姓疲惫劳苦,又挥霍了无数财物,因此把民众的人力、物力都耗费尽了。我来为人民诛讨他。"

解说

"文公伐宋"若确为"文王伐崇"之误,那么这场战争是周文王向东扩展势力的重要步骤。越王勾践攻打吴王夫差,更是人尽皆知的复仇之战。但是发动这两场战争的君王都使用了强大的宣传机器,打出"为民"的口号,因而使战争罩上了正义的光环。

春秋时期各诸侯国为了争夺土地、人口和对其他诸侯国的控制权，无休止地发起大大小小的战争。这些战争在本质上都是为了满足君王的私欲；人民除了充当炮灰以外，与战争的目的没有任何关系。正如孟子所言："《春秋》无义战。"韩非对君王们动辄祭出"为民"的堂皇旗号的做法，似乎也抱了嘲弄的态度，在经文部分说："挟夫相为则责望，自为则事行。"人们做任何事情，若是怀着人人"相为"的态度，我为你做，当然希望你有所回报，那么到头来没得到回报时难免要牢骚怨恨；所以在韩非看来，不如明确地抱着为己的观念更好。譬如战争是为了实现君王的意志和利益，那么让人民上战场拼命，君王就要拿出足够的利益让人民分享。韩非的观点是："信赏必罚，其足以战。"老百姓参战的目的也很单纯：这是一生中得到功名富贵最快捷的途径。可在现实当中，君王往往"言赏则不与，言罚则不行"，"赏罚不信"的结果就是"士民不死也"，人民当然不会为没有任何信用的君王卖命。

韩非观察到，当时的社会分配毫无法度，完全由君王个人的喜好所决定。结果，原本为了激励士兵奋勇作战而设置的"善田利宅"，却都由君王宠幸的女子及其家族以及握有实权的官员享受了，而战死在疆场的士兵则"身死田夺"，家人陷入"无宅容身"的困境；原本为强化君王专制而由君王掌控官爵的赏赐，可事实上在前线浴血奋战的士兵得不到职位，而天天向君王邀宠逢迎的各路人马却占据了高位。凡此种种，在今天看来，都是专制制度的必然产物。而韩非则只能归因于君王不明，因而痛心疾首地反复呼吁：这样很危险！这样会亡国！可惜，又有几个君王能真正听懂呢？

8. 争于腠理

原文

昔晋公子重耳出亡,①过郑,②郑君不礼。③叔瞻谏曰:④"此贤公子也,君厚待之,可以积德。"郑君不听。叔瞻又谏曰:"不厚待之,不若杀之,无令有后患。"郑君又不听。及公子返晋邦,举兵伐郑,大破之,取八城焉。⑤(《韩非子·喻老》)

注释

①重(chóng)耳:就是晋文公。出亡:出外流亡。重耳因政治动乱而被迫流亡到齐、秦等国。②郑:周宣王同母弟王子友的封国,约有今河南省中部黄河以南的地方,战国时被韩国吞灭。③郑君:郑文公。不礼:不按照礼节接待。④叔瞻:郑国的大夫。⑤取:占领。

译文

从前晋国的公子重耳逃亡在外,经过郑国的时候,郑文公不按照礼节接待。叔瞻进谏道:"这是一位贤能的公子,您好好对待他,可以积聚德惠。"郑文公不肯听从。叔瞻又劝谏说:"若是不好好对待他,不如杀掉他,不要留下后患。"郑文公又不听。等到公子返回晋国做了国君,便率领军队攻打郑国,彻底击败郑国,占领了八座城邑。

解说

叔瞻善于观察,能够通过一个人的言行举止对他做出正确的判断。韩非认为叔瞻是像扁鹊那样"争于腠理"的高明医生,在问题刚开始表现出症状的时候就及早动手解决,防止事情朝进一步恶化的方向发展,这才符合《老子》所说的"其未兆易谋",即事情尚未显露苗头的时候,容易筹划相应的对策。可惜,作为最高权力者的君主通常并没有这样的预见性,因而就会对臣下的忠言置若罔闻,因而造成了国家被攻破的严重后果。

韩非在《十过》里举出君主经常会犯的十种错误,其中讲到这个故事,并把郑文公灭亡的原因概括为"国小无礼,不用谏臣"。韩非所说的"礼",不仅是一种国与国交往时应遵循的礼仪形式,同时也具有国际准则的性质;郑文公之"无礼",触犯了重耳的尊严,更破坏了准则。郑国是一个弱小的国家,处在强敌环伺、危机重重的环境中,郑文公在内政方面不知变法图强,外交上则昏庸无能;在一国君主位置上养成的傲慢与任性,使他在处理与大国的关系时非常随意而不知检点。其结局正如韩非在《亡征》中所指出的:"国小而不处卑,力少而不畏强,无礼而侮大邻,贪愎而拙交者,可亡也。"

九、政治与诚信

1. 信任的条件

原文

惠子曰：① "羿执决持扞，②操弓关机，③越人争为持的。④弱子扞弓，⑤慈母入室闭户。"故曰：可必，⑥则越人不疑羿；不可必，则慈母逃弱子。（《韩非子·说林下》）

注释

①惠子：惠施，战国时宋国人，曾任魏惠王的相国，是名家学派的代表人物。②羿（yì）：传说中远古帝尧时代著名的射箭高手，曾将天上的十个太阳射落了九个。执：拿着。决：扳指，戴在右手拇指上，用于开弓时方便控制弓弦并保护手指。多以象牙等坚硬的材质制成。扞（hàn）：臂衣，古代射箭时戴在左手臂上的皮质袖套。③关：引，拉开。在这个意义上，古人认为应该读弯，意思也跟弯相通。机：弩机，弩上发射箭矢的装置。④越人：即越国人。越国在今天浙江大部和江西、江苏部分地区，距离中原地区较远，所以战国时的文献中常用"越人"来喻指没有任何关系的人。为（wèi）：替，给。的（dì）：箭靶。成语"无的放矢""众矢之的"里的"的"还保留了这个意思。⑤扞（yū）：拉开（弓）。⑥必：肯定，确定。

译文

惠施先生说："射箭高手羿如果戴上扳指，穿上袖套，拿起弓弩，拉开弩机，即使是越国人也会争着替羿举箭靶；可要是一个小孩子拉开弓，他最慈爱的母亲也会吓得赶紧躲进屋里关紧房门。"所以说：如果能够确定（射箭人的技术是有把握的），那么越国人对完全陌生的羿不会有任何怀疑；如果不能确定（射箭人的技术是有把握的），那么慈爱的母亲对自己的儿子也会逃避唯恐不及。

解说

这则短文的主题是要说明，人与人之间的信任度是由一定的现实基础决定的，没有毫无条件的相互信任。这是韩非人性恶观点的具体体现。

不过，文中所举虽然是日常生活中的实际现象，但通过这样的对比所导出的结论却不一定是正确的。用来对比的两种现象之间是否具有可比性？越人相信羿的射技，不代表他们信任羿这个人；慈母不信任自己的亲生儿子的射技，也不意味着她不信任儿子的其他方面。射箭技术的高下只是人的技能当中很特殊的一种，而人与人之间的相互信任包含了各种不同的层面，因此，不能由射箭这样一种特殊技能的比较，就得出人与人之间的相互信任都必有条件的结论。那么，人与人之间相互信任的基础是什么？这恐怕就是个见仁见智的问题了。

2. 诚信的力量

原文

晋文公攻原,①裹十日粮,②遂与大夫期十日。③至原十日而原不下,④击金而退,⑤罢兵而去。⑥士有从原中出者,曰:"原三日即下矣。"⑦群臣左右谏曰:⑧"夫原之食竭力尽矣,⑨君姑待之。"⑩公曰:"吾与士期十日,⑪不去,是亡吾信也。⑫得原失信,吾不为也。"遂罢兵而去。原人闻,曰:"有君如彼其信也,可无归乎?"⑬乃降公。卫人闻,曰:"有君如彼其信也,可无从乎?"⑭乃降公。孔子闻而记之,曰:"攻原得卫者,信也。"(《韩非子·外储说左上》)

注释

①原:春秋时诸侯国名,位于今河南省济源县西北。按:周王室王子带之乱,周襄王逃到郑国。晋文公帮助襄王复位,诛杀王子带。襄王为此把阳樊、温、原、欑茅等四邑赏赐给文公,原人不服,故晋文公攻原。②裹:包裹,缠。按:古代士卒行军时,用布袋携带粮食或干粮,这样的布袋称为橐(tuó)或布纬,橐披挂在肩上,布纬缠束在身上。十日:按《左传》《国语》,均作"三日"。粮:(特指外出时所带的)干粮。③遂:连词,于是。大夫:春秋时期实行"军将命卿制",文武不分,将相合一。军队最高统帅为国君,军队各级指挥官概由卿、大

夫等贵族担任。期：约定日期。④至：到。下：被攻下。⑤击金：敲击钲、铙等金属乐器，这是古代作战时退兵的信号。⑥罢兵：停止战事。去：离开。⑦即：副词，就。⑧左右：指晋文公身边的近侍。⑨夫（fú）：那。竭：穷尽。⑩姑：副词，姑且，暂且。⑪士：即上文的"大夫"，指军中各级指挥官。⑫是：指示代词，这。亡：失去。信：诚信，信用。⑬如彼其信：即"其信如彼"，他守信用像那样。无归：不归顺。⑭从：听从。

译文

晋文公率军南下，攻打原国，军队总共带了十天的干粮，于是就跟军中将官们约定这场战役一定要在十天内结束。到达原国，攻打城池十天，还是没攻下来。文公就下令鸣金退兵，收拾军马离开原国。有人从原国都城溜出来，（见到晋军在撤离，）就说："原城支撑不过三天了。"大臣们都纷纷劝谏（文公不要撤军，）说："原国都城内粮食都吃光了，守城的力量也消耗殆尽了。您不如再等等。"文公说："我跟将士们约定了十天的期限，（现在期限已满，）如果不离开，那就让我丧失了信用。即使得到原国，却失去信用，这样的事情我是不做的。"于是果断地拔营离开。原国人听到这个消息，震惊地说："世上竟然有如此看重信用的君主，我们怎能不归顺他呢？"于是主动投降了文公。卫国人也听到了这个消息，说："世上竟然有如此看重信用的君主，我们怎能不追随他呢？"于是主动投降了文公。孔子听说了这个事件，这样记述道："攻打原国，最终同时获得原国和卫国，这是凭借信用的力量。"

解说

文公攻原的故事在《内储说上·七术》的"说六",相对应的"经"文是:"小信成,则大信立,故明主积于信。赏罚不信,则禁令不行。说在文公之攻原,与箕郑救饿也。"大意就是,作为君主,应该在平时的一举一动、一言一行、每个事件、每项政令中积累起守信用的形象和声望,这样才能在全社会树立起诚信政府、诚信为政的信念。君主以自身的言行表明信的涵义,言行如一,怎样说的就怎样做。在韩非的思想中,这种表信与道德伦理无关,而是治理国家的必要手段。如晋文公的作为无非是要在臣民心目中牢固地树立起一种观念:君主出言必行。试想,在上位者说话总是言行相诡,出尔反尔,则必将失去公信,致使政令没有效力。

诚信之"诚"在汉代许慎编的字书《说文》中是"信"的同义词:"信,诚也。""诚,信也。"在韩非的语言中,"诚"和"信"也确乎没有太明显的差异。不过,从词义上说,"诚"和"信"有别:"诚"侧重内心的真实,强调表里如一,所以多与"心""意"组合,如"心诚则灵""诚心诚意"等;"信"则侧重言语的真实,强调言行如一、心口如一,故常与"言"组合,如《老子》:"信言不美,美言不信。""诚"是发自内心的,它的反义是虚伪;相比较而言,"信"更多地是一种行为规范,其反义是欺诈,是口是心非,是说一套做一套。最迟在战国晚期的《韩非子》中,"诚信"组合成词了,只是这诚信在儒家那里要让位于更具有本质性的仁、义、礼,在韩非那里成为手段,总之,与契约精神无关。

3. 诚信教育的范例

原文

曾子之妻之市,①其子随之而泣。②其母曰:"女还,顾反为女杀彘。"③适市来,④曾子欲捕彘杀之。妻止之,⑤曰:"特与婴儿戏耳。"⑥曾子曰:"婴儿非与戏也。⑦婴儿非有知也,⑧待父母而学者也,听父母之教。今子欺之,是教子欺也。⑨母欺子,子而不信其母,非以成教也。"⑩遂烹彘也。⑪(《韩非子·外储说左上》)

注释

①曾子:曾参(shēn),字子舆,春秋时鲁国人,孔子的弟子,后世称为宗圣。之市:到市场上去。②随之:跟随母亲。泣:哭泣。③女(rǔ):通"汝",你。还(huán):返回。顾:回来。反:返回。这个意思后来写成"返"。为(wèi):替,给。彘(zhì):猪。④适:副词,适才,刚。这里用"适"强调曾妻一进门,曾子二话不说就直奔猪圈了。有的学者认为"适"应该作"道",是"由"的意思。⑤止:使停止,制止。⑥特:只是,不过是。婴儿:指幼童。戏:开玩笑。⑦非与戏:不是跟他开玩笑的对象。⑧知(zhì):智慧,智力。这个意思后来写成"智"。非有知:不是有智力的人。⑨是:这。⑩非以成教:不是用来达成教育的做法。⑪遂:于是,就。烹:煮。

译文

曾参的妻子去集市，儿子哭哭啼啼地闹着要跟去，曾妻说："你回家好好待着，等我回来杀猪给你吃。"她从集市上一回到家，曾参就要去抓了猪准备杀。曾妻赶紧制止，说："我只不过是哄儿子说的话。（你怎么当真啊！）"曾参严肃地说："小孩子是不能哄骗的。小孩子不懂事，一言一行都是模仿父母，听从父母的教导。你骗他，就是在教他骗人。做母亲的骗小孩子，孩子就不再相信自己的母亲，这样的话，怎么能教育好孩子呢？"于是就杀猪煮肉。

解说

韩非用这个著名的故事说明诚信的重要性。曾参的做法是"表信"，同时他在与妻子的讨论中特别说明诚信教育在孩子成长过程中的作用。一般人会觉得，曾参用一头猪的代价在孩子的教育上树立了极好的典范；若是有人以为曾参太过迂腐，那么他实在应该检讨一下自己在子女教育上存在的问题了。家长在与孩子的相处中经常会觉得小孩子不懂事，遇到事情随便扯个谎就骗过去了。曾参对这种作法的批评相当深刻。孩子在成长过程中很多方面都在模仿父母，父母用欺骗的手法对付孩子，其本质就是在用自己的言行教孩子不诚信，这样的父母怎么可能教育出诚实守信的子女呢？再进一步说，父母给孩子立了不诚信的榜样，又怎能要求孩子相信父母呢？父母和子女互相不信任，岂不是人间的悲剧？

曾参是孔门弟子，后世被列入十哲、五圣。由他的言行可以了解儒家在诚信问题上的思想资源。孔子关于"信"最著名的表述大概是:"人而无信,不知其可也。"孔子关于信还说过不少话,如他认为治理一个大国首先要做到"敬事而信";他对弟子的要求是"入则孝,出则弟,谨而信,泛爱众,而亲仁。"他评判君子的标准之一是"主忠信";他谈到自己的人生愿景时说"老者安之,朋友信之,少者怀之";他对自己的评价是"十室之邑,必有忠信如丘者焉,不如丘之好学也";他用以教人的四项内容是"文、行、忠、信";他极厌恶"悾(kōng)悾而不信"即表面诚恳却不讲信用之人;他认为"上好信,则民莫敢不用情",他觉得一个人如果能做到"不逆诈,不亿不信,抑亦先觉者",即与人交往不会设定对方可能欺诈自己,不会揣测对方是否不诚信,但果真遇到欺诈和不诚信的人也能先察觉,这样的人是贤者;他说做人"言忠信,行笃敬"便可以行遍天下,否则便寸步难行;等等。

不过,孔子说过:"好信不好学,其蔽也贼。"一个人追求信用固然是好事,但是如果不好学,就不能真正明白其中的道理,弄不好反为信用所害。古人经常讲到的尾生抱柱的故事便是如此,尾生和心爱的姑娘约在桥下相会,可心上人迟迟没来赴约,不幸的是河水上涨,这痴情汉为了守信坚持不肯离去,最后竟然抱桥柱溺亡。这样的守信,孔子并不赞成。最可奇怪的是孔子的一句名言:"言必信,行必果,硁(kēng)硁然小人哉。"在孔子的观念中,"言必信,行必果"并不十分值得称赞,倘若不务求大义,而一味追求"言必信,行必果",那不过是小人而已。孟子讲得更直接:"大人者,言不必信,行不必果,唯义所在。"

仔细检讨《论语》中孔子关于信的表述,我们可以明白三件事:第一,在儒家宗师孔孟的概念里,"信"包含了两个方面,一是言行如一,二是心口如一,即心里怎样想的就怎样说。孟子说:"有诸己之谓信。"意思就是言合于意方为信。第二,孔子喜欢将"信"与"敬""谨""忠"等联系在一起。孔子之后的儒学对此作了阐发,如《礼记·礼器》说:"忠信,礼之本也。""忠信之人,可以学礼。""忠信"是对别人的一种态度,是处理人与人关系时应恪守的道德准则,"忠"是尽心竭力,无保留地对待别人,"信"是讲信用,不说假话欺骗别人,这是人与人之间的交流正常进行的保证。第三,在孔孟的思想体系中,五常不是平等的关系,"信"需要受到仁、义、礼、智的制约。

4. 为政者信用破产的代价

原文

楚厉王有警,① 为鼓,② 以与百姓为戍。③ 饮酒醉,过而击之也,④ 民大惊。使人止之,⑤ 曰:"吾醉而与左右戏,⑥ 过击之也。"民皆罢。⑦ 居数月,有警,击鼓而民不赴。⑧ 乃更令明号而民信之。⑨(《韩非子·外储说左上》)

注释

① 楚厉王:春秋时楚国的君主。警:指紧急的情况。

②为（wéi）鼓：置鼓。③以：用（这鼓）。为戒：从事防备的工作。④过：错误。"过而击之"的意思是不应当击鼓而击鼓。⑤使：派。止：使停止，制止。⑥戏：开玩笑。⑦罢：散去。⑧赴：奔向，赶往。⑨乃：于是。更：改变。明：使明，申明。

译文

楚厉王时，因有外敌侵犯的消息，于是设置了报警的鼓，跟百姓约定一旦发生紧急情况，就击鼓为号，百姓听到鼓声都要出动参与防守。有一次，厉王喝醉了酒，糊里糊涂地擂响了鼓。百姓都被惊动了。厉王赶紧派人去阻止大家，说："我喝醉了，跟身边的人开玩笑，这才不该击鼓而击鼓。"百姓一听，议论纷纷地散去了。过了几个月，果真发生了情况，厉王擂响报警的战鼓，可百姓居然都没有出来。厉王只好重新跟百姓申明号令，百姓这才相信。

解说

这篇可说是"狼来了"的政治版。厉王喝醉了酒，自己破坏了规定，也就失去了在百姓心目中的信用。故事中没有介绍发生警事后的具体结果，从厉王的言行看，他也还算是位称职的君王，能诚恳地向百姓承认错误，没有卑鄙到文过饰非；能勇于及时改过，没有把责任推到百姓身上。比起高喊"狼来了"的小男孩最后被狼吃掉的结局，他为任性胡来破坏规矩付出的代价或许会小得多。

韩非用这故事说明君主在整个社会树立诚信形象的重要性。

当为政者视法令和规定为儿戏的时候，百姓就有权利不再相信这些东西，整个社会必然彻底陷入无序的状态。可见，社会的诚信首先建立在为政者的诚信上，特别是为政者对法令制度的尊重和严格实施。为政者不可以开空头支票，口惠而实不至；更不可以为了一己之私，任意玩弄法令制度。这些作为都将导致为政者信用的破产，从而招致灾难性的后果。

5. 诚信与战争

原文

李悝与秦人战，①谓左和曰：②"速上！右和已上矣。"又驰而至右和曰：③"左和已上矣。"左右和曰："上矣。"于是皆争上。其明年，与秦人战。秦人袭之，④至几夺其军。⑤此不信之患。⑥（《韩非子·外储说左上》）

注释

①李悝（kuī）：战国初期魏国人，子夏弟子，曾任魏文侯相，主张尽地力，建立平籴法，官府在丰年按平价购粮储存以备荒年出售。他主政时魏国富强起来。《汉书·艺文志》有《李子》三十二篇，又别出《李克》七篇。《晋书·刑法志》："律文起自李悝，撰次诸国法，著《法经》。"②和：军队驻扎时营垒的正门，此处代指营垒。③驰：赶马快跑。④袭：偷袭，趁对方不备而突然发起进攻。⑤至：通"致"，致使。几（jī）：几

乎。⑥患：祸患。

译文

战国时魏将李悝跟秦军作战,他先跑到左营垒门口对官兵喊:"快冲上去,右营垒的人马已经冲上去了!"接着又快马跑到右营垒喊:"左营垒的人马已经冲上去了!"于是两营垒的将卒都争先恐后地冲了上去。(但事情的真相后来被将卒们知晓,从此李悝在部下内心里的信用破产。)第二年李悝再率军与秦军作战,秦军偷袭魏军,魏军几乎全军覆灭。这就是不诚信造成的祸患。

解说

用欺诈的手法可以得一时之利,但是必将行而不远。这方面的故事史不绝书,李悝带领魏军跟秦军作战的事例不过是其中之一。有人可能马上想到兵家圣典《孙子兵法》里的名言:"兵以诈立。"(用兵打仗要依靠诡诈多变取胜)"兵者,诡道也。"(用兵是一种诡诈之术)等等。在残酷的战争面前,任何欺诈都具有了合法性;讲求道义反而成为迂腐的代名词。三十六计中,大部分都是欺骗的手法,诸如瞒天过海、无中生有、声东击西、欲擒故纵、笑里藏刀、偷梁换柱、借刀杀人等,只看名目就可知其欺骗的属性。这些手法是不是用于日常的人际关系就是负面的、不正当的,用于战争就是正面的、合理的呢?今天的商业竞争在很大程度上也具有了战争的特质,称为商战,是否同样可以使用各种欺骗手段呢?广而言之,凡是竞争性的领域,如政治、经济、体育等,欺骗和诚信,究竟如何把握和选择?这样的道德困境是人们无法避开的,需要认真讨论。用高标的道义掩盖这些困境。其实背后掩盖的是为了目的可以不择手段的无道德状态。

在韩非的观念里,对敌用诈是正当的;但在上位者对自己的属下,就必须牢固树立出言必践的形象,绝不可以因一时的利益而毁掉这一形象。李悝正是在这一点上犯了错误。韩非思想的主题是运用法治来达到富国强兵,法治的核心是信赏必罚。韩非反复强调赏罚信对统治者的必要性和重要性,同时也不断重申赏罚不信对国家的危害,汉代学者在总结先秦诸子的思想特点时,便以"信赏尽能"概括韩非的学说。

6. 吴起表信

原文

吴起出,①遇故人而止之食。②故人曰:"诺,③今返而御。"④吴子曰:"待公而食。"故人至暮不来,起不食待之。明日早,令人求故人。⑤故人来,方与之食。⑥(《韩非子·外储说左上》)

注释

①吴起:卫国人,生活在春秋、战国之交。擅长用兵,曾在鲁国做将军,后又事奉魏文侯,文侯用他做西河守。武侯即位后,听信谗言,吴起逃往楚国,楚悼王用他主持国政,威震诸侯。楚悼王死后,宗室大臣攻杀吴起。②故人:旧交,老友。

止：使停下，挽留。之：指代老友。食：吃饭。③诺：答应声，表示同意。④御：吃。⑤求：寻找。⑥方：一并，一起。

译文

吴起出门时遇见一位老友，就留他在家吃饭。老友说："好啊。不过，我得先去办事，回头到您家吃饭。"吴起说："我等着你来了再吃饭。"那位老友直到傍晚还没来，吴起就不吃饭一直等着。到了第二天早上，吴起派人去寻找那位老友。老友来了，吴起这才跟他一起吃饭。

解说

韩非用这个故事说明"小信成，则大信立"的道理。吴起是战国时期杰出的军事人才。他在日常生活中就非常注重实践自己的治军理念，比如这次他"表信"的举动，就是以自身的言行表明诚信的涵义；正是借助于平时的表信，积累起个人言出如山的口碑。对于军事将领而言，言出如山方能做到令行禁止，令行禁止才能做到军纪严明，军队才有战斗力。

换个角度，这个故事也可以用来说明韩非的另一个观点：诚信是维系人与人之间关系所必需的要素。韩非认为，普通人相互之间没有直接的利益关系，也没有可以制约对方的威权，因此便以诚信作为相互交往的前提。倘若一个人总是出口成谎，毫无诚信可言，他在社会上就很难托身立足。如果忽悠大师畅行于世，混得风生水起，那么就是这个社会出了问题。

7. 忠信和诈伪的选择困境

原文

晋文公将与楚人战，召舅犯问之，①曰："吾将与楚人战，彼众我寡，为之奈何？"舅犯曰："臣闻之：②繁礼君子，不厌忠信；③战阵之间，不厌诈伪。④君其诈之而已矣。"⑤文公辞舅犯，因召雍季而问之，⑥曰："我将与楚人战。彼众我寡，为之奈何？"雍季对曰："焚林而田，偷取多兽，⑦后必无兽；以诈遇民，偷取一时，后必无复。"⑧文公曰："善。"辞雍季，以舅犯之谋与楚人战以败之。归而行爵，⑨先雍季而后舅犯。⑩群臣曰："城濮之事，⑪舅犯谋也。夫用其言而后其身，可乎？"文公曰："此非若所知也。⑫夫舅犯言，一时之权也；⑬雍季言，万世之利也。"仲尼闻之，曰："文公之霸也，宜哉！既知一时之权，又知万世之利。"(《韩非子·难一》)

注释

①舅犯：即狐偃，字子犯，晋文公的舅父，曾随晋文公在外流亡十九年，回国后帮助晋文公建立霸业。②闻之：听说过这样的说法。③繁礼：多礼，指特别讲究礼。厌：以……为满足。忠：尽心竭力，无保留地对待别人。信：讲信用，不说假话欺骗别人。不厌忠信，意思是无论怎样讲求忠信都觉得不满足，可意译为"追求忠信"。④战阵：作战的编阵。"战阵之间"

是指在战场上。"诈"指欺骗;"伪"是诡诈,不诚实。不厌诈伪:不以诈伪为满足,即可以使用各种欺骗手段。⑤君:用于对国君的面称。其:语气副词,表示希望或建议对方做什么。而已矣:用在建议对方如何做的句子里,意思是这样做就可以了,可以达到目的。⑥辞:辞退,使离开。雍季:生平不详。或说是公子雍,晋文公的小儿子。⑦田:打猎。这个意义后来写作"畋"。偷:苟且,即只顾眼前、得过且过。⑧遇:对待。复:重复,第二次。⑨行爵:行赏。按:爵是爵位,用来赏赐有功者。⑩先:把……放在前面。后:使在后。⑪城濮:春秋时卫国地名,位于今河南省濮阳市。城濮之事:指晋、楚城濮之战,前632年,晋、楚两国为争霸而在城濮开战,晋国获胜,这是晋文公建立霸业的一次重要战争。⑫若:你们。⑬权:权宜之计,暂时适用的办法。

译文

晋文公将要跟楚国开战,召见舅父子犯,向他咨询战事。文公说:"我要跟楚国开战了,对方兵多将广,我方兵力上远不如对方,怎么打这一仗才好呢?"舅犯说:"我听到过这样的说法:讲究礼节周备的君子追求忠信,而在战场上则可以使用各种诈伪之术。您不妨对楚国用诈伪之术来取胜。"文公辞退舅犯后,又召见雍季征求他对这场战事的建议,文公说:"我将要跟楚国开战,可对方兵力多,我方兵力少,怎么打这一仗才好呢?"雍季说:"如果焚烧树林来打猎,虽然可以一时获得很多野兽,以后就定然没有野兽可猎了;如果用欺诈的手段对待民众,固然可以取得一时的成功,但一定不是长久之道。"文公赞道:"说得好。"辞退了雍季。文公最终采用了舅犯的谋略跟楚国作战,大败楚军。晋军凯旋,论功行赏,文公把雍季放在有功之臣的首位,而舅犯反而被排在后面。对此大臣们议论纷纷,说:"城濮之战,我们能获胜,全凭舅犯的谋略。采用了他的计议,却在行赏时把他排在后面,这合理吗?"文公说:"这其中的道理不是你们能懂得的。舅犯的话,只是一时的权宜之计;雍季的话,却是能够使国家获得长远利益的。"孔子听说了这件事,评论道:"晋文公成为霸主,是应该的啊!他既懂得使用一时的权宜之计,又懂得国家的长远利益所在。"

解说

晋、楚城濮之战是春秋时著名的战事。开战前,面对占据优势的楚军,晋文公就作战方案向两位宗亲大臣征求意见。他的舅父子犯主张用诈,而他的小儿子雍季认为,用欺诈的手段是竭泽而渔的行为。晋文公用子犯的策略,退却九十里,选择有利时机,猛攻楚军力量薄弱的两翼,从而大获全胜,由此建立了霸业。战争结束之后,晋文公在论功行赏时将雍季排在首功,理由是雍季所论符合国家的长远利益。雍季的理念在《管子·牧民》中有更明确的表述:"不处不可久者,不偷取一世也;不行不可复者,不欺其民也。"

这个故事在《吕氏春秋·义赏》《淮南子·人间训》《说苑·权谋》《新序·难四》和《韩非子·难一》中都有记载。据《吕氏春秋》记载,孔子对这一历史事件有过评论,他说:"临难用诈,足以却敌。反而尊贤,足以报德。文公虽不终始,足以霸矣。"对此,韩非子从逻辑上作了有力的诘难。他说,首先，晋文公针对城濮之战敌众我寡的客观局面向雍季询问应对之计，而雍季的回答空洞且文不对题，在韩非看来，文公既不懂"一时之权"，也不知"万世之利"，因为对于残酷的战争而言，获胜是最急切的现实问题，解决了这个问题，才能谈万世之利；如果战争失败，国家和君主的生存都无法保全，又何谈万世之利呢？再说，子犯所言"不厌诈伪"，并非"诈"本国之民，而是要对敌方用诈，这又何必担心"后必无复"呢？或许有人觉得雍季的言辞乃"善言"，但在韩非看来，子犯的"繁礼君子，不厌忠信"才是真正的"善言"，对自己的臣下和民众需讲诚信；对属于"诡道"的军旅之事，用诡诈才是正确的方式。

不过，我们回过头来仔细揣摩孔子的评论，其中颇有意味深长的含义。"临难用诈"是应当的；成功之后再通过把雍季排在首功的做作，表明尊贤重道的态度，也是不可或缺的。这使人不由联想到，汉代自武帝起形成阴法阳儒的统治理论，并为中国两千多年来各王朝所奉行。统治集团内部始终充满血腥残酷的权力斗争，因而法家以权、术、势为核心的学说自然成为上至皇帝、下至基层官吏必须精通的宝典；而对普通百姓的教化则使用儒家仁义礼智信、温良恭俭让的说教。这种严重的内外不一、阴阳不调，导致传统文化中始终没有建立起一整套有深层次的哲学基础和道德秩序支撑的诚信思想体系。

8. 流言的威力

原文

庞恭与太子质于邯郸,①谓魏王曰:"今一人言市有虎,王信之乎?"曰:"不信。""二人言市有虎,王信之乎?"曰:"不信。""三人言市有虎,王信之乎?"王曰:"寡人信之。"庞恭曰:"夫市之无虎也明矣,②然而三人言而成虎。③今邯郸之去魏也远于市,④议臣者过于三人,⑤愿王察之。"庞恭从邯郸反,⑥竟不得见。⑦(《韩非子·内储说上·七术》)

注释

①庞恭:人名,生平不详。太子:指魏国的太子。质:动词,做人质。质的本义是抵押品。古代常以人为抵押品,即人质;结盟的诸侯国互相以国君之子作抵押,一旦双方关系破裂,人质就被杀掉。邯郸(hándān):赵国的都城,在今河北省邯郸市西南。②夫(fú):那,修饰"市之无虎"。③成虎:成就了有虎,指致使市有虎的传言成为魏王相信的事情。④去:离开,距离。远于市:指比起魏王所在的处所到集市的距离远得多。⑤议:指非议,即批评指摘性的言论。⑥反:返回。这个意义后来写成"返"。⑦竟:终于,最终。得:能,可。

译文

庞恭将要陪同魏太子前往赵国都城邯郸做人质。临行前庞恭对魏王说:"现在有一个人向您报告说,集市上有老虎,大王您相信这话吗?"魏王说:"我不信。"庞恭说:"有两个人报告说,集市上有老虎,大王您相信吗?"魏王说:"我不信。"庞恭说:"有三个人报告说,集市上有老虎,大王您相信吗?"魏王说:"我会信以为真。"庞恭说:"集市上没有老虎是很明白的事实。可是如果有三个人说集市上有老虎,这事就会被信以为真。如今,邯郸跟魏国的距离,那是远远大于王宫与集市的距离,而议论我的人也会远远超过三个人。对这种情况,希望大王能认真考虑清楚。"等到庞恭从邯郸回到魏国,最终没有机会拜见魏王。

解说

三人成虎的故事家喻户晓。庞恭深刻地认识到流言的威力,而且预料到他陪太子到赵国做人质,实现赵、魏两国的联盟,不仅当下有功于国,而且对未来的政治前途来说,更是无法估量的有利资源。在这种情况下,他必然成为官场各派势力共同攻击的目标。因此,赴赵国之前,他在魏王那里做好了必要的铺垫,希望魏王能够清醒地意识到,诬陷、毁谤庞恭的谗言,跟集市有虎的流言一样,如果许多人都在散播,最终将使魏王不由得不信,因此,请魏王能够明辨谗言。可惜,庞恭的铺垫没有起到效果,在他回到魏国的时候,连见魏王一面的机会都不可得,可知魏王听到了多少关于庞恭的谗言,以至于对庞恭生出厌憎、戒惧之心。

流言即不符合事实的谎言如水之流迅速扩散。在古代,谎言的传播是通过口耳相传;二十世纪后,各种传播媒介借助于飞速发展的技术手段，影响力越来越大，这既方便了信息的传播，自然也给谎言的扩散提供了便捷的途径，于是就出现了"谎言重复千遍，就会成为真理"的名言。当今各种信息流布的技术空前发达，因而重复谎言的力度也空前增强了。虽然说谎言的制造各有不同的目的，但其最根本的相通处在于对权和利的追逐和争夺。

常言道："人言可畏。"白居易有诗："周公恐惧流言日，王莽谦恭未篡时。向使当初身便死，一生真伪复谁知？"以周公之贤德，当有流言说他怀有篡位的阴谋时，也会感到恐惧。可见当流言指向个体时，人们往往会焦虑恐惧，甚至愤怒疯狂。但同样属于谎言的大话、空话，由于披上了精心编织的美丽外衣，人们的反应就淡漠多了。可充满恶意欺诈的虚假广告对人们的伤害，有时也并不比流言轻些吧？

9. 夔为何只有一只脚？

原文

鲁哀公问于孔子曰：①"吾闻古者有夔一足，②其果信有一足乎？"③孔子对曰："不也，④夔非一足也。夔者忿戾恶心，⑤人多不说喜也。⑥虽然，⑦其所以得免于人害者，⑧以其信也。⑨人皆曰：'独此一，⑩足矣。'夔非一足也，一而足也。"哀公曰："审而是，⑪固足矣。"⑫（《韩非子·外储说左下》）

注释

①鲁哀公：名蒋，春秋时鲁国的君主。②夔（kuí）：传说中尧舜时代的乐官。一足：一只脚。③果信：果真。④不（fǒu）：否。⑤忿戾（fèn lì）：蛮横无理，动辄发怒。恶（è）心：狠恶之心。⑥说（yuè）：高兴。这个意思后来写成"悦"。⑦虽然：尽管这样。⑧得：能，可。⑨以：凭借。⑩独：仅仅，只是。⑪审而是：仔细考察而确是这样（的话），果真如此的话。⑫固：当然。

译文

鲁哀公问孔子说："我听说，古时候有夔这样一个人，只生了一只脚。他果真只有一只脚吗？"孔子回答说："不是的，夔不是只有一只脚。夔这个人，性情暴烈，冷酷无情，所以人们大都不喜欢他。尽管如此，他却一直能够避免被人加害，原因就在于他非常诚信。人们都说：'只要这一点，已经足够了。'所以，夔并不是只有一只脚，而是说只要诚信这一点就足够了。"哀公感叹道："果真如此的话，当然足够了。"

解说

夔是远古传说中的人物，据说曾经做尧的乐官。神话传说中有一种野兽也叫夔，样子像牛，没有角，仅有一只脚。到了春秋末年鲁哀公的时候，这些神话传说大概已经跟远古历史分辨不清了。有一天哀公就向博学的孔子请教夔为什么只有一只脚。孔子解释说，夔这个人脾气又臭又硬，不招人喜欢，可是就凭借诚信的名声一生平安。可见，作为社会性的动物，脾气不好固然是不利的因素；然而，在社会群体中人们更看重的品质是诚信。假设有人乖巧机灵时时处处讨人欢心，可是满嘴谎话不守信用，这人会是怎样的下场呢？

文中"足"的本义是指人体的下肢，所以哀公理解的"夔一足"，差不多类似神话里的美人鱼，而不是说有两条腿一只脚。有时"足"也专指踝（huái）骨以下的部分，后来本义逐渐不用了，"足"就只表示脚的意思了。现代汉语里其实没有跟"足"的本义相对应的词汇，如果需要表达古代"足"的本义，大概要用"腿脚""下肢"。但翻译的时候又不能说"一只腿脚""一只下肢"，所以就姑且译成"一只脚"了。

"足"这个字形又被假借来表示"足够"的"足"，因为"足够"的意思太抽象，人们没有专门为它造字，而是借用了同音字"足"。这样，"一足"就产生了歧义：一，一只脚；二，一个就足够了。不过，仔细揣摩一下孔子的解释，却也有牵强之处。从哀公的问话看，古书里记载的大概是"夔一足"，孔子要增字说成"夔一而足"，然后做出貌似合情合理的解说。难怪学者认为孔子是对远古神话进行历史化改造的"罪魁"。

10. 无中生有的白马

原文

子之相燕，①坐而佯言曰：②"走出门者何？③白马也？"左右

皆言不见。有一人走追之，报曰：④"有。"子之以此知左右之不诚信。⑤（《韩非子·内储说上·七术》）

注释

①子之：人名，战国时燕王哙（kuài）的相国。善于用术，让说客苏代和潘寿劝燕王哙让国给自己，造成燕国内乱。齐人伐燕，子之被杀。相（xiàng）：担任相国。②佯（yáng）：假装。③走：跑。④报：报告，回复。⑤以此：用这种方式。

译文

子之做燕国的相。有一天跟左右侍臣坐着聊天，他忽然假装吃惊的样子说："跑出门去的是什么？是一匹白马吗？"侍臣们纷纷都说没有看见，有一个人却跑着追出去，过了一会儿回来报告说："是有一匹白马。"子之用这种办法来了解侍臣谁诚实，谁不诚实。

解说

这个故事表现韩非七术之一的"倒言反事"。术（術）的本义是城邑里的道路，引申指做事情的方法、手段。韩非用以特指君主控制和使用臣下的策略、手段。他认为，法和势都是工具，君主可以使用，臣下同样可以利用；如果君主不能有效地驾驭臣下，他们就会相互勾结，架空君主，蒙蔽君主，最终会篡权夺位。因此，君主必须懂得用术。按照韩非的解释，"术者，因任而授官，循名而责实，操杀生之柄，课群臣之能者也。"（所谓术，就是根据能力而授予官职，依照官位而要求相应的职责，掌握生杀的权柄，考核群臣的效能。）"术"的核心原则是君主要用各种方式将自己神化，让臣下无从了解和揣测自己的心理活动。在这一前提下，君主需要运用各种手段操控臣下。在《内储说上》里，韩非举例解析了七种具体的手段，所以这篇叫《七术》。七术包括："众端参观"和"一听责下"，说明君主要全面观察、考核臣下的言行；"必罚明威"和"信赏尽罚"，解说君主要利用赏罚制度使臣下为自己尽力效劳；"疑诏诡使""挟知而问"和"倒言反事"则是说明君主如何防范和察知臣下的奸恶行径。

所谓"倒言反事"，就是当君主对某个臣子或某件事情有所怀疑的时候，要使用故意说反话或做相反的事的办法，确切了解事实真相。比如这个故事里，子之对自己身边的人的诚信有疑虑，所以就用上了"术"，用一匹无中生有的白马，来测试身边人的诚信。我们不知道在子之眼里，究竟是那些实事求是的身边人更可靠呢，还是他会觉得那位曲意逢迎的追马人更忠心？跟这个故事相类似的，是秦朝权臣赵高的指鹿为马。赵高想要叛乱，担心群臣不跟自己走，于是弄了一只鹿献给秦二世，说："这是一匹马。"秦二世以为赵高跟他开玩笑，就笑嘻嘻地说："丞相你怎么把鹿说成马呢？"还傻乎乎地向身边的臣子求证，结果这些臣子或者沉默不言，或者就顺着赵高说这就是马。当然，也有个别正直的臣下说这是鹿，马上就被赵高铲除了。赵高所用的也正是韩非所谓的"术"。这本为君主独自"藏之于胸中"的术，实际上也不过是一种工具，既可为君主所用，亦可为奸臣所使。

由"七术"的名目可以看出，"术"的别名可称为"不择手段"。如此说来，韩非的"信"的确只是手段，是君主在民众那里树立自己和法令的权威的必要手段。对臣下用术的时候,韩非的主张非常明确:不可言"信"。

11. 乐正子春的信用

原文

齐伐鲁,索谗鼎,①鲁以其雁往。②齐人曰:"雁也。"鲁人曰:"真也。"齐曰:"使乐正子春来,③吾将听子。"鲁君请乐正子春,乐正子春曰:"胡不以其真往也?"④君曰:"我爱之。"⑤答曰:"臣亦爱臣之信。"(《韩非子·说林下》)

注释

①索:索取,索要。谗鼎:据唐朝孔颖达说,一种意见是疾谗之鼎,即鼎上面铸有铭文,内容主要是指责那种无中生有地说别人坏话的做法;另一种看法是谗乃地名,传说中大禹在甘谗这个地方铸造九鼎,所以称谗鼎。无论哪种意见,谗鼎在当时属于重器,即国家的宝器。②以:拿。雁:后来写成"赝",伪造的,假的。③使:派。乐正子春:春秋时鲁国人,以官名为姓,是曾参的弟子。④胡:为什么。⑤爱:本指人与人之间相互喜欢的感情,当这种感情出现在人与物之间时,在喜爱之上有时增加了贪图、舍不得的感情。

译文

齐国攻打鲁国,向鲁国索要谗鼎。鲁国把一只伪造的谗鼎送去了。齐国人说:"这是伪造的。"鲁国人说:"这是真的。"齐国人说:"让乐正子春来吧,他若说是真的,我们就相信你。"鲁国国君请乐正子春出面去作证,子春说:"为什么不把真的送去呢?"国君说:"我喜爱谗鼎,舍不得送去。"子春正色回答说:"我也爱惜我的诚信。"

解说

乐正子春是曾子的学生。《吕氏春秋》记录这个故事时,主角是柳下惠。无论是子春还是柳下惠,在当时均以诚信闻名。因此,当齐、鲁两国为谗鼎的真假出现争执时,齐国便提出由鲁国的乐正子春出面作证。可见,在人们心目中,乐正子春、柳下惠这样的诚信之人乃社会公器,代表了正直和良知。无耻的鲁君为了自己的贪欲试图让乐正子春牺牲其诚信,遭到子春的拒绝。可以想见,在当时这种拒绝需要勇气;如果没有足够的勇的品性,诚信之人在政治高压面前会不堪一击。

由这则故事可以看到,即使不惮以最坏的恶意来揣测人性的人,仍对诚信之人抱了最崇高的尊重和信任。或许,诚信有无人性的依据仍需论证,但是当人与人交往时,对诚信的希求是人心深处最自然的反应。我们每个人从小接受的教育,无论是父母的谆谆教诲,还是"狼来了"之类的故事,都是在培育诚信的信念。在传统社会,佛教用六道轮回、因果报应直接在普通民众心目中深植了诚信的信念,妄言绮语、颠倒是非乃五戒之一,若违反必入地狱受尽酷烈之极的痛苦煎熬。畏惧之心可使人视守诚信为解脱之道。倘若人们彻底失去举头三尺有神明的羁束,而原本只限于权力阶层偷偷操弄的法家学说被堂而皇之地发扬光大，那么恐怕就意味着实用主义哲学的狂欢盛宴开张，功利作为唯一的价值评判标杆，扫荡思想、精神、文化诸层面，亦必扫荡社会各阶层。当人们意识到，身边的各种造假已经泛滥到让人熟视无睹的地步，再稍作深度观察，社会生态、文化生态如同自然生态一样，遭到惨不忍睹的毁灭，社会的每个细节都令人有假作真时真亦假的恍惚之感。这时，人们愕然惊觉自己似乎身处原始蛮荒的丛林之中，整个社会开始焦虑地呼唤作为人性基本要素的一些观念，包括良知、正义等等，当然，也包括诚信。诚信能否唤回？怎样唤回？怎样重新建立社会的道德秩序？这是非常沉重的话题，需要全社会的反思和努力，而且还有很漫长的路要走。

或许，当我们不再嘲笑尾生之愚，当我们不再只懂得用功利的眼光看待诚信，而能够享受诚信带给每个人的简单快乐，诚信社会的建立就真正有了希望。只是这样的目标应该不是思想学术界的坐而论道可以实现的，靠宣传口号、标语恐怕也无济于事。

十、语言的艺术

1. 说话之难

原文

凡说之难,①非吾知之有以说之之难也,②又非吾辩之能明吾意之难也,③又非吾敢横失而能尽之难也。④凡说之难,在知所说之心,可以吾说当之。⑤所说出于为名高者也,⑥而说之以厚利,则见下节而遇卑贱,必弃远矣。⑦所说出于厚利者也,而说之以名高,则见无心而远事情,必不收矣。⑧所说阴为厚利而显为名高者也,⑨而说之以名高,则阳收其身而实疏之;⑩说之以厚利,则阴用其言,显弃其身矣。此不可不察也。(《韩非子·说难》)

注释

①说(shuì):进言,即向对方提出自己的看法,并努力让对方接受。②知(zhì):智慧。这个意义后来写作"智"。吾知之有以说之:我的才智足够用来向君主进说。这是说自己的智慧足以把事理剖析清楚。前一个"之",是放在主谓结构"吾知有以说之"之间的助词,作用是使这个主谓结构变成名词性结构,充当定语;后一个"之"是代词,指代"说"的对象。③辩:口才。明:使明,说明白。④失(yì):通"佚",放纵。横失:纵横如意,指在游说时能充分发挥,无所顾忌。⑤所说:游说的对象。以:用。吾说(shuō):我的言论。当(dāng):

相符合，适应。⑥出于：出自……的目的，这是说对方跟自己谈话的目的。为名高：为了得到高尚的名声。⑦见：看待，认为。下节：节操低下，指志向、抱负不高。遇卑贱：以卑贱的礼数相对待。弃：遗弃（不用）。远：疏远。⑧无心：没有头脑。远：远离。事情：事情的实情。收：收录，采用。⑨阴：内心里，暗地里。显：公开。⑩阳：表面上。身：本身，指进说者。疏：疏远。

译文

进说的困难，不是难在我的才智不够用来向君主进说，也不是难在我的口才不能阐明我的主张，也不是难在我不敢纵横如意地把意见全部表达出来。进言的困难，在于懂得所进言的对象的心理，并能够用自己的言论去适应他的想法。进说的对象想得到高尚的名声，而你用厚利去向他进说，那么对方就会觉得你节操低下，因而用卑贱的礼数来对待你，最终必然会遗弃和疏远你。对方的目的是在丰厚的财利，你却拿高尚的名誉劝说对方，那么他就会认为你没有头脑，完全脱离实际，因而一定不会收用你。进说的对象内心里想的是丰厚的财利，可公开却装作追求高名，如果用高名向他进说，他就会表面上接受进说者，实际上却疏远他；如果用厚利向他进说，他就会暗地里采用进说的意见，公开地却抛弃进说者。这些情况不可不仔细想清楚。

解说

人是语言的动物。人与人之间的交流，如果没有感情上的障碍，那么就可以顺利展开，一言半语甚至一个眼神、一个表情便足以传情达意了。反之，如果相互之间存了猜忌和试探，那么同样的话语，由不同的语用目的去解读，就会有不同的理解。常人是如此，作为利害攸关的君臣之间的交流，就更为艰难，而且会充满风险。所以韩非首先强调，臣子进言是为了得到君主的采纳，从而获得进身的机会；君主则是希望从臣下那里得到治国或者实现某种特定目标的良策。如此说来，谈话双方实际就是一场利益交换的生意。韩非所说的"为名高"，是君主心里想的是为天下苍生谋福利的美名；而"为厚利"，是君主想的是声色犬马的物质享受。韩非讲得很明白，在没有真正摸清君主的心理之前就贸然进言，那可能要靠撞大运了。

人们凭借语言交流来沟通思想，同时也由此而了解谈话对方的性格、人品和能力等。君臣之间的交流还有一个前提，就是双方地位的严重不平等。以下位的身份对上谈话，如果成功，可能从此飞黄腾达；如果招致上位者的不悦甚至厌憎，轻则就此结束自己的政治前途，重则可能性命不保。因此，韩非强调臣下在进言之前需要反复揣摩君主的所思所想，细致深刻地洞察人情世故，使自己成为大师级别的心理分析专家，如此，才能有机会在政坛上一试身手。韩非自己在这方面研究之深透精辟，可谓前无古人，后无来者，可叹的是，他本人最终因进言而获罪横死；更可叹的是，他的研究成果至今仍然是完全适用的。

2. 说话有风险，开口须谨慎

原文

夫事以密成,①语以泄败；未必其身泄之也，而语及所匿之事,②如此者身危。彼显有所出事，而乃以成他故；③说者不徒知所出而已矣，又知其所以为,④如此者身危。规异事而当,⑤知者揣之外而得之,⑥事泄于外，必以为己也，如此者身危。周泽未渥也，而语极知,⑦说行而有功则德忘,⑧说不行而有败则见疑,⑨如此者身危。贵人有过端,⑩而说者明言礼义以挑其恶,⑪如此者身危。贵人或得计,⑫而欲自以为功，说者与知焉,⑬如此者身危。强以其所不能为,⑭止以其所不能已,⑮如此者身危。（《韩非子·说难》）

注释

①夫（fú）：那。以：凭借，因为。②身：自身，指进言者。及：涉及，触及。匿（nì）：隐藏。③彼：指进言的对象，也就是与说话人相对的另一方。显：公开地。出事：表示、显露之事。他故：别的事。④徒：只，仅仅。所以为：做的原因。⑤规：规划，筹划。异事：不平常的事情，通常是需要严格保密的大事。当（dàng）：得当，适当。指合乎主上之意。⑥知（zhì）者：有智慧的人。揣（chuǎi）之外：从外部的各种迹象推测这件事。得之：了解了这件事。⑦周：密合。这里指君臣

之间关系的密合。泽：恩惠，指君对臣的恩宠、信任。渥（wò）：优厚，厚重。语极知：进说竭尽其智慧。⑧说行：进说的言论被采纳实行。有功：有功效。德忘：指赏赐的事情被忘记。《二柄》："庆赏之谓德。"⑨见疑：受到怀疑。⑩贵人：位尊者，指被游说的对象。过端：错误的事情。《礼记·曲礼上》："君子问更端，则起而对。"孔颖达疏："更端，别事也。谓向语已毕，更问他事。"⑪明言：公开地谈论。挑：本指挑动，所谓"挑战"是说故意引起事端以使对方出战；引申指用言语挑动某一事端，使其性质显现出来。⑫或：有时。得计：计谋得当。⑬与（yù）：参与。⑭强（qiǎng）：勉强，竭力让对方做某事。⑮止：使停下来。已：停止。

译文

事情凭借隐秘而成功，谈话由于泄露出去就可能失败。不一定是进说者自己泄露了机密，而是谈话中无意触及到了进说对象内心中的隐秘之事。如果出现这样的情况，那么进说者的处境就危险了。对方公开地表示要做某事，实际上却是用这事当幌子来做成另外的事情；进言者不仅知道对方表面上所做的事，而且明白他做此事的真实意图，像这样的情形下，进说者的处境就危险了。进言者帮对方筹划了一项重大事情而且很合对方的心意，结果有聪明人从外部猜测这件事，从而知道了此事，最终事情被泄露出去，对方必定认为这件事是进说者自己泄露的，像这样的情形下，进说者的处境就危险了。进言者和对方的关系还很浅、对方还没有充分信任自己，在这种情况下进说竭尽其智慧，如果进说的言论被采纳实行了而且还获得成功,那么君主并不会记得进说者的功劳而给予赏赐;可如果进说的意见没有被采纳,君主按照自己的想法去做事,却遭到失败,他就会怀疑到进说者头上,像这样的情形下,进说者的处境就危险了。对方有做错的事情,进说者公开大谈礼义,以此来昭示出君主的过恶,像这样的情形下,进说者的处境就危险了。君主有时精心策划好了一件事情,想要以此作为自己的功绩,而进说的人参与并了解了这一计划,像这样的情形下,进说者的处境就危险了。用对方所做不到的事情去勉强他,对方不愿罢手的事情却去极力阻止他,像这样的情形下,进说者的处境就危险了。

解说

这段话讨论了进言时有可能发生的七种情况,每种情况都有可能使进言者陷入性命不保的危险境地。其中一个核心问题是,政治是阴谋家的乐园,需要各种等级的保密。所以讨论第一种情形时,首先说明"夫事以密成,语以泄败",这话使用了互文的修辞手法,意思是做事情也好,谋划事情也罢,都需要保密;保密工作做得不好,往往就会导致失败。比如对方内心里正盘算一件事,有时进说者无意中把事情捅破了,这就会引起对方的高度警觉甚至动了杀机。

第二种情况,对方要搞瞒天过海、暗度陈仓的花招,结果进言人过分聪明地给识破了,这就很可能招来杀身之祸。第三种情况,给对方谋划机密大事不够小心谨慎,露出的蛛丝马迹被别的聪明人抓住了,结果可想而知,机密被泄露的罪过首先就要由进言者来承担。第四种情况,在跟进说对象之间的感情交流还没有达到比较深的程度时,贸然地把自己的想法和根底毫无保留地表现出来,自然不会有什么好的结果。第五种情况,对方做错了事情,进言者不识趣地大谈礼义,或许主观上并非有意指向对方的过错,可礼义是人们行为的准则,言礼义应当如何,自然便显出对方的不当之处。第六种情况是在深度参与对方的机密时,可能需要提前设计好自己的退路。

最后一种情况,对方做不到的事情,却极力促使对方去做;对方不愿停止的事情非要让他停止,进言者可能完全是正确的,也是满怀着一腔诚挚为对方考虑,可惜没有摆正双方的位置,没有清醒的角色意识,结果可能事与愿违,令自身成为悲剧的主角。

3. 说话之难,难于上青天

原文

故与之论大人,①则以为间己矣;②与之论细人,③则以为卖重。论其所爱,则以为借资;④论其所憎,则以为尝己也。⑤径省其说,⑥则以为不智而拙之;⑦米盐博辩,⑧则以为多而交之。⑨略事陈意,⑩则曰怯懦而不尽;⑪虑事广肆,⑫则曰草野而倨侮。⑬此说之难,不可不知也。(《韩非子·说难》)

注释

①大人:指当权的大臣。②间(jiàn):离间。己:指君主。

③细人：小人，指地位低下的人。④借：借助。资：凭借，指上文所说的君之"所爱"。⑤尝：试探。⑥径：使直截了当。省（shěng）：使简略。《荀子·性恶》："少言则径而省。"径省其说：使进说的言论直截了当而简略。⑦拙：以其说为拙，不精彩。⑧米盐：指（言说的内容）细微琐碎。《汉书·酷吏咸宣传》："其治米盐，事小大皆关其手。"颜师古注："米盐，细杂也。"博辩：广博（指涉及的内容）、动听（指言词巧妙富有文采）。⑨多：通"哆"（chǐ），邪僻不正。按：此就其人品而言。扬雄《法言·吾子》："中正则雅，多哇则郑。"王念孙《读书杂志》引王引之："多读为哆。哆，邪也。……哆与多古字通。"交：通"狡"，狡猾。《荀子·大略》："蔽公者谓之昧，隐良者谓之妒，奉妒昧者谓之交谲。""交谲"即狡猾诡诈。交之：以之为交，认为他太狡猾，即觉得他花言巧语而无诚信。⑩略：使粗略。陈：陈述。⑪怯懦（nuò）：胆小软弱。不尽：不把自己的意思完整地表达出来。⑫广：指思路广阔。肆：放纵，指有胆识，放得开。⑬草野：粗俗鄙陋，指不讲礼法规矩。倨（jù）侮：傲慢。

译文

所以跟君主谈论位高权重的大人物，君主就会疑心你是在离间君臣关系；跟君主谈论地位卑微之人，他又会疑心你在出卖他的权柄。谈论君主喜爱的人，君主就会认为是在借助君主所喜爱的人（达到自己的目的）；谈论君主憎恨的人，君主就会认为是在试探自己。使进说的言论直截了当而简略，君主就会认为进言者不聪明，觉得他的言论笨拙、毫无可取之处；若是进言者言说的内容细微琐碎，广博而文采斐然，那么君主就会认定此人邪僻不正，觉得他花言巧语而无诚信。把事情简化，只陈述大意，君主就说他胆小怕事，不敢把想法全端出来；考虑事情思路广阔而放肆不拘，君主就说他粗野而傲慢。以上所述这些进说的难处，进言者不可不了解啊。

解说

谈论大人物，无论是赞誉还是批评，都可能引发君主的疑心：批评大臣的作为吧，君主认为你在离间他跟大臣的关系，这是很自然的；再进一步，君主处理国家大事，当朝大臣都要参与其中，无论决策或实施，君主都有份，你议论大臣的是非，君主听了马上就会联想到他自己，疑心你在借谈论大臣而批评君主的过失。过度称誉大臣，不管从什么角度，要让君主听了心里很受用，恐怕都不容易。至于谈论地位低下的小人物，能够讨论的话题无非就是称举其贤能，君主会想，进说者的目的是什么？难道不是企图凭借举荐别人来获取好处吗？跟君主谈论他特别喜欢的人，也不容易，你吹捧也罢，指责也好，都不会讨得君主的欢心。比如你热烈歌颂君主所爱之人，君主想，这人是不是搭上了我所喜爱之人，要借助这个达到什么目的呢？跟君主谈论他憎恨的人，又会谈些什么？顺着君主的心意使劲贬斥那人吗？或者试图解决两人之间的矛盾？无论哪一种情形，君主的第一反应可能是，这个进言者是什么居心？

有人以为跟君主谈话最好开门见山，不绕弯子。若由善意的心态看待，或许君主应该觉得这人率直、坦诚，然而君主却可能并不如此看，他会认为这人讲话都不懂得委婉，实在是

"不智"。《韩非子》中"智"是指人的一种属性,跟"愚"相对而言。对进言者有了这样的评判,那么对他的言论也就"拙之",《韩非子》中"拙"均与"巧"相对,《八说》:"是以说有必立而旷于实者,言有辞拙而急于用者。"意思是说,理论有言之成理而脱离实际的,言论有词句笨拙然而能立即付之实用的。既然这样的谈话风格效果不好,有人于是细心地采用高度迂曲的表达方式,把自己的真实意图掩藏在"米盐"或"广博"的话语中,可这样一来,君主在揣测你讲话主旨的过程中,对你的人品和言论都产生了负面评价。

假设有人以小心谨慎的姿态,言简意赅地进言,君主可能瞧不起这人,觉得难堪大任;可如果进言者谋略超人,雄辩滔滔,君主的气场完全被对方覆盖了,那么对不起,君主内心的不愉快已经把这人打入另册。如此说来,进言者无论怎样表现,都有被君主误解的风险,进言者究竟该如何做才能成功呢?

4. 欲练神功,必先自宫(之一)

原文

凡说之务,在知饰所说之所矜而灭其所耻。① 彼有私急也,② 必以公义示而强之。③ 其意有下也,④ 然而不能已,⑤ 说者因为之饰其美而少其不为也。⑥ (《韩非子·说难》)

注释

①务：指全力从事的事情，要领。饰：修饰，美化。所矜（jīn）：自负的事情，自我满足骄傲的事情。灭：消除。所耻：感觉耻辱的事情。②私急：指个人急切向往的事情，个人的迫切要求。③公义：公正的义理。强（qiǎng）：鼓励。示而强之：示之而强之，给他看而极力劝他去做。④下：指卑下的想法。如好财贪色之类。⑤已：停下来，罢手。⑥少：责怪，批评。

译文

进说的要领在于懂得粉饰君主自鸣得意的地方，而掩盖他觉得羞耻的事情。进说对象有私人的迫切要求，你一定要指明这合乎公义而且以公的名义鼓励他去做。进说对象内心有卑下的念头，却不能抑制，进说者就要替他把这种卑鄙的念头粉饰成美好的，抱怨他不去做。

解说

在双方地位不对等的前提下，臣子向君主进言非常不容易，对此韩非已作了细致的阐发，今天的人读后可能会很震惊（若是觉得亲切，就更恐怖）。韩非的研究当然不能限于指出进言的困难，还要由此深入探讨面对这样的困难，究竟应该怎样进言。臣下知难而上，冒险进言，在韩非看来，绝不仅仅是为了获得进身的机会，更是为了国家的前途和命运。既然有如此高尚的动机，那么就不必太在意采用手段的道德评价是高是低了。

韩非首先确定臣下向君主进言的第一要务，或者说是首先预备的条件,是需要懂得怎样抓住君主的心,怎样开口便能让君主愉悦、通体舒泰。比如,需要很清楚君主的长处和短处,然后把他自鸣得意的事情放大到最大限度,用最动听的语言、最华丽的辞藻去加以粉饰美化;而对于进说对象内心的隐痛、过去的耻辱等等,凡是他所避讳的事情都要彻底从谈话中消除,连可能会引起他不愉快联想的字眼或话题都绝对不出现。对于君主的种种私欲,能够使用高大上的话语给予合理的解释,这也是进言者的必备技能,比如把君主对声色犬马的贪求,美化成百姓的幸福之源和衷心期盼,并且要使君主相信他不如此做,将不利于国家的长远利益,等等。

韩非所领悟的进言的要领是"饰所说之所矜而灭其所耻",然后从十个不同的方面作了具体论述。由开头两条即"彼有私急"和"其意有下",已不难看出,做到"灭其所耻"的前提是必先灭己所耻。

5. 欲练神功,必先自宫(之二)

原文

其心有高也,①而实不能及,说者为之举其过而见其恶,②而多其不行也。③有欲矜以智能,则为之举异事之同类者,④多为之地,⑤使之资说于我,⑥而佯不知也,以资其智。⑦欲内相存之言,⑧则必以美名明之,而微见其合于私利也。⑨欲陈危害之事,⑩则显其毁诽,而微见其合于私患也。⑪(《韩非子·说难》)

注释

①高：指很高的目标。②过：缺点，错误。见（xiàn）：表现，揭示。③多：赞美。④为（wèi）：替，给。异事：别的事情。异事之同类者：指另外的事情当中跟这件事同一类的事情。⑤为（wéi）之地：为之为地，给君主提供说理的依据。按：《鹖冠子》："理之所居谓之地。"⑥资说于我：从我这儿借用说法，也就是从我这儿借鉴思路和想法。⑦佯（yáng）：假装。资其智：帮助他的智识，即帮君主想清楚问题。⑧内（nà）：使入，进献。这个意义后来写成"纳"。相存：共存。所谓"相存之言"，指劝君主与其仇敌相互和解，从而共存。⑨明之：使他明白。微见（xiàn）：暗中表现出，即暗示。⑩陈：陈述。危害之事：指君主想做的会产生危害的事情。⑪显：使显著，显扬。毁诽（fěi）：毁谤，即别人的批评和指责，也就是不美的名声。私患：个人的祸患。

译文

进说对象心里有过高的期求，实际上达不到，说者替他举出这种事情的缺点，揭示这种事情的坏处，称赞他没有去做这样的事情。君主想要在某一个话题上展示自己的智慧，那么你要及时地又不露声色地为君主举出另外的事情当中跟这件事同一类的事情，从而给君主提供说理的依据，让他从你这儿借鉴思路和想法，而自己要装出浑然不知的样子，用这样的方式帮君主想清楚问题。要进言劝君主与其仇敌相互和解，从而共存，就必须让君主明白这样做能够获得美好的名誉，同时又要暗示君主这样做其实合乎君主的私利。要向君主陈述有危害的事情，那么要明白地指出这样做带来的批评和非议，同时又要暗示出这样做其实对君主自身是有害的。

解说

在与君主交流的过程中，既要曲意逢迎，又要有所作为，不着痕迹地帮助对方，这需要比对方具有更高的智慧。比如，君主梦想着成为尧、舜那样的圣君，行仁义之政，为万世开太平。这样的政治追求和人生目标，在大多数君主心中或多或少地都会浮现过；常人都不希望庸庸碌碌地虚度此生，何况掌握了巨大的权力资源的君主呢？可具备雄才伟略、仁义心肠的君主毕竟是不世出的，而现实中声色犬马的物质享受对君主的诱惑，又岂是一般君主所能抗拒得了的？于是其间的取舍此消彼长，令君主备受煎熬。此时臣下应当为君主举证尧、舜之行的种种过失，称颂对方并无此类毛病，让君主顿时感觉自己远超尧、舜。

君主身处特殊的位置，在英明神武时时萦耳的颂歌中，往往便自我感觉英明神武起来。假如君主想借讨论某件事情来夸耀自己的智慧和能力，而臣下却就这个话题大谈自己的观点，显示自己的知识广博、见解深刻，结果可想而知，君主扫兴难堪，恼羞成怒之下，臣下的下场堪忧了。所以韩非说，臣下与君主谈话，必须始终考虑如何让君主表现得才智卓绝。讨论问题的过程中，需要找出与这个话题相关联的、有助于阐明发挥这个话题的其他同类事情来谈，从而及时给君主提供启发性的材料和说理的依据，能够巧妙地帮对方理清思路、论述清楚某个问题。

  臣下进言帮君主化解矛盾和仇怨,需要从名和利两个方面来谈,但是应当把获得美好的名誉这一点作为明线,把维护君主的私利作为暗线。仅有明线不一定能说服君主;而若把暗线当做主要理由直白地说出来,则不够堂皇正大,因此要在言谈话语中不知不觉使君主意识到。君主兴致勃勃地要做某事,而此事无论对国家还是对君主都是有害无益的,臣下若要劝阻,明面上仍然要从做此事引发的公众评价切入,同时暗示出此事对君主的负面影响,不能让君主显得是因胆小怕事而妥协。

6. 欲练神功,必先自宫(之三)

原文

  誉异人与同行者,① 规异事与同计者。② 有与同污者,③ 则必以大饰其无伤也;④ 有与同败者,则必以明饰其无失也;⑤ 彼自多其力,⑥ 则毋以其难概之也;⑦ 自勇其断,⑧ 则无以其谪怒之;⑨ 自智其计,⑩ 则毋以其败穷之。⑪(《韩非子·说难》)

注释

  ①异人:另外的人。与:与之,跟进言的对象。同行:有相同的行为。②规:规劝,指正。同计:指有相同的想法。③污:(指德性、行为等)低下卑劣。④以大:用大的原则,从宏大的方面。无伤:没有妨害。⑤以明:用明确的说法,亦即

不可含糊其辞。无失：没有失误。⑥多：称赞，夸耀。⑦毋（wú）：不要。以其难：用他难以做到的事情。概：本是量米粟时刮平斗斛的木板，引申指刮平，这里指纠正。⑧勇：以为勇。断：决断。⑨谪（zhé）：过失。⑩智：以为智。⑪穷：使窘迫。

译文

称赞别的跟君主做相同事情的人；君主谋划一个重大行动，进言者跟君主讨论另一件事情并加以指正，而那件事的性质要跟君主策划的行动相同。有跟君主一样低下卑劣的行为，那么一定要从宏大的方面加以美化，说明这样的行为没有什么妨害；有跟君主一样遭遇到失败的情形，那么就一定要用明确的说法，证明那样做其实没有过错。君主夸耀自己的力量大，就不要用他难以做到的事去挫伤他；君主认为他的某一决断很勇敢，就不要用他的过失去触怒他。君主自以为他的某一计谋很高明，那就不要用他的失败去使他难堪。

解说

这段文字中的核心词是"异"，是别的，其他的，也就是说在谈话过程中尽量避免把话锋指向君主，而是谈论别的人和事，在君主毫无察觉的过程中，将需要传达给君主的信息表达出来。这样一种提建议的小窍门，人们在日常聊天时也会用到，韩非则作了较为系统的整理和阐述。"誉异人""规异事"是总纲。有时赞美别人比直接肉麻地吹捧君主效果更好，这样尽可以把各种震古烁今的高帽子抛出去，君主听得心花怒放，因为他的所作所为恰好跟被歌颂者惊人地雷同，而且进言者还可以点出被歌颂者的不足，映衬出君主更高明。同样，君主的某项计划存在严重的缺陷，若是直言指正，就不如在聊天时似乎不经意地提到别的君主做过的或正在做的事，详细剖析其问题所在，君主听了自然心领神会。

所谓"以大饰其无伤"，也就是向君主论述，对于一个成就卓越的伟大君主而言，那些小小的卑污完全不影响其崇高的历史地位。所谓"以明饰其无失"，那是表现进言者文过饰非的功夫，如果功夫到家，不仅能把君主的败迹分析成与君主无丝毫瓜葛，而且可以描绘成这正是君主力挽狂澜的丰功伟绩。所谓"毋以其难概之""无以其谪怒之""毋以其败穷之"，都是说进言者不能说煞风景的话。比如君主夸耀自己力拔山兮的举世无双，你却苛刻地要求当面验证一下；君主得意于自己以前某项决断的英明果敢，你马上指出君主此项决断所造成的过失；君主沉醉于自己的"伟光正"，你却语重心长地回忆他曾经败走麦城的经历。诸如此类，这都是自寻死路的做法，即便君主不当面暴跳如雷，也会牢记在心里，早晚让你为逞一时口舌之快而付出代价。

7. 欲练神功，必先自宫（之四）

原文

大意无所拂悟，辞言无所系縻，①然后极骋智辩焉。此道所得，亲近不疑而得尽辞也。②伊尹为宰，③百里奚为虏，④皆所以干其上也。⑤此二人者，皆圣人也；然犹不能无役身以进，如此其污也！⑥今以吾言为宰虏，而可以听用而振世，⑦此非能仕之所耻也。⑧夫旷日离久，⑨而周泽既渥，⑩深计而不疑，⑪引争而不罪，⑫则明割利害以致其功，⑬直指是非以饰其身，⑭以此相持，⑮此说之成也。（《韩非子·说难》）

注释

①大意：指进说的主要内容，主旋律。拂：逆，违背。悟：通"牾（wǔ）"，逆。系縻（xìmí）：或作"击摩"，抵触，摩擦。②此道：这种途径，这种方式。尽辞：竭尽其言辞，即比较自由地表述自己的观点和看法。③伊尹：名挚，商汤的相，辅佐商汤平定天下。据《史记·殷本纪》记载，伊尹想辅佐商汤，却苦于没有机会，有莘氏的女儿嫁给商汤，伊尹便带着炊具充当送嫁的仆役，凭借高超的烹调手艺接近商汤，劝商汤施行王道。宰：家臣，管家。这里大概指主管厨事的总管。④百里奚：春秋时虞国大夫，晋灭虞，百里奚成为奴隶。晋献公嫁女到秦国，让百里奚充当陪嫁小臣。百里奚途中逃走，在宛地被楚国人抓住。秦穆公闻听其贤能，用五张黑羊皮把他赎回，任命为大夫。过了七年，秦穆公称霸西戎。虏：奴隶。⑤干（gān）：求取。干其上：求取其君主（的重用）。⑥然：可是。犹：还是。无：不。役身：使自身成为仆役。进：进身，指上朝做官。如此：像这样。污：低下，卑贱。⑦吾言：高亨《诸子新笺》认为"言"是衍文。宰虏：这里指地位卑贱的人。振：救济，拯救。⑧能仕：智能之士。仕：通"士"。所耻：以为耻辱的事情。⑨夫（fú）：那。旷日：历时，费时。离久：经久，历久。

⑩周：密合。这里指君臣之间关系的密合。泽：恩惠，指君对臣的恩宠、信任。既：已经。渥（wò）：优厚，厚重。⑪深计：深入地谋划。指毫无保留地计划各种事情。⑫引：引导，这里指在与君主的讨论过程中直接掌握话语的主导权，而不是随声附和。不罪：不被加罪。⑬割：分析。致其功：使君主的功业到来，即使君主获得成功。⑭指：指斥。饰：通"饬"（chì），修治，端正。⑮相持：相待。

译文

进说的内容没有违逆君主之处，言辞也没有抵触君主的地方，然后就可以尽情地施展自己的智慧和口才了。由这样的途径得到的效果是，进说者能够跟君主在感情上亲近，君主对他很信任，那么进说者自然能够尽情发表自己的意见了。伊尹设法当上商汤的厨师，百里奚做奴隶，这都是用来求得重用的方法。伊尹和百里奚这两个人都是圣贤之人，然而还是不能不先使自己成为仆役，以此求得任用，是如此的卑下啊。现在如果用我做宰虏，但是能够因此被听从任用，从而能拯救时世，那么这不是有才能的人所以为耻辱的。经历的时日已久，同君主之间已经建立起了密切的关系和深厚的恩泽，因而深入地谋划而不会被怀疑，引导谈话直言抗争都不会被加罪，那么就可以明白地分析利害得失来使君主获得成功，直截了当地指斥君主的是非来帮助君主端正言行，能够这样互相对待，才是进说的成功。

解说

韩非关于臣子向君主进言的研究，其结论有两个要点：第一,君主之间需要长时间的艰难磨合,最终臣下得到君主的心。只有在这种情形下,臣下才可以毫无顾忌和保留地进言。第二,为了达到这一目标,臣下可以采用各种手段;但心之所系在于国家百姓,实在是牺牲自身以拯救时世的壮举,所以也就不必有所疑虑。所有这一切都是由特定的用人机制所决定的,用自己了解、喜欢和欣赏的人,用身边有密切关系的人,这是专制体制的必然逻辑。所以历史上屡屡出现女宠主政、宦官专权的情况也就成为必然。

韩非提出了种种进言之术,细究之下大多需要牺牲个人的人格尊严,这是为了达到进言成功求取重用而作出的一种无可奈何的选择。虽然目的带有极崇高的光环,然而不能不令人担心,一个人在获得权力的过程中人格已被严重扭曲,在获得成功之后他果真能够正常运用权力去实现其原定的理想吗?在通往权力的道路上付出了过分惨痛的代价,许多人已分裂为两个互不相关的人格主体,于是得到权力后便呈现出明显的两面性:对上级极尽吹拍逢迎之能事,反过来对其权力可以辖制的人则极尽粗暴蛮横乃至丧失人性。可见假如为达目的可以不择手段,那么其正当性是需要质疑的,历史的经验无情地反复证明了这一点。

8. 该怎样说话?

原文

臣非非难言也,① 所以难言者,② 言顺比滑泽,洋洋纚纚然,则见以为华而不实;③敦祗恭厚,鲠固慎完,则见以为拙而不伦。④多言繁称,连类比物,⑤则见以为虚而无用;总微说约,径省而不饰,则见以为刿而不辩。⑥激急亲近,探知人情,则见以为谮而不让;⑦闳大广博,妙远不测,则见以为夸而无用。⑧家计小谈,以具数言,则见以为陋。⑨言而近世,辞不悖逆,则见以为贪生而谀上;⑩言而远俗,诡躁人间,则见以为诞。⑪捷敏辩给,繁于文采,则见以为史。⑫殊释文学,以质信言,则见以为鄙;⑬时称诗书,道法往古,则见以为诵。⑭此臣非之所以难言而重患也。⑮(《韩非子·难言》)

注释

①臣非:韩非自称。难言:指觉得进言这件事很难。②所以……者:……的原因。难言:难以进言,指在现实中向君主进言存在很大的困难。③顺:依从对方的想法而不拂逆;这里指进言依从君主的心意。比:顺从。滑泽:流畅有文采。洋洋纚纚(xǐ):美好的样子。华而不实:本指开花而不结果。华:开花;引申指言辞华丽而没有内容。④敦:通"惇"(dūn),厚道,诚实。祗(zhī):恭敬。鲠(gěng):正直。固:坚定。慎:认真。完:周到。不伦:不类,不成样子,也就是破坏了正常的君臣关系中应有的规范。⑤繁称:指繁多地称引古言古事。连类:指为了说明道理而联系同类事物。比物:拿相似的事物加以比拟。⑥总微:概括精微的道理。说约:述说大义。径省:直率而简略。刿(guì):刺伤,这里指说话生硬,锋芒毕露。⑦激急:说话猛烈急切。亲近:亲密,这里指没有任何避讳。谮(zèn):说坏话诬陷别人。让:谦让。⑧闳(hóng):

通"宏",大。妙:通"眇(miǎo)",高远。不测:无法捉摸。夸:自大,炫耀。⑨家计小谈:谈论家常琐事。以具数言:一一地陈说。陋:固陋,即见识浅薄而粗俗。按:"家计小谈"不是不会说话,而是指讲话琐碎具体,没有广博宏大的思想。⑩近世:切近世俗。悖(bèi)逆:违背。谀(yú):奉承,迎合。⑪诡:相反,不同。躁:指言辞浮躁夸张。诞:荒诞,超出人们的经验范围之外。⑫辩给(jǐ):能言善辩、口齿伶俐。史:文采多于内容。《论语·雍也》:"质胜文则野,文胜质则史。"按:这句依文意应该在"家计小谈"一句下。译文仍然按原文。⑬殊释:完全抛弃。文学:指典籍文献。质:朴实,没有文采。信:言语真实。鄙:庸俗。按:"鄙"本指边远的地方,引申指没见过世面的,粗俗的。说话没有装饰,朴实诚信,不会根据谈话对象的心理和好恶而选择恰当的说法,因此城里人觉得他们土,不会说话。"鄙"跟上文的"陋"有别,"陋"强调见闻少、知识浅薄,因此说话过分世俗;城里人没有知识也会"陋",虽然他们经常嘲笑乡下人"鄙"。⑭时:经常。称:援引,引证。诗书:指《诗经》《尚书》等古典文献。道:称道。法:效法。往古:指古代的人和事。诵:背诵,指死背古书。⑮重患:深感忧虑。

译文

我并不是觉得进言很难,可在现实中难以进言的原因是,进言若是完全依从君主的想法,满足君主的心意,流畅而且文采斐然,那么就会被认为空有华丽的言辞而没有内容;可若是厚道诚实,毕恭毕敬,耿直坚定,认真周到,那么就被认为是笨拙而不成体统。若是过多地论说,繁博地引证,联系同类事物,比拟相似事物,那么就被认为空阔而无用;可概括精微的道理,述说大义,直率而简略,不加任何修饰,那么就被认为是锋芒太露而不善于辩说。说话激烈明快而无所避讳,结果把别人内心的隐情都给揭了出来,就会被认为是说坏话诬陷别人而不懂谦让;言论宏大广博,深远而不可捉摸,就会被认为是只会炫耀却毫无用处。说话像谈论家常小事,一一说明,就会被认为是浅薄没见识。言辞切近世俗,言论丝毫不违背世俗人情,就会被认为贪生怕死而奉承君主;说话远离世俗,标新立异,言辞浮躁夸张,不合于人情常理,就会被认为是荒诞。若是表现得思路敏捷,出口成章,能言善辩,而且文采斐然,就会被认为只会说漂亮的套话。彻底抛弃典籍文献,亦即完全抛开传统文化,在言谈时就事论事,即"以质信言",那么就会被认为是浅薄庸俗。经常称引《诗》《书》一类的古典文献,谈论效法古代,就会被认为死背古书。以上是我难以进言并深感忧虑的原因。

解说

作为君主,总要听取各方面的意见和建议。可是,人与人之间的语言交流,会存在许多的障碍,正如韩非所言,他可以丝毫不怀疑自己的政治眼光和语言能力(韩非口吃,但是应该不影响他向君主进言),可在向君主进言方面却存有深深的顾虑。具体地说,若是顺着君主的心意说话,君主觉得这人没什么真知灼见;可要是确有高明的见解并认真恭敬一板一眼坚持己见,君主又觉得这人死心眼,让自己很不舒服。要是古今中外滔滔不绝,君主觉得这人就是个空话连篇的书呆子;可要是要言不烦直奔主题呢,君主就觉得这人是个不会说话的二愣子。说话快人快语,不加遮拦,甚至连别人内心在考虑什么都分析给君主,君主觉得这人是想讨自己欢心、专门挑拨离间的小人;可若是迂回曲折、闪烁其词,君主肯定觉得这人不过是个夸夸其谈之辈。说话就像拉家常,肯定被看做浅薄没见识;可要是出口成章、文采飞扬,君主又觉得这人不过是会说些漂亮的套话,不够朴实、诚恳。若是说话表现得精于人情世故,老到妥帖,君主会对这人的人品产生疑心;可满嘴都是标新立异、不同凡响呢,君主又觉得这人说话乖张、荒诞。说话没有任何浮夸点缀或迂曲委婉的成分,君主觉得庸俗;可动辄称引古书古人,一定给君主留下掉书袋、不明事理、脱离现实的印象。

  韩非用这样正反相对的方式,从六个方面说明臣子进言时左右为难的尴尬处境。韩非是个有心人,把进言当做一门艺术,深入研究怎样把话说到君主的心坎上。事实上,在日常生活中,人们经常会遭遇类似的误解,因而在走向社会成为真正的社会人之后,人们通常会依据自己所处的社会位置和身份,为自己选择一种恰当的言语方式和言语风格,并且在不同的场合针对不同的谈话对象,改变调整自己的言语方式和风格。这是作为社会人自我保护的本能使然,无论是自觉的还是不自觉的。如果一个人始终不能设置这样的保护层,他或许会面临难以被社会所接受的窘境。

9. 官场语言之妙与君臣关系之窍

原文

张谴相韩,①病将死。②公乘无正怀三十金而问其疾。③居一日,君问张谴曰:"若子死,将谁使代子?"④答曰:"无正重法而畏上,⑤虽然,⑥不如公子食我之得民也。"⑦张谴死,因相公乘无正。(《韩非子·说林上》)

注释

①相(xiàng):担任相国。按:"相"作名词意思是相国,即国君的辅佐大臣。下文"相公乘无正"指让公乘无正担任相国。②病:病重。古代"疾"和"病"的主要不同是,"病"包含程度义,"疾"不包含程度义。③公乘无正:人名,姓公乘,名无正。按:"公乘"本是主管战车的官职名,因以官为氏而成为复姓。问:问候。问其疾:探视他的病情。④谁使代子:使谁代子,让谁来代替您。⑤重:重视。⑥虽然:虽然这样,尽管如此。⑦公子食我:人名,应当是韩国的宗室贵族。得民:得民心,获得民众的爱戴和支持。

译文

张谴做韩国的相,病重快要死了。公乘无正揣了三十镒金前往探视问候。过了一天,国君问张谴说:"如果您死了,叫谁来代替您做相呢?"张谴回答说:"无正重视法律,敬畏君主;尽管如此,他还是比不上公子食我更得民心。"张谴死后,国君就任命公乘无正担任了韩国的相。

解说

这则故事中,张谴对两位有可能继承他担任韩相的大臣的评价很有意思:公乘无正"重法而畏上"。后一点看起来是消极因素,敬畏君主就意味着唯唯诺诺,就不敢有自己独立的见解,更不可能犯颜抗上,即便君主的决策明显是错误的。但是,对君主而言,这却是绝对的正能量,是优秀大臣应有的品质。公子食我是韩国的宗室贵族,他"得民",意味着他做事行政能充分照顾民众的想法和利益,因而得到民众的爱戴;在君主看来,这是食我在跟自己争民。君而无民则不成其君,因此这样的大臣自然是君主时刻防备并限制使用的对象。

韩非从维护君主利益的立场出发,反复强调:君有君道,臣有臣道;作为臣子,利用自己的地位、权势以及国库的财富乃至个人财富,去收买、获取下属尤其是民众的支持和拥戴,这就违背了臣道,因此君主必须严厉予以制止。在韩非的思想体系中,民众只是工具,君主只要肯拿出丰厚的奖赏,就可以随意使用民众。但是如果有大臣用利益诱惑民众,民众便很有可能不再受君主的支配。这是君主必须严加防范的。因此,统治者首要考虑的并非民众的利益,而是保证自己的权力不受侵犯。其实,民众的利益在很大程度上也就是整个国家的利益。在当时的国际环境下,能做到"取于民有度,用之有止",即对民众的盘剥有所控制,就可以得民心;得民心,则"国虽小,必安"。反之，权贵集团穷奢极欲，对民众敲骨吸髓，竭泽而渔，则失民心；失民心，则"国虽大，必危"。（以上引管子语，见《管子·权修篇》）这些道理，历朝历代的明智之君与明智之士都了然于心，因此才有"得民心者得天下"的警语。只是得天下的时候明智的君臣多，而且因为还没有真正品味到权力的好处，可以许诺民众大把的空头支票；到了治天下的时候，权力很容易被利益绑架，得民心就变成一文不值的飘荡在遥远天空中的破旗。对于君主而言，臣得民心就会成为篡权夺位的危险信号。

10. 说谎成癖

原文

田驷欺邹君，邹君将使人杀之。田驷恐，告惠子。惠子见邹君，曰："今有人见君，则睞其一目，①奚如？"君曰："我必杀之。"惠子曰："瞽，②两目睞，君奚为不杀？"君曰："不能勿睞。"惠子曰："田驷东慢齐侯，③南欺荆王。④驷之于欺人，瞽也，君奚怨焉？"邹君乃不杀。（《韩非子·说林上》）

注释

①睞（jiá）：闭眼。闭着一只眼睛，是表示轻蔑的意思。②瞽（gǔ）：盲人。③慢：通"谩"，欺骗。齐侯：指齐国君主。齐国是侯爵诸侯国，当时的君主应该是齐威王，威王晚年称王，

此事大概发生在其称王之前。④荆：楚国的旧称。荆王，应该是楚宣王。

译文

田驷欺骗了邹国的国君，邹国国君要派人杀掉他。田驷害怕了，就去告诉惠子。惠子拜见邹国国君，说："如果有个人见到您，就闭上一只眼，您会怎样呢？"国君说："我一定要杀掉他。"惠子说："盲人的两只眼睛都闭着，您为什么不杀他？"国君说："盲人不能不闭着两眼呀。"惠子说："田驷东面欺骗齐国君主，南面欺骗楚国国王。田驷在欺骗人方面，就跟盲人要闭眼一样，您何必怨恨他呢？"邹国国君便不杀田驷了。

解说

惠子应当就是战国时期名家的代表人物惠施，曾做过魏国的相。他富于智慧，擅长辩论，跟庄子交情很深。这则故事中，他用类比法，说明田驷欺骗别人习以为常，已成本性，就跟盲人不得不时时闭着眼睛是一样的道理。由此成功地让邹君放弃了杀田驷的念头。

盲人闭着眼睛是生理原因造成的，正常人跟人见面时闭着一只眼就属于主观故意；同样，若说正常人欺骗别人是主观恶意（也有善意的谎言，不在讨论范围之内），那么对某些长期说谎的人来说，说谎也能习惯成自然，以致成为病态。当一个人满嘴跑火车说谎成癖时，周围的人大概会见怪不怪，不再相信他的任何话也就罢了。当官员说谎成性时，韩非认为也无大碍，因为多数官员之于欺骗，如同盲人之闭目，已近乎本能。在专制制度下，官员的基本功之一就是要把说谎练到炉火纯青的地步，不仅有能力让人相信他的假话，还能让自己不觉得是在说谎。而君主只要把握法度以操控臣下，就不会被臣下欺骗。当然，如果君主也以说谎为乐，那代价就可能太大了。君主不能取信于民，则国将不国矣。

11. 听话的偏见

原文

宋有富人，天雨墙坏。①其子曰："不筑，必将有盗。"②其邻人之父亦云。③暮而果大亡其财。④其家甚智其子，⑤而疑邻人之父。(《韩非子·说难》)

注释

①坏：建筑物倒塌。《说文》："坏，败也。"段注："败者，毁也。"②盗：偷窃。③父（fǔ）：对老人的统称。④暮：日落时分。亡：丢失，这里指被偷走。⑤智：认为有智慧。

译文

宋国有一家富户，由于下大雨，家里的墙坍倒了。他的儿子说："要是不赶快修好，一定会有窃贼光顾。"富人隔壁家的老人也这样说。傍晚果然被偷走大量财物。这家人觉得自己的儿子非常明智，却怀疑邻家老人是盗窃财物的人。

解说

富人的儿子和邻家老人对同一件事提出了完全相同的建议,但结果却迥然有别。家里被盗以后,富人认为自己的儿子颇有先见之明,实在是人中龙凤;邻家老人既然看到墙出了问题,为入户行窃提供了方便,那么即使不是他自己动手,也有指使、勾结他人作案的可能。何以会这样?韩非认为只是因为富人与儿子感情深厚,跟邻家老人感情疏远。

类比于君臣之间的情形,君主在听取意见时,也会有完全相同的心理状态。同样的观点,若是出自自己喜爱、信任的臣子,君主就确信不疑,给予高度评价;若是出自平时比较疏远甚至厌恶的臣子,君主可能首先从怀疑的角度去理解,从中听出瑕疵、纰漏或进一步想到说话人的不良企图,等等。因此,韩非坚信,向君主进言这事儿,最最重要的不是言论真实、观点正确,而是跟君主建立起亲密的感情联系。否则,即使善于揣摩君主的心理并一味地投其所好,也不一定能成功。

让情感左右自己的判断和认识,这或许是人们很难避免的局限性吧?听言如此,看待事物无不如此。《吕氏春秋·去尤》说:"东面望者,不见西墙;南乡视者,不睹北方:意有所在也。"面向东望的人,看不见西面的墙;朝南看的人,望不见北方。这是因为心意专于一方。心有所专,就必生偏见。

12. 过度包装

原文

楚王谓田鸠曰：①"墨子者，显学也。②其身体则可，其言多而不辩，③何也？"曰："昔秦伯嫁其女于晋公子，④令晋为之饰装，⑤从衣文之媵七十人。⑥至晋，晋人爱其妾而贱公女。⑦此可谓善嫁妾，而未可谓善嫁女也。楚人有卖其珠于郑者，为木兰之椟，⑧薰以桂椒，⑨缀以珠玉，饰以玫瑰，⑩辑以翡翠。⑪郑人买其椟而还其珠。此可谓善卖椟矣，未可谓善鬻珠也。⑫今世之谈也，皆道辩说文辞之言，⑬人主览其文而忘其用。⑭墨子之说，传先王之道，论圣人之言，以宣告人。⑮若辩其辞，则恐人怀其文、忘其直，⑯以文害用也。此与楚人鬻珠、秦伯嫁女同类，故其言多不辩。"（《韩非子·外储说左上》）

注释

①田鸠：即田俅（qiú），战国时齐国人，墨子后学。《汉书·艺文志》墨家著录《田俅子》三卷。《吕氏春秋·首时》："田鸠欲见秦惠王，留秦三年，弗得见。客有言之于楚者，往见楚王，楚王悦之，与将军之节以如秦，因见秦王。"据此判断，此文"楚王"应指楚怀王。②墨子：墨翟（dí，约前480－约前420年），战国初期鲁国人，墨家学派的创始人。显学：著名学派的人物。③身体：自身实行。辩：言辞动听。④昔：从前。

秦伯：秦国君主。秦国君主受封的爵位是伯爵，所以秦国君主称秦伯。按：尹桐阳《韩子新释》考证此处秦伯指秦穆公，其女名怀嬴，晋公子指重耳。公子：诸侯的儿子，除太子外，其他均称公子。⑤令：使。饰：通"饬"。饰装：整顿行装，此指前来迎接嫁女的行装。⑥从：使随行，带领。衣（yì）：穿。文：指有文采的衣服。媵（yìng）：古代陪同出嫁的女子。⑦妾：指陪嫁的女子。贱：认为卑贱，轻视。⑧为（wéi）：制作。木兰：树木名，树皮有香气，木质优良。椟（dú）：收藏物品的匣子。⑨薰：通"熏"。桂椒：肉桂和花椒，两种香料。⑩缀：缀饰。玫瑰：一种紫红色的美玉。⑪辑：通"缉（qì）"，连缀。⑫鬻（yù）：卖。⑬道：言说。⑭览：看。⑮宣：宣扬，发扬。⑯辩：使动听。怀：怀想。直：通"值"，价值。

译文

楚王对田鸠说："墨子是一位著名学派的学者，他在亲身实践方面做得非常好，可是他的言说繁多却不动听，这是为什么呢？"田鸠说："从前秦国君主把女儿嫁给晋国公子，让晋国方面前来迎接陪嫁的行装，（秦女）带过去的衣着华丽的陪嫁美女有七十人。到了晋国，晋国人喜爱陪嫁的妾而轻贱秦伯的女儿。这可以叫做善于嫁妾，不能说善于嫁女儿。楚国人中有一位到郑国去卖珍珠的人。用木兰制作了一个匣子，匣子用桂椒等香料熏过，外面用宝珠玉石点缀起来，镶嵌了红色的玫瑰玉和绿色的翡翠。郑国人买了他的匣子而把珠子还给了他。这可以叫做善于卖匣子，而不能说善于卖宝珠。现在社会上的言论，都说动听美丽的言辞，君主只看文辞的华丽而忘记了它是否有用处。墨子的学说，传扬先王之道，论述圣人的言说，以此来普遍地向世人宣扬告知。若是使自己的文辞美妙动听，就担心世人会只关注言论的文采，却忘记了言论的内在价值，结果用文辞伤害了言论的用处。这就跟楚国人卖珍珠、秦国君主嫁女儿是同样的道理。所以他的言论繁多却不美妙动听。"

解说

楚王与田鸠的这番对话，讨论的是墨子的言论为何不够美妙动听。在百家争鸣的春秋时代，各家各派在阐述自己的观点主张时，都注意到修辞的重要性。《左传·襄公二十五年》记载孔子的话："言之无文，行而不远。"意思是说，言辞如果没有文采，虽能行于一时，但不能传之久远。不过，孔子也注意到语言表达如果过分注重修饰和文采，甚至言过其实，那就成为巧言了，他对巧言深恶痛绝，认为"巧言令色，鲜矣仁"，当一个人花言巧语，满脸都是讨人欢喜的神色，那么这人的仁心就很少了。所以他说："恶利口之覆邦家者。"孔子说的"利口"，不是今天常说的刀子嘴，不是通常说的强词夺理，而是"佞"（nìng），口才超群，能把死人说活，能把奸邪之徒美化成伟人，颠倒是非，混淆黑白；这样的人受到赏识，爬到高位，足可为祸一国。

田鸠在回答楚王时，先讲了两个故事，一是秦伯嫁女，二是买椟还珠，这两个故事的核心意思是，任何事物，如果形式超过内容，都可能有适得其反的效果。墨子为了防止"以文害用"的弊端，选择使用质朴的话语方式来"传先王之道，论圣人之言"。这与墨子求真务实的精神密切相关。墨子的思想学说以实利主义和逻辑为根本特质。墨子在《墨子·非命上》提出，衡量一种学说、一种理论的是非、利弊必须有一定标准，这种标准包括三个方面，"上本之于古者圣王之事"，"下原察百姓耳目之实"，"废以为刑政，观其中国家百姓人民之利"，用今天的话说，凡正确的学说，必然是合乎传统，总结了百姓耳闻目见的实情，符合国家人民利益。墨子称为"言有三表"。墨子在论证自己的十项主张、批判他认为是错误的观点时，总是以此"三表"为标准，而且往往最终归结到"利"。由此可见，墨子认为是与利、非与害不可分，追求真理即是追求天下之利，国家人民的公共利益是最高价值。同时，墨子又明确地将逻辑学作为辨明是非和利害的工具，因此无论研究什么学问都首先讲求逻辑。如果本着实事求是、注重逻辑的精神检验各种言论，那么社会确实会减少很多招摇撞骗、蛊惑人心的学说。

十一、做人的道理

1. 自胜之谓强

原文

子夏见曾子。①曾子曰:"何肥也?"②对曰:"战胜,故肥也。"曾子曰:"何谓也?"③子夏曰:"吾入见先王之义,④则荣之;⑤出见富贵之乐,又荣之。两者战于胸中,未知胜负,故臞。⑥今先王之义胜,故肥。"是以志之难也,不在胜人,在自胜也。⑦故曰:"自胜之谓强。"(《韩非子·喻老》)

注释

①子夏:姓卜名商,字子夏。春秋时卫国人,孔子的学生。曾子:姓曾名参(shēn),春秋时鲁国人,孔子的学生。②肥:胖。古代人和牲畜等肉多均可称"肥"。③何谓:谓何,说的是什么(意思)。④入:指平时居家。先王义:指前代圣君贤王垂示的正道。⑤荣:认为光彩。荣之:认为它(指先王之义)光彩。⑥臞(qú):消瘦。⑦自胜:自己战胜自己。

译文

子夏去拜见老同学曾子。曾子一见子夏,有些吃惊地说:"你怎么这么胖了?"子夏说:"我作战获胜了,所以就胖了呀。"曾子莫名其妙地说:"你说什么呢?"子夏说:"我在家研读前代圣君贤王垂示的正道,就觉得那是很荣耀的;出外看见世俗富贵的享乐，又觉得那是很荣耀的。两种念头纠结缠斗于心中，分不出胜负，所以就消瘦了。现在，前代圣君贤王垂示的正道获胜，所以就胖起来了。"所以说，人生志向的确立，其困难不在于战胜别人，而在于战胜自己。所以老子说："自胜之谓强。"

解说

生活中充满了各种各样的诱惑，一个人在确立人生志向的时候，能够不被滚滚红尘迷惑了心志，实在是不简单的事情。子夏以"战"作比喻，非常形象生动。每个人都可能体验过与子夏同样的天人交战的心路历程。当两种念头在心中纠结缠斗不休的时候，足以把一个人折磨得寝食难安，从而憔悴消瘦。当一个人志向明确，目标远大，内心没有任何纠结，智虑清明，灵台澄澈，自然就心宽体胖。老子说："自胜之谓强。"这个"强"含义非常丰富，一个人能够战胜自己，包括自己的贪欲、任性、怠惰等，那么他的内心足够强大，意志足够强毅。

孔子"十有五而志于学"，他认为一个人立什么样的志，将影响其一生的整体走向和生命的品质。《论语》一书中记录了孔子在和学生聊天的时候，经常以"言志"为话题，而且这"志"可以在不同的层次上，在具体语境中，可大可小。比如孔子让大家谈谈自己的志向时，子路冲口而出的就是："愿车马衣轻裘与朋友共，敝之而无憾。"（《论语·公冶长》）自己的好东西都拿出来跟朋友共享，真是够豪爽、够义气，称得上是一种快意人生的生命态度。与之形成鲜明对比的是，颜回同学轻声细语地说:"愿无伐善,无施劳。"希望自己能够做到不自我夸耀,不麻烦别人。这"志"似乎也太不够宏伟,不过,一个人能够做到有善德善行而不向人夸耀,在任何情况下都首先考虑到不麻烦别人,这样的品质不正是孔子"己所不欲,勿施于人"的仁学思想的具体实践吗?仔细想一想,能够做到如此,其修养境界已是相当不平凡了。

在那次聊天中,子路同学也问起了老师的志向,孔子说:"老者安之,朋友信之,少者怀之。"对这番话,历来有不同的解读。这里用杨逢彬先生的译文:"老人,让他安逸;朋友,让他信任我;年轻人,让他怀念我。"如此可以看出孔子对生命价值的追求。试想,让一个社会老有所安,可以说是为政的理想;朋友的充分信任是一个人生前的人格体现和生活乐趣;身后年轻人的怀念则是一个人品德、思想、精神感召力的无限延伸。人生在世,事功、德业、言行都有所成,堪称"三不朽"了。

在孔子看来,一个人若立志施行仁道,其所作所为也就不会大恶了。(《论语·里仁》:"苟志于仁矣,无恶也。")立志决定了人的价值观和生活态度,所以他说,作为士,如果已经立志追求真理,可是在现实生活中又以吃粗粮、穿破衣为耻,这样的士也就没必要再跟他探讨问题了。("士志于道,而耻恶衣恶食者,未足与议也。")道理也简单,既想深度参与现实生活,贪求物质享受,又想以追求真理为人生志向,至少在孔子看来,恐怕是很难做到的。当然,若一个人只想浑浑噩噩地混世,应该不会再有选择的苦恼。

2. 做人要低调

原文

杨子过于宋东之逆旅。① 有妾二人,其恶者贵,② 美者贱。③ 杨子问其故。逆旅之父答曰:④ "美者自美,⑤ 吾不知其美也;恶者自恶,⑥ 吾不知其恶也。"杨子谓弟子曰:"行贤而去自贤之心,⑦ 焉往而不美?"⑧ (《韩非子·说林上》)

注释

①杨子:即杨朱,战国时魏国人,主张"贵生重己"。逆旅:旅店。②恶:丑。贵:地位高,即受到主人的爱重。③贱:卑贱,地位低下,即不被主人所喜欢。④父(fǔ):对从事某种行业的年纪较大的男性的美称,这里指旅店的主人。⑤自美:自以为美。⑥自恶:自以为丑。⑦行:品行,德行。贤:贤良,美善。去:除掉。自贤:自以为贤良。⑧焉往:往焉,到哪儿。美:赞美。

译文

杨子出行,经过宋国东部的一家客店。客店的主人有两个妾,其中相貌丑的妾地位高,长得美丽的妾地位卑贱。杨子询问其中的缘故,客店的主人回答:"那个长得漂亮的自以为漂亮,我不觉得她漂亮;那个长得丑的自以为丑,我不觉得她丑。"杨子对弟子们说："品行贤良,再去掉自以为贤良的心理,到哪儿不受人赞美呢?"

解说

这则故事讲做人的道理,也记载于《庄子·山木》,唐代成玄英解释说:"美者恃其美,故人忘其美而不知也。恶者谦下自恶,故人忘其恶而不知也。"清人王先谦《庄子集解》:"自美而骄亢。"美妾把相貌出众看做资本,于是骄傲之心滋生,由骄心便生出"亢"。"亢"是高的意思;内心自视甚高,便不把别人放在眼里,于是高调蛮横、趾高气扬,习惯于作出高高在上的姿态。人实际处在显赫的高位,尚且意味着危险系数大大增加,更何况个人主观上把自己摆在一个很高的位置上呢?《说文解字》说:"危,在高而惧也。"在高而不惧,恐怕没有人愿意亲近,其结果不仅仅是落得个高处不胜寒,更可能如美妾一般被主人打入冷宫。相反,丑妾没有天生的资本,但是能够谦下退让,敬以待人,忠以处事,因而博得主人的欣赏和尊重。这大概便是老子所讲的祸福相倚的道理吧?

杨子由这一事例领悟到,一个人在现实生活中因学识、才能、修养或事业等方面的成就,也极容易滋生出优越感,当这种优越感发展到目空一切的程度,也许就将走向反面。所以他谆谆告诫学生要"去自贤之心"。因为自以为贤的念头充盈于人的头脑,便容不下更丰富的世界了。其实,我们每个人都生活在既定的环境之中,时代、社会、家庭等因素对每个人来说都是不可选择的,而这些因素限制了我们的认识水平;特别是我们所接受的教育造成了价值观、思维方式等方面的定向化,一个人要冲破这种定势的束缚,理解更广阔的世界并不容易;而我们又往往是在自己所存在的环境中,在种种外在因素的制约下寻找和定位自己生命的价值,因此很难避免以自我为中心观照事物,这样往往会生出自得自满自喜、以天下之美为尽在己的幻象,甚至可能由自得而生出狂妄。一旦走出特定的环境,猛然发现这种幻象的虚假愚昧、可笑可怜,人们又容易产生茫然自失的幻灭感。能够充分意识到自身的局限、片面和偏见,这是能够正确对待自己和他人的前提。古人在这方面有相当丰富的思想资源,值得我们重视。

3. 心不在焉

原文

赵襄主学御于王于期,①俄而与于期逐,②三易马而三后。③襄主曰:"子之教我御,术未尽也?"④对曰:"术已尽,用之则过也。⑤凡御之所贵:⑥马体安于车,⑦人心调于马,⑧而后可以进速致远。⑨今君后则欲逮臣,⑩先则恐逮于臣。⑪夫诱道争远,⑫非先则后也,而先后心皆在于臣,上何以调于马?⑬此君之所以后也。"(《韩非子·喻老》)

注释

①赵襄主:即赵襄子,春秋末期晋国六卿之一。当时卿大夫的家臣称卿大夫为主,故称赵襄主。御:驾驭马车。王于期:

有学者以为便是春秋末年著名的车夫王良，字于期。②俄：不久。逐：指竞赛（驾驭马车）。③易：换。三易马：屡次交换驾车的马匹。大约是襄主落后，以为是所使用的马匹不好，所以跟于期交换马匹。后：落在后面。④术：指驾驭车马的方法。尽：穷尽，即怀疑于期有所保留，没有把技术全部教给自己。⑤过：错误。⑥贵：以为重，注重。⑦安：安逸，舒适。马体安于车：是说马体跟车子的结合完全适合。⑧调（tiáo）：协调。⑨进速：跑得快。致远：达到远的目标。⑩逮：追赶上。⑪先：在前面。逮于臣：被臣追赶上。⑫诱道：上路，启程。争远：比赛谁先到达远处的目标。⑬上：通"尚"，还。何以：怎么。

译文

赵襄主向王于期学习驾驭马车，不久就跟于期比赛，三次跟于期交换马匹，结果三次都落在后面。襄主说："您教我驾车，技术还没都教完吧？"于期回答说："驾驭马车的技术全部教给您了，可您在使用的时候犯了错。一般来说，驾驭车马最应注重的，是马的身体跟车子相互适合，人的注意力跟马的动作相互协调一致，而后才能跑得快，跑得远。如今您落在后面就一心想赶上我，跑在我前面又怕被我追上。驾驭车马上路比赛，不是领先，就是落后；可您领先或落后时心思总是集中在我身上，怎么还能跟马匹协调一致呢？这就是您落后的原因。"

解说

王于期关于驾驭车马的阐述，可以给我们许多生活智慧的启迪。我们往往会把注意力放在与自身相关的外物上，从而忽略了自身。因此做人做事，首先要反求于己，这是故事呈现出的第一层含义。赵襄主误以为自己的马匹比对方差，误以为王于期在教学中没有倾囊相授，都属于遇到问题时外求于人，以为是别人的因素造成自己落后，这是人们在认识上经常发生的误区。做好事情的关键是能够全身心投入，把关注的焦点真正放在要做的事情上；而赵襄主的注意力总在马匹和对手身上，而没有专注于自身，导致心思涣散无主，也就无法充分调动自身的力量，全力施展控驭车马的技术。这是故事呈现出的第二层含义。赵襄主始终关注的是比赛的输赢，这种得失心是人生不可或缺的一种驱动力。然而当得失心占据一个人的心灵，则有舍本逐末之虞。因此，在得失心和纯粹如同婴孩的专注力之间找到合理的平衡，特别是不被得失心诱入思想的盲区，需要长期的修炼。这是故事呈现出的第三层含义。

韩非用这个故事解说《老子》第四十七章"其出弥远者，其智弥少"。老子以为，人们总是拼命外求，总是奔波于路途上，却难得能安静地倾听自己内心的声音，认真地跟自己的内心对话，结果积聚了数量庞大的感性经验，却没有通过静心思考上升到理性认识从而增加自己的智慧。圣人则善于观察分析和深入思考，认识事物之间的联系和规律，因而能够透过现象看清本质，达到"不出户，知天下；不窥牖，见天道"的境界。的确，当我们被繁琐忙碌的工作、生活绑架了生命的节奏和目标，无力省视自身，无力提升内在的智慧，我们可能会误把碎片化的经验当智慧，并以此应对现实中的一切问题，那么，可能我们自身也将被碎片化了。

4. 善抱不脱

原文

楚庄王既胜,①狩于河雍,②归而赏孙叔敖,孙叔敖请汉间之地,沙石之处。③楚邦之法,④禄臣再世而收地,⑤唯孙叔敖独在。此不以其邦为收者,瘠也,⑥故九世而祀不绝。⑦故曰:"善建不拔,善抱不脱,子孙以其祭祀世世不辍。"⑧孙叔敖之谓也。(《韩非子·喻老》)

注释

①楚庄王:名侣,春秋时楚国君主,任命孙叔敖为令尹,励精图治,在邲击败晋国,成为春秋五霸之一。既胜:指公元前597年楚庄王在邲(bì,位于今河南省郑州市东)击败晋军。②狩(shòu):打猎。河雍:即衡雍,郑国地名,在今河南省原阳县西南。按:庄王在河雍狩猎,这通常是在战争获胜后为炫耀武力而举行的活动。③汉间:汉水附近。沙石之处:指贫瘠的地方。④邦:分封。⑤禄臣:指享有分封土地作为俸禄的大臣。再世:两代。⑥不以其邦为收:不把孙叔敖的封地作为封地收回。瘠(jí):贫瘠,指土壤因多沙石而不肥沃,庄稼收成不好。⑦九世:指传到第九代。祀不绝:祭祀没有中断,即孙叔敖的子孙世代享有这块封地的收益来祭祀先人。⑧善建不拔:善于建树的不会被拔除。抱:抱持。辍(chuò):停止,中断。

这几句出自《老子》第五十四章。字面上"善建""善抱"指具体的物品，实际是指事业。

译文

楚庄王战胜晋国之后，在河雍举行了狩猎活动，回到楚国都城要封赏功臣孙叔敖，孙叔敖请求汉水附近的土地，那是一片多沙石的贫瘠之处。按照楚国封赏的法制，享有分封土地作为俸禄的大臣，两代以后就要收回封地，只有孙叔敖的封地保存下来。这块地方没有被作为封地收回的原因，是太贫瘠了，所以传到第九代而祭祀没有中断。所以《老子》说："善于建树的不会被拔除，善于抱持的不会脱落，子孙都能用这样的道理则世世代代的祭祀不会中断。"正是说的孙叔敖啊。

解说

楚庄王能够战胜强大的晋国，孙叔敖的辅佐可谓居功至伟。因此，庄王要按规矩给孙叔敖封赏土地。孙叔敖是相当成熟的政治家，自然明白功高震主的道理，也懂得这封赏不可推辞，于是就请求庄王把一块贫瘠之地封给自己。封地的贫瘠，只是表面形式而已；由此形式所反映出来的孙叔敖谦退自抑的政治品格，以及他的人生哲学对整个家族的影响，恐怕是关键的因素。因此，孙叔敖的家族能够香火延续不断，而不像大多数位高权重的重臣，虽可显赫一时，最终难逃灰飞烟灭的结局。

因功勋卓著而得以裂土封侯，自是古代成功人士极大的荣耀，但是这同时也意味着分享君主的利益。楚国用法律的形式明确封地传到第二代后就要收回，其中的道理就在于君主不能容忍自身的利益被长期侵占。更多的情况则是被封者的子孙躺在先人的功业上贪图享受，依托先人的余荫不思进取，对君主毫无贡献，其封地被剥夺是顺理成章的结果。《战国策·赵策四》记载触龙劝说当政的赵太后为儿子作长远打算时，谈到：赵国君主的子孙被封为侯的，其后代因无功于国，都失去了封地；其他诸侯国君主子孙的命运也惊人地相似。褚少孙在为《史记·建元以来侯者年表》续补"孝昭以来功臣侯者"表时，历观封侯者往往不过三代的史实，有一段相当中肯的总结："观其持满守成之道，皆不谦让，骄蹇争权，喜扬声誉，知进不知退，终以杀身灭国。"这些话，到今天仍有极强的警诫意义。

5. 为道义还是为利益？

原文

曾从子，善相剑者也。①卫君怨吴王。②曾从子曰："吴王好剑，臣相剑者也。臣请为吴王相剑，拔而示之，因为君刺之。"卫君曰："子之为是也，非缘义也，③为利也。吴强而富，卫弱而贫。子必往，吾恐子为吴王用之于我也。"乃逐之。（《韩非子·说林上》）

注释

①善：善于，擅长。相（xiàng）：鉴别。②卫君：卫国的君主，应当指卫出公。据《左传·哀公十二年》记载，卫国曾

杀了吴国的行人（主管朝觐聘问的官员），吴王夫差召集卫国参加诸侯会见，然后把卫出公围困在馆舍里。鲁国派子贡贿赂游说吴国的太宰嚭（pǐ），卫君才得以脱身。③为是：做这件事情。缘：依据。

译文

曾从子是一位擅长鉴别宝剑的人。卫国的君主怨恨吴王夫差。曾从子对卫国君主说："吴王喜好宝剑，我是鉴别宝剑的。我请求去替吴王鉴别宝剑，趁机替您刺杀他。"卫国国君说："你做这件事，不是为了道义，而是为了得利。吴国强大富足，卫国弱小贫困。你一定要去的话，我怕你会被吴王利用来刺杀我呢。"于是把他轰走了。

解说

曾从子主动提出要替卫国国君复仇，究竟出于什么样的目的，在他的话语中是无法判断的。卫君却依据卫国和吴国在实力上的巨大悬殊，推论出：第一，曾从子做这件事的动机不可能是出于道义，而是为了求利。第二，既然是由于贪图利益，吴国能够给予曾从子的利益要远远超过卫国，因此，如果吴国提出给他更大的利益，曾从子就会转而替吴国刺杀卫君。第三，为了利益做事的人是不可信的，所以卫君把曾从子轰走了。

"缘义"还是"为利"，这种动机的判定应当依据什么呢？卫君的推论过程似乎颇有道理，只是他推论的前提是对曾从子的动机的论断，而这个论断纯属假设，其真实性从故事提供的信息无法证明，因此最后的结论仍然是假设。那么，根据一连串的假设得出不可靠的结论，又凭借这样的结论采取行动，就不免令人觉得莫名其妙；其言其行令后人感受到的，恐怕是自卑而又刚愎的小国君主的心态吧？

6. 向老马和蚂蚁学习

原文

管仲、隰朋从于桓公而伐孤竹。①春往冬反，迷惑失道。管仲曰："老马之智可用也。"乃放老马而随之，②遂得道。行山中无水，隰朋曰："蚁冬居山之阳，夏居山之阴，③蚁壤一寸而仞有水。"④乃掘地，遂得水。以管仲之圣而隰朋之智，至其所不知，不难师于老马与蚁。⑤今人不知以其愚心而师圣人之智，不亦过乎？⑥（《韩非子·说林上》）

注释

①隰（xí）朋：齐桓公的左相。《韩非子·外储说左下》记载桓公听从东郭牙的建议"令隰朋治内、管仲治外以相参"。从：跟随。孤竹：商周时代的国名，在今河北省卢龙县到辽宁省朝阳县一带。②放：放纵；即不再束缚马匹，任由马匹自己行走。③阳：山的南面。阴：山的北面。山南冬季比较温暖，山北夏天较凉爽。④蚁壤：又称蚁封、蚁垤（dié），是蚁穴外隆起的小土堆。蚁壤一寸：是说蚁堆较高，这就意味着地下巢穴的规模很大。仞（rèn）：古代高度计算单位，八尺为一仞。

⑤不难：不觉得难，亦即愿意。师：以为师，请教。⑥过：错误。

译文

管仲、隰朋跟从桓公攻打孤竹国。春天去而冬天回，返途中迷了路。管仲说："可以利用老马的智慧。"于是就放开老马任其自行，大军跟随在后，结果找到了道路。在山区行军时找不到水源，隰朋说："蚂蚁冬天居住在山的南面，夏天住在山的北面；如果蚁穴外隆起的小土堆有一寸高，那么向下挖八尺就会有水。"于是（找到一处蚁穴）向地下挖掘，果然就找到了水源。以管仲的圣明和隰朋的睿智，遇到自己不知道的事情，都愿意从老马和蚂蚁那里获取知识。现在的人们不懂得用自己愚昧的心去学习圣人的智慧，不是大错特错了吗？

解说

"老马识途"的故事妇孺皆知。古人在与大自然密切相处的过程中积累了丰富的经验，非常善于从自然中汲取智慧。如对蚂蚁的生活规律的观察就令人惊叹。管仲和隰朋都是当时政治舞台上大放光彩的人物，孔子就曾经评价说："微管仲，吾其被(pī)发左衽矣。"（假如没有管仲，我们恐怕都披散着头发，衣襟向左边开，被蛮夷之族统治了。）由这则故事可知，他们都具有极强的观察和学习能力；他们的成功固然与时势、与自身过人的政治智慧和才干有关，同时也与他们善于从生活中获得知识和感悟有关。这大概是富有智慧的人的共性特征。

韩非注意到现实中不乏自以为精明的人，他们或者不把任何人放在眼里，或者天天琢磨怎样算计身边比自己水平高的人。这些人的共同特点是有师心自用的思维习惯，只相信自己，总希望按自己的主观意图行事。韩非在解说《老子》第二十七章"不贵其师，不爱其资，虽智大迷"时说："凡失其所欲之路而妄行者之谓迷，迷则不能至于其所欲至矣。"（《韩非子·解老》）迷，就是迷路，不知哪条路是正确的，于是胡乱东奔西走，最后陷入不分是非、不辨方向的迷乱状态。这样永远无法到达人生的目标，只能在糊涂混乱中遗憾地结束自己的一生。人如何才能不"迷惑失道"？韩非的答案很简单："目短于自见，故以镜观面；智短于自知，故以道正己。故镜无见疵之罪，道无明过之怨。目失镜，则无以正须眉；身失道，则无以知迷惑。"人有其先天的不足，因此就创造出各种辅助手段来弥补自身的缺陷，比如眼睛看不到自己的美丑，人类发明了镜子；智慧很难意识到自身的局限，所以建立了自然的和社会的法则。如果正确对待这些文明的产物，就能够避免"迷惑失道"。然而人类的可悲之处在于，当镜子照出自己的丑恶，就归罪于镜子。如此只能在迷惑谬误中越走越远。

7. 不与恶贯满盈者同归于尽

原文

有与悍者邻，①欲卖宅而避之。人曰："是其贯将满矣，②子姑待之。"③答曰："吾恐其以我满贯也。"遂去之。④故曰：物之

几者,⑤非所靡也。⑥(《韩非子·说林下》)

注释

①悍者：蛮横凶暴的人。邻：相邻而居，做邻居。②贯：字由"毌"（guàn）和"贝"组成，《说文》："毌，穿物持之也。"把东西用绳子穿连起来方便携带叫毌；将贝壳一类的财宝用绳子穿在一起，方便计数和携带就是"贯"。古人曾以特定的贝壳充当最原始的货币，故汉字中与财货有关的字皆从"贝"。引申指用以穿钱的绳子。③姑：姑且，暂且。待：等待。④遂：于是。去：离开。⑤几（jī）：危险。⑥靡（mó）：通"摩"，迫近，接近。

译文

有个人，邻居是个极蛮横凶暴的恶汉。这人打算把自家宅院卖掉，搬到别处去住。有人对他说："这恶人把您逼得都要搬走，看来他作恶之多也快到顶点了。您还是姑且等等看吧。"恶汉的邻居回答说："我担心这恶汉会用我来充当最后一枚穿满绳子的钱。"于是就搬离了原来的家。所以说，事物到了危险的地步，最好就不要接近它。

解说

在绳子上穿钱，最初大概是为了保存、储蓄；后来又增加了方便计数的功能，大额的支出不好再一个一个地数，干脆用串来计数，这时绳子的规格应当也有了定制。存钱是积少成多的过程，绳子上穿的钱将满，就再也无法多穿进一个钱。古人有鉴于此,想到人的为恶何尝不也是如此呢?为恶往往是积微成著、积重难返的过程;但为恶总有终结的一天,就好像穿钱的绳子长度是有限的,于是便有了"恶贯满盈"的比喻。《尚书·泰誓上》:"商罪贯盈,天命诛之。"意思是说,商纣王一味作恶从不悔改,已到了极限了,所以上天命令我诛讨他。

故事中,当那位与恶汉为邻的智者明白,自己的邻居已经到了怙恶不悛的地步,便毅然决然地卖掉老宅,避祸他乡。别人看到的是恶汉作恶已经快到尽头了;智者想到的则是恶汉有可能会丧心病狂地祸害邻居,因而走向末日而受到应有的惩罚。作为近邻,选择逃避的方式来应对即将恶贯满盈者,无疑是明智的。采取反抗或者鸵鸟政策,都可能造成与恶汉同归于尽的后果。

8. 三虱争地

原文

三虱相与讼,①一虱过之,②曰:"讼者奚说?"③三虱曰:"争肥饶之地。"一虱曰:"若亦不患腊之至而茅之燥耳,④若又奚患?"⑤于是乃相与聚嘬其母而食之。⑥彘臞,⑦人乃弗杀。(《韩非子·说林下》)

注释

①虱:一种寄生在人和猪、牛等哺乳动物身上的昆虫,以

吸食血液为生。相与：相互。讼：争论，争辩。②过：走过，经过。之：指代"三虱"。③奚说：说奚，说什么。④若：你。腊：古代祭祀的名称，按照《说文解字》的解释，每年冬至日后的第三个戌日，要举行盛大的合祭百神的活动，称为"腊"，祭祀时要杀猪作供品。这个表示祭祀义的字繁体作"臘"，读là；古代另有"腊"字，读xī，意思是干肉。⑤奚患：患奚，担心什么。⑥喙（chuài）：叮咬。⑦彘（zhì）：猪。臞（qú）：形体消瘦。

译文

三只寄生在一头猪身上的虱子在互相争辩。一只虱子路过，见到他们吵闹不休，就问："诸位在吵些什么呀？"三只虱子说："我们在争抢肥美的地方。"那只路过的虱子说："你们也不害怕腊祭一到，人们用干燥的茅草烤猪，你们就要跟着一起葬身火海了，那时你们又担心什么呢？"三只虱子一听，顿时明白过来，于是就联合起来拼命吸食猪血。那头可怜的猪很快就变得瘦骨嶙峋，人们见这猪太瘦，无法用于腊祭，也就没有杀掉它。

解说

当三只虱子被眼前利益所蒙蔽的时候，就无法看到大的局势，对即将降临自身的巨大危险浑然不觉，幸亏有那只路过的虱子提醒，三只虱子才猛然回过味儿来。因此，在争名夺利的时候，千万要记得审视大局。

这则故事与著名的"螳螂捕蝉，黄雀在后"的寓言有异曲同工之妙。不过，就故事的内涵和启示性来说，窃以为三虱争地的故事更胜一筹。人的眼界亦即看问题的全面性和深刻性，与宁静高远的心灵状态是直接相关的。当人们热衷于追逐现实利益的时候，陷入狂躁与执著，看外部世界乃至看待自己就会偏狭，直至一叶障目。

9. 要命的端庄

原文

季孙好士，①终身庄，居处衣服常如朝廷。②而季孙适懈，有过失，③而不能长为也。故客以为厌易己，④相与怨之，⑤遂杀季孙。故君子去泰去甚。⑥（《韩非子·外储说左下》）

注释

①季孙：春秋末期鲁国执政的卿。有人认为可能是季桓子。士：有一技之长的人，一般指读书人。②居处：日常居家。③适懈：偶然懈怠。过失：指有不端庄的言行做派。④厌易：厌恶轻视。⑤相与怨之：这里"相与"类似于说"一传十、十传百"，士之间互通消息、情绪上也互相感染，都怨恨起季孙来。⑥君子去泰去甚："泰""甚"都是过分的意思。《老子》第二十九章："是以圣人去甚、去奢、去泰。"

翻译

季孙喜好养士，随时随地都是一派端庄，即使平日家居服饰也总像上朝理政时一样。不过偶尔懈怠，也会有疏忽的时候，就不能永远那么端庄了。这样，门客就以为季孙厌恶轻视自己了，于是越来越多的人生出怨恨之心，结果就谋杀了季孙。所以君子对任何事情都不要过分，不能走极端。

解说

这则故事里的"庄"字，前人理解成矜庄、庄重、端庄、庄严，总之，就是矜持严肃以表示待士有礼。人有七情六欲，总是如此端庄肃穆，恐怕是很累人的事情。老虎还有打盹儿的时候呢。季孙先生也免不了有神经承受不住而懈怠的时候，稍一疏忽，流露出来的姿态便显得与平时的格调全然不对了。可是一个人在他人心目中的形象是很容易定型化的。季孙所养的士们习惯了主人神像一般的存在，当主人换了嘴脸自是难以接受，于是生出疑虑来，感觉自己的人格尊严受到伤害，由疑虑又生出怨恨。最终干脆一不做二不休地快意恩仇了。

人在不同的场合应该有适合的姿态，孔子在这方面堪称表率，《论语》记录了孔子的各种言行举止、音容笑貌。我们看到，应当严肃的时候孔子一丝不苟，但居处时他又是放松诙谐的。如此才是真实的人性。季孙的"庄"并非真实自我的表现，实际上是一种装；当他装不成庄，别人就不满不高兴。

韩非评论说："不易朝燕之处，则季孙终身庄而遇贼。"不论上朝或在家闲居都不改变其端庄的仪容，季孙如此一贯地端庄，结果却遇害。可见，君臣之间、上下级之间应该有明确的等级关系，只要用赏罚作为最高法宝驾御臣下，臣下就会死心塌地地追随卖命；靠礼遇、尊敬不仅不可靠，而且有风险。

10. 是是非非如何评说？

原文

鲁穆公问于子思曰:①"吾闻庞𤮦氏之子不孝,②其行奚如?"③子思对曰:"君子尊贤以崇德,举善以观民。④若夫过行,⑤是细人之所识也,⑥臣不知也。"子思出,子服厉伯入见。⑦问庞𤮦氏子,子服厉伯对曰:"其过三,皆君之所未尝闻。"自是之后,君贵子思而贱子服厉伯也。(《韩非子·难三》)

注释

①鲁穆公：战国时鲁国君主。"穆"是他的谥号。按照《逸周书·谥法解》："布德执义曰穆；中情见貌曰穆。"可见这是一位崇尚道义的君主，而且是个性情中人。子思：孔子之孙，名孔伋，是曾子的弟子，鲁穆公的老师。②庞𤮦(xián)氏：人名。清代顾广圻认为"庞"是乡里的名称，"𤮦"是姓。③奚如：怎么样。④观民：使民观，也就是给民作示范。⑤过行：错误的行为。⑥细人：小人。即见识短浅的人。识（zhì）：记住。⑦子服厉伯：姬姓，子服氏，谥厉，战国时鲁穆公的大夫。

译文

鲁穆公问子思说："我听说庞𤮦氏的儿子不孝顺，他都做了些什么呢？"子思回答说："君子通过尊重贤人来崇尚道德，通过称举善行来给民众树立榜样。至于不好的行为，那是小人牢记不忘的，我不了解。"子思离开后，大夫子服厉伯进见。鲁穆公又向他问起庞㶏氏的儿子，子服厉伯回答说："他的过错有三样，都是您不曾听说过的。"从这次谈话以后，鲁穆公便敬重子思，看轻子服厉伯。

解说

鲁穆公尊重子思，是敬重他的为人，背后不议论别人的是非；穆公瞧不起子服厉伯，应该是觉得这人喜欢背后搬弄是非，说人坏话，可见其人品之低下。子思所说的"君子"，是指贵族，包括君主，因此"尊贤以崇德，举善以观民"实际表达了儒家关于为政的理念与原则，即强调用道德的力量感化和凝聚人心。

"不孝"是一个概念化的帽子，可能由多种具体的言行表现出来；这些言行的轻重程度可能差别很大，而且不同的人作出评判的道德依据也有可能不同。因此，同样被视为"不孝"，也许性质很不相同。既然这样，就没必要成为为政者关注的焦点。在以道德范畴统御治理社会理念的前提下，为政者更应关注的是在整个社会提倡和引领向善的风气。

韩非认为，儒家以君子不扬人之过为美德，但是在政治领域中隐藏罪恶却是助君为恶的不道德行为。鲁国君主认同的这种治国理念，正是造成国家政治混乱、大夫专权、公室权力不断被削弱的根本原因。作为臣下，无论是向君主称举善行，还是向君主揭发奸恶，都是在尽为臣的本分，应当受到鼓励和奖赏。但是，如果明知臣子中有不端行为却不及时上报，这就等同于跟为恶者站在相同的立场上，必须受到严厉的惩罚。如此说来，子服厉伯向君主报告臣下的过错，不过是在履行自己的职责；穆公因此轻贱他，事实上就是在向整个官僚阶层传递一种价值导向：不可以对君主汇报别人的过错。当君主只能听到褒誉颂扬，满眼皆是莺歌燕舞时，心中固然愉悦欢畅，可是离倒台也就不远了。

11. 不可得罪小人

原文

齐中大夫有夷射者，①御饮于王，②醉甚而出，倚于郎门。③门者刖跪请曰：④"足下无意赐之馀沥乎？"⑤夷射叱曰：⑥"去！刑馀之人，⑦何事乃敢乞饮长者！"⑧刖跪走退。⑨及夷射去，刖跪因捐水郎门霤下，⑩类溺者之状。⑪明日，王出而诃之，⑫曰："谁溺于是？"刖跪对曰："臣不见也。虽然，昨日中大夫夷射立于此。"王因诛夷射而杀之。⑬（《韩非子·内储说下·六微》）

注释

①中大夫：古代官名。诸侯国官员中，卿以下有上大夫、中大夫、下大夫。②御：侍奉。御饮：陪侍喝酒。③郎门：是宫中的门。④门者：守门人。古代常用受过刖刑的人担任守门人。刖（yuè）：古代断足的酷刑，也写作"跀"。跪：脚。这位守门人受过刖刑，所以用"刖跪"作为他的代称。⑤足下：古

代下对上的敬称。无意：没有想法。这是一种谦恭的请求方式。之：指代刖跪。按：在对话中用"之"指称自己也是一种谦敬的表达。沥：水滴，酒滴。馀沥：指喝剩的酒。⑥叱（chì）：大声呵斥。⑦刑馀之人：古代的刑都是肉刑，受刑而死是常事，所以受刑而存活下来的人便称刑馀之人。⑧何事：何故，为什么。乃：却，竟然，表示意外的语气副词。乞：讨要。长（zhǎng）者：年高或位尊的人。⑨走退：快步退下。⑩去：离开。捐：舍弃，这里是抛洒的意思。霤（liù）：屋檐。按：古代有关于"霤"的禁忌习俗。霤的本义是屋檐的流水，引申指屋檐，又引申指屋檐下滴水的地方。远古先民的屋舍顶部有天窗以采光，屋舍里与天窗相对应的地方叫中霤，中霤是家中土地神的位置，自是非常神圣，祭祀住宅内外的五种神灵的"五祀"中便有中霤。后来屋舍形制改变，这种关于中霤的崇拜便相应地改为屋檐下滴水的地方，比如楚国规定，大臣和公子入朝时，马蹄踩到了屋檐下的霤，驾车的人要受到严厉的处罚。⑪类：像。溺（niào）：小便；后作"尿"。状：样子。⑫诃（hē）：怒骂。⑬诛：处罚。

译文

齐国的中大夫有一位叫夷射的，有一次陪侍齐王吃酒，喝得酩酊大醉，就从宫里出来，倚靠着宫门醒酒。守门人刖跪向他请求道："您能不能赏我点剩酒喝呢？"夷射斥骂道："滚开！你一个受过刑的东西怎么敢向长官讨酒喝！"刖跪一声不吭快步退下。等夷射离开后，刖跪就在宫门的檐下洒上些水，弄得很像有人撒的尿。第二天，齐王出来时看到，大声责骂道:"谁在这儿小便了?"刖跪回答说:"我不曾看见。不过昨天中大夫夷射曾站在这儿。"齐王于是处罚夷射,杀掉了他。

解说

齐大夫夷射酒后无意得罪了看守宫门的刖跪,结果丢了性命。可见在朝廷为官充满凶险,为人臣若不谨慎小心,随时可能送命;君之"左右近侍"不可得罪,即便是一个受过刖刑看守宫门的小人物,也有机会置身居高位的人于死地。本来刖跪很客气地向夷射讨酒并非过分之举,夷射也不一定感觉自己受了多大的冒犯,有话好好说便是,只是酒后不能自控,于是那种强烈的身份等级意识让他痛快地羞辱了刖跪。刖跪不简单,他能迅速想出如何利用自己看门人的便利陷害夷射的方法。他对齐王的回答也极巧妙,并没有明确地说夷射在霤下小便,只说看见他站在那儿,冷静而客观,反而让齐王误信上当,使夷射为自己的傲慢付出了生命的代价。

韩非通过这则故事说明臣下往往善于通过一些"似类之事",即似是而非的事情,来实现自己的私欲。如果君主不明察,就会上当受骗。同时,对小人而言,他们心中没有善恶的界限,欲求异常强烈,为达目的不惜采取一切手段,因此具有普通人所不具备的能量。古人说须"远小人",这话恐怕不仅是出于洁身自好,更由于对小人的忌惮。

12. 狗为什么吠主人?

原文

杨朱之弟杨布衣素衣而出。① 天雨,② 解素衣,衣缁衣而反;③ 其狗不知而吠之。④ 杨布怒,将击之。杨朱曰:"子毋击也,⑤ 子亦犹是。⑥ 曩者使女狗白而往,⑦ 黑而来,子岂能毋怪哉?"⑧ (《韩非子·说林下》)

注释

①杨朱:战国时期杨朱学派的代表人物,主张"贵己""重生"。《列子·杨朱》引述杨朱的言论如:"古之人,损一毫利天下,不与也;悉天下奉一身,不取也。人人不损一毫,人人不利天下,天下治矣。""善治外者,物未必治;善治内者,物未必乱。以若之治外,其法可以暂行于一国,而未合于人心;以我之治内,可推之于天下。"可见,杨朱主张人人自重自爱,各安其所,天下就可以治理好了。衣:动词,穿;旧读 yì。素:本指没经过染色的丝织的生帛,引申指白色的。②雨:动词,下雨;旧读 yù。③缁(zī):黑色。反:返回。这个意义后来写作"返"。④吠(fèi):(狗)叫。吠之:对着他(指杨布)叫。⑤毋(wú):不要。⑥犹:如同,好像。⑦曩(nǎng)者:刚才。⑧怪:(对罕见的事物和反常的现象)感到奇怪和惊讶。

译文

杨朱的弟弟杨布穿着一件白色的衣服出门。赶上下雨,于是就脱掉白色衣服,只穿了里面一件黑色的衣服回家。结果他家的狗居然没认出他,冲着他狂叫不已。杨布怒气冲冲地要揍这条认不出主人的狗,杨朱在一旁淡淡地说:"还是不要打这条狗吧。你自己差不多也会这样看待外物的。假设刚才出门的是这条狗,它出门是白色的,回家是黑色的,你难道会不觉得奇怪吗?"

解说

在现实生活中,人们的思维模式通常是全然外向的;对自己生活的认识和评判,经常会完全脱离自己的生命感受,而更多地以别人的生活为参照来看待自己的生活。遇到事情,也习惯于首先站在自己的角度作出论断,将责任推给对方。比如杨布首先认定自己的狗不应该冲自己狂叫,所以当发生这种事情的时候,就勃然大怒,要教训狗。可是,狗之所以会冲主人狂叫,只是因主人换装而没能识别清楚罢了。换一个思考的立场,站在对方角度想一想,事情发生的原委其实并不难理解。从更深一层分析,杨布因下雨而改换衣服,是因外物而改变了自己,这就违背了杨朱主张的"全性保真";当狗吠主人的事情发生时,杨布又犯了"不内求诸己而厚责于人"的错误。由此可见,杨朱的理论主张首先是不妨害他人的前提下的利己,是一种合理的利己主义。

13. 抱团取暖

原文

鸟有翢翢者,① 重首而屈尾。② 将欲饮于河,则必颠;③ 乃衔其羽而饮之。④ 人之所有饮不足者,⑤ 不可不索其羽也。⑥ (《韩非子·说林下》)

注释

①翢(zhōu)翢:鸟名。也写作"周周"。②重首:头部大而沉重。屈(jué)尾:秃尾。屈:竭尽。③颠:跌倒,栽跟头。④饮(yìn)之:使它喝水。⑤饮不足:比喻欲望无法实现。⑥索:求。索其羽:比喻求取可以帮助自己衔羽的伙伴。

译文

有一种鸟名叫翢翢,头很大,尾部光秃秃的。要是到河边喝水,就肯定会栽进河里;于是需要另一只鸟衔着它的羽毛以便让它喝水。人当中那些有欲望而无法实现的,便不能不寻求可以帮助自己衔羽的伙伴。

解说

翢翢这种鸟生理构造先天有问题,无力实现自己的欲望,于是就寻求结党来相互帮助,从而满足欲求。等到翢翢们习惯成自然，可以熟练地运用团伙互助的方式解决饮水问题，这就可以说是一种特殊的进化。人类也同样如此，如果个人的能力先天不足，或背景、机遇以及其他条件不具备，就必然决定了其许多欲望无法得到满足；当人们发现互相利用、互相帮助可以达到目的，于是各种形式的抱团取暖、各种性质的合作和组织便应运而生了。

14. 树人

原文

阳虎去齐走赵。① 简主问曰：② "吾闻子善树人。"③ 虎曰："臣居鲁，树三人，皆为令尹；④ 及虎抵罪于鲁，⑤ 皆搜索于虎也。臣居齐，荐三人，一人得近王，⑥ 一人为县令，一人为候吏；⑦ 及臣得罪，近王者不见臣，县令者迎臣执缚，⑧ 候吏者追臣至境上，不及而止。虎不善树人。"主俛而笑曰：⑨ "树橘柚者，食之则甘，嗅之则香；树枳棘者，⑩ 成而刺人。故君子慎所树。"（《韩非子·外储说左下》）

注释

①去：离开。走：逃往。②简主：赵简子，名鞅，晋国赵氏的宗主。③树：栽培，培植。④令尹：县令。按：战国时县的行政长官通常称"县令"，楚国称"县尹"；鲁国被楚国所灭，这里"令尹"连称，大概是战国时人的记述。⑤抵罪：因犯罪

而受到相应的处罚。⑥得近王：得到亲近齐王的位置，即做了君主的亲信。按：春秋时齐国尚未称王，这里是战国时人记述中的误称。下句"县令"的名称也应如此看。⑦候吏：负责防守边境的官员。⑧执缚：捉拿捆绑。⑨俛（miǎn）：低头。按：这个字后又读 fǔ，同"俯"。⑩枳（zhǐ）棘：都是多刺的植物。

译文

阳虎离开齐国，跑到赵国（这是战国时人的说法）。有一次赵简子问他："我听说您很善于栽培人。"阳虎说："我在鲁国时，栽培过三个人，都做到了县令。等到我在鲁国犯事要受处罚了，这三人都拼命搜捕我。我在齐国的时候，推荐过三个人，一个成了君主的亲信，一个担任了县令，一个做了边防官员。等我获罪时，那位君主亲信不肯跟我见面，那位做县令的迎头抓捕我，那位做边防官员的追捕我一直到齐国的边界，实在没追上方才罢休。我不善于栽培人。"赵简子听了，笑弯了腰，说："种植橘柚，吃着是甜的，闻着是香的；种植枳棘，长成后会刺人。所以君子栽培人要很慎重。"

解说

"树"的本义是种植树木等，引申为树立旗帜等，或建立官职、德行等抽象事物。培养、提拔一个人，使他担任官职，也就是今天常说的栽培；被栽培的人自然对提拔自己的人感恩戴德，效忠追随。官场之上通过提拔任用官员，培植党羽，形成势力，是司空见惯的现象。韩非提醒君主，官员的人事任免权属于核心权力，务必牢牢掌握在自己手里，绝不可旁落。

这则故事里的阳虎是春秋末期著名的权臣，属奸邪之辈。但是赵简子偏偏重用他，可谓独具慧眼。阳虎有长处，首先是善于发现人才，敢于重用人才。他在鲁国和齐国发掘的人才都称得上优秀。其次是在用人问题上有公心，没有一味培植自己的势力。经他手提拔的那些人一心维护君主的利益，没有因为受到他的提拔而对他徇私。韩非概括道："出入之容变，阳虎之言见其臣也。"阳虎在任时和出逃时，他所提拔的人态度完全不同。阳虎说"虎不善树人"，带有自嘲的口吻，却不一定是后悔的语气。依照韩非的原则，阳虎在用人方面做到了秉公荐贤，没有结党营私。而赵简子说的话就严重违背了"主术"，韩非评论说："阳虎将为赵武之贤、解狐之公，而简主以为枳棘，非所以教国也。"赵武和解狐都是"外举不避仇，内举不避亲"的贤明大臣，阳虎在举用人才方面仿效他们，值得肯定。赵简子却说他是培植枳棘，这就是在教导大臣为官要多栽花少种刺，朋党勾结，相互维护，最终君主可能将陷于孤家寡人的境地。

十二、韩非的幽默

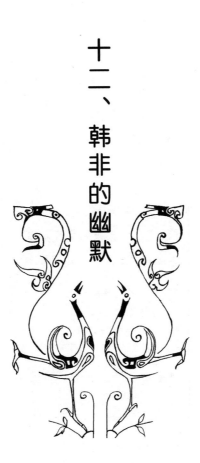

1. 吹牛

原文

郑人有相与争年者。①一人曰："吾与尧同年。"②其一人曰："我与黄帝之兄同年。"讼此而不决,③以后息者为胜耳。④(《韩非子·外储说左上》)

注释

①相与：相互。年：年龄。②尧：传说中远古帝王陶唐氏的号。《易·系辞下》："神农氏没，黄帝、尧、舜氏作。"③讼：争辩，争论是非。④息：停止。

译文

有两个郑国人相互争论年龄的大小。一个人说："我跟尧年龄相同。"另一人说："我跟黄帝的哥哥年龄相同。"这样争来争去没有结果，谁在对手之后停止争论就算获胜了。

解说

这两个郑国人吹牛的内容无伤大雅，决定胜负的标准也有趣得很：一方首先失去了争论的热情，自动罢吹，则另一方自然获胜。读起来是个轻笑话，其中的内涵却意味深长。这种没有客观标准的争论，在历史的长河中绵延不绝，往往都是由双方的兴致和耐力决胜负。吹牛成为一种文化,人人厌憎吹牛,人人离不开吹牛。后人看前人,都是在吹牛;后人一面讥笑前人的无聊和无知,一面又开启了新的吹牛大赛。有的历史人物以说大话为个性,如萧何曾评价刘邦"固多大言,少成事",但刘邦竟然最终成就一代帝业。当了皇帝的刘邦是否仍然喜欢说大话?至少司马迁在《史记》里不再有这类记述。执掌国家命运者若满嘴跑火车、以吹牛为能事,那后果可能就非常严重,历史上不乏当政者为政治需要毫无底线地拼命吹牛的事例,造成的教训惨绝人寰:千万生灵涂炭,无数冤魂夜哭。

韩非说:"长说者,皆如郑人争年也。"擅长辩说的人,都像郑国人争论年龄一样喋喋不休,实际荒唐可笑。这大概是指如庄子和惠施关于"子非鱼,安知鱼之乐"一类话题的争辩。其实庄子和惠施之辩充满智慧和灵性,与郑人争年的吹牛完全不在同一层次上。只是韩非从纯功利主义的角度加以评判,认定一切没有实际功效验证的辩论都是鬼画符,主张君主予以禁绝,这就未免太极端了。文学上的夸大和政治上的吹牛,毕竟是不同性质的事情。

2. 卜太太的故事(之一)

原文

郑县人卜子使其妻为裤,①其妻问曰:"今裤何如?"夫曰:"象吾故裤。"②妻子因毁新,③令如故裤。(《韩非子·外储说左

上》）

注释

①郑县：战国时韩国地名，韩哀侯灭郑后所设。袴：后写作"裤"，《说文》："袴，胫衣也。"秦汉之前，人们上身穿衣，下身着裳、裙，天冷时则用袴套在小腿部分以防寒。②象：仿照。故：旧。③新：指新做成的裤。

译文

郑县人卜先生让他妻子做件裤子，他妻子问道："新裤子做成什么样子的？"卜先生说："仿照我的旧裤子做吧。"他妻子做好新裤子后，就又动手弄破，使新裤子跟旧裤子一模一样。

解说

一般人印象里，韩非深刻尖锐，冷峻愤激；他关注的问题始终是家国天下、君臣人性的宏大命题。其实，韩非也是个冷幽默的高手，经常会以诙谐的笔触讲些趣味故事。卜太太的故事就是其中之一。卜太太很认真并且很听卜先生的话，卜先生让她按照旧裤子的样子做条新裤子，她就做出一条跟旧裤子完全相同的裤子。有趣的人读出卜太太的娇憨可爱，无趣的人读出卜太太的愚蠢呆痴。韩非用这故事来讽刺那种动辄搬出"先王之言"来说事的做法，他认为，社会现实不断在发生变化，应该提出切合实际的新思想，因时因地制宜；如果总是顽固地抱着旧的教条不放，总想把某种理论当成万世通用的灵丹妙药，这便跟卜太太有异曲同工之妙了。治理社会恐怕不能靠娇憨可爱,更不能愚蠢呆痴。

3. 卜太太的故事(之二)

原文

郑县人卜子妻之市,①买鳖以归。②过颍水,③以为渴也,因纵而饮之,④遂亡其鳖。⑤(《韩非子·外储说左上》)

注释

①之:到……去。市:集市,是古代定期聚会交易的市场。②鳖(biē):俗称甲鱼。以:相当于"而"。③颍(yǐng)水:颍河,发源于河南省登封市颍谷,东南流入淮河。④纵:放。饮之:让甲鱼喝水。⑤亡:失去。

译文

郑县人卜先生的妻子去赶集,买了一只甲鱼回家。路过颍河的时候,卜太太觉得甲鱼可能渴了,因而把甲鱼放到河里让它喝水,结果就失去了那只甲鱼。

解说

在前一则故事里,我们已经领略了卜太太的娇憨可爱,这则故事又让我们感受到卜太太的爱心泛滥。她买甲鱼恐怕不是为了回家当宠物养,可即便是对待要满足自己口腹之欲的活物,她依然细心体贴,走在路上会惦念甲鱼的饥渴问题。看到波光粼粼的颍河水,马上开心地把甲鱼放进水里,想让它饱饮一番,结果甲鱼没有喝水,却不客气地逃走了。不知卜太太当时心里想些什么。或许是抱怨甲鱼不识好人心,或许是如子产听到欺骗他的手下汇报鱼儿"攸然而逝"时,连连说"得其所哉,得其所哉"。对卜太太此次所为,韩非似乎无话可说;如果一定要用卜太太来印证韩非的某种观点,恐怕只能由语境推断一下,韩非认为那些以为先王之道可以挽救当世乱局的学者,其天真迂腐便如卜太太以为甲鱼需要到河里喝水。

4. 恬淡恍惚的卖猪人

原文

郑县人卖豚,①人问其价,曰:"道远日暮,安暇语汝?"②(《韩非子·外储说左下》)

注释

①郑县:韩国地名。豚(tún):小猪。②安:哪里,怎么。暇:空闲。语:告诉。古读 yù。

译文

郑县有个人去市集上卖小猪,别人问他价钱,他说:"路途遥远,天色已晚,哪有空闲时间告诉你!"

解说

卖猪人答非所问,显得莫名其妙。因此自清代起就有学者怀疑这则故事可能是由别的篇目错简于此;也有学者认为这两句话上下无联系,文意不完整。其实仔细推想,前后两句话的没联系正是其内在的联系。卖猪人一句"道远日暮",似颇有些深奥的哲理;"暮"和"汝"押韵,又使简短的两句话充满诗意。可以想见,卖猪人说此话时冷然傲然、萧然索然,只是他所从事的营生与其答话的意境完全不对称,他答话的内容与别人的询问全然不吻合。卖猪人的表现,便是韩非所批判的"恬淡之学"和"恍惚之言"。

韩非在《忠孝》篇里说:"世之所为烈士者,离众独行,取异于人,为恬淡之学而理恍惚之言。臣以为恬淡,无用之教也;恍惚,无法之言也。言出于无法,教出于无用者,天下谓之察。臣以为人生必事君养亲,事君养亲不可以恬淡之人,必以言论忠信法术;言论忠信法术不可以恍惚。恍惚之言,恬淡之学,天下之惑术也。"意思是说,人们称誉的刚烈有气节之士,离群索居,追求与众不同,提倡清心寡欲、不慕荣利的学说,钻研玄妙模糊、难以捉摸的言论。我认为清心寡欲的学问是没有用处的学问,玄妙莫测的言论是无视法度的言论。可社会上却认为这样的学问是看透世事人生的学问。然而,人生活在社会上就得事奉君主,赡养父母,事君养亲怎么可能恬淡不求名利呢?治理民众就必须讲求忠信法术,讲求忠信法术怎能用些玄妙模糊的语言呢?可见,玄妙莫测的言论和清静澹泊的学问,不过是让天下人迷惑的学说罢了。

读完韩非这段论述,再看那位卖猪人,此人不以自己的营生为意,是为恬淡;其言行让读者云里雾里地不明所以,可谓恍惚。从这个角度看,卖猪人的故事恰好精妙而生动地表现了"恬淡之学""恍惚之言"的虚妄之处。

5. 难以理喻的郑县人

原文

郑县人有得车轭者,①而不知其名,问人曰:"此何种也?"②对曰:"此车轭也。"俄又复得一,③问人曰:"此是何种也?"④对曰:"此车轭也。"问者大怒,曰:"曩者曰车轭,⑤今又曰车轭,是何众也?⑥此女欺我也!"⑦遂与之斗。(《韩非子·外储说左上》)

注释

①车轭(è):古代车辆上的一种用具,牛马在驾车时套在脖子上并与车辕连接,牛马由此牵引车辆(见附图)。②种(zhǒng):类。③俄:不久。复:又,再。④是何种:此"是"字通"实",真的,确实。⑤曩(nǎng)者:以前。⑥众:多。⑦女(rǔ):同"汝",你。

译文

郑县有个人捡到一只车轭,不知道这东西叫什么,就问别人:"这是什么东西呀?"人家回答说:"这是车轭。"不久郑县人又捡到一只车轭,还找那人问:"这真的是什么东西呢?"那人回答说:"这是车轭。"郑县人勃然大怒,说:"前不久你说是车轭,现在又说是车轭,这东西为什么这样多呢?这肯定是你在骗我。"于是跟那人打了起来。

解说

郑县人看起来非常愚蠢可笑,但仔细一想,便笑不出来了。车轭摆在面前,别人如实告诉郑县人,郑县人却要怀疑对方在欺骗他,原因可能是两个车轭的形制有区别吧?即便如此,双方可以相互沟通,认真讲道理,总能够把如此简单的事情说清楚,而颟顸的郑县人则是拳脚相向,这就实在不可理喻了。

人与人之间的交往需要讲道理,需要互相信任。生活中遇到非常简单的事情,若是缺少了这两点,也会造成无谓的争端。韩非要用郑县人的故事说明"请许学者而行宛曼于先王,或者不宜今乎"的道理,他说,听任学者鼓吹,而且想实行从先王那儿传下的渺茫广远的主张,恐怕不适用于现实需要;那些先王的理论抽象、空洞,本就难以搞明白,又岂能让人信服呢?倘若再企图用强权逼迫别人信服,那就跟郑县人一般令人啼笑皆非了。一个不讲道理的社会,人与人之间也必然难以保持信任感。

附　车轭

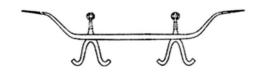

6. 尽信书不如无书

原文

书曰:^①"绅之束之。"^②宋人有治者,^③因重带自绅束也。^④人曰:"是何也?"^⑤对曰:"书言之,固然。"^⑥(《韩非子·外储说左上》)

注释

①书:古书。②绅:一种丝制大带子,古代贵族束在上衣外面的腰间位置。《说文》:"绅,大带也。"引申为用绅带约束。束:本义是捆扎。"绅"和"束"在此句中指人对自己品行的约束。③治者:指研习古书的人。④重(chóng)带:重叠的衣带。"带"可以指各种衣带,包括绅带;这里"带"和"绅"所指相同。绅束:指缠束。⑤是:这。⑥固然:一定是这样的。

译文

古书上说:"绅之束之。"意思是说在修身方面要严格约束自己。宋国有位研究古书的人读到这句话,于是用两条大带子重叠着缠束在自己的腰上。别人问他:"这是为什么呢?"他回答说:"古书上这样说的,一定是如此。"

解说

"绅"原本是大带,引申为用衣带缠束的意思,再进一步引申指对言行举止的约束。很多动词本指具体的行为动作，引申指抽象的意义，如"束"本指捆扎树枝等物体，"约"原指用绳索把东西捆缚起来，"缚"是用绳子把人捆绑住，等等；后来这些动词都可以指对人的思想行为和品行加以约束。那位宋国人读的古书上"绅之束之"，其中"绅""束"用的是引申义，讲的是通过对自己严格要求，提高自己的品德修养。宋国人用本义理解这句话，自然是误会了古书的意思。当别人对他的做法感到不解而提出质疑的时候，他自信地说："古书上这样讲了，一定没错。"书还没有真正读懂，却如此坚定地信奉书本的教导，这正是孟子所说的"尽信书，不如无书"。

韩非对盲目迷信文献和书本的风气持批评态度，他在《奸劫弑臣》篇说："且夫世之愚学，皆不知治乱之情，讘誜 （zhéjiá）多诵先古之书，以乱当世之治。"（而且现在社会上那些愚蠢的学者，都不懂得治乱的道理，只知道喋喋不休地引用古书，以此扰乱当今的政治。）他的基本认识是：社会在不断变化，没有永久适用的思想理论。因此，企图用先王学说来指导现实是食古不化的做法；更何况，很多研究者的水平跟那位宋人在伯仲之间而已。

7. 守株待兔

原文

宋人有耕田者，① 田中有株，② 兔走触株，③ 折颈而死，④ 因释其耒而守株,⑤冀复得兔,⑥兔不可复得,而身为宋国笑。⑦今欲以先王之政,⑧治当世之民,皆守株之类也。⑨(《韩非子·五蠹》)

注释

①耕田者:种田的人。②株:暴露出地面的树根。③走:跑。触:碰撞。④折:折断。颈:脖子。⑤因:于是。释:放下。耒(lěi):古代的一种农具,用来翻土。⑥冀:希望。复:再次。⑦身:自身。为宋国笑:被宋国人讥笑。⑧先王之政:古代帝王为政的理论方法。⑨类:同类。

译文

有一个种田的宋国人,田里有暴露出地面的树根,一只兔子跑过来撞在上面,撞断脖子死掉了。那位宋国人于是放下工具去守在那个树根旁边,希望能再一次得到兔子。兔子不能再得到,而他自己被宋国人讥笑。如果想要用古代帝王为政的理论方法来治理当世的百姓,都是守株待兔一类的做法。

解说

"守株待兔"是一则妇孺皆知的成语故事。对这则故事的解读多少有些出入,比如有人说这则故事讽刺那种死守狭隘经验和教条而不知变通的人的愚蠢;有人说这故事是比喻希图不经过努力而得到成功的侥幸心理;有人认为这故事批评有人把偶然事件当成必然性的事件是十分可笑的;甚至有人解释说,这则故事说明只要掌握了规律,就可以轻而易举地获得成功。

这则故事出自韩非笔下,《韩非子·五蠹》是韩非最有代表性的论文,集中反映了韩非的社会历史观和政治思想。韩非的一个核心观点就是,时代是在不断发展变化的,各个时代有各个时代不同的情况,因此治理国家必须根据具体的社会现实,采取不同的措施;不能把"先王之道""先王之政"当做永恒的真理死抱住不放,而根本不考虑时代变迁造成的社会情况的差异,否则就跟那位守株待兔的宋国人一样荒唐可笑。

这则故事中兔子撞上的"株",不少人解释作树桩,或说是树墩子,或说是枯树根。这些说法都不恰切。《说文》:"株,木根也。"树根的总称是"本",细分包括柢(dǐ)、根和株。柢是树干进入地表以下后圆锥形的直根,根是由柢之上生出的须根,而株则是须根因雨水冲刷等原因而暴露于地表的部分。因为暴露于地表的根往往是交错相连的,故有"株连"一词,意思是一人有罪,与此人相关的其他人受到牵连。根自柢上生出,向四下蔓延深入,一方面吸收土壤中的养分输送给主干,同时起到使树身牢固的作用,所以才有"根深柢固"的说法。《韩非子·解老》:"树木有曼根,有直根。直根者,书之所谓柢也。柢也者,木之所以建生也;曼根者,木之所以持生也。"把这道理讲得很清楚。

8. 怎样识别骗术?

原文

客有教燕王为不死之道者,[①]王使人学之,所使学者未及学而客死。^② 王大怒，诛之。王不知客之欺己，而诛学者之晚也。夫信不然之物而诛无罪之臣，^③ 不察之患也。^④ 且人所急无如其身，^⑤ 不能自使其无死，安能使王长生哉？^⑥（《韩非子·外储说左上》）

注释

①客：指来自外地的临时寄居的人。②学者：学习的人。③夫（fú）：那，表示"信不然之物而诛无罪之臣"是论断的话题。不然之物：并非如此的事物，指骗人的把戏。④察：明察，考察清楚。⑤所急：认为急需的事情。无如：没有比得上。⑥安：怎么。

译文

有一位外来客教燕王修炼长生不死的道术，燕王派人跟他学习。被指派的人还没来得及学习，那位外来客就去世了。燕王一怒之下就把那位被派去学习的人杀掉了。燕王不明白那个外来客在欺骗自己，却因派去学习的人没赶在外来客死之前学会长生不死的道术而予以处罚。相信那些骗人的玩意儿，因而杀戮没有罪过的臣子，这就是不考察清楚的过错啊。况且人们最看重的莫过于自己的生命；那位外来客不能让自己不死，怎么能够使燕王长生呢？

解说

那位外来客的骗术实在不高明，最搞笑的是自己玩得穿了帮，没等教燕王派来的人学习长生不死的道术自己就先行夭折了。至此燕王应该明白自己被骗了，可他执迷不悟，居然归罪于手下人办事不力。或许燕王心里尚未昏昧如斯，只是这荒唐事总得找个替死鬼来解套，于是便杀掉派去学习的人以挽回些颜面。可燕王没考虑整个事件在情理上、逻辑上都严重说不通：精通长生不死术的老师自己先死，还连累得学习长生不死术的人跟着送命，可见这长生不死术本就是彻头彻尾的骗局而已。看来，燕王热衷于追求长生不死到了痴醉的地步，弄得如此简单的道理也想不明白。世上凡是上当受骗的人，大都是因欲求过度才鬼迷心窍的吧？

韩非反复告诫君主，听言必须"责其用""求其当"，这样才能防止臣子随意拿"虚旧之学"来忽悠取利。韩非觉得这并非很有挑战性的工作，只需中人之资就足以做好。臣下有言，言是为了事，那么君主就拿臣下的事功与他的言相比对，事功与言论相符合，就赏；事功与言论不符合，就罚。具体到这则故事，外来客的言是通晓长生不死之道，要验证其言的真伪有些不易，但这位外来客自己先死掉，也就证明其言为欺。在韩非看来如此简明实用的法术，为何君主们难以做到呢？这可能得考虑君主们的智商和情商的实际水平了。君主们的智商足以做到以正确的方式听言的实在太少，普遍的情况是，君主"以难知为察，以博文为辩"，并且因"美其辩"而"用其身"。君主们的情商大都也难以做到"不怀爱以听，不留说而计"（不带着内心的喜爱而听某人的言语，不在充溢着深情厚意的状态下跟人谋划事情），而往往因特别喜欢一个人就容易听信他的话，结果"所爱之言听"，"婢妾之言听，爱玩之智用"（"爱玩"指君主宠幸和玩弄的近臣），"左右近习之言听"，听来听去，君主的信息渠道完全被"所爱""婢妾""爱玩"和"左右近习"掌控了。所以韩非总结道:"人主于说也,皆如燕王学道也。"君主对于臣下的进言,都像燕王学道一样。有这样的君,那么最终走向国破主亡的结局也就不足为怪了。

9. 不死之药

原文

有献不死之药于荆王者,①谒者操之以入。②中射之士问曰:③"可食乎?"曰:"可。"因夺而食之。王大怒,使人杀中射之士。中射之士使人说王曰:④"臣问谒者,曰'可食',臣故食之,是臣无罪,而罪在谒者也。且客献不死之药,臣食之而王杀臣,是死药也,是客欺王也。夫杀无罪之臣,而明人之欺王也,不如释臣。"⑤王乃不杀。(《韩非子·说林上》)

注释

①荆:楚国的旧称。根据《战国策·楚策四》,这是楚顷襄王时的事。②谒(yè)者:主管通报传达的官员。操:拿着。③中射之士:《韩非子·十过》称"中射士",是宫廷中的侍卫官。④说(shuì):劝说。⑤释:释放,放过。

译文

有人向楚王进献长生不死的药,谒者拿着药进殿,一名中射士看见了,就问:"可以吃吗?"谒者说:"可以。"中射士就一把抢过去吃掉了。楚王听说此事，怒火中烧，立即叫人去把中射士杀掉。中射士托人向楚王进言道："我问了谒者，他说'可以吃'，所以我才吃了那药，这样说来，我没有罪过，有罪的是谒者呀。而且客人进献的是长生不死的药，我吃了这药，大王却把我杀了，那么这就是死药，这是客人在欺骗大王啊。杀掉并没有罪过的臣子，因而让大家都明白是有人在欺骗大王，还不如放过我。"楚王于是就没杀中射士。

解说

这是一则非常滑稽有趣的故事。中射士看起来胆大妄为，其实精细机敏。他预先制造了两点为自己脱罪的理由：一是与谒者的问答，他巧妙地利用了"可"这个情态词有两种不同的用法：表示客观条件许可，表示道义上允准。他问谒者"可食乎"，这句话有两种理解，一是这种药是否具有可以吃的性质，二是这种药是否允许他吃。谒者的回答同样有歧义。但是当中射士向楚王辩解时，他又明确地说两人的对话就是关于这药是否允许他吃这个话题，因而把罪过推到谒者身上。二是客人献药用了"不死之药"这个名目，中射士利用逻辑悖论为自己解脱：药既然名为"不死"，那么我吃了就必然不死；如果我吃了药而楚王杀我，那么此药就非不死之药。这两个语言陷阱水平很高，最终楚王无奈放过了中射士。

这则故事虽妙趣横生，但究其本质还是属于荒唐的闹剧。帝王寻求长生不死，大概历朝历代概莫能外。帝王掌握了无上的权力，享受了人世间无穷无尽的荣华富贵，于是便生出强烈的渴望要长生不死，而且企盼这花花江山能够世世代代永远是自家的。帝王们让臣民高呼万岁,是期待语言的魔力起作用;帝王们千方百计地求神拜佛,要借助神灵的力量保佑自己长生不死,保佑子子孙孙永享大位。秦始皇、汉武帝都曾不惜耗费大量民脂民膏,不遗余力地访求不死之药,上穷碧落下黄泉,因此不断被各路神棍骗子愚弄,成为历史的笑柄。他们大概没想过,他们无期限地坐在帝王的宝座上,太子们可怎么办呢?由此引发血腥的篡位事件,也就成了常态吧?

10. 向东跑的疯子

原文

田伯鼎好士而存其君,①白公好士而乱荆。②其好士则同,其所以为则异。③公孙支自刖而尊百里,④竖刁自宫而谄桓公。⑤其自刑则同,⑥其所以自刑之为则异。⑦慧子曰:⑧"狂者东走,⑨逐者亦东走。其东走则同,其所以东走之为则异。"故曰:同事之人,不可不审察也。⑩(《韩非子·说林上》)

注释

①田伯鼎:人名,事迹不见于文献记载。存:使生存,保全。②白公:白公胜,春秋时楚平王之太子建的儿子。太子建在权力斗争中失势,被迫逃到郑国,因谋乱被杀,胜便逃难到吴国,后被楚王召回,安置在白邑(在今河南省息县境内),号为白公。白公好勇而私下供养死士,后发动叛乱失败自杀。荆:

楚国的旧称。③所以为：做这事的原因。④公孙支：字子桑，春秋时秦穆公的臣子。刖：古代断足的酷刑。按：文献没有关于公孙支自刖的记载。尊：使尊贵；这里指推举而使上位。百里：指百里奚。按：《吕氏春秋·尊师》："秦穆公师百里奚、公孙枝。"《吕氏春秋·慎人》："百里奚之未遇时也，亡虢而虏晋，饭牛于秦，传鬻以五羊之皮。公孙枝得而说之，献诸缪公，三日，请属事焉。"又《左传·文公三年》记秦穆公取得"霸西戎"的功业乃是由于重用百里奚之子孟明，并称赞"子桑之忠也，其知人也，能举善也"。杜预注说子桑是推举孟明之人。章炳麟《春秋左传读》认为，公孙支"一举而得贤二世，故此传亦以孟明成功归于子桑"。⑤竖刁：春秋时齐国人，自行阉割入宫侍奉齐桓公，取得桓公的宠信。后来勾结易牙和公子开方乱齐，致使桓公死后尸体不得殓葬，尸虫爬到宫门之外。宫：指施行宫刑，即阉割。谄(chǎn)：谄媚，奉承。⑥刑：残害，毁损。⑦自刑之为：即"为自刑"，做自我毁损的事。⑧慧子：即惠施，战国时宋国人，曾任魏惠王的相国，是名家学派的代表人物。⑨狂：精神分裂、神经错乱。走：跑。⑩同事：做相同的事。审察：仔细考察。

译文

田伯鼎喜欢供养士人，因此保全了君主；白公胜喜欢供养士人而搞乱了楚国。这两人在喜欢供养士人这一点上是相同的，可是他们供养士人的目的是不同的。公孙支自行砍掉脚而推举百里奚父子（成为秦穆公的辅佐大臣），竖刁自行阉割来谄媚齐桓公。这两个人自己毁损自己的身体是相同的，可是毁损身体的目的则完全不同。惠子说："疯子朝东跑，追赶的人也朝东跑。他们朝东跑是相同的，可他们朝东跑的目的是完全不同的。"所以说：对做同样事情的人，不可不仔细考察啊。

解说

生活中有许多现象，表面上看起来是完全相同的；可是相同的行为，其背景、原因、目的，都有可能不一样。例如公孙支和竖刁，两人为了接近权力核心都付出了惨烈的代价。公孙支的自残行为，由于史书没有记载，难以妄自推断其真实背景，但是在客观上他的作为使秦国从此走上强盛之路。竖刁的动机很简单，就是贪恋权力，为此不惜挥刀自宫。这种为了权力而自宫的人，历代都不少见；特别是在精神和人格上自行阉割的人更是屡见不鲜。这样的人一旦掌握了权力，只会祸国殃民。

韩非由此强调，对客观事实应该做深入的考察，避免被类似之事所蒙蔽。《淮南子·说山训》中举出了一些更值得深思的类似之事：有人掉到水里，有人跳到水里救人，"入水则同，所以入水者则异。"圣人看破生死，明白生生死死的道理，那是大智慧；愚昧的人觉得活着也没意思，死了也无所谓，因此在浑浑噩噩、行尸走肉的状态中，完全不明白生命的价值。看起来两者都是"同死生"，可是其间的差异实是云泥之别。

11. 好心办坏事

原文

卫人有佐弋者,①鸟至,因先以其捐麾之,②鸟惊而不射也。(《韩非子·外储说左上》)

注释

①佐:辅佐。弋(yì):用带绳的箭矢射猎飞禽。②因:于是,就。捐(yuān):包头巾。麾(huī):挥动。

译文

有个卫国人协助别人用带绳的矢射鸟。鸟飞来了,就先拿头巾朝鸟挥动,结果鸟受惊飞走而射不到鸟。

解说

初读这则故事,似乎颇浅显易懂,就是嘲笑愚腐的人做事。仔细体会一下,这则故事说明的道理还可以指向现实生活中一类常见的情形:有人一味按照自己的主观意愿做事,结果往往是好心办了坏事。那位卫国人的所作所为,虽然实际的效果完全违背了他的初衷,不过为害轻微,至多让射猎的人无功而返罢了。往深层想想,人类又何尝不是经常做跟那个卫国人相同的行径呢?纵观历史,多少人曾满怀真挚的热情和崇高的理想，为了建造人间的天堂而奋不顾身，最终却发现天堂竟然成为地狱。

韩非要用这个故事说明："请许学者而行宛曼于先王，或者不宜今乎？如是，不能更也。"请，请求，用于召请人才，带有礼贤下士的表敬意味。许，应允，即听从别人的话，答应别人的请求。学者是在学术上有造诣的人，这里指儒家。所谓"请许学者"，意思是把那些研习儒家学说的人待为上宾并对他们言听计从，这是当时不少诸侯国的君主所热衷的事情。"宛曼"是联绵字，本是指浩渺无际的样子，也指渺茫不可知，又说话漫无标准，不着边际。这里用"宛曼"，一则是说，在遥远的先王时代所发生的一切，其实际情形已无法确切地了解，靠文献的记载和破碎扭曲的历史传说，是根本靠不住的；二则是指今日学者宣扬先王学说，多宏大叙事的教条而缺少有针对性的方略措施，因而显得不着边际。如果君主听信那些学者的言论，试图实行先王时代曾经的渺茫而不着边际的学说，或许对今天来说并不适宜吧？如果像这种情况，是无法改变的。用那位卫国人的作为来看这几句话，韩非是说，假如君主抱着富国强兵、一统天下的理想，却采用儒家迂阔而不着边际的学说，要达到的目标和所走的道路南辕北辙，结果也就可想而知了；更可悲的是，当君主的思想被那些宏大叙事所笼罩，整个国家的治理走上那些宏大叙事指引的方向，即便明白走错了路，想改弦更张也很困难了。

12. 神迹是如何创造出来的？

原文

赵主父令工施钩梯而缘播吾,①刻疏人迹其上,②广三尺,长五尺,而勒之曰:③"主父常游于此。"④秦昭王令工施钩梯而上华山,⑤以松柏之心为博,⑥箭长八尺,⑦棊长八寸,⑧而勒之曰:"昭王尝与天神博于此矣。"⑨(《韩非子·外储说左上》)

注释

①赵主父:即赵武灵王,战国时赵国的君主,力主胡服骑射,使赵国成为当时的军事强国。公元前299年,他把王位让给小儿子何,自称主父。工:工匠。施:用。钩梯:一种攀援器械,用以爬高。据史学家岑仲勉先生在《墨子城守各篇简注》里考证,钩梯类似于飞钩,攻城时用来钩住城壁,援引而上;因为作用跟梯子相同,所以又称钩梯。缘:攀缘而上。播吾:古代山名。按:战国时赵国有番(pó)吾邑,即今河北省平山县,境内有天桂山、驼梁山等。②刻疏:雕刻。人迹:人的脚印。③勒:铭刻。④常:通"尝",曾经。⑤秦昭王:秦昭襄王,名则,战国时秦国的君主。⑥松柏之心:把松柏木材去掉外层的部分,质地坚实多油。博:古代的一种棋类游戏。⑦箭:又叫"箸"。⑧棊(qí):指棋子。⑨天神:指神仙。博:对博,下棋。

译文

赵主父命令工匠用钩梯攀登播吾山,在山顶上刻了一些脚印,每只脚印宽三尺,长五尺,并在石上刻字说:"主父曾经到这儿游玩。"秦昭王命令工匠用钩梯攀上华山,用松木、柏木的树心作成博具,箭长八尺,棋子有八寸大,并在石上刻字说:"昭王曾跟天神在这里下过棋。"

解说

赵主父和秦昭王都是战国时期的一代雄主。赵主父即赵武灵王,实行胡服骑射,励精图治,重用贤才,使赵国迅速成为当时的军事强国。秦昭王的业绩更是非凡,他用范雎远交近攻的策略,任白起为将,不断发动对各诸侯国的进攻,并且屡战屡胜,灭掉西周,将象征周王室权力地位的九鼎都据为己有,可以说,他奠定了后来秦王朝吞并六国、一统天下的基业。这样两位堪称历史伟人的君主,派人制造神迹,不知是一时兴起、童心大发呢,还是要证明自己是神授君权、天纵英明?现已无从考证,姑且不去理会,只说古代这类装神弄鬼的事情着实不少。大家熟知的就有陈涉起义时先找条丝巾写上"陈胜王"藏在鱼肚子里,夜里还让吴广学狐狸嗥叫"大楚兴,陈胜王"。在古代社会,这种装神弄鬼的小动作有时确实能够愚昧百姓,起到意想不到的神奇效果。只是时至今日,竟仍有人企图靠散播些神迹欺世盗名,可怕的是靠违背常识的把戏依然能够赢得相当数量的信徒。

不过,政治的残酷性有时会无情地嘲弄神迹。伟大的赵武灵王虽有神迹，可最终在权力交接问题上出了差错。年老之后他把君位传给小儿子，只保留了最高军事统帅的位置，自号主父。大儿子没能继承君位，自然心有不甘，于是想用政变的办法抢夺君位，失败后逃到老爹居住的沙丘宫避难，结果，沙丘宫被军队围困了三个多月，英明的赵武灵王竟然被活活饿死在里面。

13. 利益不同者不同心

原文

卫人有夫妻祷者，①而祝曰：②"使我无故，③得百束布。"④其夫曰：⑤"何少也？"对曰："益是，⑥子将以买妾。"⑦（《韩非子·内储说下·六微》）

注释

①祷：供奉神灵以求福消灾。②祝：向神灵祷告。③故：事，变故。④束：捆束；古代布帛以十匹为一束。布：指麻织品。当时一般平民穿麻布做的衣服，所以平民又称布衣。⑤何：为什么。⑥益：本义是指水从器皿中溢出，这个意义后来写成"溢"；引申为增多，超过。是：这，指百束布。⑦以：用来。

译文

卫国有夫妻二人，一块儿向神明祈祷。妻子祷告说："请求神明让我们无灾无难,并且得到一百束布吧。"她丈夫奇怪地问:"怎么祈求的这么少啊?"妻子回答说:"要是超过这数目,你就会拿去买妾了。"

解说

向神明祈求天上掉馅饼的好事,自然应该多多益善。可是精明的妻子明白男人有钱就变坏的道理,所以宁肯祈求神灵降福的时候有节制些,避免让自家一夜暴富之后,丈夫就有了资本去买妾,从而影响到自己在家庭中的地位。韩非由这个故事说明,夫妻的利益不同,因此考虑问题的立场和角度就不同。同样,君主和臣子之间的根本利益是不同的,所以臣子不可能真正忠诚于君主。臣子为了保护或实现一己的私利,完全可以里通外国,出卖君主的利益。

在韩非看来,人在根本上是自私自利的动物。他曾用生活中的现象说明这一点:"鳣似蛇,蚕似蠋。人见蛇,则惊骇;见蠋,则毛起。渔者持鳣,妇人拾蚕,利之所在,皆为贲诸。"(《韩非子·说林下》)鳝鱼外形上很像蛇,蚕跟蝴蝶、蛾子的幼虫也差不多。一般人都会怕蛇,见到蝴蝶、蛾子的幼虫甚至会寒毛直竖。可是,渔父抓鳝鱼,妇女用手拾蚕,都毫无畏惧的感觉。对于有利益的事,人们都会变得如同著名的勇士孟贲、专诸那般勇猛无敌。既然如此,君臣之间的关系在本质上就是一种纯粹的利益关系,"臣尽死力以与君市,君垂爵禄以与臣市",臣子为君主尽死力,是为了在君主那里得到相应的报偿,是一种交易;同样,君主手握爵禄来换取臣子为自己拼死效力。一切都是做交易,如此而已。

14. 身边人

原文

燕人李季好远出,①其妻私有通于士。②季突至,③士在内中,④妻患之。⑤其室妇曰:⑥"令公子裸而解发,⑦直出门,⑧吾属佯不见也。"⑨于是公子从其计,疾走出门。季曰:"是何人也?"家室皆曰:⑩"无有。"季曰:"吾见鬼乎?"妇人曰:"然。"⑪"为之奈何?"曰:"取五牲之矢浴之。"⑫季曰:"诺。"⑬乃浴以矢。一曰浴以兰汤。⑭(《韩非子·内储说下·六微》)

注释

①燕:诸侯国名,范围包括今河北中部和北部、辽宁南部及山西、内蒙古等部分地区。好(hào):喜好。②私:私下。通:通奸。士:男子。③突:突然,忽然。④内:寝室。⑤患:忧虑,害怕。⑥室妇:指家里的仆妇。⑦裸:光着身子。解发:古代男子留长发,平时结束在头顶上。这里仆妇建议偷情男披散着头发扮作鬼魅。⑧直:径直,直接。⑨吾属:我们这些人。佯(yáng):装作,假装。⑩家室:家眷。指家里的人。⑪然:是,对。表示同意对方。⑫五牲:指牛、羊、猪、狗、鸡五种家畜。矢:通"屎"。⑬诺:好,表示答应。⑭汤:热水。兰汤:用兰草煮的水。按:古人祭祀之前有以兰草煮水洗浴洁身的习俗,认为可去除身上的不祥之气。

译文

燕国人李季喜欢外出远游,总不在家,他的妻子就偷偷地跟别的男人通奸。有一次,李季忽然回到家中,正好赶上那位男子跟李妻在寝室里偷情呢。李妻听说丈夫回来,非常害怕,家里的仆妇说:"让公子赤裸着身子,披散着头发,大摇大摆地出门,我们都假装看不见。"于是那男人照她说的办,脱光衣服,赤身露体地冲出门去。李季看得目瞪口呆,问家里人:"这是什么人呀?"家里所有的人都说:"没有人呀。"李季更慌神了,说:"我看到鬼了吗?"仆妇说:"是啊。"李季说:"那可怎么办呢?"仆妇说:"赶紧找些牛、羊、猪、狗、鸡的屎来,搅到水里给你兜头冲一冲吧。"李季赶紧说:"好好。"于是家里用屎汤浇了李季一身。还有一种说法是用兰草煮的水让李季盥洗全身。

解说

这故事有些重口味。李季被戴了绿帽子,被欺骗,还被兜头冲一身牛、羊、猪、狗、鸡粪混合而成的屎汤,原因是妻子跟家里的人联手对付他,更深层的原因是他失去了对家庭的操控权。韩非以李季喻君,以李妻喻臣,说明当臣子可以借助君主的权势全面控制君主身边的人,内外勾结,闭塞君主对真实情况的了解,就足以把君主玩弄于股掌之中,君主反而成为可怜的傀儡。韩非以此说明君主亲自把持权势的重要性。

十三、生活的智慧

1. 巧匠无用武之地

原文

鲁人身善织屦,①妻善织缟,②而欲徙于越。或谓之曰:"子必穷矣。"③鲁人曰:"何也?"曰:"屦为履之也,而越人跣行;④缟为冠之也,而越人被发。⑤以子之所长,游于不用之国,⑥欲使无穷,⑦其可得乎?"⑧(《韩非子·说林上》)

注释

①身:自身。善:擅长。织:编织。屦(jù):用葛或麻等原料编织的鞋子。②缟(gǎo):精细的白色丝帛。按:缟是鲁国名产,《汉书·韩安国传》:"强弩之末,力不能入鲁缟。"③或:有人。穷:贫困。④履:踩,踏;这里是穿的意思。跣(xiǎn)行:光着脚走路。⑤冠(guàn):戴冠。按:古代中原各国成年男性束发盘于头顶,再用簪和冠固定。缟大概是制作冠的重要材料。《礼记·玉藻》:"缟冠素纰,既祥之冠也。"被(pī)发:披散头发。《战国策·赵策二》:"被发文身,错臂左衽,瓯越之民也。"⑥所长:擅长的方面。游:出游,指离开家乡到外地去经商、求学、做官等。不用:指用不上(所长)。⑦无:不。⑧其:语气副词,表反问。可得:能做到,可能。

译文

有一个鲁国人,自己很擅长编织鞋子,他的妻子很擅长纺织丝帛,他想要迁居越国。有人对他说:"您必将变得穷困。"鲁国人说:"为什么呢?"那人说:"鞋子是穿在脚上的,可越人赤脚走路;绢帛是用来制冠戴在头上的,可越人披散头发不戴冠。以您所擅长的技能,跑到根本用不上您的技能的国家,想要使自己不穷困,怎么可能呢?"

解说

擅长编织鞋子的鲁人跟他擅长纺织丝帛的妻子,想凭借自己的手艺到越国去发展,却没考虑到越国的习俗与中原不同,那里的人都是赤脚大仙,而且根本不戴冠。这样,他们夫妻高超的手艺到了越国也就毫无用武之地。由此说来,每个人都应该对自己的能力及其适用的环境有清醒的认识,不可自恃所长便贸然行动。

这则故事的内涵,韩非没有作出具体的阐发。就《韩非子》一书看,他曾经多次思考过如何做到人尽其才。他设想,假如每个社会成员都能"守所长,尽所能"(《功名》),国家的强盛就有了充分的保障;不过,韩非始终没有深入论述,采取怎样的措施可以达到这样的目标。对于官员,韩非提出"一人不兼官,一官不兼事"的主张,即同一人不能同时担任两个官职,同一官职负责的事务应该非常单一明确;他认为这样可以"使士不兼官,故技长",使臣子不兼任别的官职,所以技能各有专长。在某种程度上,官僚体系可以按照统治的需求打造成一台庞大的机器,每个官员各司其职,各有专长,作为整台机器上的一个部件,发挥最大效能;君主驾驭这台机器时,可以达到如同"身之使臂,臂之使指"(《管子·轻重》)的自如境界。可是社会是复杂的，要使社会每个成员都按君主的要求自觉自愿地成为一台机器上的螺丝钉，恐怕很难实现吧？

2. 画鬼容易画马难

原文

客有为齐王画者，①齐王问曰："画孰最难者？"②曰："犬马难。""孰易者？"曰："鬼魅最易。"③夫犬马，人所知也，旦暮罄于前，④不可类之，⑤故难。鬼魅，无形者，不罄于前，故易之也。⑥（《韩非子·外储说左上》）

注释

①为（wèi）：替，给。画：绘画。②孰：相当于"何"，什么。③鬼：人死后的灵魂。魅（mèi）：各种物品年深日久所化成的精怪。④旦暮：朝夕，从早到晚。罄（qìng）：显现。⑤类：相似，像。⑥易之：以之为易，认为画鬼魅容易。

译文

齐王有位门客的专长是绘画。有一次齐王问他："你觉得画啥是最难的？"画客说："画狗啊、马啊什么的最难。"齐王又问："那画什么是最容易的呢？"画客说："画鬼怪精灵一类的最容易。"画客如此说的道理在于，狗、马一类的东西是人们都熟悉的，一天到晚的都能看到，画得像不像人们一眼便知，因此最难。鬼怪精灵一类的东西是虚幻无形的，谁也没真的见到过，所以画客觉得很容易画。

解说

画鬼比画狗、画马更容易，原因在于狗、马在人的生活经验范围内，容易得到验证。故事里所说的"类"，意思是似、像，是人在认知某一对象时，忽略掉个体的各种具体差异，概括出同类事物最主要的共性特征。比如，对马的认知，需要忽略马的毛色、个头、年龄、优劣甚至品种等差异，然后可以抽象出"马"的概念。这样，人们看到各种具体的马时，用"马"进行称谓，事实上是在做归类的工作。在画家的笔下，"马"则是具象的客体。在绘画过程中，画家在现实生活中看到的各种具体的马在脑海里和笔下再现出来，画家无法画抽象的概念化的"马"；即便是画家心目中理想化的"马"，也通常会具有现实中的模型。因此，"不可类之"，就可以理解为不能按照抽象的概念去画马；如果那样，偏离了人们日常的认识，人们就会觉得不像"马"。而对于"鬼"，则只能按照"类之"的原则去画了。

通过这个故事，韩非批评"论有迂深闳大，非用也"，主要指道家的学说便如画中鬼魅，看起来深远宏大，但是对社会没有任何功用。韩非以狭隘的有用、无用评价思想理论的价值，未免有失偏颇。不过，人毕竟都活在当下，如果对社会发展的预期，只满足于描绘虚无缥缈的海市蜃楼，让人们苦中作乐地想象未来的美好生活，这的确如鬼魅一般，对社会存在的现实问题毫无意义。

3. 大蛇、小蛇与主仆

原文

鸱夷子皮事田成子。①田成子去齐,②走而之燕,鸱夷子皮负传而从。③至望邑,④子皮曰:"子独不闻涸泽之蛇乎?⑤泽涸,蛇将徙。⑥有小蛇谓大蛇曰:'子行而我随之,人以为蛇之行者耳,⑦必有杀子。不如相衔负我以行,⑧人以我为神君也。'⑨乃相衔负以越公道。⑩人皆避之,曰:'神君也。'今子美而我恶,⑪以子为我上客,千乘之君也;⑫以子为我使者,万乘之卿也。⑬子不如为我舍人。"⑭田成子因负传而随之。至逆旅,逆旅之君待之甚敬,⑮因献酒肉。(《韩非子·说林上》)

注释

①鸱(chī)夷子皮:田成子的同党。事:事奉,为……做事。田成子:即田常,春秋末期齐国执政的卿,去世后谥成子。②去:离开。走:逃跑。之:到……去。按:田成子离齐逃燕之事,不见于史籍。③负:背着。传(zhuàn):古代各诸侯国之间交往中通关所用的符信,类似于今天的护照,只是古代的符信是木制的,其形制可以参考后面所附的鄂君启金节,由此可以明白为何主仆要背着"传"出逃。从:跟随。④望邑:古代地名,所在不详。⑤独:表反诘语气的副词,难道。涸(hé):干枯。泽:大片的水汇聚的洼地。⑥徙:迁移。⑦以为:

认为。⑧衔：用嘴含着、叼着。以行：而行。相衔负我以行：互相叼着对方，您背着我，用这样的方式前行。按：由于蛇身的表层布满鳞片，以及蛇的爬行方式（肋皮肌收缩时肋骨向前移动，从而带动鳞片前移，接着鳞片后移使其后缘跟凹凸不平的地面接触，从而产生反作用力推动蛇身），这两点导致两条蛇倘若不用嘴相互咬合在一起，那么大蛇游走的时候，小蛇就很难待在大蛇的背上。⑨神君：神灵，神仙。⑩越：经过。公道：公共道路，即大道。⑪恶：丑陋。⑫以子为：用您作为。上客：上等门客。按：古代诸侯或卿大夫畜养门客时，把门客分为上、中、下不同的等级，地位和待遇各不相同。千乘：这里指拥有千辆兵车的诸侯国。⑬使者：使唤之人，仆从。万乘：指拥有一万辆兵车的大国。卿：执政的大臣。⑭舍人：泛指王公贵人的左右亲近。⑮逆旅：客店。按："逆"是迎接的意思。君：主人。

译文

鸱夷子皮在田成子手下做事。田成子为避祸而离开齐国逃往燕国，鸱夷子皮背着通关所用的符信跟随田成子逃亡。到了望邑，子皮说："先生听说过涸泽之蛇的故事吧？沼泽里的水干枯了，在里面生活的水蛇无奈要迁往别处。有条小蛇对大蛇说：'您先行，我跟随在后，人们看到了，觉得不过是蛇在出行，一定有人杀掉您。不如咱俩相互用嘴衔着，我在您背上，这样前行，人们看到后一定会把我看作神灵。'于是两条蛇相互用嘴衔着，大蛇背着小蛇经由大道大摇大摆地前行。人们看到后都赶紧避开，说：'这是神啊。'如今您仪表堂堂而我相貌丑陋；如果能用您这样的人物做我这样的人的上等门客,那么人们肯定以为我会是拥有一千辆兵车的诸侯国的君主;如果能用您做我这样的人的仆从,那么人们看我怎么也得是万乘大国的执政大臣了。您不如就扮作我的侍从吧。"田成子答应了,于是自己背着通关所用的符信跟随鸱夷子皮上路了。傍晚到了一家客店,客店的掌柜毕恭毕敬、小心翼翼地招待他们,还向他们奉献上酒肉。

解说

这篇短文中包含了两个完全平行的故事。涸泽之蛇的故事启发田成子主仆想出了安全逃亡的策略,还意外地免费享用了一顿丰盛的晚餐。不过,两个故事中包含的情理有差别。涸泽之蛇的故事,说明人们对待常见现象和罕见的怪异现象可能产生完全不同的认识,因而会有截然不同的做法。对超出生活经验之外的现象,人们往往会朝神灵的方向联想,所以荀子在《天论》中说到在当时"星队(坠)木鸣,国人皆恐",流星坠落,树木因气候干燥等原因发出哔剥的声响,生活在国都里的人都惊恐万状,视为"妖怪"。荀子说,这些现象只是"物之罕至者"。小蛇正是利用了人们对"物之罕至者"的神秘化心理,导演了一出两蛇"相衔而负"出行的戏剧化场面,结果有效地避免了路上可能会被人打死的危险。

田成子主仆"去齐之燕",算是叛逃行为,一路上的风险自不必言。鸱夷子皮想出化装逃亡的办法也称不上有何奇特。只是他充分利用了人们的一种思维惯性,将主仆的身份颠倒过来,却造成了很神奇的效果。他考虑问题的前提是:主仆二人的形象相差很远，一表人才的田成子和形貌不佳的子皮，若是依照本来的身份出逃，很难掩饰其身份特征；可把两个人的地位反转过来，子皮是主、田成子是仆，人们看到以后就会有非常不同的判断，由此大大增加了出逃的安全系数。可见外表形象对人们的判断会有多大的影响！

4. 郢书燕说与六经注我

原文

郢人有遗燕相国书者，① 夜书，② 火不明，因谓持烛者曰："举烛。"③ 云而过书"举烛"。④ 举烛，非书意也。燕相受书而说之，曰："举烛者，尚明也；⑤ 尚明也者，举贤而任之。"⑥ 燕相白王，⑦ 王大说，⑧ 国以治。⑨ 治则治矣，非书意也。今世学者多似此类。（《韩非子·外储说左上》）

注释

①郢（yǐng）：春秋时楚国的都城，在今湖北荆州市荆州区。遗（wèi）：给予。书：书信。②夜书：在夜里书写。③烛：古代一种手持的火烛，类似后代的火炬，多用于室内照明。一般用荆条、芦苇、麻杆为材料，并灌以蜂蜜制成。举烛：是说把火烛再举高些。④云：说。过书：误写。⑤说：解说。尚：崇尚。⑥举：推举，举荐。贤：指有德才的人。⑦白：告诉。⑧说（yuè）：高兴。这个意义后来写作"悦"。⑨以治：因此而治理好了。

译文

楚国的郢都有一个人写信给燕国的相国,因是在夜里书写,烛火不够明亮,于是吩咐拿烛火的人说:"举烛。"嘴里说着"举烛",不觉中就把这两个字误写在信里。"举烛"不是信里的意思。燕国的相国接到信后,(读到其中"举烛"二字),解说道:"举烛的意思,就是崇尚光明;崇尚光明,就会举荐有才德的人予以任用。"燕相把这事报告给燕王,燕王非常高兴,燕国因此而治理好了。治理好是治理好了,可这不是信里的意思。当今研读古书的人,很多都像这类的情况。

解说

"郢书燕说"的故事妇孺皆知。韩非讲述这则故事,并以"今世学者多似此类"作结,是要批评当时儒家等极力宣扬先王的思想,却不考虑时代不同了,社会情况发生了巨大的变化;而且文献传播历经劫难,错讹在所难免,学者对文献的解说就不一定靠得住,又怎么能保证他们宣扬的先王思想就靠得住呢?这种情况就正如郢书燕说一样。

韩非虽然没有主张要拿古代的文献来说事,前提是先把文献真正读懂,不过,郢书燕说的故事恰好讲清楚了阅读文献需要注意的要点:首先是对文献进行整理,这是专业性很强的工作,需要经过艰苦的努力,最大限度地复原文献的原貌;其次,需要结合特定时代背景下的思想文化、政治经济、社会生活等诸方面的具体情况,并对那个历史阶段的语言文字的系统有深入细致的研究,如此可以对一部文献的主旨和文意作出贴近作者原意的解读。文献产生的年代越是久远,整理和解读的难度就越大,需要若干代学者持续不断的考证工作,正如清代学者戴震所言:"昔之妇孺闻而辄晓者,更经学大师转相讲授而仍留疑义,则时为之也。"

不过,每个时代都有以"六经注我"的态度对待文献的人,在他们看来,文献只是用来证明自己的观点的工具,完全可以不顾及原典的解读是否准确。所以他们抓住经典中的只言片语随意发挥,舌灿莲花,炫人耳目,迷人心魄,然而这样的解释经不起事实的追问和逻辑的推敲,不过是精心炮制的毒鸡汤罢了。汉武帝时,研究和传承《诗经》的著名学者辕固生曾严厉斥责同为儒者的公孙弘:"务正学以言,无曲学以阿(ē)世。"曲学阿世的人,跟那些智慧和学识完全不足以理解经典的人不同,他们明明懂得经典的本意,却为了利用学术追逐名利,于是根据自身的需要和时局的变化,对经典任意增损篡改,一心只是为了哗众取宠,沽名钓誉,从而获得机会拼命捞取现实利益。这样的人,比起燕相和公孙弘,也是不可同日而语了。

5. 墨子的木鸢

原文

墨子为木鸢,①三年而成,蜚一日而败。②弟子曰:"先生之巧,至能使木鸢飞。"墨子曰:"吾不如为车輗者巧也。③用咫尺之木,④不费一朝之事,⑤而引三十石之任,⑥致远力多,久于岁

数。今我为鸢,三年成,蜚一日而败。"惠子闻之曰:⑦"墨子大巧,巧为輗,⑧拙为鸢。"⑨(《韩非子·外储说左上》)

注释

①为(wéi):制作。鸢(yuān):一种猛禽,鹞鹰。木鸢:木制的形状像鹞鹰的飞行器。汉王充《论衡·儒增》:"如木鸢械关备具,与木车马等,则遂飞不集。"②蜚:通"飞"。败:毁坏。③輗(ní):先秦时代大车(牛车)车辕前端连接车辕与车衡的一个部件。④咫(zhǐ):周尺八寸。咫尺:表示很短的尺寸。⑤一朝(zhāo):指一天。⑥引:牵引,拉。石:古代重量单位,一百二十斤为一石。这个意义今读dàn。任(rèn):负担,承载的物资。⑦惠子:指惠施,战国时宋国人,名家的代表人物。⑧巧为輗:以为輗为巧。⑨拙为鸢:以为鸢为拙。

译文

墨子用木头制作一只形似鹞鹰的飞行器,花了三年的时间制作成功,在天上飞了一天就坠毁了。墨子的弟子说:"先生的技艺如此精妙,竟然达到能使木制鹞鹰飞翔的神奇境地。"墨子说:"我不如制作车輗的人技艺高明。他们使用短短的一截木料,花费不到一天的功夫(就做成),可以拉动三千多斤的重物,送到很远的地方,力量很充沛,可以使用许多年都不毁坏。如今我制作木头鹞鹰,花了三年时间才制成,飞了一天就毁坏了。"惠子听说了这件事,说:"墨子是真正的高明,他明白做车輗是技艺高明,而制作木头鹞鹰是笨拙的。"

解说

　　墨子是先秦诸子之一,也是中国历史上的传奇人物。墨家学派在战国时期与儒家并称为当世两大显学,凭借的不仅是理论学说,更与他们在科技和社会实践方面的卓越建树有直接关系。墨家对自然科学中的几何、光学、力学等都作了可贵的探索,对名实关系、感觉和思维的关系等进行了科学的分析,力求用科学为天下人谋福利。由这则故事也可以看出墨子在机械制造方面达到的工艺水平。可惜,秦王朝统一中国后,墨家学派中绝,墨家所倡导的价值观、逻辑学、数学和其他自然科学也迅速夭折了。到西汉司马迁著《史记》时,仅在《孟子荀卿列传》中用 24 个字对墨子及其学说作了简短介绍:"盖墨翟,宋之大夫,善守御,为节用,或曰并孔子时,或曰在其后。"(墨翟是宋国大夫,善于作防御工事,竭力倡导简朴节用,有人说他与孔子同时代,有人说他生活于孔子之后。)

　　韩非讲述这则故事,用绝对实用主义的眼光看待墨子制作木鸢之举。而墨子也同样从实用的角度教育学生认识这个问题。对人的言行、对现实世界丰富多彩的事物,如果完全站在实用主义的立场上进行价值判断,那么,充满奇思妙想并表现出高超工艺水平的木鸢制作,就成为十恶不赦的奇技淫巧,遭到全社会的唾弃;同时受到株连而被主流文化所扼杀窒息的,还有人们在科技方面的无限想象力。

6. 得失之间

原文

宋之富贾有监止子者,①与人争买百金之璞玉,②因佯失而毁之,③负其百金,④而理其毁瑕,⑤得千溢焉。⑥事有举之而有败,⑦而贤其毋举之者,⑧负之时也。(《韩非子·说林下》)

注释

①贾(gǔ):商人。古有行商坐贾的说法,贩运获利为商,经营店铺为贾。②百金:古代称金一镒为一金,一镒是二十两或二十四两。璞(pú)玉:尚未经过雕琢加工的玉石。③佯(yáng):假装。失:失手,即不小心从手里跌落。④负:赔偿。其百金:指璞玉之百金。⑤理:雕琢(玉石)。其:指代璞玉。瑕:本指玉上的斑点。毁瑕:指被摔裂有毛病的地方。⑥溢:同"镒"。⑦举:做。⑧贤:以为贤明,认为好。毋:通"无",没有。

译文

宋国有个名叫监止子的富商,跟人争买一块售价百金的璞玉,(双方相持不下,)于是他假装失手让璞玉掉到地上摔坏了,赔偿了百金。回去后把璞玉被摔坏的地方雕琢好,卖出去获得了千金。人们做事总有出差错的时候,于是就觉得不去做更聪明,这是只看到了赔钱的时刻。

解说

　　监止子非常有眼光，看准了璞玉的价值；他也很精明，用摔坏璞玉的法子得到它。这样一个故事，不同的读者可能会有不同的联想。韩非从中读出了人生的哲理：人们做事总是需要一定的时间过程，因此不能以一时得失论成败，而要从长远的角度看最终的结果。只是普通人往往习惯于依据某一时间节点上的得失，便判断是非成败，比如，当监止子为摔坏的璞玉付出百金代价时，他周围的人或许就为他"佯失而毁之"的鲁莽而感慨叹息，或者会讥笑他"争买"的不智；恐怕没人想到，他能将有毁瑕的璞玉卖出十倍于百金的价格。

　　韩非精研老子学说，专门写了《解老》和《喻老》来阐发老子的思想。他很善于用生活常识和历史现象解释比较抽象的哲学道理。如为了说明《老子》中的"将欲翕之，必固张之；将欲弱之，必固强之；将欲废之，必固兴之；将欲夺之，必固与之"，他举了历史上的许多事例，如越王勾践为了向吴国复仇，卧薪尝胆，亲自服侍吴王夫差，生聚教训，终于灭吴称霸；晋献公想要攻打虞国，先送给虞国国君玉璧和宝马；智伯在进攻仇由国之前，先把一口大钟装在车子上送给仇由国君，等等。而监止子"负百金"，其实也正是"将欲取之，必固与之"这一哲理的具体体现。生活中一时得失实不足计，放在大历史的背景下，能够不以一时得失成败论英雄，方能成就大业。

7. 大鼻子与小眼睛

原文

桓赫曰:①"刻削之道,②鼻莫如大,③目莫如小。鼻大可小,小不可大也。④目小可大,大不可小也。"举事亦然,⑤为其后可复者也,⑥则事寡败矣。⑦(《韩非子·说林下》)

注释

①桓赫:人名,事迹不详。②刻削:雕刻。③莫如:不如。④可小:可以使小,即可以再削掉一些使变小。"可大"是可以使变大。⑤举事:做事情。然:这样。⑥为(wéi):做。其:那。复:返回。按:《说文》:"复,往来也。"复是回到原点,"其后可复者"指那种以后可以回到原点的事情,也就是启程后发现走错了路,还有机会回到原点重新出发。如果走的是不归路,就没有回头的可能性了。⑦寡:少。

译文

桓赫说:"用木石一类的材料雕刻人物,有一条原则,就是鼻子尽可能大一些,而眼睛要尽量小一些。其中的道理在于,鼻子雕得大,可以再修小;可要是一开始就雕得太小了,那就无法再弄大了。眼睛雕得小,可以再修大;但是一开始就雕得太大,就无法再变小了。"做事情的道理都是这样的,做事之前先想好,出了问题有没有补救的可能性,那么,事情就很少会一败涂地无法挽回。

解读

这则短文的主题简单清楚,人们在做任何事情之前都该想清楚可能的结果,周密考虑,详细规划,从而作出"为其后可复者"的选择。用工匠在雕刻中总结出的经验作比喻,实在令人叫绝。所以这则短文经常被引用,并被人作了各种丰富多彩的阐发,借以启示世人感悟人生的道理,其主题变成"做事需留有余地"。说话做事留有余地,是一个富有歧义的表达,不同的人会从不同的角度作不同的联想。曾国藩的名言"有福不可享尽,有势不可使尽",是说为官处世须留退路。"话不可说尽,事不可做尽,莫扯满蓬风,常留转身地。"听起来很有哲理,但每个人实践起来恐怕并不容易,需要花费心思揣摩,并在现实生活中时时反思调整;果真修炼到了这样的境界,那确实堪称人精。民间一直有"逢人只说三分话,未可全抛一片心"的俗谚,是说话留有余地的极致了。处世如此精明圆滑,不知是不是应该视为一种人生智慧呢?或者这只不过是聪明而已吧?

不管怎样,每个人做事情都不太可能是百分之百的成功率,有时受客观条件的限制,形势不由人,总会有成有败。不过,若是在没有第二次机会的情况下失败,那就属于生命不可承受之重。韩非点明"为其后可复者",其意正在于此。因此,无论成功的几率是多大,做事情之前都最好多想想各种万一,并准备好补救措施。

8. 傲慢与自尊

原文

卫将军文子见曾子,①曾子不起而延于坐席,②正身于奥。③文子谓其御曰:"曾子,愚人也哉!以我为君子也,④君子安可毋敬也?⑤以我为暴人也,暴人安可侮也?曾子不僇,命也。"⑥(《韩非子·说林下》)

注释

①卫将军文子:即公孙弥牟,字子之,是卫灵公的孙子。任卫国将军,死后谥文子。曾子:即曾参(shēn),孔子的弟子。②起:起身。延:引进,招请。坐席:座位。按:古代不用桌椅,在地上铺设席子,跪坐在席子上。③正身:端坐。奥:室内西南角的位置,古代是坐席中最尊贵的位置。④以我为:把我看做。⑤安:怎么。毋:不。⑥僇(lù):通"戮",杀戮。命:命运,天意。

译文

卫将军文子前去拜见曾子,曾子不起身去邀请引导文子入座,自己端坐于上座。文子(告辞出来后)对他的车夫说:"曾子真是个愚蠢的人啊。他若认为我是个君子,对君子怎么可以不尊敬呢?他若认为我是个凶恶的人,对凶恶的人怎么可以侮辱呢？曾子不被杀，也算是命好了。"

解说

卫将军文子是权力人物，据史书记载他比较贤明，勤学好问。他去拜访曾子，曾子接待过程中礼数不周。文子分析有两种可能，一是曾子把他看作君子，君子不会由于受到慢待而怪罪主人；二是曾子把他看作暴戾之人，因此以如此傲慢的形式表达对他的蔑视和抗争。文子认为，无论曾子是怎么想的，其作为都是不对的。人与人之间以礼相待，这是儒家一贯的主张；君子之间礼尚往来，是毋庸置疑的正确做法。而对一个穷凶极恶的权力人物，用这样的方式表达自己的态度，激起对方的不满和忿怒，更是不明智的。

从常情常理上推断，文子所说的第一种情况很难成立，第二种情况倒是可能性比较大。从各种文献中记录的曾子的言行可以看出，曾子对孔子思想的领悟很全面深刻，明礼重孝，而且非常有气节。汉代刘向《说苑·立节》中记述了曾子的一个故事，说他穷困潦倒的时候，鲁君派人去探望他，要封赐给他一座城邑以保障其生活。曾子坚决不肯接受，他认为，如果接受了别人的财物，就会在心理上对对方产生畏惧；送给别人财物后，内心也很难不滋生出对对方的骄横之意。因此，要保全自己精神上的独立，就不能接受权力人物的财物。由此可见，曾子确实是一位廉洁自律的儒者，他此次接待文子的态度恐怕与文子所做的事情有关，虽然具体的细节已是不得而知。文子受到冷遇，心里很不快，可并没有因此打压甚至杀掉曾子，也可以看出当时权力阶层还比较开明，这正是春秋时期百家争鸣、文化繁盛的政治背景。

9. 毁树容易种树难

原文

陈轸贵于魏王。①惠子曰:②"必善事左右。③夫杨,④横树之即生,⑤倒树之即生,折而树之又生。然使十人树之而一人拔之,则毋生杨。⑥至以十人之众,⑦树易生之物,而不胜一人者,何也?树之难而去之易也。⑧子虽工自树于王,⑨而欲去子者众,子必危矣。"(《韩非子·说林上》)

注释

①陈轸(zhěn):战国时期的纵横家,曾在秦国和楚国为官,并游说魏、韩、赵、燕、齐合纵抗秦。按:《战国策·韩策》记述此事主角是田需,田需曾任魏国的相国,死于魏襄王九年。贵:以为贵,重视,器重。②惠子:指惠施。③事:事奉。左右:指在君主身边做事的近臣。④杨:杨柳同科异属,古多连用,二者没有严格的区分。《尔雅·释木》:"杨,蒲柳。""杨"作为"杨柳"的省称常兼指"柳"。该树种插枝极易成活。⑤树:种植。生:成活。⑥毋:无,没有。⑦至:按凌本作"夫"。⑧树之:栽种它,"之"指代杨树。去:除去。⑨工:善于。自树:树立自己。指通过自己的言行使魏王信任和器重自己。

译文

陈轸在魏王那里很受器重。惠施对他说:"您一定要好好事奉君主的近臣。那杨树,横着栽种可以成活,倒着栽种也可以成活,折断了栽种还是可以成活。可要是让十个人去栽种杨树,同时让一个人去拔掉,那就没有能存活的杨树。凭借十个人的优势,去栽种极容易成活的树,却敌不过一个拔树的人,为什么呢?就是因为栽种费力,而要拔掉却很轻松。您虽然很善于在国君那里树立自己,但想要除去您的人很多,您的处境一定会很危险啊。"

解说

惠施是非常有智慧的人,他对陈轸的劝谏,包含了丰富的生活哲理。君王身边的人并无实际的政治地位和权力,但是他们跟君主朝夕相处,关系亲密;他们在君主耳边经常吹吹风,很容易影响甚至左右君主的看法。因此,认真处理好跟君主身边的人的关系,对每个朝廷大臣都是不容忽视的重大问题。俗话说:"官场如战场。"在传统的政治体系中,官场的位置意味着功名利禄,因此官场便成为危机四伏、你死我活的狩猎场。每个坐在官位上的人,都需要时时防备各种可能的明枪暗箭。这样的政治环境,经历了两千多年的历史变迁,似乎并无本质性的变化。

1981年高考还是全国统一命题,语文卷的作文题便是《毁树容易种树难》。那时写这类题目的作文,考生一般会考虑诸如创业艰难却可以轻易地毁于一旦;或者学如逆水行舟,每前进一步都需付出巨大的努力,而退步则可能一泻千里;或者联想到人的品德修养问题。若有当时的学子能从为官层面把"毁树容易种树难"的道理阐述清楚,那他或他们今天的造诣应该达到了可观的高度吧?只是便如陈轸爬到了一人之下、万人之上的地位,仍需战战兢兢、如履薄冰啊。

10. 烈马为什么不踢人?

原文

伯乐教二人相踶马,①相与之简子厩观马。②一人举踶马;③其一人从后而循之,④三抚其尻而马不踶。⑤此自以为失相。⑥其一人曰:⑦"子非失相也。此其为马也,踒肩而肿膝。⑧夫踶马也者,举后而任前;⑨肿膝不可任也,故后不举。子巧于相踶马而拙于任肿膝。"⑩夫事有所必归,⑪而以有所肿膝而不任,⑫智者之所独知也。惠子曰:⑬"置猿于柙中,则与豚同。"⑭故势不便,非所以逞能也。⑮(《韩非子·说林下》)

注释

①伯乐:春秋末期晋国人,擅长鉴别马匹。相(xiàng):观察,鉴别。踶(dì):踢,俗称尥蹶子(liào juě·zi)。踶马:是一种烈性马,喜欢用后蹄踢人。②相与:共同。之:前往,到。简子:春秋末期晋国执政的卿赵鞅,死后谥简。厩(jiù):马棚。③举:推荐,选定。④循:抚摸。⑤尻(kāo):屁股。

⑥此：这个人，指代选马的人。失相：鉴别失误。⑦其一人：指从后循之者。⑧蹍（wō）：因跌折而腿脚筋骨受伤。肩：指马的前腿根部。⑨举后：抬起后腿。任：使承受。任前：由前腿支撑。⑩拙：笨拙，与"巧"相对，这里指不擅长。任肿膝：指察看清楚肿大的膝部，并明白马的前肢因此无法承受身体的原因。⑪归：返回。所必归：一定返回的地方，也就是事情的起因。⑫以：因为。有所肿膝：有肿膝的原因。⑬惠子：指惠施，战国时宋国人，曾任魏惠王的相，是名家的代表人物。⑭柙（xiá）：关野兽的木制笼子。豚（tún）：小猪。⑮势：形势。便：有利。逞能：施展能力。

译文

伯乐教两个人怎样鉴别喜欢用后蹄踢人的马，于是一起到赵简子家的马棚去观察。其中一人选定一匹喜欢用后蹄踢人的马，另外一人就从马的身后试探着抚摸它，结果几次抚摸它的屁股，那匹马都没有踢人。选马的人自以为看错了。另外那人说："你并没有看错。这匹马前腿受了伤，膝部肿大。那种喜欢用后蹄踢人的马，（踢人的时候）要抬起后腿，这时全身的重量就由前腿支撑了。这马前腿膝部肿大，无法承受（身体的重量），因此后腿也就没法抬起来。你很善于鉴别喜欢踢人的马，却不擅长看清楚马肿大的膝部，并明白马的前肢因此无法承受身体的原因。"一切事情都有必然的根源，因为前膝肿大的缘故而不能承受身体的重量，这是只有有智慧的人方可明白的。惠子说："把猿猴关在笼子里，猿猴就跟小猪相同了。"所以形势不利，就不是用来施展能力的时机。

解说

韩非的评论最终归结到"势"上。所谓势,指各种主客观条件共同作用而形成的局面,这种局面对事物的走向和结局具有支配性力量。一个人要做成一件重要的事情,需要先冷静地对所处的形势作出清晰、准确的判断,把自己放在特定的位置上,综合分析有利的条件和不利的因素。踶马不允许人随意接近,否则会尥蹶子踢人;可是尥蹶子踢人虽然用后腿,但是做出这一动作的条件是全身的重量需要落在前腿上,因此前腿受伤就局限了它的动作,也就无法完成尥蹶子的动作。同样,猿猴具有很高的智商和卓越的运动能力,可以在高山丛林之间快捷灵活地攀援摆荡,简直是自然界的奇观;可是,当猿猴被关进笼子,其所有的能力都无法施展,也就跟猪没什么区别了。

势是一种客观存在,但是,能不能正确认识势,充分利用势,以及怎样使用势,不同的人有不同的做法,因此造成的结果千差万别甚至大相径庭。在韩非的概念里,更倾向于用势表述权势。特定的社会地位,上至天子,下至县令,都代表了大小不等的权力;根据具体的情况,针对不同的对象,恰到好处地使用权力,形成对下的绝对掌控力和支配力,这就是权势。臣下侵权,不仅仅是染指上面的权力,更会借用上面的影响力,逐渐扩展其支配的范围。

11. 钓名

原文

孔子谓弟子曰:"孰能导子西之钓名也?"①子贡曰:"赐也能。"②乃导之,不复疑也。孔子曰:"宽哉,不被于利!③絜哉,民性有恒。④曲为曲,⑤直为直。"孔子曰:"子西不免。"白公之难,⑥子西死焉。(《韩非子·说林下》)

注释

①孰:谁。导:引导,劝说。子西:春秋时楚国公子申,曾任令尹,白公胜叛乱时被杀。钓:求取。②子贡:端木赐,字子贡,春秋时卫国人,孔子的弟子,长于言辞。③宽:心胸宽广。被:覆盖。不被于利:不被利益所覆盖。④絜:同"洁",品行纯洁。有恒:有常,无法改变。⑤曲:邪曲。曲和直,是本性,因此难以改变。⑥白公之难:楚国公子白公胜于公元前479年发动政变,杀掉令尹子西,废楚惠王。

译文

孔子对弟子们说:"谁能劝阻子西的求取功名呢?"子贡说:"我能。"于是就去劝说子西,不再疑心(子西求取功名)。孔子说:"心里真是宽广呀,一个人不被利益所蒙蔽。品行纯洁啊,人的本性是无法改变的。邪曲的就是邪曲的,正直的就是正直的。"孔子说："子西免不了要遭受灾祸。"在白公胜发动的叛乱中，子西被杀。

解说

这位子西的事迹，说起来令人感动又感慨。他的父亲楚平王是个昏庸荒唐的君主，给儿子太子建聘娶秦哀公的长妹孟嬴为夫人，等看到孟嬴貌美，平王就自己留下纳为夫人，另选一名齐女冒充孟嬴跟太子建成亲。后来丑闻泄露，父子之间生出嫌隙，平王便想除掉太子建，太子建只好出逃到郑国。其后平王杀掉支持太子建的大臣伍奢及其长子伍尚，伍子胥逃到吴国，辅佐吴王攻破楚国，把已经亡故的平王从墓穴里掘出来，鞭尸三百。太子建在郑国避难时因谋划作乱被杀。

在如此混乱无道的局势下，作为楚国的贵族，子西正直无私，一心为国。平王去世时，当时的令尹子常想立子西为君，子西拒不接受。在楚国对吴国的复国战争中，子西立下大功。他的弟弟楚昭王临死又要让位于他，他依旧坚辞。当他得知太子建的儿子胜流亡在吴国，又义不容辞地派人召回，任命为巢大夫，号为白公。正是这位白公胜，想替父亲报仇，于是向子西请兵伐郑，子西不同意，白公胜便带着死士石乞等袭杀子西等大臣。史书中虽没有子西沽名钓誉的记载，但由子西的所作所为不难看出，他爱惜名节，刚直不阿。孔子意识到在楚国动荡的政局里，子西这样的个性早晚难以自保。他用"钓名"评价子西，实在是大有深意。不过，子西虽然被杀，但也算得上是求仁得仁了。

12. 君子不言人之恶？

原文

江乙为魏王使荆,①谓荆王曰:"臣入王之境内,闻王之国俗,曰:'君子不蔽人之美,②不言人之恶',诚有之乎?"③王曰:"有之。""然则若白公之乱,④得无危乎？诚得如此,臣免死罪矣。"(《韩非子·内储说上·七术》)

注释

①江乙：战国时魏国人,后在楚国为官。为（wèi）：替。使：出使。荆：楚国的旧称。②蔽：掩蔽。③诚：果真。④白公之乱：白公,名胜,春秋时楚平王的孙子,太子建的儿子。前479年,白公胜作乱,杀令尹子西等,后兵败自杀。这里用白公之乱说明楚人"不言人之恶",结果便酿成大的祸乱；然而按照君子不言人之恶的习俗,楚王又不能因此治臣下知情不报的罪。

译文

江乙替魏王出使楚国,对楚王说:"我进到大王的境内,听说大王国家的习俗,说:'君子不掩蔽别人的美善,不谈论别人不好的方面。'真有这事吗？"楚王说:"是有这样的习俗。"江乙说:"这样说来,像白公的叛乱事件,怎能没有危险呢？果真如此，臣子们便都免于死罪了。"

解说

"不蔽人之美，不言人之恶"，在某种程度上的确是美德，能做到这一点，可以称为君子了。不过，对他人的优点和美善加以褒扬，这是一种胸怀和气度。但是，恶有大小之别，造成的后果也不相同。对他人品性上的缺陷和做事的失误，不吹毛求疵，更不肆意夸大攻击，这可以视为一种美德；如果对大奸大恶同样采取视若无睹的态度，那便等于助纣为虐。当白公胜专心准备叛乱时，各种蛛丝马迹被人发觉，可人们都想做君子，于是装聋作哑；等到祸乱爆发，众人受害，谁又是真正的无辜者呢？

"君子不蔽人之美，不言人之恶。"这话听起来充满正能量，称得上是香浓鸡汤。但是，仔细推敲，便足以发现其中隐藏的问题。其实，一个人在现实生活中，无论对什么样的人，都是赞赏有加，好评如潮，任何时候绝不指摘别人的缺点错误，这种只栽花不种刺的生活哲学，果真很有智慧吗？实在值得三思。

13. 看清大形势

原文

鲁季孙新弑其君，①吴起仕焉。②或谓起曰：③"夫死者，④始死而血，⑤已血而衄，⑥已衄而灰，⑦已灰而土。⑧及其土也，⑨无可

为者矣。⑩ 今季孙乃始血,⑪ 其毋乃未可知也。"⑫ 吴起因去之晋。⑬（《韩非子·说林上》）

注释

①季孙：是鲁国三家贵族孟孙、叔孙、季孙中的一家，长期执掌鲁国国政。新：刚刚。弑（shì）：古代称臣杀君、子杀父为弑。②仕：做官，任职。焉：于是，"是"指代季孙。③或：有的（人）。④夫（fú）：那。⑤血：流血。⑥已：停止。衄（nù）：或作"𧖦"，缩，这里指皮肉萎缩。⑦灰：本指火燃烧后所剩的死灰，引申指尸体腐烂后的残留部分，这里指成为残骸。⑧土：成为尘土。⑨及：等到。土：化为尘土。⑩无可为者：没有什么能够作为。按：这是说不能作祟了。古人认为人刚死后其鬼魂会作祟，不过当尸体化为土，鬼魂就失去了效力。⑪乃：才。⑫其：语气副词，表推测语气。毋乃：大概，恐怕。⑬去：离开。之：到……去。晋：晋国。按：吴起事魏文侯，约在公元前409年前后；到前403年，周天子赐韩、赵、魏三卿为诸侯，因此这里称"之晋"。

译文

鲁国的季孙刚刚杀掉鲁国的国君，吴起在他手下做官。有人对吴起说："人死这种事，刚死的时候流血，出血停止了皮肉就要萎缩，萎缩以后再变为残骸，变为残骸以后又化为尘土。等到死人化为尘土，也就无可作为了。现在季孙才刚把鲁君杀掉，下一步的变化恐怕不可预料呢。"吴起就离开鲁国到晋国去了。

解说

鲁国发生了季孙弑君的重大事件,整个鲁国的政局处于风雨飘摇的动荡之中。在这样的情况下,身为外来官员,在鲁国毫无根基的吴起应当怎样自处,确实是非常棘手的难题。这时有人便用很隐晦的方式告诉吴起:一个人被杀死,他的鬼魂仍在世间起作用,需要经过较长的一段时间,鬼魂的效力才会消失。说这话的人的意思是,季孙杀君,触动了鲁国错综复杂的各派政治势力的利益,势必引发连锁反应;鲁君虽然被杀,但他的影响力特别是其政治势力仍然存在,必将同季孙氏代表的政治力量缠斗不休。这正如俗话所说:"百足之虫,死而不僵。"作为季孙的属下,吴起在这场绞肉机般的权力斗争中,命运是难以预料的。

吴起为人坚毅果敢,对自己的才干相当自信,且有远大的政治抱负。面对鲁国险恶的政治环境,他知道自己无所作为,于是毅然决然离开鲁国,投奔素有贤名的魏文侯去了。吴起的政治判断力和决断力都是极为出色的。身处龙争虎斗之地,倘若心中只有权力和利益,在不可预知的政治旋涡中,不能清醒地看清大的形势,并及时作出正确的抉择,那么就难免落得"因嫌纱帽小,致使枷锁扛"的结局。

十四、政治的味道

1. 过家家与宏大叙事

原文

夫婴儿相与戏也,①以尘为饭,②以涂为羹,③以木为胾;④然至日晚必归饷者,⑤尘饭涂羹可以戏而不可食也。夫称上古之传颂,⑥辩而不悫,⑦道先王仁义而不能正国者,⑧此亦可以戏而不可以为治也。夫慕仁义而弱乱者,三晋也。⑨不慕仁义而治强者,秦也。然而未帝者,治未毕也。⑩(《韩非子·外储说左上》)

注释

①婴儿:幼童。相与:在一起。戏:游戏,玩耍。②尘:土。饭:古代指煮熟的谷类食物,多指米饭。③涂:泥巴。羹:带汤汁的食物。④胾(zì):切成方块的肉。⑤饷(xiǎng):吃饭。⑥传颂:指传说和颂扬的事迹。⑦辩:言辞动听。悫(què):真实,诚实。⑧道:称说,述说。正:使正。正国:使国家走上正轨。⑨慕:思慕,向往。三晋:指韩、赵、魏三国。这三个国家是原晋国的三家大夫瓜分晋国而建立的,所以称"三晋"。⑩帝:称帝,指一统天下。毕:完成。

译文

小孩子在一起做游戏,可以拿土当米饭,拿泥巴当汤菜,拿木块当肉块;可到了傍晚就得回家吃饭,是因为土饭泥菜可以拿来游戏却不能吃。称道上古传说和颂扬的事迹,说得天花乱坠却没有多少确实可信的内容,讲述先王如何仁义却不能使国家走上正轨,这些都属于能拿来游戏但不能用来治国的东西。韩、赵、魏三国的君主都曾追慕仁义学说,结果弄得国家贫弱混乱;秦国的君主根本不信奉仁义学说,却实现了国家的强盛安定。秦国治强而没有称帝,是因为治理还不完善。

解说

人们经常会迷恋于一种怀古的情结,沉醉于绚丽辉煌的历史陈迹和战无不胜的圣贤学说。韩非认为,真正英明的君王"不期修古,不法常可,论世之事,因为之备"。(不期望效法古代,也不效法永久适用的制度,研究当今之世的实际,据此制定相应的措施。)他主张"事因于世,而备适于事",即时代不同,情况就不同,因此治理的方法也应不同,要适合新出现的情况。这是韩非社会历史观的一个基本要点。在这则故事里,韩非举出孩子玩过家家的场景讽刺那些迷信并鼓吹某种陈旧学说的书生,认为他们信奉的学说完全脱离日新月异的现实社会,跟孩子们游戏时用的道具一样,解决不了肚子饿的问题。

韩非以为,一个治理得好的社会,其典型表征就是百姓"心无结怨,口无烦言",不会热衷于关心政治,更对古代的某家学说没有兴趣。普通老百姓日常关注的焦点是自己的衣食住行,这是再自然不过的。当人们街谈巷议的话题普遍聚焦到政治上,恐怕就是社会治理出了问题。这就如同人们在身体健康的时候,不会特别感觉到某个器官的存在;如果真切地感受到某个器官,通常是这个器官出了毛病。韩非举出当时某些诸侯国"今境内之民皆言治,藏商、管之法者家有之",一个社会如同小孩子热火朝天地投入过家家游戏一样,追捧某个死者及其教义,以为那是解决现实问题的灵丹妙药,只能说明民众心智的幼稚和统治者愚民政策的可怕,其结果是社会愈加撕裂,政局愈加混乱,原因无他,"此亦可以戏而不可以为治也"。

2. 举国化一者亡

原文

晏子聘鲁,①哀公问曰:②"语曰:'莫三人而迷。'③今寡人与一国虑之,鲁不免于乱,何也?"晏子曰:"古之所谓'莫三人而迷'者,一人失之,二人得之,三人足以为众矣,④故曰'莫三人而迷'。今鲁国之群臣以千百数,⑤一言于季氏之私。⑥人数非不众,所言者一人也,安得三哉?"⑦(《韩非子·内储说上·七术》)

注释

①晏子:即晏婴,春秋末期齐国的相国。聘:国事访问。《礼记·曲礼下》:"诸侯使大夫问于诸侯曰聘。"②哀公:名蒋,春秋末期鲁国的君主,在位二十七年。按:哀公即位之前晏婴已去世,《晏子春秋·内篇问下》作"昭公"。③语:俗语。莫:没有。莫三人而迷,意思是说,遇到事情没有三个人一起计议就会迷惑。④失:指对事情作了错误的分析和判断。"得"则是

对事情作了正确的分析和判断。众:《国语·周语》:"人三为众。"⑤数(shǔ):计算。⑥一:全都。季氏:指季孙氏,当时季孙氏家族由季康子担任鲁国执政的卿,独断专行,把持朝政。⑦安:哪里。

译文

晏子访问鲁国,鲁哀公问他:"俗语说:'遇到事情没有三个人一起商议就会迷惑。'如今我和全国的人一起谋划事情,可鲁国的治理还是乱七八糟的,这是为什么呢?"晏子说:"古人所说的'遇到事情没有三个人一起商议就会迷惑',是说若一个人的意见不对,另外两个人的看法是正确的,那么三个人可以算得上众人了,所以说'遇到事情没有三个人一起商议就会迷惑'。现在鲁国群臣的人数成百上千,全都异口同声统一于季孙氏的私意。人数上不可谓不多,可所说的却都像一个人讲的话,哪里来的三个人呢?"

解说

韩非收了这则故事的两个版本,文字略有不同。在另一个版本中,哀公引用的俗谚是"莫众而迷",然后说自己"举事"时与"群臣虑之"。晏子回答时围绕"明主问臣"的话题,说"明主在上,群臣直议于下",英明的君主能使群臣坦率地提供意见;可是当时鲁国的政局是"群臣无不一辞同轨乎季孙者,举鲁国尽化为一",即鲁国群臣发表观点时都跟季孙如出一辙,这就等于是全鲁国的言行都整齐划一,只有一种声音、一个思想。哀公算是一位思想开明的君主,可是季孙氏专权,势力庞大，臣民没有勇气、没有机会充分发表意见，那么，鲁国的社会混乱、国力衰弱也就在所难免了。

晏子所说的"直议"，其前提是建立了完善的机制鼓励人们畅所欲言，在开放的言论环境下，言者无罪，闻者足戒，如此才能真正凝聚全社会的智慧和力量，使国家走上理性发展的正轨，从而达到民富国强的目标。否则，单靠君主的拍脑袋决策，而君主能够获得的信息资源又是经过宠幸的近臣和权贵们精心筛选过滤的，那么国家的治理在某种程度上便如同盲人骑瞎马，摸着石头过河，很难保证不陷入"迷"的状态。韩非在《解老》里说："凡失其所欲之路而妄行者之谓迷，迷则不能至于其所欲至矣。"妄行，就是由着性子乱闯，有欲望而无目标，有冲动而无论证，有热情而无理性。胡乱摸索的结果，或许也有走对的时候，但失足跌下万丈悬崖的概率恐怕更高些吧？

最后需要说明，韩非的思想核心是建立一言堂的君主专制制度，他讲述这个故事的主旨，更多的是指向季康子的专权堵塞了哀公听到不同声音的通道。

3. 韩非的大葫芦

原文

齐有居士田仲者，① 宋人屈谷见之，曰："谷闻先生之义，不恃仰人而食。② 今谷有巨瓠，③ 坚如石，厚而无窍，④ 献之。"仲曰："夫瓠所贵者，谓其可以盛也。⑤ 今厚而无窍，则不可以盛物；坚如石，则不可以剖而以斟。吾无以瓠为也。"⑥曰："然，谷将弃之。"今田仲不恃仰人而食，亦无益人之国，⑦亦坚瓠之类也。⑧（《韩非子·外储说左上》）

注释

①居士：隐居不做官的人。田仲：清人卢文弨《群书拾补》认为即《孟子·滕文公下》讲到的陈仲子，是齐国的世家。陈仲子离家避世，自己制鞋，妻子搓麻线，自食其力。②恃（shì）：依靠。仰：凭借。③巨瓠（hù）：巨大的葫芦。④窍：孔洞。无窍：是说葫芦实心，中间没有虚空之处。⑤谓：通"为"。盛（chéng）：盛放。⑥无以瓠为：没有能用这瓠来做的事情，也就是这个大葫芦没有任何用处。⑦益：利益，益处。⑧类：同类。

译文

齐国有一位隐士田仲，宋国人屈谷前往拜访他，说："我听说先生的主张，不依靠别人吃饭。现在我有一个大葫芦，坚硬得像石头，外壳非常厚，壳内没有空隙。我把它献给您。"田仲说："葫芦可贵的地方，是因为它可以用来盛东西。如今你的大葫芦外壳太厚，中间全无空隙，那就不能用来盛东西；坚硬得像石头一样，那么就不能剖开做成瓢用来舀水。我拿这葫芦没什么用处。"屈谷说："你说的对，我将丢掉它。"如今田仲不依靠别人吃饭，也就对别人的国家没有一点儿益处，那也是跟坚硬的葫芦一类的东西。

解说

庄子面对巨大的葫芦,想到的是事物的无用之用,是突破常规思维。而韩非则借用大葫芦来说明任何事物、任何人,如果没有实际的用途,就必然遭到抛弃。他强调人的社会属性而忽略人的个体价值,认为每个人存在的唯一意义就是对君主有用;倘若有人避世隐居,那是表明跟君主不合作的态度,是自绝于君主和社会;既然不为君主做事,就成为没有用处的人,就应当"弃之"。因此,个人没有逃避社会的自由,生为君之奴,死为君之鬼,只有老老实实地为君主尽自己的责任和义务,才可获得存在的价值和机会。

韩非充分吸收了商鞅的观点,主张通过严密的法网将整个国家置于君主的掌控之下,每个臣民的言行都要统一于法律的规范。在《说疑》里,韩非列举了历史上各种不同类型的臣民,把许由、务光、伯夷、叔齐等称为"不令之民",说他们的共同特点是"上见利不喜,下临难不恐,或与之天下而不取,有萃辱之名,则不乐食谷之利"(遇到利益而不欢喜,遇到灾难而不畏惧,有的甚至把天下让给他都不肯接受,有的到了穷困潦倒的地步也不肯做官享福)。这些人能够不受利益的诱惑,那么君主的厚赏对他们来说就失去了效力;能够不把任何祸难放在眼里,那么君主的严刑重罚就无法对他们构成威慑,这样就从根本上颠覆了商鞅、韩非设计的统治体系,即以趋利避害的人性为前提,以赏罚为基本手段,达到彻底控制民众的目的。如何对付这些人呢?韩非当时没想到还有思想改造的手段,他能够想到的唯一招数就是从肉体上消灭他们了。

4. 纣王的象牙筷子

原文

纣为象箸而箕子怖,①以为象箸必不盛羹于土铏,②则必犀玉之杯;③玉杯象箸必不盛菽藿,④则必旄象豹胎;⑤旄象豹胎必不衣短褐而舍茅茨之下,⑥则必锦衣九重、高台广室也。⑦称此以求,⑧则天下不足矣。圣人见微以知萌,⑨见端以知末,⑩故见象箸而怖,知天下不足也。(《韩非子·说林上》)

注释

①纣(zhòu):商朝最后一个王,因暴虐无道而被周武王攻灭。象箸(zhù):用象牙做的筷子。箕子:纣王的叔父,封在箕(在今山西榆社县),子爵,故称箕子。怖:恐惧。②盛(chéng):把东西放置在器皿里。羹:煮后带汤吃的肉或菜。土铏(xíng):用泥土烧制的用来盛羹的器皿。③犀玉之杯:用犀牛的角和玉石制成的杯子。按:古代的杯类似于今天的浅碗,可用来饮酒,也可用以盛羹。④菽(shū):豆类的总称。藿(huò):豆叶。⑤旄(máo):牦牛。豹胎:豹子未出生的胎儿。⑥衣(yì):穿。短褐(hè):粗布短衣。舍(shè):居住。茅茨(cí):用茅草盖的屋顶。按:住在茅草屋里,穿粗布衣服,用土陶杯盘吃煮熟的豆子和豆叶,大概是生产力水平低下的原因,也可能是崇尚俭朴的观念制约;当然,从考古发掘的成果

来看，这两个原因都不能成立，所以更可能的原因是在此之前商王朝的宫廷生活尚在正常的范围之内，作者只是为了加强对比效果，有意使用了土铏、菽藿、短褐、茅茨这样的语汇。⑦锦衣九重（chóng）：指内外多层的锦绣衣服。高台：高大的台基。按：古代的宫殿建筑一般都建造在夯土台基上。广室：宽广的房间。⑧称（chèn）：随，按照。⑨萌：植物的芽。比喻开始发生的事物或征兆。清代学者顾广圻《韩非子识误》认为当作"明"。⑩端：开始。末：事情的结局。

译文

商纣王制作象牙筷子，箕子感到忧惧。他认为，既然用象牙筷子，就不会把汤菜盛在用泥土烧制的器皿里，那就一定要用犀牛角和玉石制成的杯子；既然是犀牛角和玉石制成的杯子，就一定不会用来盛用豆子和豆叶煮成的羹，那么就一定要盛用牦牛、大象和豹胎做的珍贵肉食。既然吃用牦牛、大象和豹胎做的美食，就一定不会穿着粗布短衣住在茅草屋里，那么就一定会穿着内外多层的锦绣衣服，住在建造于高大台基上的宽广房间里。按照这样的标准追求下去，那么普天下所有的东西都无法满足他了。圣人看到微小的苗头，就可以知道发展到显著程度的样子；看到事情的开始，就能了解将来的结局。所以箕子看到象牙筷子就感到忧惧，因为他知道整个天下都将无法满足纣王了。

解说

这则故事的主题可以归结为见微知著。能够"见微以知萌，见端以知末",并非有何神奇的道术,而是根据常识进行正确推理的结果。由纣王使用象牙筷子,一步一步推论出将来整个天下都无法满足纣王的欲求,是因为箕子深知人性的贪婪是永无止境的。当纣王开始追求奢华的生活,那么其欲望将持续受到刺激而疯狂膨胀;而上有所好,下必甚焉,纣王豪奢的生活方式将促使全社会的风气趋向奢靡,带动政治腐败,造成人心涣散,最终王朝必将走向覆亡。

《史记·殷本纪》记载:"帝纣资辨捷疾,闻见甚敏;材力过人,手格猛兽;知足以距谏,言足以饰非;矜人臣以能,高天下以声,以为皆出己之下。"可见他智商极高,勇力过人,浑然不把天下人放在眼里,而这样的人得享大位,权力完全不受制约,于是欲望也就无限扩张,这是符合逻辑的过程。韩非在《亡征》里从政治、经济、文化、思想、军事、外交等方面总结了一个王朝可能灭亡的四十七种表现,其中第四条是:"好宫室台榭陂池,事车服器玩,好罢露百姓,煎靡货财者,可亡也。"大意是说,喜好修建宫室、台榭、池沼,热衷于车马、服饰、器具、珍玩,总是为了满足自己的贪欲而置百姓于疲惫困顿,拼命榨取社会财富并挥霍无度,这样的国家,可能被灭亡。从历史的经验教训看,韩非的判断是正确的。当君王自以为英明神武,高度自信导致考虑问题失去准则,于是各种文治武功、奢侈享受将极大地消耗掉社会财富,导致政治腐败,社会动荡,百姓困苦不堪。韩非指出,"然木虽蠹,无疾风不折;墙虽隙,无大雨不坏。"一个王朝的覆亡有内因有外因,统治者自身的原因是国破身亡的内在原因。在内部腐朽混乱的形势下,一旦有外力侵入,则"可亡"便转为"必亡"。当"武王将素甲三千"

攻伐纣王统率的"天下甲兵百万"时,"战一日,而破纣之国,禽其身,据其地而有其民,天下莫伤。"天下百姓又怎会为这样一个穷奢极欲的君主的死而伤心呢?

5. 无处可逃

原文

庆封为乱于齐而欲走越。①其族人曰:"晋近,奚不之晋?"②庆封曰:"越远,利以避难。"族人曰:"变是心也,③居晋而可;不变是心也,虽远越,其可以安乎?"④(《韩非子·说林上》)

注释

①庆封:春秋时齐国的大夫,字子家。与崔杼弑齐庄公,立景公。后庆封攻灭崔氏,独揽朝政,荒淫骄纵,齐国政局混乱。庆封的儿子庆舍被侍卫杀死,庆氏同党尽被剿灭。庆封攻讨不成功,徒属逃散,无奈逃往鲁国,又逃往吴国。走:逃奔。②奚:为什么。之:前往。③是心:那种想法,指作乱的念头。④其:表示反问的语气副词。

译文

庆封把齐国政局搞得混乱不堪,(最终惹祸上身只好出逃,)想奔赴越国。他的族人说:"晋国很近,为什么不到晋国去呢?"

庆封说:"越国路途遥远,有利于用来避难。"族人说:"若是改变了原来的那种心思,住到晋国就可以了;若是不改变那样的心思,即便住到遥远的越国,难道就可以安全了吗?"

解说

庆封是春秋时期的政治强人。当年他跟崔杼联手杀掉齐庄公而拥立景公后,崔杼为右相,庆封为左相,他俩担心人心不服,就跟国人共立盟约:"不与崔、庆者死!"公然用死刑来胁迫国人拥护自己。但是不到一年,崔杼的儿子为争权而内讧,庆封趁机挑动其家族内部自相残杀,又以帮助崔杼的名义把崔家屠戮殆尽,崔杼眼见家破人亡,自己也便自杀了。从此庆封专权。不过两年,庆封家族又起内乱。于是庆封只好流亡国外。到吴国后,吴王给庆封优厚的物质待遇。七年后,楚国伐吴,庆封全族惨遭诛戮。当初族人说:"不变是心也,虽远越,其可以安乎?"不幸言中。此"是心",便是为争权夺利而无所顾忌、为达目的无所不用其极的思维模式;这是政治人物的思维陷阱,而且通常会内化为一种性格和品行。纵观历史,鲜有能真正超越这一陷阱者。

由于大臣专权,造成齐国政局动荡,在很短的历史时期内,各种政治人物如同走马灯一般你方唱罢我登场。但是大幕落下后,舞台尸横遍地,一片狼藉,那些曾经风云一时的强人无不灰飞烟灭。历史总在以惊人的相似不断重复,齐国政坛的这段历史在不同的王朝反复上演着。只是当事者往往陷溺于特定的剧情或无法自拔或不能自省。可见权力的诱惑之大,竟使人如飞蛾扑火一般前赴后继,这是何等壮烈啊!

6. 名义问题

原文

温人之周,①周不纳客,②问之曰:"客耶?"③对曰:"主人。"问其巷人而不知也。④吏因囚之。⑤君使人问之曰:"子非周人也,而自谓非客,何也?"对曰:"臣少也诵《诗》曰:⑥'普天之下,莫非王土;率土之滨,⑦莫非王臣。'今君,天子,则我天子之臣也。岂有为人之臣而又为之客哉?故曰:'主人也。'"君使出之。⑧(《韩非子·说林上》)

注释

①温:在今河南温县。原是魏国的属邑,战国后期割让给秦国。周:这里指周王室所在的洛邑。②纳:接纳,使进入。客:客人,指非本地居民而来访的人。③耶:相当于"吧",表示不确定的探询语气。④巷人:住在同一条街巷里的人。守城的官兵问温人所说的那条街巷的人,以此验证他所言的真伪。⑤囚:囚禁。⑥臣:当时官吏和平民对君主都自称"臣"。少(shào):年幼,年轻。⑦率(shuài):循,沿着。率土之滨:沿着土地的边缘以内。⑧出:使出,释放。

译文

有一个温邑的人去周王室所在的洛邑,当时周王室规定除洛邑居民之外，外来的客人一概不许入城。守城的官兵问温邑人："你是客人吧？"温邑人回答："我是主人。"问起他住在同一条街巷里的人，他却一概不认识。官兵于是就把他拘留起来。周天子听说了这件事，就派人去问温邑人，说："你不是洛邑人，却自己声称不是客人，这是为什么呢？"温邑人回答说："我小时候读《诗经》，其中说到：'普天之下，没有不是天子的土地；四海之内，没有不是天子的臣民。'如今您是天子，那么我就是天子的臣民。哪有做臣民而又做客人的道理呢？所以说，我是主人。"周天子就让官兵把他释放了。

解说

周王朝占领天下后，可谓"普天之下，莫非王土；率土之滨，莫非王臣"。后来诸侯壮大，割据称王，周王室实际能够控制的土地和人口越来越萎缩，到了战国时期，名为天下共主的周王室形同一个弱小的诸侯国。这则故事里周王室拒绝外来人口入城的具体原因不得而知，总之是给人闭关锁国的虚弱感觉。温邑人用周王室曾经的宣言，指出周天子既然是天下共主，那么无论哪个地方的人都是天子的臣民，不应该把非洛邑人当成外来客。周天子听了这话，大概也会怦然心动：自己落魄如此，居然还有人拿自己当天子看！于是赶紧让手下人释放温邑人。

韩非借鉴名家的思想，在名实关系方面作了深入研究，并全面运用到政治领域。他对当时"有主名而无实"的情形作了全方位的分析。比如他说："齐，万乘也，而名实不称，上空虚于国，内不充满于名实，故臣得夺主。"作为拥有万辆兵车的大国，齐国存在名实不符的问题，齐简公徒有君主之名，而名位和实权都掌握在臣子手中,那么最终齐简公只能落得个被杀的结局。在这则故事里,天子,是一种名义;天子之实是拥有天下土地和人口,能够控制天下诸侯。当周王室失去对诸侯的控制而龟缩于成周,这同样是有名而无实的实例。一个国家名实不符的情形比比皆是,这个国家就走到了危险的边缘。

7. 圣君商汤逼死贤士务光

原文

汤以伐桀,①而恐天下言己为贪也,因乃让天下于务光;②而恐务光之受之也,乃使人说务光曰:③"汤杀君而欲传恶声于子,④故让天下于子。"务光因自投于河。⑤(《韩非子·说林上》)

注释

①以:通"已",已经。②务光:传说中夏朝和商朝之际一位隐居的高士。③说(shuì):劝说。④传(chuán):传递,转移。恶声:指弑君的坏名声。⑤河:黄河。

译文

商汤伐灭夏桀以后,恐怕天下人说自己贪婪,因而提出把天下让给务光;可又担心务光真的接受,就派人对务光说:"汤杀了自己的君主,想把这个坏名声转嫁给你,所以把天下让给你。"务光于是就跳进黄河自杀了。

解说

商汤伐灭夏桀,在历史上是有道伐无道、正义战胜邪恶的典型事例。儒家经典如《诗经》《左传》等为商汤大唱赞歌,形成尧、舜、禹、汤、文、武的古代圣君序列;但是从儒家学派鼓吹的君臣之间的道德伦理准则来说,商汤诛灭夏桀,显然属于下抗上、臣弑君的行为。孟子为此在多个场合为商汤作过辩解。有一次齐宣王问孟子:"商汤放逐夏桀、周武王攻打商纣王,有这样的事吧?"孟子说:"史书上是这样记载的。"宣王说:"这都是臣子杀君主呀,你认为可以吗?"孟子言辞激切地说:"残害仁爱的行为叫做贼,毁坏道义的行为叫做残,这两种行为都做的人叫独夫。我听说诛杀了独夫商纣,没听到过弑君的说法。"统治者暴虐无道而被诛灭,这自然是合乎道义的。只是孟子的辩解并没有消除儒家学派在思想体系内部的相互矛盾之处。

韩非在这个问题上倒是一以贯之,坚决反对任何以下犯上的行为,认为应当从思想观念和舆论上彻底否定对此类历史事件和历史人物的肯定和颂扬。他说:舜、禹、汤、武这四位,都是臣子弑其君主的人物,可天下称誉他们。其实观察这四王的内心,都不过是贪婪之辈;衡量他们的行为,都是犯上作乱。只不过这四王心机颇深,作了大量的安排和宣传,让人对历史事实如雾里看花,完全按照他们设定的逻辑去演绎。比如这则故事里,商汤既做下了讨伐夏桀之举,又不想背上杀君的恶名,于是假装让贤以表明自己伐桀并非出于私利,然后又作局让务光不敢接受天子的宝座。由此可以看出对于历史事件的评价,如果站在不同的角度、用不同的价值观衡量,就会得出不同甚至相反的结论。

但是，在这个故事中，我们看到商汤对滔滔舆情的深深畏惧，这在本质上是对民心的畏惧，也是对历史的畏惧。务光在故事中似乎是商汤阴谋的牺牲品，但身为隐居高士，他不可能接受商汤的天下，因而也就不会惧怕莫须有的恶名。只是商汤的丑陋表演实在让他感受到来自权力的羞辱，为此不惜以死明志。在世俗眼里，权力是人间至高无上的东西，它不仅可以带来财富和名声，更可以带来任性逞欲的快感；而在隐居高士看来，权力带给人的是危险和不自由，是人性的异化。

8. 自见之谓明

原文

楚庄王欲伐越，①杜子谏曰：②"王之伐越，何也？"曰："政乱兵弱。"杜子曰："臣愚患之。③智如目也，能见百步之外而不能自见其睫。④王之兵自败于秦、晋，⑤丧地数百里，此兵之弱也；庄蹻为盗于境内而吏不能禁，⑥此政之乱也。王之弱乱，非越之下也，⑦而欲伐越，此智之如目也。"王乃止。故知之难，不在见人，在自见。故曰："自见之谓明。"（《韩非子·喻老》）

注释

①楚庄王：名侣，春秋时楚国君主，春秋五霸之一。按：楚庄王的时代跟下文人物和事件均不吻合，清人顾广圻《韩非子识误》说《荀子》杨倞注所引此文无"庄"字，并推断此楚

王可能是楚威王。越：春秋时国名，都会稽（今绍兴），范围包括今浙江省大部和江苏、江西省部分地区。②杜子：人名。顾广圻根据《荀子》杨倞注所引此文，认为"杜"是"庄"的讹误。又《太平御览》卷三百六十六引此文"杜"也作"庄"。③患：忧虑，担心。④睫（jié）：睫毛。⑤败于秦、晋：被秦国和晋国打败。按：史书未见相关记载。⑥庄蹻（xī）蹻（jué）：人名，有的版本作"庄蹻"。《荀子·议兵篇》："庄蹻起，楚分而为三四。"梁启雄《荀子简注》："蹻初为盗，后为楚将。"《史记·礼书》司马贞索隐："庄蹻，楚将，言其起为乱后楚遂分为四。"庄蹻为乱楚国之事也不见于史书。《史记·西南夷列传》记载楚威王派庄蹻率兵攻打西南夷，后庄蹻在滇自立为王。又说庄蹻是楚庄王的后裔。⑦非越之下：不在越国之下，也就是情况不比越国更好。

译文

楚庄王打算攻打越国。杜子劝谏说："大王打算攻打越国，是因为什么呢？"庄王说："越国政局混乱，兵力疲弱。"杜子说："我内心很是为此事担心。人的智慧就像人的眼力一样，能看到百步以外的东西，却看不见自己的睫毛。大王的军队被秦国和晋国打败，结果楚国丧失了数百里的土地，由此可见楚国军事力量的疲弱。庄蹻蹻带领盗匪在国内杀人越货，官吏没有能力禁止，这可看出楚国政治的混乱。大王您兵力疲弱、政治混乱，其程度都不在越国之下，却想要攻打越国，这不正是人的智慧像眼力一样，能看到远处却看不见眼前的事物吗？"庄王（听了这番话，）就打消了攻打越国的念头。所以说，了解事物的困难，并不在看清别人，而在于能看清楚自己。所以《老子》说："能看清自己就叫做明智。"

解说

《老子》第三十三章原文说："知人者智，自知者明。"了解、认识清楚别人，这是有智慧的表现；而能真正了解、认识清楚自己，那是"明"，是真正的明白人，自然也是有智慧的人。韩非举杜子劝谏楚庄王伐越的故事说明这个道理。杜子，清代学者顾广圻、王先慎等认为应该是庄子之误，庄子也就是那位漆园吏庄周。他取喻于日常经验，说人的眼力可以看到很远地方的事物，却看不见自己的眼睫毛，可见人在认识上的一个习惯性误区：人们经常会注意到别人的毛病和缺点，而忽视自身存在的问题。对为政者而言同样会存在这样的思维误区，对别国的问题用放大镜做到洞若观火、明察秋毫。殊不知，为政的核心和主旨是使本国政治清明，社会稳定，经济繁荣，百姓安居乐业。这正是孟子到处宣讲的仁政，因此，孟子特别强调："民为贵，社稷次之，君为轻。"做不到上述的为政效果，孟子以为，君主也罢，甚至社稷也罢，都该"变置"。

文中"知"和"智"都出现了，这两个字原本就是一个字，即"知"。"知"是人通过各种感觉器官以及自己的生活经历对外部世界的了解和认识，自然也包括通过学习和推理等掌握的知识和道理，大体上还是以经验的积累为基本途径。当这种经验的积累达到一定程度，便是智者了。《淮南子·道应训》说："知可否者，智也。"讲的就是建立在丰富经验上的判断力便是智。俗话说："吃一堑，长一智。"摔跟头的教训同样可使人变聪明。年长者喜欢说:"我走的路比你过的桥还多。""我吃过的盐比你吃过的饭还多。"这都不是摆老资格,而是自以为知道得多便有智。从"知"引申出"智"的意思以后,为了区别这两个意思,后来才把"智慧"的意思写作"智"。

9. 厉怜王①

原文

楚王子围将聘于郑,②未出境,闻王病而反,③因入问病,④以其冠缨绞王而杀之,⑤遂自立也。(《韩非子·奸劫弑臣》)

注释

①厉:通"癞",麻风病。此指麻风病患者。②王子围:是楚共王的次子,楚康王之弟。康王死后,其子员继位,即郏敖,当时王子围任令尹。聘:诸侯派大夫到别的诸侯国进行外事访问。聘于郑:前往郑国出使。③反:返回。后来写作"返"。④问:问候,探视。⑤冠缨:冠带。系在下巴下,使冠固定在头上(见图示)。绞:(用绳子等)勒。

毋追冠

译文

楚国的王子围将要前往郑国访问,还没有出楚国的边境,听说楚王生病,便赶回都城,趁机进宫探视楚王的病情,用自己的冠带把楚王勒死了,然后自立为王。

解说

韩非引用当时的谚语"厉怜王",然后用历史上和现实中的实例进行解读。楚王郏敖被自己的亲叔叔用冠带勒死,这不算太残酷。威名赫赫的赵武灵王被大臣围困在沙丘宫大约一百天,最后活活饿死;身为春秋五霸之首的齐桓公结局同样悲惨,被作乱的臣子围困在寝宫,饥渴交加,死在床上,三个月没人敛尸,尸体腐烂,尸虫都爬到了门外。到了战国时代,齐国当权的相国卓齿把那位喜欢听竽的齐湣王的筋抽掉,然后吊在屋梁上,可怜的湣王受尽折磨,过了一夜才痛苦地死去。麻风病患者因其病传染性强且极难治愈,被整个社会抛弃,而且要忍受巨大的病痛摧残;但是他们对君王的命运抱以怜悯、同情之心,其中的意味实在令人感慨。

在专制体制下,游戏者们信奉的是成王败寇的政治哲学,整个官场便如原始丛林,胜利者不可一世,睥睨群生;失败者俯首称臣,山呼万岁,甚至沦为阶下囚、刀下鬼。尤其是权力的交接,更是充满血腥的过程。韩非在当时的历史条件下,认真探讨了究竟哪些因素导致君主的命运竟然比不上麻风病患者。他认为最重要的就是"主上不神",致使臣下"有因",即君主的性格特点和思想轨迹完全被臣下所掌握,从而为臣下利用君主实现个人私欲提供了依据。无论品性、才学还是智慧，君主不一定超过臣下；君主只是靠地位和权势使既贤且智的臣下为自己效劳，所以必须抓住一个要点，就是用一层神秘的面纱将自己笼罩起来，由神秘而生威严，以此来威吓臣下和民众。君主越是神秘莫测，臣下就越战战兢兢。君主能充分运用赏罚手段，对臣下恩威并施，做到"行制也天，其用人也鬼"，就不会发生劫杀君主的悲剧了。

10. 心里有事

原文

公子纠将为乱，①桓公使使者视之，使者报曰：②"笑不乐，③视不见，④必为乱。"乃使鲁人杀之。（《韩非子·说林下》）

注释

①公子纠：春秋时齐桓公的庶兄，与桓公争夺君位失败，桓公要求鲁国杀掉当时寄居在鲁国的公子纠。为乱：作乱。大概指公子纠争夺君位失败并不死心，在鲁国积蓄力量要东山再起。②报：汇报。③乐：愉快，快乐。④视：看。见：看见。

译文

公子纠在鲁国筹划着要作乱，齐桓公派使者前往探视他。使者回国向桓公汇报说："公子纠笑的时候并不是内心快乐，看东西时眼神茫茫然看不清楚。他一定会作乱。"桓公于是让鲁国人杀掉了公子纠。

解说

当年齐襄公昏庸无道，齐国政局大乱，于是公子纠由管仲和召忽辅佐逃到鲁国，公子小白由鲍叔牙辅佐逃到莒国。后来襄公被公孙无知所杀，而公孙无知本人又被雍林人所杀，公子小白先回齐国做了君主，这就是齐桓公。鲁国派兵送公子纠回国而被桓公击败。按照这里的描述，在让鲁国杀公子纠之前，桓公曾先派人探察公子纠的情况，看他是否仍有争夺君位的企图。结果公子纠表现得很幼稚，"笑不乐"说明心中有鬼，"视不见"则说明心中有事。桓公的使者据此判断公子纠一定会作乱，桓公这才下决心要求鲁国人杀掉公子纠。

韩非强调，一个成熟的政治家，应该善于"掩其情""匿其端"，即把自己的内心活动严密地掩藏起来，面沉如水，在任何场合、任何情况下都做到不露声色。"明主之言隔塞而不通，周密而不见。"英明的君主跟人谈话，需要极其隐秘，不可泄漏；若有所举措则要特别周密，不能使人有机会窥探出丝毫端倪。韩非曾经引用申子的一段话阐述君主的真实处境："上明见，人备之；其不明见，人惑之。其知见，人饰之；不知见，人匿之。其无欲见，人司之；其有欲见，人饵之。故曰：吾无从知之，惟无为可以规之。"大意是说，在上位者，若显露出明察，下属就将加意防备他；若表现出糊涂愚昧，别人就将迷惑算计他；若显示出有智慧，人们将美化他；若表现出没有智慧，人们将隐瞒、欺骗他；若表现得没有嗜欲，人们会窥伺他；若显示出自己的嗜欲，属下就会想方设法引诱他。所以说，我没有办法知道下属的种种巧诈，只有清静无为可以避免他们的揣摩。可见，官场人物往往既有层层包裹内心世界的能力，同时也是心理分析的大师。公子纠与弟弟争夺君位，可内心活动竟然在脸色神情上暴露无遗，可以说连基本的从政技巧都不具备，自然无法避免身死异国的下场了。

11. 娴静如处女的为政者

原文

宓子贱治单父。① 有若见之，② 曰："子何臞也？"宓子曰："君不知贱不肖，③ 使治单父；官事急，④ 心忧之，故臞也。"有若曰："昔者舜鼓五弦，歌《南风》之诗而天下治。⑤ 今以单父之细也，⑥ 治之而忧，治天下将奈何乎？故有术而御之，⑦ 身坐于庙堂之上，⑧ 有处女子之色，⑨ 无害于治；⑩ 无术而御之，身虽瘁臞，⑪ 犹未有益。"⑫ (《韩非子·外储说左上》)

注释

①宓子贱：名不齐，字子贱，孔子弟子。"宓"作姓音 fú，又作"虑"。单（shàn）父：春秋时鲁国城邑，在今山东省单县。②有若：字子有，孔子弟子。臞（qú）：瘦。③贱：宓子贱自称。按：宓子对有若应当自称名"不齐"。不肖：指才能低下。④急：紧迫。指官事繁重复杂而使人着急焦虑。⑤鼓：弹

奏。《礼记·乐记》："昔者舜作五弦之琴，以歌《南风》。"《南风》：古代诗歌篇名。《孔子家语·辩乐解》："昔者舜弹五弦之琴，造《南风》之诗。其诗曰：南风之薰兮，可以解吾民之愠兮；南风之时兮，可以阜吾民之财兮。"⑥细：小。⑦术：方法。御：治理。⑧庙堂：本指宗庙的殿堂，因古代在宗庙里商议国事，又引申指朝廷。⑨处女子：未出嫁的少女。⑩害：妨害。⑪瘁（cuì）：劳累。⑫益：利益，好处。

译文

宓子贱担任单父的地方长官。有若前去看他，说："您怎么消瘦了？"宓子说："国君不了解我的才能低下，派我治理单父；官府的事务繁重紧迫，心里时时为此忧虑，所以就消瘦了。"有若说："从前舜弹着五弦琴，唱着《南风》诗，天下就治理好了。如今单父这样小的地方，你治理起来还忧虑不堪；要是治理天下，又将怎么办呢？所以治理国家如果方法得当，自己坐在朝廷上，仪容安适娴静像没出嫁的少女一样，也不会影响到国家的治理；要是治理国家不得要领，即便自己伤神劳力、憔悴消瘦，也还是没什么用处。"

解说

《史记》记载，子贱任单父的行政长官时，曾去向孔子汇报，说："单父有五个人比我贤能，他们教导我治理的方法。"孔子听了以后很感慨，说："可惜了，不齐同学治理的地方太小了，要是治理更大的地方才能真正发挥他的才干。"孔子还曾称赞"子贱君子哉"，可见在孔子的心目中，宓子贱善于虚心向贤能的人学习，确有从政的能力。由本篇也可以看出，宓子贱责任心很强，勤政爱民。这是儒家人物对于从政的基本理念。韩非不赞同这样的理念，他借有若之口批评了宓子贱，认为从政的关键在于"有术"，而不在于勤政。所谓"有术"，简单地说，就是"信赏以尽能，必罚以禁邪"，用赏罚的权力调动手下人的积极性，各方面的事情就都可以做好了。如果事必躬亲，陷入具体事务当中，一则官员有职无事，因而扯皮捣乱；二则在上位者劳于事务而无暇关注官员的作为，官员便可借机欺上侵下，朋党渔利，甚至觊觎君位，企图取而代之；三则在上位者劳累疲惫，可事情不一定能做好。

韩非曾打过一个比方，国家好比一辆车子，而权势是拉车的马；君主的使命就是用正确的方法控制好马来驾驭车子，而不能自己跑去推车子，这样君主就可以安逸地坐在车子上。用韩非的话说："无术以御之，身虽劳，犹不免乱；有术以御之，身处佚乐之地，又致帝王之功也。"他讲了一个故事来说明这个道理：有一天，精于驾驭马车的造父正在田里劳作，一对驾车经过附近的父子遇到了麻烦，马受了惊死活不肯往前走。于是儿子跑到前面吆喝着拼命拉马，父亲也在车后使劲推，还招呼造父帮忙一起推。造父不慌不忙地收拾好农具，放到车上，然后拉起马缰，举起马鞭，驾车的马就一起发力奔跑起来。韩非评论说，造父能够不费气力，还搭了便车，还让父子二人感念他的恩德，就是因为他懂得驾车的方法。宓子贱不正像那辛辛苦苦推车的老汉吗？

12. 子产听声破案

原文

郑子产晨出，过东匠之闾，①闻妇人之哭，②抚其御之手而听之。③有间，遣吏执而问之，④则手绞其夫者也。⑤异日，其御问曰："夫子何以知之？"子产曰："其声惧。凡人于其亲爱也，始病而忧，临死而惧，已死而哀。今哭已死，不哀而惧，是以知其有奸也。"（《韩非子·难三》）

注释

①子产：春秋时郑国人，姬姓，公孙氏，名侨，字子产。出身郑国贵族，相郑简公、郑定公二十余年，有政绩。东匠：大概是郑国都城新郑一个里巷的名称。也有人认为就是子产居住的东里之误。当时各国多以二十五户居民编为一里。闾（lǘ）：里巷的大门。②哭：指为死去的人放声哭号以示悲痛。③抚：按。御：驾车的人。④执：抓捕犯人。⑤绞：用绳带勒。

译文

有一天清晨，郑国的执政大夫子产外出，经过东匠的里门，听到有妇人在哭，便按住车夫的手示意他停车，然后仔细听那哭的声音。听了一会儿，子产就派官吏把那妇人抓来审问，结果，这妇人是个亲手勒死丈夫的凶手。过了几天，车夫问子产说:"您怎么知道那妇人是凶手呢?"子产说:"因为她的哭声带着恐惧。一般来说,人们对于跟自己关系亲密的人,在他刚生病的时候会非常忧虑,在他临死时,内心是恐惧的,而亲人咽气后就会哀痛。当时那妇人是在哭已经咽气的丈夫,可哭声里没有哀痛,却带了恐惧,因此我就断定其中一定有奸恶。"

解说

子产是古代名臣,富有智慧,廉洁奉公。孔子对他非常佩服,评论他具备君子的四种品质:"其行己也恭,其事上也敬,其养民也惠,其使民也义。"(《论语·公冶长》)这则故事正表现了子产的精明能干,特别是对世情人心的敏锐的洞察力,因此凭着听辨妇人的哭声,就侦破了一起谋杀亲夫的血案。

不过,韩非由这则故事得出的结论,却并非对子产政治才干的肯定和褒扬;恰恰相反,他认为此事反映出子产政治上的无能。作为一国权相,子产应当做的是申明法度,任用称职的官吏,然后实施权术督察官吏尽职尽责,从而杜绝各种奸恶行为的发生,治理好国家。如果采用这样的执政思想,子产完全没有机会施展自己的智虑。《老子》第六十五章说道:"以智治国,国之贼;不以智治国,国之福。"意思是说,凭借个人的才智来治理国家,是国家的灾祸;不凭借个人的才智治理国家,才是国家之福。不凭借个人的才智,凭借完备合理的制度建设,自是国家之福。

13. 难得糊涂

原文

纣为长夜之饮,欢以失日,①问其左右,尽不知也。乃使人问箕子。②箕子谓其徒曰:③"为天下主而一国皆失日,④天下其危矣。⑤一国皆不知而我独知之,⑥吾其危矣。"辞以醉而不知。⑦(《韩非子·说林上》)

注释

①失日:不知时日,即不知何月何日。②箕子:商纣王的叔父,多次劝谏纣王,纣王不听。③徒:身边侍从的人。④国:指国都。⑤其:表示推测语气的副词。⑥独:唯独,独自。⑦辞:推辞。

译文

商纣王没白没黑地饮酒作乐,欢乐得连时日都搞不清了,就问他身边的人,结果全都不知道。于是纣王派人去问箕子。箕子对他的侍从说:"做天下的主子,全都城的人都搞不清时日,天下恐怕就危险了。整个都城的人都不知道时日,我独自知道,那我恐怕就危险了。"因此箕子也推辞说喝醉了酒不知道时日。

解说

自古以来,说起商纣王,人人都知道他是个无道暴君。这则故事讲到纣王不理朝政,跟身边的人一起夜以继日地饮酒作乐,竟不知今夕何夕!大概纣王手下的人也出外打探过,所以下文箕子说"一国皆不知",可能当时人们都在及时行乐的狂欢中迷失了?可能人们在暴政之下无法对未来有任何预期,因而时日已不重要,都抱了得过且过的心态?或许这两者都有吧?

但是还有一位清醒者箕子,箕子却不敢言。他深知:作为向天下颁行历法的朝廷,居然自上而下"失日",这王朝走向灭亡已成无可挽回的大势;在王朝分崩离析之前,他若表现出"举世皆浊我独清,众人皆醉我独醒"的姿态,自己将首先陷入危险的境地。于是他明智地采取和光同尘的策略以保全自身。箕子的恐惧感也是当时全社会的普遍心态,暴政之下,人人皆怀危惧之心,时时都有触雷风险,上下不相亲,官民不相信。好在那时老百姓还有条件可以"逃其上",遁入深山老林或去周文王统治的区域;而身为王族的箕子却没有其他的选择,只能装聋作哑以明哲保身。可是装醉并不容易,后人说"难得糊涂",天下大势已到纤毫毕现了,还要佯装浑然不觉,内心的痛苦和挣扎可想而知。然而不可言、不敢言,他又能如何呢?

十五、跟韩非读《老子》

1. 上德不德

原文

德者,内也。得者,①外也。"上德不德",言其神不淫于外也。②神不淫于外,则身全。身全之谓德。德者,得身也。凡德者,以无为集,以无欲成,③以不思安,以不用固。为之欲之,则德无舍;④德无舍,则不全。用之思之,则不固;不固,则无功;无功,则生于德。⑤德则无德,⑥不德则在有德。⑦故曰:"上德不德,是以有德。"(《韩非子·解老》)

注释

①得:获得。凡一切外物都是"得",都不是自身本有的,而是外源性的,一个动词"得"概括的内涵极丰富。②神:心神,精神。淫:沉溺,滞留。③集:聚集。成:完成。④舍(shè):止息之处,归宿。⑤则生于德:这里"德"通"得",指外在的获得。"生于德"是说由于外在的获得而导致(无功)。⑥德则无德:前一个"德"通"得",指外在的获得。⑦不德则在有德:前一个"德"通"得",指外在的获得。

译文

德行,是内在的;而一切获得,都只是外在的。《老子》第38章说"上德不德",说的是德性最高的人,其精神不游移于外；精神不游移于外，身心就可保持完整。身心保持完整就叫做人的德性。人的德性就是获得完整的身心。德性这种东西，凭借着无为来积聚，凭借着无欲来成就，凭借着不思虑来得到安定，凭借着不使用来得到巩固。如果有为、有欲，德性就失去了归宿，德性失去了归宿而漂游在外，就不能保全；使用德、思虑德，就必然使德不能安固于自身，德不能安固，也就不能发挥其功效。德性失去功效是由于使用德、思虑德而产生的结果。外在有所获得便将失去内在的德性；不去获得什么，那就自然处于有德的状态。所以《老子》说："德性最高的人不会向外求取，所以他能保持自身的德性。"

解说

司马迁写《史记》，把老子与韩非合为一传，明确说韩非"喜刑名法术之学，而其归本于黄老"。意思是说，韩非以老子学说为哲学基础，从老子学说出发，又拿刑名法术之学与老子互相发明，从而建构起他的理论体系。《韩非子》一书有《解老》和《喻老》两篇专门研究老子思想的论文，对《老子》的若干章节进行解释和阐发。如这一篇就是解读今本《老子》第三十八章开头两句"上德不德，是以有德"。按照通行的解释，老子的意思是说：最高的德是不自以为有德，因此真正有德。原文接下来两句是："下德不失德，是以无德。"意思是说，下等的德自以为不失去德，因此没有德。在老子看来，德是一种自然本性，不可有意求取之。

韩非首先将动词用法的"德"（不德）作了不同的理解，认为"德"就是"得"，既指人受贪欲的驱动而去追求获得的行为,又指人得到的一切外物,与人内在的德相对立。如此,老子"上德不德"的意思是强调不要总是拼命向外求取获得,从而使自己的心神总是游荡在外。一个人的心神被外求的贪欲所纠缠,则必然陷入身心疲惫的境况,因而无法保持其健康和完整。由此我们可以了解韩非基本的逻辑思路:外在的得到和内在的德是对立的关系,无法并存;追求外在的得,便将失去内在的德,因为人一旦有贪欲之心,想获得,就会破坏人的本性;相反,如果人能保持内心平和,不着意去获得什么,那就自然处于有德的状态了。把握了韩非的思路,那么他下文的解读就容易理解了。"以无为集",是说人一旦积极追求有所作为,那德性便离自己而去;反之,只有"无为"可以培养和增加自身的德性。"以无欲成",是说有道德的人不耗费精神去追求自身以外的东西,不为自身以外的功名利禄而迷失自己的心志;反之,一个充满欲念的人必将丧失自己的德性。思虑、使用都是一种人为的"得",因而只有"不思""不用"才是德性得以安定、巩固的条件。

《管子·心术上》:"德者,得也;得也者,其谓所得以然也。"《礼记·乐记》:"德者,得也。"《礼记·乡饮酒义》:"德也者,得于身也。"说的都是"德"是人自身的内在属性,不可外求。王弼在为《老子》"上德不德"作注时对"不德"的理解与韩非相同:"德者,得也。"因为"德"的意义比较抽象,古人作解说时经常跟"得"字联系起来。如唐代孔颖达在给《尚书》《左传》等作疏的时候,多次说到"德,谓自得于心","德者,得也,自得于心,美行之大名"等;宋代朱熹作《论语集注》,也用了同样的解释方式:"德之为言得也,得于心而不失也。"在古代文献中,这两个字相互借用的例子也是非常丰富的。

2. 上德无为而无不为

原文

所以贵无为无思为虚者,①谓其意无所制也。②夫无术者,故以无为无思为虚也。③夫故以无为无思为虚者,其意常不忘虚,④是制于为虚也。⑤虚者,谓其意无所制也;⑥今制于为虚,是不虚也。⑦虚者之无为也,不以无为为有常。⑧不以无为为有常则虚,虚则德盛,⑨德盛之谓上德。故曰:"上德无为而无不为也。"⑩(《韩非子·解老》)

注释

①贵:推崇。无思:无所思虑。虚:虚无。《淮南子·原道训》:"是故贵虚者以豪末为宅也。"高诱注:"虚者,情无所念虑也。"②制:束缚,牵制。③夫(fú):那。术:道术,指修习的方法。故:故意,有意。《说文》:"故,使为之也。从攴,古声。"所谓"使为之",即有意识、有目的地做某件事情。④意:意图,想法。《孟子·告子上》:"心之官则思;思则得之,不思则不得也。"思虑所得就是意。⑤是:这,指"其意常不忘虚"的状态。制于为虚:被为虚所束缚。⑥虚者:指真正做到虚无的人。无所制:不受任何束缚。⑦是:这,指"制于

为虚"的状态。⑧有常：指常道，即恒久不变的东西。若把无为作为常道，必然刻意求取并使之常存心中，心中存念无为则不虚。⑨盛（shèng）：兴旺，盛大。⑩无不为：《老子》河上公本、王弼本作"无以为"。

译文

人们之所以推崇通过没有作为、没有思虑而达到虚无的境界，其原因在于在虚无的境界里人的心意可以不受任何束缚。那些不懂得道术的人却有意追求没有作为、没有思虑，以期达到虚无的境界。那些人刻意追求没有作为、没有思虑，以期达到虚无的境界，因而他们的心里念念不忘虚无，这样的情形就是被虚无所束缚了。虚无是说人的心意不受任何束缚，如今心意被追求虚无所束缚，那就不是虚无了。真正做到虚无的人，不把无为作为常道。能做到不把无为作为常道，无为不萦绕于心，那么心自然而虚；真正达到虚无的境界，德性就盛大充实，德性盛大充实就叫做德性最高的人。所以《老子》说："道德最高的人没有作为，又没有不作为。"

解说

《老子》第三十八章"上德无为而无不为也"一句，一般的解说是：上德是无为而又无所不为的。韩非阐发的重点是说明无为乃自然之无为，不可执念于无为，因此他认为"无不为"与"无为"是平行的结构，"为"和"不为"是相互对立的一对概念。此句马王堆帛书《老子》乙本作"上德无为而无以为也"，大意是说，上德是无为，而且无以无为而为。这正与韩非解说的角度相同。

"所以贵无为无思为虚者,谓其意无所制也"一句是总纲。韩非认为,老子用"无为无思"解释"虚"这一范畴,并且特别看重虚,这是因为心不虚则意溢于外,意溢于外就将受到各种外界因素的干扰和制约。只有达到虚无的境界,才能使意念不受外在因素的束缚。但是,虚无本非得于外,灵台清静,自然而虚。如果刻意追求虚无,努力让自己做到无为无思,结果便是被"为虚"所束缚了。韩非解释说,老子的"无不为"是说"不以无为为有常",即从虚无出发,不去刻意求取,自然达到真正的虚无的境界。

《荀子·解蔽》:"人生而有知,知而有志,志也者臧也,然而有所谓虚。不以所已臧害所将受,谓之虚。"荀子说,人们在思维习惯上会用已有的知识和观念排斥或扭曲新的知识和观念,因此,为了避开这种思维的误区,人需要一种澄澈的虚无境界。古人对思维惯性以及由此造成的问题非常警觉和清醒,在这方面实在值得今天的许多人认真学习和借鉴。

3. 上仁为之而无以为

原文

仁者,谓其中心欣然爱人也。① 其喜人之有福,而恶人之有祸也;② 生心之所不能已也,非求其报也。③ 故曰:"上仁为之而无以为也。"④ (《韩非子·解老》)

注释

①中心:内心里。欣然:愉快喜悦的样子。②恶(wù):厌恶。③生:生于,发自。已:止,抑止。报:报答,酬报。④无以为:不用来达到特定目的。这里"以"所强调的是工具性,即"为之"是自然之为,施为者没有把"为之"视为达到某一目的的工具。

译文

仁是指发自内心地喜爱别人。仁人喜欢别人有福,不愿别人有祸。仁人的这些情感完全是由内心自然流露出来的,是自己不能抑制的,不是为了求得任何报答。所以《老子》说:"仁德最高的人有所作为,但不用这种作为来达到什么目的。"

解说

本篇是阐发《老子》第三十八章"上仁为之而无以为也"。"上仁"列居"上德"之次,意思是达不到上德,退而求其次,便是上仁。上仁有所作为,但不用这种作为达到什么特定的目的,是一种无意之为。仁者爱人,是内心情感的自然流露。但是很多人对别人的喜爱、对别人的讨好,都是希望别人有所回报的;一旦没有得到预期的报答,那么喜爱很快演化为抱怨甚至憎恨。"上德无为而无不为",一切都处在最自然的状态;"上仁为之而无以为也",虽然有所作为,尚未追求通过作为来实现某个目标。当既要有所作为又要追求目标,其逻辑结果就是

《老子》第十八章所言:"大道废,有仁义;智慧出,有大伪;六亲不和,有孝慈;国家昏乱,有忠臣。"

韩非对当时社会上的一些主流概念都作了深刻的反思与剖析,如"忠""信""仁""义""孝",等等,并对这些观念与国家治理之间的关系从不同的角度进行考论和辩证。在韩非的这类研究中,可以明显感觉到老子思想对他的影响。如韩非对"仁义"这样一种道德范畴作了重新定义:"忧天下之害,趋一国之患,不辞卑辱,故谓之仁义。""仁义者,不失人臣之礼,不败君臣之位者也。"基于当时的社会现实,他认为仁义这样的道德观念是必需的,只是应对其内涵进行审察。他坚决反对"夫施与贫困者"这种"世之所谓仁义",因为"以仁义赐"会使民无功而得赏;民有罪当诛,可君主为了表现自己的仁义爱惠而予以赦免。可见没有原则的仁义,将严重伤害到君主治理国家的两大法宝即"赏"和"罚"的正确实施。韩非对臣下"行惠施利,收下为名"反而获得"仁"之名声的现象更是痛心疾首,屡次呼吁绝不能允许臣下给民众利益从而收买人心。

4. 仁义与公义

原文

义者,君臣上下之事,父子贵贱之差也,① 知交朋友之接也,② 亲疏内外之分也。③ 臣事君宜,④ 下怀上宜,⑤ 子事父宜,贱敬贵宜,知交友朋之相助也宜,亲者内而疏者外宜。⑥ 义者,谓

其宜也,宜而为之。故曰:"上义为之而有以为也。"⑦(《韩非子·解老》)

注释

①贵贱:大概指嫡正庶孽而言。差:等差。②知交:较亲密的朋友,知心朋友。相亲曰知。接:交往。③分:分别。④事:侍奉。宜:适当。⑤怀:人心归向,悦服。⑥内:亲近。外:疏远。⑦上义:最高的义。有以为:用作为来达到特定的目的。

译文

义是指君臣上下的关系,父子贵贱的差别,熟人朋友的交往,亲疏内外的分别。臣下侍奉君主要适当,下级归附上级要适当,儿子侍奉父亲要适当,地位低贱的人敬重地位高贵的人要适当,熟人朋友之间互相帮助要适当,对亲近的人亲近而对疏远的人疏远要适当。义就是说处理各种关系都很适当,一切事情觉得适当才去做。所以《老子》说:"具有最高的义的人,有所作为,而且要以其作为来达到特定的目的。"

解说

这段文字说明《老子》第三十八章"上义为之而有以为也"一句。老子将"上义"列居"上仁"之次,指出上义不仅为之,而又"有以为",即上义有所作为,而且要以其作为来达到特定的目的。韩非抓住"义"的语义展开阐发。"义"就是"宜"的意思;宜,是指适当的、恰当的、应当的。因此,"上义"的特点是有所作为并且"有以为",却不会不择手段,而是遵循一定的规矩和原则去做事,能做到恰到好处。

"义"这一概念在传统文化中占有重要的位置。孔子曾提出"仁义礼智信"五种做人的基本准则,其中,"义者,宜也",恰到好处谓之义。所谓"见义不为,无勇也"(《论语·为政》),意思是看到应该做的事情不敢去做,这就是没有勇气。所谓"不义而富且贵,于我如浮云"(《论语·述而》),是说不合理的、非法的、不择手段地做到了又富又贵,那是非常可耻的事情,孔子说这种富贵对他来说,如同聚散不定的浮云一样。古人把人生过程的各种选择概括为"取与",通过观察一个人面对每一次取和与的选择时表现得是否得当,就可以评判他的人格品性,即"取与者,义之表也"。

韩非一方面反对儒家提倡的"仁义",认为"仁义用于古不用于今",在当时弱肉强食、各国"争于气力"的大背景下,"夫仁义辩智,非所以持国也。"另一方面,他又反对各种形式的"私义"。韩非所说的"私义",是个人认为合理的、恰当的行为准则,而这样的道理和原则却不符合君主利益和国家法令,例如,"必行其私,信于朋友,不可为赏劝,不可为罚沮,人臣之私义也。"照自己的想法行事,把朋友之间的信用看得至高无上,不把君主的赏赐和刑罚放在眼里,而这样的人在社会上往往受到称颂。韩非认为,必须坚决禁绝这样的私义,在全社会树立"公义",即按照君主的利益建立意识形态,并以此统一全体社会成员的思想和行为,"夫令必行,禁必止,人主之公义也。""明主之道,臣不得以行义成荣,不得以家利为功;功名所生,必出于官法。"(《韩非子·八经》)韩非认为,这才是能够在当时残酷的竞争环境中最终胜出的法宝。

5. 六亲不和有孝慈

原文

礼者，所以貌情也，①群义之文章也，②君臣父子之交也，③贵贱贤不肖之所以别也。中心怀而不谕，④故疾趋卑拜而明之；⑤实心爱而不知，故好言繁辞以信之。⑥礼者，外饰之所以谕内也。⑦故曰：礼以貌情也。

凡人之为外物动也，⑧不知其为身之礼也。众人之为礼也，以尊他人也，故时劝时衰。⑨君子之为礼，以为其身；⑩以为其身，故神之为上礼。⑪上礼神而众人贰，故不能相应。⑫不能相应，故曰："上礼为之而莫之应。"⑬众人虽贰，圣人之复恭敬，尽手足之礼也不衰，⑭故曰："攘臂而仍之。"⑮（《韩非子·解老》）

注释

①貌：表现，把内在的情感外化为具体可观的行为。②群义：各方面的义，指君臣、父子、贵贱、亲疏之间适当的关系。文章：本义是彩画，这里指有条理的表现形式。③交：交往。④中心：内心里。怀：思念，爱恋。谕：了解，知道。按：谕、喻古本通用，后以"喻"指比喻，以"谕"指知道、告诉。⑤疾趋：走路时步子大而脚跟离地，按礼制，臣见君时用疾趋以表敬意。卑拜：俯身而拜。明之：表明自己的感情。⑥信（shēn）：通"申"，申明。⑦外饰：指"疾趋卑拜""好言繁辞"

等表达内心感情的礼仪形式和言行。⑧为（wèi）外物动：因外界事物的刺激而动作。按：韩非的意思是说，人之行礼，原本是人的内心受到触动，从而自然地用肢体语言表现出来。⑨众人：普通人。时：有时。劝：尽力，这里指认真用心。衰：懈怠，马虎。⑩为其身：为了自身，即为自身德行的修养。⑪神之为上礼：君子对待礼仪的态度是"神之"，将礼仪神圣化从而追求上礼。神：以为神，重视。《荀子·非相》："宝之珍之，贵之神之。"⑫贰：不专一，三心二意。应（yìng）：适应，响应。⑬莫之应：莫应之。莫：没有人。⑭复：仍然。尽手足之礼：竭力遵守举手投足时应有的礼节。《礼记·祭统》："手足不苟动，必依于礼。"⑮攘（ráng）：捋起袖子露出手臂的动作。《玉篇》："除袂出臂曰攘。"曹植《美女篇》"攘袖见素手"，即挽起袖子，露出洁白的手。仍：因袭、沿袭。《说文》："仍，因也。"

译文

礼仪，是用来表现内心的感情的，是各种道义的有条理的表现，是用来规定君臣父子之间的相处关系的，是贵与贱、贤和不肖之间用以分别的手段。内心充满思恋，而对方不了解，所以便用疾趋、卑拜等动作来表明怀想和归顺之情；内心实在非常喜爱而对方不知，故用美好动听的言辞来加以申明。礼仪是用来表明内心感情的外部文饰。所以说：礼是用来表现内心感情的。

一般来说，人受外界事物的影响而有所动作，并不懂得这种动作就是他自身的礼。普通人行礼只是用来表示对别人的尊敬，所以有时认真，有时懈怠。君子讲求礼仪是为了自身，所以将礼仪神圣化从而追求最高的礼。君子使礼仪在社会生活中的地位很高很神圣，而实际上普通人只能三心二意地对待礼仪，所以不能互相适应。上礼神圣与普通人三心二意不能互相适应，所以《老子》说："最重视和讲究礼的人有所作为，却没有人响应。"众人虽然三心二意，圣人仍然保持恭敬，一举一动都合乎礼，毫不懈怠。所以《老子》说："捋起袖子拼命维护礼。"

解说

《老子》第三十八章"上礼为之而莫之应"和"攘臂而仍之"两句，老子在此章阐述德、仁、义、礼四个道德层次的不同，相对于"德"和"义"，"礼"已经完全是一种人为的规范，其目的是将人的思想行为纳入到一种带有某种强制性的形式之中。在老子看来，这样的礼已经扭曲了人的本性。所以才有下文"夫礼者，忠信之薄而乱之首"的激愤之辞。

韩非从礼仪形式对社会生活的规范作用而言，认为礼本是各种社会关系的条理化、程式化，是人类内在情感的一种外化或形式化，如《礼记·曲礼》所言："君臣、上下、父子、兄弟，非礼不定。"就其根本而言，礼是在义已经不能有效地约束人的行为、处理人与人之间的关系的情况下出现的。后人说"六亲不和有孝慈，国家昏乱有忠臣"，大致也是说的这个意思。到了后代，上礼已经成为高于世俗的贵族化的一种东西，与普通人的生活和观念之间产生了距离，在这种情况下，普通人和圣人对待礼的态度便有不同，圣人或君子将礼的实施视为个人德业修养的必要手段，故恭敬地身体力行，即使当礼在普通人那里已经成为可有可无的摆设时,圣人仍然会竭尽全力地维护礼。

6. 道德仁义礼的关系

原文

道有积而积有功;① 德者,道之功。功有实而实有光;② 仁者,德之光。光有泽而泽有事;③ 义者,仁之事也。事有礼而礼有文;④ 礼者,义之文也。故曰:"失道而后失德,失德而后失仁,失仁而后失义,失义而后失礼。"(《韩非子·解老》)

注释

①积:积聚。按:"积有功"各本作"德有功",依顾广圻说,"德有功"当作"积有功",依下文文例,可从。②实:指实际表现。光:光辉。按:仁是德在具体事物上呈现出来的属性,同时,仁又是依附于德而存在的,所以用光和本体的关系来比喻两者的关系。③泽:色泽。按:具有仁的属性的人,在具体行为上表现为义,故义是依附于仁而存在的,这就如同色泽依附于光。④文:事物的条理。

译文

道是有所积聚而成的,道的积聚就可产生功效;德即是道的功效。道的功效有实际的表现,这种实际表现就好像实体发出的光辉；仁就是德的光辉。光辉有其色泽，这种色泽体现在具体的事情上；义就是仁在人的行为中的表现。人的行为需要用礼加以规范，礼是将合乎道义的行为习惯条理化；所以礼是义的制度化。所以老子说："失去了道之后就失去德，失去了德之后就失去仁，失去了仁之后就失去义，失去了义之后就失去礼。"

解说

在《主道》篇中，韩非指出："道者，万物之始，是非之纪也。"道是天地万物的普通法则，是产生天地万物的总根源，也是衡量一切是非的准则。道不是凭空产生的，而是有所积聚而成的，道的积聚就可产生功效，德即是道的功效，因而道显现于具体的事物或者作用于具体的事物便是德，道是体，德是用；道是抽象的，德是具体的，二者是不可分的。有道德的人遵循道做事，就可以获得实际的功效。道的功效既然是具体的，即有实际的表现，有实际表现就有光辉，仁就是德的光辉。光辉有其色泽，这种色泽体现在具体的事情上。义就是具体体现仁的事情，所谓"事"便是人的行为，所以"义者，仁之事也"即义是仁在人的行为中的表现。人的行为有礼的规范，礼是有条理化的制度，所以礼是义的制度化，换句话说，人们从义出发做事情，是按一定的行为习惯来行动，而礼将这种行为习惯条理化成为明确的制度，于是就变成一种强制性的行为规范。

按照韩非对道、德、仁、义、礼的表述，这五个范畴依次是逐渐外化的关系，即德是道的外化，仁是德的进一步外化，仁已经是一种德性，一种评价标准，需要"为之"而显露于外。

义又是仁的进一步外化,因为"义"首先分别了是非对错,然后遵循经主观选择而认为恰当适宜的标准去"为之",之所以选择这样一种标准,自然是出于某种特定的目的,如果没有目的,人的行为就没有必要选择一种标准。礼又是义的进一步外化,到了"礼",人的一切行为都被纳入到制度化的规范之中。道、德、仁、义、礼主次相因,层次分明,前一种范畴是后一种范畴的依据和前提,这就是老子言"失道而后失德"的逻辑所在。

通行本《老子》第三十八章和帛书本《老子》均作"失道而后德,失德而后仁,失仁而后义,失义而后礼";"而后"之后没有"失"字,意思也就大不相同:失去了道然后才有德,失去了德然后才有仁,失去了仁然后才有义,失去了义然后才有礼。按照这种解释,"礼"已经完全背离了道,亦即背离了天地万物的法则,因而《老子》这段话更侧重于对现实价值评判标准"仁、义、礼"的批判。这就跟韩非侧重阐述道、德、仁、义、礼诸范畴之间的主次依存关系明显不同。从《老子》原文的整体语境看,我们认为韩非所引此段文字与上文的关系更具逻辑性。

7. 重积德则无不克

原文

知治人者,其思虑静;知事天者,[①]其孔窍虚。[②]思虑静,故德不去;③孔窍虚,则和气日入。④故曰:"重积德。"⑤夫能令故德不去,新和气日至者,蚤服者也。⑥故曰:"蚤服是谓重积德。"积德而后神静,神静而后和多,和多而后计得,计得而后能御万物,⑦能御万物则战易胜敌,战易胜敌而论必盖世,⑧论必盖世,故曰:"无不克。"⑨无不克本于重积德,⑩故曰:"重积德,则无不克。"战易胜敌,则兼有天下;⑪论必盖世,则民人从。⑫进兼天下而退从民人,⑬其术远,⑭则众人莫见其端末;⑮莫见其端末,是以莫知其极。⑯故曰:"无不克,则莫知其极。"(《韩非子·解老》)

注释

①治人、事天:《老子》第五十九章:"治人事天莫如啬。"韩非对这一句的理解是:"聪明睿智,天也;动静思虑,人也。"老子所讲的"治人",意思是"适动静之节,省思虑之费也"。而"事天"则是指"不极聪明之力,不尽智识之任"。②孔窍:孔洞,指眼、耳、鼻、口等器官。按:"孔"的本义即是穴。"窍"指孔、洞,《庄子·应帝王》:"人皆有七窍,以视听食息。"③故:旧的,原有的,即已经存在于自身的。故德:原有的德。据下文,"故德"之前应有"则"字。去:离开。④和气:精气,元气,是阴阳交互作用的精微之气,是生命力的本源。和气作用于人的形神,使人生命旺盛。⑤重(chóng):重叠,不断。⑥蚤:通"早"。"早服"是老子提出的一个概念,韩非说:"圣人虽未见祸患之形,虚无服从于道理,以称蚤服。"按韩非的理解,"早服"后没有出现的宾语应当是"道","早服"即提前服从于道。⑦和:指和气。计得:计谋得当。御:驾驭,控制。⑧论:言

论,对各种事物的认识以及由此形成的观点。盖:压倒。⑨克:战胜。"无不克"即没什么不能战胜;⑩本:起始,本源。⑪兼有:兼并而且占有。《说文》:"兼,并也,从又持秝。"⑫民人从:指民众信服其思想学说。⑬进:前进,是与下句"退"相对立的概念,在战场上指军队的进退;用于指人生的状态时,指政治上得意而用于世。退:退守,指政治上失意而不得施展才能。从:使服从。⑭术:道术,道理。⑮端末:开始和结束,此指端倪,头绪。《庄子·大宗师》:"反复终始,不知端倪。""端"和"末"都有头、顶端的意思。⑯极:顶点。上句"莫知其端末"是说没人能知道他如何做到"进兼天下而退从众人",因而更无法知道他的顶点,也就是他的能力究竟有多大。

译文

懂得如何处理动静思虑等各种行为的人,他的思虑是安静的;懂得保养先天生成的聪明睿智的人,他的耳、目、鼻、口等孔洞是虚空的。思虑静止,原有的德就不会离开;孔窍虚空,没有任何阻塞,那么和气就不断地进来。所以《老子》第五十九章说:"不断地积累德。"那些能使原有的德不离去,新的和气不断进来的人,是早服的人。所以说:"提前服从于道,这就是不断地积累德。"积累德以后人的精神就平静;精神平静了以后,和气就更多;和气充沛以后计谋就得当;计谋得当然后能够驾驭万物;能够驾驭万物,那么打仗就很容易战胜敌人;打仗容易战胜敌人,那么思想理论一定能压倒当世;思想理论能压倒当世,所以老子说:"没有不能战胜的。"无往而不胜来自不断地积累德,所以老子说:"不断地积累德,就可以无往而不胜。"作战很容易地战胜敌人，那么就能兼并而占有天下；思想学说一定压倒当世，那么民众就服从。进可兼并天下而退可使民人服从，这样的人道术很高深，因而一般人就没有谁能看出他的头绪。没有人能看出他的头绪，因此就没有人知道他的顶点。所以老子说："无往而不胜，那么就没有人知道它的顶点。"

解说

《老子》第五十九章："蚤服是谓重积德；重积德则无不克；无不克则莫知其极。"按照韩非的解读，老子是在论述"治人事天"者通过积德而达到的境界，所以最后的着眼点放在积德者给人以高深莫测的感觉。韩非通过层层推论，阐述他的理解：积德→神静→和多→计得→能御万物｛能力的形成｝→战易胜敌→论必盖世→无不克｛能力的运用或效用｝。其中"战易胜敌而论必盖世"之"而"需解释为"则"，在逻辑上有两个问题：第一，"论必盖世"即思想言论能压倒当世就是老子说的"无不克"，无往而不胜，那么"战易胜敌"为什么就不直接引导出"无不克"呢？"战易胜敌"也完全可以看成是对"无不克"的直接解释。第二，"战易胜敌"与"论必盖世"在逻辑上如何推论呢？如果勉强解释，似乎可以说依据一种思想理论去作战而很容易地就战胜了敌人，那么这种思想理论经过了实践的检验而成为颠扑不破的真理。但是我们注意到，"战易胜敌"是从"能御万物"推导而来的，从下文看，"战易胜敌则兼有天下，论必盖世则民人从"，二者明显是并列关系，而不是推论的关系。陶鸿庆《读诸子札记》怀疑此句语序有误，应校勘为："能御万物则战易胜敌而论必盖世，战易胜敌，论必盖世，故曰

'无不克'。"这样校勘后在逻辑上确实更通顺。

韩非提出的"故德",是指人与生俱来的固有属性。人的成长过程能够保持自己的本真,不失去自我,不被塑造成统一的模式,是很困难的事情。先秦的哲人非常重视这个问题,例如《孟子·尽心上》:"存其心,养其性,所以事天也。"保存本心,蓄养本性,都是着眼于防止人的异化。物质生产的进步,社会关系的复杂化,都是将人导向异化的客观因素,人沦为钱财的奴隶,人殚精竭虑去算计人或提防被人算计,这些都使人丧失了本心本性。所以先秦哲人通过对人的异化问题的思考表达了对人类存在价值的终极关怀。韩非从"积德"到"御万物"的推论过程,实际是阐述他对人的个人修养的看法,包括两个方面,一是把静看做认识事物的法则,即"宁静以致远"。学问需"虚心而静"方能真正有所收获。一个人心浮气躁时无论对什么现象都不可能有深入的认识。二是积累生命的本原,能够有意识地去修养自我,就可以形成生命过程的良性循环。

8. 礼繁者,实心衰也

原文

礼为情貌者也,文为质饰者也。夫君子取情而去貌,好质而恶饰。①夫恃貌而论情者,②其情恶也;须饰而论质者,③其质衰也。何以论之? 和氏之璧不饰以五采,④隋侯之珠不饰以银黄。⑤其质至美,物不足以饰之。夫物之待饰而后行者,⑥其质不美也。是以父子之间，其礼朴而不明，⑦故曰："礼，薄也。"⑧凡物不并盛，阴阳是也；⑨理相夺予，威德是也；⑩实厚者貌薄，父子之礼是也。由是观之，礼繁者，实心衰也。然则为礼者，事通人之朴心者也。⑪众人之为礼也，人应则轻欢，⑫不应则责怨。今为礼者事通人之朴心而资之以相责之分，⑬能毋争乎？有争则乱，故曰："夫礼者，忠信之薄也，而乱之首乎？"（《韩非子·解老》）

注释

①好（hào）：喜欢。恶（wù）：厌恶。②夫（fú）：那。恃：依赖，凭借。论：衡量，论断。③须：等待。④和氏之璧：古代著名的宝玉，相传是春秋时楚国人卞和献给楚王的。五采：青、黄、赤、白、黑五种颜色。⑤隋侯之珠：古代名珠。相传隋国的君主为一条受伤的大蛇疗伤，大蛇报恩，衔来一枚珍珠给隋侯，世称隋侯之珠。银黄：白银和黄金。⑥行：施行，流行。⑦朴：质朴，不加文饰。不明：不显明，指没有明确规定的形式。⑧薄：简单，不浓厚。按：《老子》原文为："夫礼者，忠信之薄。"因下文完整引述，这里便用略引的方式。⑨并盛：同时兴盛。阴阳：古代指宇宙间构成一切事物的两种对立属性；阴阳相互对待又相互作用，阴盛则阳衰，阳盛则阴衰，从而化生天地万物。⑩夺：夺取。予：给予。威：威严，指刑罚。德：恩惠，指赏赐。按：这句是说，刑赏既然互相对立，因此当刑当赏只能有一条存在，不能对同一件事既刑又赏。⑪事：做，从事于。通：开启，使表现出来。人之朴心：人的质朴之心。按："人之朴心"本不需用礼的形式表达，可因为礼的出现，人

为地使人际关系形式化,这就如同原本包藏于璞石之中的玉被加工雕琢出来。⑫应(yìng):回应,应和。⑬资:提供,给予。分(fèn):名分。"相责之分"是指相互责怪的名分。当人和人之间没有礼的表达形式时,也就不存在施礼和回礼的关系,于是就没有因此而产生的责怪、怨恨。

译文

礼是内心情感的外在表现,文采是内在本质的修饰。君子重视内心的情感而抛弃外在表现,喜欢内在本质而厌恶外部修饰。那些凭借外在形式而论断其情感的,那样的情感一定是丑陋的;等待修饰以后而论断其内在本质的,那样的内心本质一定是衰败的。如何论说这一点呢?和氏璧不需要用五采来修饰,隋侯珠也不需要金银来修饰。这两样东西的内在本质已经美到极点了,所以别的东西无法去修饰它们。那些等待修饰然后流行的东西,其内在本质不会是美的。因此父子之间的礼节淳朴自然而不拘形式,所以说"礼是淡薄的"。一般来说事物不能同时旺盛,阴阳的消长就是如此;从道理上说,正反不同的事物总是互相排斥的,威德刑赏就是这样;同样,若实际的情感深厚,那么外表上就淡薄,父子之间的礼就是这样。由此看来,礼仪形式繁琐的人际关系,说明人的内心情感实际上衰竭了。这样,行礼这件事是要把人们质朴的情感表现出来。普通人行礼的时候,如果对方回应了,就很浅薄地觉得高兴;如果对方没有应和,就责怪、怨恨。行礼是要把人们质朴的情感表现出来,而其结果是给普通人提供了互相责备的名分,众人之间能不发生争端吗?有争端就不太平,所以说:"礼是忠信淡薄的表现，是产生争乱的开端。"

解说

《老子》第三十八章"夫礼者，忠信之薄也，而乱之首乎"，表达了对当时虚假浮华的社会现实的不满。按照老子的思想，当社会发展背离了自然之道，引发的后果就是诸般乱相。韩非对这段文字的解析，依旧使用他最擅长的生活常识和逻辑推论两种利器。首先他界定"礼"的本质是表达人类内心情感的一种外在形式；形式不是实质，根据经验，实质美好，形式便不重要；当人们过度讲求形式，甚至因此忽略实质，那么往往是实质出了问题。比如人类最基本的人际关系是父子关系，纯粹的父子亲情不需要礼仪形式加以体现；反观建立在繁琐的礼仪形式上的各种社会关系，只能得出维系这些关系的纽带并非真情而是利益的结论。所以，当人与人之间以最自然的方式交往，不去拼命追求浓厚的情谊，也就不存在付出与回报的心理；反之，当人与人之间为了相互利用而结成各种社会关系，并用道义、情义之类的语汇加以装饰，用各种礼仪形式予以表现，那么，在华丽的表象之下，付出与回报的心理将主宰各种关系的走向与结局，并由此造成众多的纷争。

《庄子·德充符》里说："泉涸，鱼相与处于陆，相呴（xǜ）以湿，相濡以沫，不如相忘于江湖。"鱼儿们用嘴里残存唾液相互湿润和救助，实在是感人至深的场景。可是，鱼儿们如果没有遭遇泉水干涸的灾难，在广阔汹涌的江湖里自由自在地游荡，又何须那些感动呢？人与人各以真心自然交往，又何须诸种繁复的礼仪与累人的应酬呢？

9. 美丽而愚蠢的前识

原文

先物行、先理动之谓前识。①前识者，无缘而忘意度也。②何以论之？詹何坐，③弟子侍，有牛鸣于门外。弟子曰："是黑牛也，而白题。"④詹何曰："然，是黑牛也，而白在其角。"使人视之，果黑牛，⑤而以布裹其角。以詹子之术婴众人之心，华焉殆矣。⑥故曰："道之华也。"尝试释詹子之察，⑦而使五尺之愚童子视之，⑧亦知其黑牛而以布裹其角也。故以詹子之察，苦心伤神，而后与五尺之愚童子同功，是以曰："愚之首也。"⑨故曰："前识者，道之华也，而愚之首也。"（《韩非子·解老》）

注释

①先：走在前面，先于。前识：预知。②缘：根据。忘：通"妄"，胡乱。意：料想，猜测。度（duó）：揣测，估计。③詹何：春秋时楚国人，通晓道术。《淮南子·览冥训》："而詹何之骛鱼于大渊之中。"高诱注："詹何，楚人，知道术者也。"④题：额头。⑤果：果真。⑥婴：缠绕。华：华丽，炫人眼目的样子，这是说詹子的道术让普通人觉得神奇而不可思议。殆：接近，这里指近乎道。⑦尝：本指用口舌试探食物的滋味，引申为试一试的意思。试：本义是启用，试用，引申为试探、试着的意思。释：放弃。察：明察。⑧五尺：根据出土的战国时

代的铜尺计算,当时一尺约合23.1厘米,五尺大致等于1.15米。⑨首:开端。

译文

在事物没有出现之前行动和在事理没有表现之前行动叫做"前识"。所谓前识,就是没有根据而胡乱地凭主观猜测。凭什么这样说呢?詹何闲坐,弟子们在一旁陪侍。门外有一头牛在叫。弟子说:"这是一头黑牛,而额头是白色的。"詹何说:"对,这是一头黑牛,不过白色在牛角上。"派人去察看,果然是一头黑牛,用白布裹着牛角。用詹子的道术困扰众人的心,看起来很华丽,似乎这就是道了。所以说"前识是道的浮华"。试一下抛开詹何的明察,而让一个傻乎乎的小孩子去亲眼看一下那头牛,也能知道那是一头黑牛,牛角用布裹着。所以,用詹子的明察,劳心伤神然后才有跟五尺高的笨孩子相同的功效,因此说"前识是愚蠢的开端"。所以《老子》上说:"前识是道的浮华,是愚蠢的开端。"

解说

《老子》第三十八章"前识者,道之华,而愚之始"一句,韩非的理解与后世通行的解释大体是一致的。所谓前识,是对客观事物的预见性。如韩非所举,詹何不亲眼目睹就能知道牛的某些特征,这些类似于特异功能的超能力是人们在追求道的过程中显现出来的,不过它只是道的功用的一个具体表现而已,并非道的本体。世俗的人往往以为这种超能力就是道,实际上这是对道的一种歪曲。如果修道者把这种预见性或超能力等同于道，或者有意识地将这种预见性或超能力当做道的本体去追求，自然就背离了道自身，而走向道的反面，陷入愚昧之中。

这段原文中有两个关键词："先"和"前"。"先"的意思是走在前面，是动词，与"后"（落在后面）相对。"先物行"指时间上在事物出现之前而行动，是一种先验论的认识方式；"先理动"指在没有掌握事理的情况下行动，是盲目地摸着石头过河的认识方式。这两种认识方式的特点都是不重视客观经验以及在此基础上对事理的深入把握，而强调主观感知事物的能力。"前"（耑）本指空间上往前移动，引申为时间上在前面的，所谓"前识"，指在事物之前的认识，即先于经验的认识。由此可以了解韩非在认识论上的基本特征，即重视经验，重视实践，同时把"道"视为事物的本质，强调对"道"的体察和感悟。

10. 治大国若烹小鲜

原文

工人数变业，则失其功；①作者数摇徙，则亡其功。②一人之作，日亡半日，十日则亡五人之功矣；万人之作，日亡半日，十日则亡五万人之功矣。然则数变业者，其人弥众，其亏弥大矣。③凡法令更则利害易，④利害易则民务变，⑤务变之谓变业。故以理观之，事大众而数摇之，则少成功；⑥藏大器而数徙之，则多败伤；⑦烹小鲜而数挠之，则贼其泽；⑧治大国而数变法，则民苦之。是以有道之君贵静，不重变法。⑨故曰："治大国者若

烹小鲜。"⑩（《韩非子·解老》）

注释

①工：百工之工，是指从事纺织、木工、建筑、雕刻等手工艺劳动的人。《荀子·儒效》："设规矩，陈绳墨，便备用，君子不如工人。"（使用圆规和矩尺，弹划墨线，完善各种器具，君子不如工人。）数（shuò）：屡次，多次。变业：改变工作。功：做事的效果，成就。②作者：劳动者，此指农夫。摇徙：迁移不定。"摇"有动扰不安的意思，"徙"指迁移。亡：丧失。③弥：愈，更加。亏：损失。④更（gēng）：变更。易：改变。⑤务：致力于。⑥事：役使。少成功：减少功效。⑦大器：宝器，贵重的器物。败：毁坏。⑧烹：烧煮。鲜：新鲜的鱼。挠：搅动。《荀子·议兵》："以指挠沸。"贼：伤害。贼其泽：破坏鱼的光泽，指反复搅动致使鱼烧出来以后糜烂不美观。按：清人王先慎据《群书治要》改"泽"为"宰"，指宰夫，即厨师；"贼其宰"意思是使厨师不能尽其烹饪之功，也就是烧不出美味的鱼。⑨贵：以为贵，崇尚。重：以为重，看重。⑩故曰：这句出自《老子》第六十章。

译文

工匠屡次改变职业就会什么事情都做不成，农夫频繁地迁移不定就会损害生产。以一个人的工作计算，每天失掉半天，十天就失掉了五个人的功效。以一万人的工作计算，每天失掉半天，十天就失掉了五万人的功效。这样说来，屡次改变职业的人越多，造成的损失就越大。一般来说，法令变更了，利害情况也就改变了；利害情况改变了，民众所致力的事情也就会改变。民众致力的事情改变叫做变业。所以从事物的规律来看，役使民众而频繁地扰动他们，就会减少功效；收藏贵重的器物而频繁地搬来搬去，就会增加损害；烧煮小鱼而屡次搅动它，就会伤害鱼的光泽；治理一个大国而频繁地变更法令，那么民众就会因之痛苦不堪。因此有道的君主崇尚安静，不重视改变法令。所以《老子》说："治理大国，就像烹调小鱼一样。"

解说

在古代，社会的稳定是生产力发展的前提和保障。农业生产的特点需要从事农业生产的人定土而居，安土重迁。熟田是多年反复耕耘经营的结果，农田水利更需要长期的规划和建设。若农夫迁移不定，则必然严重伤害农业生产。手工业者同样需要多年的经验积累，才能做到技术熟练、工艺精湛。

从上述生活常识出发，韩非进一步指出，人的本性是趋利避害，政府制定的法令制度关系到社会各阶层的利害情况，所以法令变更直接影响到社会每个成员的利害，社会成员就会根据趋利避害的原则重新选择安排自己的生活。"民务变"的"务"繁体作"務"，《说文》："務，趣也。从力，敄声。"段玉裁注："趣者，疾走也；务者，言其促疾于事也。"由此可以想象出在法令政策的指挥棒下百姓一哄而上的场景。所以，倘若政策法令像月亮，初一、十五不一样，那么百姓无所适从，不能对生活有长远的规划和合理的预期，因此会"苦之"。这样的变法实际是"率天下而路"（见《孟子·滕文公上》，意思是使天下人奔走在道路上），不仅会严重影响社会效率，而且造成全社会的动荡浮躁。

韩非所说的"有道之君贵静,不重变法",似乎不符合法家一贯主张的变法精神。清人王先慎《韩非子集解》依据《群书治要》把这句改为"是以有道之君贵虚静而重变法",意思是说:因此有道的国君,把虚静看得很重要,不轻易变更法令。在这个具体的语境中,"重变法"与"不重变法"意思好像差别不大,实际上还是有所不同:"重变法"是说谨慎地对待变法,法令确立以后,不再轻易变更;"不重变法"则强调不看重变法,不把变法视为解决一切问题的灵丹妙药,动辄变更法令。战国时期,变法图强成为各诸侯国的主流时尚,韩非对当时一些诸侯国朝令夕改的做法多有批评,如"晋之故法未息,而韩之新法又生;先君之令未收,而后君之令又下"。这种"不擅其法,不一其宪令"(擅,专一)的情况,不仅让民众手足无措,导致社会动荡不安,而且使奸臣有了可乘之机。因此,韩非在此借用老子"治大国若烹小鲜"一语,阐明保持法律制度相对稳定的重要性。明代凌瀛初给《韩非子》这段文字作注说:"治国者扰之则民乱,烹鲜者搅之则味变。治大如烹小,静以治之而已。"君主应当清静无为,"抱法处势",而非盲目地热衷于变法,这是符合韩非的思想的。

11. 大象的形象

原文

人希见生象也,^①而得死象之骨,案其图以想其生也,^②故诸人之所以意想者皆谓之象也。③今道虽不可得闻见,④圣人执其见功以处见其形。⑤故曰:"无状之状,无物之象。"⑥(《韩非子·解老》)

注释

①希:少。后作"稀"。生:活着的。②案:依照,按照。想:想象,推想。③诸:众,各种。④不可得:不能够。⑤执:抓住。见(xiàn)功:表现出来的功效。处(chǔ):据有。⑥故曰:这一句出自《老子》第十四章。状:外形,主要指一种事物给人的总体的感觉。

译文

人们很少看到活着的大象,当发现了死象的骨骼,按照骨骼的模样推想大象活着的形象,所以人们按自己的心意想象的各种东西都称之为象。如今道虽然不能亲耳听到、亲眼看到,可圣人把握道显现出来的功效,由此推断出道的形象。所以《老子》说:"道是没有形状的形状,是没有具体形体的形象。"

解说

一般认为《老子》第十四章是描述"道"体的。在老子看来,作为形而上的"道"是一种实体存在,但是又和现实世界中任何经验事物不同,道没有明确的形体,因此是人的感官无法认识的,所谓"无状之状,无物之象",意思就是说,道是超越人类一切感觉感知作用的存在体。"无物"即指没有形体可见。

韩非在解说这一句的时候,紧紧抓住一个"象"字,分析

"象"为什么有"形象""象貌"的意思。他认为人们很少见到活着的象,便按照死象的骨骼来想象活象的样子,于是"象"引申出"形象""象貌"的意思,而且"象"表示这个意思时,带有人的主观想象的特点,是客观外物在人们脑海中的印象;同时"象"包含了人对事物的感知和认识。人们无法从外表形式上把握道,所以只能通过道所表现出来的功效想象道的形态。

道虽然无法为人们所感知,但它是客观存在的。老子提出"执古之道,以御今之有"的主张,即把握历史上人们已经认识到的道,来驾驭现在的具体事物。韩非认为,可以观察道体现出的功效,由此判断、发现道体的实在。他认为"无状之状"就是没有具体形状的形状,"象"的形状应该是客观存在的,虽然人们从没有实际观察到。

12. 道可道,非常道

原文

凡理者,方圆、短长、麤靡、坚脆之分也。① 故理定而后可得道也。② 故定理有存亡,有死生,③ 有盛衰。夫物之一存一亡、乍死乍生、初盛而后衰者,不可谓常。④ 唯夫与天地之剖判也俱生,⑤ 至天地之消散也不死不衰者谓常;而常者,无攸易,⑥ 无定理;无定理,非在于常所,⑦ 是以不可道也。圣人观其玄虚,⑧ 用其周行,⑨ 强字之曰道,⑩ 然而可论。⑪ 故曰:"道之可道,非常道也。"⑫(《韩非子·解老》)

注释

①麤(cū)：粗糙。靡(mǐ)：精细，细腻。"方圆"和"短长"是指物的外形而言，"麤靡""坚脆"是就物的质地而言。②道：言说，说明。③定理：确定的理，即依附于特定事物的理。存亡：指非生命体。死生：指生命体。④一存一亡："存"和"亡"是"物"所具有的两重属性，这两种属性是相互对立的关系。乍：忽然。常：永恒。⑤唯：只。夫：那。剖：破开，中分。《玉篇》："中分为剖。""剖符"即将符信从中间劈成两半。判：一分为二。《说文》："判，分也。"天地之剖判：天地分离。按：古人认为宇宙之初，未有天地，混沌如鸡子，后来天地开辟，阳清为天，阴浊为地。具：通"俱"，一起。⑥攸：所。易：变化。无攸易：无所变化。⑦常所：固定不变的处所。按：《韩非子·解老》："道，以为近乎？游于四极；以为远乎？常在吾侧。"《庄子·知北游》："所谓道，恶乎在？庄子曰：无所不在。"均是"非在于常所"的意思。⑧玄：深远。虚：空虚。⑨周：古代常用的意思有二，一是周遍，二是周而复始地环绕，此处同时用"周"的这两层意思。⑩强(qiǎng)：勉强的意思。字：命名，称呼。⑪然：这样。论：说明。⑫故曰：这是《老子》第一章的话。可道：可以被称说。

译文

理是指事物的方圆、短长、粗细、坚脆等区别。理确定以后事物才能得以称说。所以确定的理有存在和消亡、生和死、兴盛和衰败。事物之或存或亡、忽生忽死、先盛而后衰的状况，不能叫做永恒。只有那种和天地的开辟一起产生，到天地毁灭仍然不死亡、不衰败的，才可称为永恒。所谓永恒，是说没有变化，没有确定的理。没有确定的理，也没有固定的所在，所以不能用言语来称说。圣人观察其深远与空虚，把握其普遍而周而复始的运行，勉强称名叫做"道"，这样便可以用言语来称说。所以《老子》说："道如果可以被称说，就不是真正永恒的道了。"

解说

按照韩非的定义，"理者，成物之文也；道者，万物之所以成也。"理是构成事物的条理；理从属于道，受道的制约，理又不是道。因此，理并非事物存在的依据，而只是事物的内在属性，这种属性构成一种事物有别于其他事物的区别性特征。人们对事物的认识和命名是以对事物的性质特征的把握为前提的，某一事物的性质特征就是该事物的理。人们把握了事物的区别性特征，才可以加以言说。事物本身有存亡生死的变化，因此用以说明事物特征的"理"也就会有相应的变化。人对事物加以称说建立在对事物进行观察认识的基础上，人们认识了事物，依据不同事物的不同特点把各种事物区别开，才有了称说的需要和可能。而"道"没有死生，也就无法用"死生"去说明；没有大小、黑白、明暗、冷热这一类的区别，也就不能用这类的属性去说明"道"。在这个意义上，"道"是不可道的。相反，具有这些区别特征的具体事物是可以称说的，因而也是非恒久的，可变化的。

庄子对老子关于万物相对性与语言局限性的思想有精彩的阐发。他从时空的无穷性和事物变化的相对性，论述人类对具体事物认识的相对性。既然人类的认识局限于事物的相对性,所以离开这种相对性的最大和最小,则是人们所无法认识的,也是无法用语言来表述的。如果以浩瀚无穷的宇宙为参照,人类可以认识的具体事物,都不过处于"方生方死,方死方生"的过程之中罢了。

13. 祸莫大于不知足

原文

人无毛羽,不衣则不犯寒;①上不属天而下不著地,②以肠胃为根本,③不食则不能活;是以不免于欲利之心。欲利之心不除,其身之忧也。故圣人衣足以犯寒,食足以充虚,则不忧矣。众人则不然,④大为诸侯,小馀千金之资,⑤其欲得之忧不除也。胥靡有免,⑥死罪时活,⑦今不知足者之忧终身不解。故曰:"祸莫大于不知足。"(《韩非子·解老》)

注释

①衣(yì):动词,穿衣服。犯:遭到,冒着。不犯寒:受不了寒冷,禁不住寒冷。②属(zhǔ):连接,附着。著(zhuó):附着。③根本:指人赖以存活的基本条件。④然:这样。⑤馀:丰足。《说文》:"馀,饶也。"《战国策·秦策五》:"今力田疾作,不得煖衣馀食。""馀食"指丰足的食物。⑥胥靡:服劳役的罪犯或刑徒。⑦死罪:指犯了死罪的人。时:这

里指有机会。

译文

人没有兽毛鸟羽，如果不穿衣服就无法抵抗寒冷。人上不依附于天如日月星辰之类，下又不像草木之类附着在地上；人以肠胃作为存活的基本条件，如果不吃饭就不能存活。因此人无法避免得到财利的欲望。可是对每个人而言，过分强烈的得到财利的欲望始终萦绕在心里无法去除，那就会成为人自身的忧虑。圣人明白这一点，所以穿衣服能够禁受得起寒冷，吃东西能够充饥，也就不再忧虑了。一般的人却不是这样，大的成为诸侯，小的富有千金之多的钱财，可是他们想要得到而引起的忧虑却还是没法去掉。服劳役的罪犯或刑徒还有解除劳役的时候呢，即使犯了死罪的人也有机会活下来。如今对不知足的人来说，他们的忧虑却是一生无法解脱的。所以《老子》说："没有什么灾祸比不知足更大了。"

解说

《老子》四十六章："祸莫大于不知足，咎莫大于欲得。故知足之足，常足矣。"老子这番话深刻揭示了人对物质的欲求具有无限扩张的特性，当人们对欲利之心不加约束的时候，人便成为这种欲利之心的奴隶，心灵终生为之困扰而无法得到自由和幸福。

韩非从人的自然属性论证了人皆有欲利之心，即财利外物是人类这种生物赖以生存的手段，因此欲利之心是人的正常本性。这就与儒家轻利的观念完全不同。同时韩非又认为，虽然从人的本性而言，人无法避免欲利之心，然而欲利之心又会使人处在忧虑之中,即人们总为自己没有得到的东西而忧虑;这样的话,本来是人的正常本性的欲利之心就会给人造成极大的困扰,因此应当去除它。当然,去除欲利之心不合人的正常本性,因此实在不是一件容易做到的事情;只有圣人能够做到在满足适当的物质需求后便知足而足,换言之,能够做到这一点也便可称为圣人了。一般人便任由欲望驱使着奔波在人生路上,无休止地追求权力和财富,如同唐代柳宗元笔下的蝜蝂,直到积聚的物累把自己彻底压垮。这比起服劳役的罪犯或刑徒甚至死刑犯不是更悲惨吗?犯罪被判罚劳役乃至处以死刑都是祸,这些祸都有解除的时候或可能;相比之下,终身无法解脱的"不知足者之忧"就是最大的祸了。

老子和韩非讨论的命题,先秦其他学者也有论述,如《列子·杨朱》:"人者,爪牙不足以供守卫,肌肤不足以自捍卫,趋走不足以逃利害,无羽毛以御寒暑,必将贵物以养性。"《墨子·辞过》:"圣人作诲,男耕稼树艺以为民食;其为食也,足以增气充虚、强体适腹而已。"都强调人"贵物"的必然性。"贵物"的必然性是由人内心的安全感决定的,因此摆脱物欲的困扰需要修炼,更需要以合理的物质保障作为前提。

14. 伟大的雕刻家与煞风景的列子

原文

宋人有为其君以象为楮叶者,①三年而成。丰杀茎柯,②毫芒繁泽,③乱之楮叶之中而不可别也。④此人遂以功食禄于宋邦。⑤列子闻之,⑥曰:"使天地三年而成一叶,则物之有叶者寡矣。"⑦故不乘天地之资而载一人之身,⑧不随道理之数而学一人之智,⑨此皆一叶之行也。⑩故冬耕之稼,后稷不能羡也;⑪丰年大禾,臧获不能恶也。⑫以一人之力,则后稷不足;⑬随自然,则臧获有馀。故曰:"恃万物之自然而不敢为也。"(《韩非子·喻老》)

注释

①为(wèi):替,给。以:用。象:指象牙。楮(chǔ):一种乔木,叶子像桑叶,比桑叶略粗糙。②丰杀(shài):宽狭,指叶子的大小形状。茎柯:指叶子上的筋脉。③毫芒:指叶子周边细微的锯齿。繁泽:丰富的色泽,指叶子不同部位的色泽变化。④乱:混杂。别:分辨。⑤食禄:吃俸禄,即做官。⑥列子:列御寇,战国时期郑国人,道家人物,著有《列子》一书。⑦天地:指自然界。寡:少。⑧乘:趁,利用。资:条件。载:使承担。载一人之身:指将事务加在一人身上。⑨道理:指事物的规律,自然法则。数:常理,必然的趋势。⑩行:行为。⑪后稷(jì):周天子的远祖,名弃,擅长农事,据传说做过尧的农官。羡:希望获得。⑫禾:谷类作物。大禾:指长势特别好的谷物。臧(zāng)获:奴婢的贱称。男性奴隶为臧,女性奴隶为获。恶(è):使劣,使歉收。⑬不足:指能力有所不足,也就是有做不到的事情,比如违背自然规律,让庄稼在冬天生长出来。

译文

宋国有一个人,给君主用象牙雕刻出楮树的叶子,花了三年雕制完成。叶子的大小形状、叶子上的筋脉、叶子周边细微的锯齿,以及叶子不同部位的色泽变化都非常逼真,把它混杂在楮树的叶子里,简直无法辨别出来。这人于是凭借自己的技巧在宋国享用俸禄。列子听到了这件事,说道:"假如天地要用三年的时光才生出一片叶子,那么万物有叶子的就很少了。"所以不利用自然界提供的条件,而凭借一个人的能力,不遵循事物的规律,而学习一个人的智慧,这都是跟雕刻楮树叶子同类的行为。所以在冬季耕种的庄稼,后稷也不能希望有收成;在丰收的年成里长势特别好的谷物,奴婢也不能使之歉收。只靠个人的才力,后稷也会有所不足;遵循自然的规律,奴婢也会绰绰有余。所以《老子》说:"依靠万物的自然法则,而不敢强力施为。"

解说

韩非用一位宋国雕刻家的故事阐述《老子》第六十四章"恃万物之自然而不敢为也"一句。这位雕刻家的艺术造诣委实达到了令人惊叹的水平,但是在列子看来,这是违背自然法则的作为。若从艺术的角度看,这样的评论太煞风景;可站在道家的立场上,雕出一片惟妙惟肖的树叶,费力伤神,倒不如随顺天地的造化,欣赏大自然中不可计数的形态各异的树叶。

韩非由这个故事生发出去,一直联想到为君之道。他从老子的思想出发,指出人和自然的关系应该是人依据万物固有的形态,遵循自然法则行事,而不要肆意妄为。把这样的理念运用到政治领域,君主应当懂得无为而为的道理,做到服虎以柙、禁奸以法、塞伪以符,"使智者尽其虑""贤者勑(lài,勉励)

其材","有功则君有其贤,有过则臣任其罪",这样的话,君主就可以做到"不贤而为贤者师,不智而为智者正。臣有其劳,君有其成功"。反之,君主若是刻意有所作为,"载一人之身""学一人之智",往往便盲目相信个人的智慧和能力,甚至感觉自己无所不能,一个人包打天下,这不是明智的做法,结果可能是费尽心力,事情却搞得一团糟。

15. 慈母之勇

原文

爱子者慈于子,①重生者慈于身,②贵功者慈于事。③慈母之于弱子也,务致其福;④务致其福,则事除其祸;⑤事除其祸,则思虑熟;⑥思虑熟,则得事理;⑦得事理,则必成功;⑧必成功,则其行之也不疑;⑨不疑之谓勇。圣人之于万事也,尽如慈母之为弱子虑也,⑩故见必行之道;⑪见必行之道则明,⑫其从事亦不疑;⑬不疑之谓勇。不疑生于慈,故曰:"慈,故能勇。"(《韩非子·解老》)

注释

①子:指子女,孩子。慈:慈爱。②重:以为重,重视,珍爱。③贵:以为贵,看重。功:指劳作的成果。事:指做事情。慈于事:指做事特别用心。④弱子:幼小的子女。务:致力,全力以赴地去做。致:使到来。福:古称富贵寿考为福,

《尚书·洪范》:"五福,一曰寿,二曰富,三曰康宁,四曰攸好德,五曰考终命。"⑤事:从事,做。⑥虑:对事情进行反复深入地思考。《说文》:"虑,谋思也。"⑦事理:指事物的规律,怎样做好一件事。⑧成功:成就功业。⑨行之:指按照事理做事。不疑:不怀疑。⑩尽:副词,都,全部。如:动词,像。为(wèi):替,给。"尽如慈母之为弱子虑"即做到"务致其福""事除其祸""思虑熟""得事理"。⑪见必行之道:看到必须遵行的道路,也就是"得事理"。⑫明:明智,英明。⑬从事:行事,做事。

译文

喜爱子女的人会对子女慈爱,珍爱生命的人会对身体慈爱,看重事功的人做事情就会尽心尽力。慈爱的母亲对于幼小的孩子,竭尽全力为他们谋求幸福;竭力给子女谋求幸福,那么就要努力消除所有可能伤害他们的因素;慈母一心要消除所有可能伤害子女的因素,那么就会把事物的方方面面都考虑得非常周全精细;因为考虑周全,所以就明白怎样做好事情;心里清楚做好事情的途径,因此就一定能成功;做事情总是能有满意的效果,那么她就会毫不犹疑地按照事理去做事情。圣人对于所有的事物,都如同慈母替幼小的子女考虑那样周全,所以圣人看到了必须遵行的道路。看到必须遵行的道路,那么对一切事物都能了然于胸,于是圣人在做事的时候也就不会疑惑。不疑惑就叫做勇敢。不疑惑产生于慈爱,所以《老子》上说:"慈爱,所以能勇敢。"

解说

《老子》第六十七章说:"我有三宝,持而保之。一曰慈,二曰俭,三曰不敢为天下先。"《说文》:"慈,爱也。"慈一般指父母长辈对子女、对年幼者疼爱、爱护。老子把"慈"视为人生第一要义,指出人始终持守而保全着一颗慈爱之心,所以"能勇",即能在人生的过程中勇敢面对一切艰难险阻,勇往直前。"夫慈,以战则勇,以守则固。天将救之,以慈卫之。"上天将要救助谁,就用慈爱来卫护他,使他拥有一颗慈爱之心。反之,如果一个人"舍慈且勇",舍弃慈爱而追求勇武,那是走向死路。

韩非仔细体会并非常富有逻辑地阐发了老子"慈故能勇"的思想。他先举出母亲对待子女的爱来解释"慈",这无疑是再恰切不过的,试想世间还有哪种慈爱能比得上母亲对子女的慈爱呢?母亲的慈爱表现在她一心一意只为子女好,唯恐子女有一丁点的闪失。为此母亲思虑之周全,大概为人子女者都有深切的感受。母性的坚忍不拔,母亲为子女不惜牺牲自己的一切,在韩非看来,都足以称得上"勇",而这正是源自对子女的慈爱。

所谓圣人,指品德最高尚、智慧最杰出的人。他们之所以能够成为人类各族群的领袖,是因为其坚定不移的品格;而追根溯源,他们坚定不移的品格同样源自其慈爱的心灵。他们怀着一颗慈爱之心对待人世,所以做事能获得成功。一个人在功成名就的同时,也建立起了自己做人做事的理念和信仰;一个人在任何情况下都对自己的理念和信仰不怀疑,面对任何困难和挫折都不退缩,不低头,这是真正的勇。所以勇并不是争强好胜、好勇斗狠;而是内心的坚定、坚毅,是一种强大的精神力量。

16. 学不学

原文

王寿负书而行,见徐冯于周。①徐冯曰:"事者,为也;为生于时,知者无常事。②书者,言也;言生于知,知者不藏书。今子何独负之而行?"③于是王寿因焚其书而儛之。④故知者不以言谈教,⑤而慧者不以藏书箧。⑥此世之所过也,⑦而王寿复之。⑧是学不学也。⑨故曰:"学不学,复归众人之所过也。"(《韩非子·喻老》)

注释

①王寿、徐冯:都是人名,事迹不详。负:背。周:指周王室所在的洛阳一带。②知者无常事:清代顾广圻和王先慎都认为"知"当作"时",这样跟下文句式保持平行。③何:为什么。独:偏,表示故意跟一般情况相反。负:背着。④焚:烧。儛:同"舞"。儛之:指做出舞蹈的动作。⑤知(zhì)者:有智慧的人。⑥不以:指用不着。按:清代学者王先谦认为"藏书箧"应为"书藏箧"。箧(qiè):小箱子。⑦此:指代"不以言谈教""不以藏书箧"的做法。过:认为错误。⑧复:返回。

之:指代"不以言谈教""不以藏书箧"的做法。⑨学不学:学习不学习的做法。社会通行的价值观是把不学视为错误的;在有智慧的人看来,这种价值观是错误的。

译文

王寿背着书出行,到周地拜访徐冯。(两人见面后)徐冯(看到他背着的书)就说:"事情都是人的作为;人的作为都产生于时势的需要,时势(是变化的,)因而没有固定不变的事情。书策是记载人类的言论的;言论产生于对事理的了解,了解事理的人是不藏书的。如今你为什么偏要背着书出行呢?"王寿一听,顿时领悟,就把所背的书一把火烧掉,高兴得手舞足蹈。所以有智慧的人不用言语来说教,聪慧的人用不着把书收藏在箱子里。这是世人认为错误的,而王寿重新回到不用言语来说教、不藏书的道路上来。所以《老子》说:"学习不学习的做法,重新回到众人认为错误的路上来。"

解说

"学不学,复归众人之所过也"出自《老子》第六十四章,这句话的含义究竟应当如何理解,学界有不同的看法。就韩非讲的这个故事看,他所强调的道理是任何知识都应服务于现实需要;现实的情况在不断地发展变化,因此旧有的知识并非应对各种复杂情况的良方。只要懂得处理问题的方法和道理,就可以因时而为,因事制宜。这样一种毫无保留地反传统、主张彻底断绝文化传承的观点,在韩非的思想体系中占据重要的地位,可是却并不合乎老子的原意。

《庄子·齐物论》:"夫随其成心而师之,谁独且无师乎?奚必知代而心自取者有之?愚者与有焉。未成乎心而有是非,是今日适越而昔至也。是以无有为有。无有为有,虽有神禹,且不能知,吾独且奈何哉!"大意是说,追随业已形成的主见,并把这种成见当做判断的标准,那么谁没有判断的标准呢?为什么必须了解事物变化的道理、然后拿自己内心里已有的观念相互印证,才会形成判断的标准呢?事实上,愚昧的人同样有标准。还没有成见就已经存了是非的观念,这就好比今天到越国去而昨天就已经到达。这就是把没有看成有。借用庄子这段话理解《老子》的说法,或许更接近《老子》的本意。学不学,便是不存成见之学。人们无论看待事物、学习知识,往往都难以摆脱已有的成见;而带着已有的成见去接触新的事物、新的知识,有可能先入为主地曲解了认识的对象。所以,王寿所烧掉的,何尝不是人们积累起来的成见呢?况且,假如人们真正明白了知识被认识和建构的逻辑过程,那么书本在某种程度上已经成了无用之物,烧掉也不足惜吧?

十六、韩非的心声

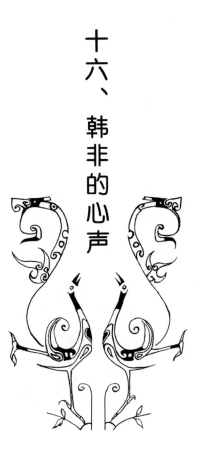

1. 许由的尴尬与韩非的痛苦

原文

尧以天下让许由,①许由逃之,②舍于家人;③家人藏其皮冠。④夫弃天下而家人藏其皮冠,⑤是不知许由者也。⑥(《韩非子·说林下》)

注释

①许由:古代的高士,尧把天下让给他,他不肯接受,逃到箕山下隐居。②逃:逃避,避开。③舍(shè):留宿。家人:指普通人家。④皮冠(guān):皮制的帽子。⑤夫:指代许由。⑥是:这,这样的人。

译文

尧要把天下让给许由,许由不接受尧的让位而逃走,借住在一户普通人家里,这家人赶紧把家里的皮帽子藏起来。许由放弃整个天下不肯要,这家人却怕自家的皮帽子被许由偷走而藏起来,这实在是不懂得许由的为人啊。

解说

所谓"高士",是志行高洁,不愿与世俗同流合污的读书人。《后汉书·列女传序》说:"高士弘清淳之风,贞女亮明白之节。"以"高士"与"贞女"并称。隐逸思想在传统文化中占有重要地位,不同时代都有不同的表现和社会意义。中国传统文化的主流大体上对高士持肯定态度,历代文人不乏称颂高士品格的作品。晋代皇甫谧撰《高士传》,收远古尧、舜时代的被衣、王倪等至东汉末年的胡昭、焦先等。这些人大抵都远离俗尘,高蹈超脱,常有异乎常人的举止和修为,因而他们的人生观往往不被社会所理解和接纳。许由为避帝位而藏身某户普通人家里,这家人却以为许由可能偷窃皮帽子,他们在观念和认识上的差距只能以天壤之别来形容了。对这家人来说,皮帽子可能是他家最贵重的财产;对许由来说,帝位不过是有碍其清修、阻障其达于大道的累赘罢了。

《庄子·逍遥游》讲过类似的故事,尧觉得自己的德行不及许由,非常诚恳地要把帝位让给他,许由说:"鹪鹩在森林里筑巢,不过占用一棵树枝;鼹鼠到大河里喝水,不过喝饱肚子。您还是回去吧,天下对我来说没什么用处。厨师即使不管厨房的事务,主持祭祀的人也不会越俎代庖的。"庄子讲述了许多故事,说明高士与世俗之间无法相互理解,如《秋水》篇记载庄子去看望正在做魏国宰相的惠施,惠施却误以为庄子想来取代自己的位置,庄子告诉他,一只腐烂的老鼠,鸱鹰视为美食,而对于非梧桐不愿栖息、非竹实不肯进食、非醴泉不会饮用的鹓雏来说,连看上一眼都觉得玷污了自己。在庄子眼里,魏国的相位正是那只腐烂的老鼠。李商隐有诗云:"不知腐鼠成滋味,猜意鹓雏竟未休。"不过,惠施智力颇高,与庄子大有高山流水之交,所以一次庄子路过惠施之墓时,向学生讲了匠石运斤的故事,然后感慨道:"自夫子之死也,吾无以为质矣,吾无与言之矣。"(《庄子·徐无鬼》)大意是说,惠施去世后,自己不再有可以作为对手的人,更没有可以作为说话对象的人了。惠施大概是那种有智慧同时又对功名富贵恋恋不舍的人吧?因而他和庄子可以在智慧层面上沟通,但是在现实中的选择却大相径庭,可见真正在智慧和价值观方面都足以相匹配的人何等宝贵啊。

韩非收录这则故事,恐怕也表达了自己的思想不被理解和接纳的痛苦吧?在《孤愤》《说难》《和氏》等篇里,他都表达了强烈的孤独感。想到韩非借姜太公之口表达对隐逸之士破坏君臣关系的痛恨,对比他对许由的态度,其间的不同实在是个有趣的话题。

2. 堂谿公给韩非讲做人的道理

原文

堂谿公谓韩子曰:① "臣闻服礼辞让,全之术也;② 修行退智,遂之道也。③ 今先生立法术,设度数,④ 臣窃以为危于身而殆于躯。⑤ 何以效之?⑥ 所闻先生术曰:⑦ 楚不用吴起而削乱,⑧ 秦行商君而富强。⑨ 二子之言已当矣,⑩ 然而吴起支解而商君车裂者,不逢世遇主之患也。⑪ 逢遇不可必也,⑫ 患祸不可斥也。⑬ 夫舍乎全遂之道而肆乎危殆之行,⑭ 窃为先生无取焉。"(《韩非子·问田》)

注释

①堂谿（xī）公：《韩非子》出现两次，《外储说右上》有堂谿公见韩昭侯、劝他用术的记载，不过，昭侯时代在韩非之前百年，所以日本学者松皋圆《定本韩非子纂闻》怀疑此处或许是后人傅会。按：堂谿也作棠谿，乃地名，在今河南省西平县西。据《史记·楚世家》记述，吴国夫概争夺王位失败，逃到楚国，楚王把他封在堂谿，号堂谿氏。称"堂谿公"者大概是他的后代。两个堂谿公也可能并非同一人。韩子：记述者对韩非的尊称。②服：信服，遵循。辞让：谦让。全：保全。全之术：保全自己的方法。③修行（xíng）：修养品行。退：使之退。退智：收敛才智。遂：顺利，成功。道：途径，方法。④立：建立。法术：指法度和权术之学。按：韩非认为商鞅主张用法，申不害主张用术，他们的主张都有失偏颇，所以韩非力主两者兼用。度数：标准，规矩。按：韩非认为，社会的各种混乱是由于没有规矩，比如君主无论做什么都须"有度"，要是做事随心所欲，不按章程办事，这就是无度；从历史的经验教训看，君主无度就必然导致国破身亡。⑤窃：私下。殆（dài）：危险。⑥效：证明。⑦术：通"述"，陈说。⑧吴起：曾任楚悼王时的楚国令尹，实行变法；悼王死后，吴起被杀。削：土地被侵削。⑨行商君：实行商鞅的法治主张。⑩当（dàng）：适当，正确。⑪支解：断裂四肢的酷刑。车裂：古代的一种酷刑，把人的头和四肢拴在五辆马车上，朝不同方向分驰以撕裂肢体。逢世：遇到好世道。遇主：遇到英明的君主。患：祸患。⑫必：确定。⑬斥：排除。⑭舍（shě）：放弃。乎：用法同

"于"。肆:将力量、才智充分表现出来。

译文

堂谿公对韩子说:"我听说遵循礼制,对人谦让,是保全自己的方法;修养品行,收敛才智,是成功的途径。如今先生建立法度和权术之学,设置规矩,我私心里认为这将对你的生命造成危害。拿什么来证明这一点呢?我听到先生说过:楚国不用吴起的主张,从此被侵削,国家陷入混乱;秦国施行商鞅的主张而富足强盛。两位先生的言论是非常正确的,可是吴起被断裂四肢,商鞅被车裂,这就是没有遇到好世道和英明的君主的祸患啊。遇上好世道和英明的君主,这是无法确定的,而祸患是无法避免的。放弃安全和成功的途径,竭尽全力地去做危害自己的事情,我内心里替先生考虑,不应如此选择。"

解说

堂谿公所说的"服礼",也就是照社会认可的范式说话办事,循规蹈矩,不越雷池半步;他说的"辞让",意味着在任何时候决不强出头,不争是非,懂得配合,一味退让;所谓"修行",是按照一定的标准和要求修炼自身,培养恒定的德性,如遇事隐忍、韬光养晦等,总之,通过修炼磨掉棱角,全方位地融入社会;所谓"退智",就是难得糊涂。能做到以上要点,无疑是最安全、最稳妥的做人方式。韩非基于对韩国现实政治的深切关心和深入观察,提出以任法、用术、重势为核心的治国方略,不仅苦心孤诣地埋头著述,还不停地给君主进言上书,表现出强烈的社会责任感和热情的理想追求,这在堂谿公看来,是非常不明智的。韩非自己也多次提到像吴起、商鞅这样的法术之士都没有好下场，既然如此，他难道就没有认真地为自身的安危考虑一下吗？以韩非的出身和他的睿智，假如努力迎合君主的喜好，他完全能够在官场如鱼得水，起码也可以享受丰厚的物质待遇，风花雪月，岁月静好。可是，他选择了一条充满风险且不被世人理解的道路，孤独地痛苦着。如今，堂谿公用一番合乎人情常理的话来劝说韩非，韩非会如何回答呢？

3. 苟利国家生死以

原文

韩子曰："臣明先生之言矣。①夫治天下之柄，②齐民萌之度，③甚未易处也。④然所以废先生之教，而行贱臣之所取者，⑤窃以为立法术、设度数，所以利民萌、便众庶之道也。⑥故不惮乱主闇上之祸患，而必思以齐民萌之资利者，⑦仁智之行也。惮乱主闇上之患祸，而避乎死亡之害，知明夫身而不见民萌之资利者，⑧贪鄙之为也。臣不忍向贪鄙之为，⑨不敢伤仁智之行。先生有幸臣之意，然有大伤臣之实。"⑩（《韩非子·问田》）

注释

①明：明白。②柄：权柄。③齐：使整齐、一致。民萌：民众。萌：通"氓"，民众。④处：处理，安排。⑤先生之教：指堂谿公所说的做人的道理。贱臣：韩非对自己的谦称。所取：

选择的做法,指致力于"立法术,设度数"。⑥利:使得到利益,有利于。便:有利。庶:平民。⑦惮(dàn):害怕。乱主:昏乱无道的君主。闇(àn)上:愚昧的君主。乱主闇上之祸患:指由于君主昏乱愚昧而给变法者带来的祸患。资利:利益。⑧夫(fú):那。⑨不忍:不狠心,不愿意。向:归向,朝某方面发展。⑩先生:指堂谿公。幸:爱护。然:可是。

译文

韩子回答说:"我明白先生的意思了。用来治理天下的权柄,使民众的思想行为整齐一致的法度,这两方面确实是非常不容易处理的。然而之所以要抛弃先生的教诲,坚持我自己的选择,我内心认为,建立法度和权术之学,设置规矩,这是对民众有好处的方法。所以不畏惧乱主昏君刑戮的祸患,一定要考虑使民众的思想行为整齐一致所能带来的利益,这是仁爱、智慧的行为。畏惧乱主昏君刑戮的祸患,避开死亡的危害,懂得保全自身的道理,却对民众的利益视若无睹,这是贪生、卑鄙的行为。我不愿选择贪生而卑鄙的行为,不敢损害仁爱、智慧的行为。先生有爱护我的美意,可实际上对我却有莫大的伤害。"

解说

权柄是用来治理天下的,在具体使用过程中,需要配合各种政治手腕,需要全力防止臣子的侵权行为和篡权企图,因此"不易处";法度作为统治的工具,主要功能是使民众的思想行为整齐划一,完全纳入君主要求的框架之内,在这一过程中,法会受到各种人情因素的干扰，因而无法真正确立其威信，所以"不易处"。作为法术之士，韩非深切地感受到，他要建立并推行维护君主地位和权威的一整套方法，并呼吁君主厉行法治，在这一过程中，他将触动既得利益集团的根本利益，因而遭到整个官僚体系的仇视和打压；他也得不到社会大众的理解和同情，甚至被他们所深深厌憎；更可悲的是，他一心维护的君主昏庸愚昧，无法明白他的思想主张。他需要承受来自各方面的排斥乃至陷害，将自己置于巨大的风险之中。但他相信自己的思想主张是对国家和民众有利的，于是坚守自己的信念毫不动摇。与同时代的思想家如孟子比较，韩非同样是一位坚定的救世主义者，只是各自从不同的方面提出治世之道。而当时的策士则是放弃理想与原则的玩世主义者，他们一般更注重自身的利益与得失。

韩非是一位批判现实主义者，他以敏锐的观察力和理解力，对现实进行了深刻、清醒的剖析，抓住了当时的主要矛盾。韩非是一面镜子，照出了当时政治生态的丑恶，但是后人往往将这种丑恶归咎于韩非，这是韩非的悲哀。